Wirtschaftliche Ungleichheit

Johannes Berger

Wirtschaftliche Ungleichheit

Zwölf Vorlesungen

Springer VS

Johannes Berger
Universität Mannheim
Mannheim, Deutschland

ISBN 978-3-658-23681-6 ISBN 978-3-658-23682-3 (eBook)
https://doi.org/10.1007/978-3-658-23682-3

Die Deutsche Nationalbibliothek verzeichnet diese Publikation in der Deutschen Nationalbibliografie; detaillierte bibliografische Daten sind im Internet über http://dnb.d-nb.de abrufbar.

Springer VS

Springer VS ist ein Imprint der eingetragenen Gesellschaft Springer Fachmedien Wiesbaden GmbH und ist ein Teil von Springer Nature
Die Anschrift der Gesellschaft ist: Abraham-Lincoln-Str. 46, 65189 Wiesbaden, Germany

Inhalt

Vorwort

Bei den nachfolgenden Seiten handelt es sich um die Ausarbeitung einer Vorlesung, die ich an der Universität Mannheim und zuletzt im Sommersemester 2012 an der Universität Konstanz gehalten habe. Bis zur Drucklegung ist viel mehr Zeit verstrichen, als ich beabsichtigt hatte. Teils lässt sich das mit – jetzt glücklich überwundenen – gesundheitlichen Beeinträchtigungen erklären, teils mit den spezifischen Arbeitsumständen eines Pensionärs. Ich hätte nicht gedacht, dass Helmut Schelskys archetypische Zusammenfassung der Idee der deutschen Universität, »Einsamkeit und Freiheit«, ausgerechnet vom Professor im Ruhestand eingelöst wird: Zwar frei von beruflichen Belastungen, aber eben auch abgeschnitten von der Unterstützung, die einem als Mitglied einer Universität oder eines Forschungsinstituts zufließt. Immer wieder wurde die Niederschrift dadurch verzögert, dass ich angesichts der wahren Flut neuer wirtschaftswissenschaftlicher Arbeiten zur Einkommensungleichheit die Arbeit an der Vorlesung für längere Zeit unterbrechen musste, um wenigstens einigermaßen den Stand dieser Forschung zu berücksichtigen. In meinem eigenen Fach wird das Thema eher stiefmütterlich behandelt. Umso dankbarer bin ich Peter Preisendörfer und Walter Müller dafür, eine ältere Fassung der zehnten Vorlesung durchgesehen und kritisch kommentiert haben.

Unterstützung habe ich vor allem durch meine Familie erfahren. Ohne die Hilfe meines Zwillingsbruders Christoph Berger hätte ich den Appendix über die Lognormalverteilung nicht schreiben können. Mit großer Geduld hat er die vielen mathematischen Fragen, die ich an ihn gerichtet habe, beantwortet. Auch bei der Erstellung der Graphiken war er mir eine große Hilfe. Für all das danke ich ihm von Herzen. Meine Nichte Franziska Berger hat den Appendix über die Pareto-Verteilung durchgesehen und verbessert. Auch ihr gebührt ein herzliches »Dankeschön« an dieser Stelle. Ganz besonders möchte ich aber meiner Frau Ulrike Berger danken. Sie hat alle Vorlesungen durchgesehen und mich vor vielen Irrtümern und sprachlichen Fehlgriffen bewahrt. Alle verbleibenden inhaltlichen, darstellerischen und sprachlichen Mängel sind – das versteht sich von selbst – allein dem Autor anzulasten. Bei der Gestaltung des Textes habe ich Wert darauf gelegt, dass seine Herkunft aus einer Vorlesung noch ersichtlich ist. Alle etwas voraussetzungsvolleren »technischen« Passagen habe ich in die Anhänge verschoben.

Berlin, im Juli 2018 Johannes Berger

Teil I
Die Vorlesung

1 Erste Vorlesung: Einleitung und Überblick

1. Soziale Ungleichheit als Thema der Sozialwissenschaften. 2. Gesellschaftliche Gütekriterien. 3. Gang der Veranstaltung.

1. Eine Vorlesung über die ungleiche Verteilung von Gütern oder allgemeiner, von Vorteilen aller Art auf Personen zu halten, bedarf wohl keiner besonderen Begründung. In der Geschichte der Soziologie spielt das Thema eine so prominente Rolle, dass es aus einer soliden soziologischen Ausbildung nicht wegzudenken ist. In den Wirtschaftswissenschaften stehen Verteilungsfragen wieder im Zentrum der Aufmerksamkeit, nachdem sie lange Zeit eher stiefmütterlich behandelt wurden. Die Bedeutung des Themas reicht aber über akademische Aspekte weit hinaus. Gerade in den letzten Jahren stößt die Problematik sozialer Ungleichheit auf ein erhebliches und, wenn nicht alles täuscht, weiter zunehmendes öffentliches Interesse. Zum Teil liegt das sicherlich daran, dass die Nachrichten über eine sowohl national als auch international größer werdende soziale Ungleichheit nicht abreißen, zum Teil aber auch an einer wachsenden Sensibilisierung der Öffentlichkeit für die Gefährdung des gesellschaftlichen Zusammenhalts durch zunehmende soziale Ungleichheit.

So groß das öffentliche Interesse an diesem Thema auch sein mag, so kontrovers sind allerdings die darüber verbreiteten Ansichten. Das Spektrum der Zugänge zum Thema reicht von konservativen, aus der alteuropäischen Welt stammenden Annahmen, wonach soziale Ungleichheit teils aus der Natur der Dinge folgend, teils als gottgegeben gilt, zu auf dem Boden der modernen Sozialwissenschaften stehenden Ansichten, die Ungleichheit als eine kontingente, und damit änderbare Tatsache betrachten. In der Tat ist heute *communis opinio*, dass soziale Ungleichheit im Wesentlichen gesellschaftlich bedingt ist und ihr Ausmaß durch Ergreifung geeigneter Maßnahmen verringert werden kann. Wenn ein Sachverhalt auch anders geregelt sein könnte, verlangt die bestehende Regelung nach einer Begründung. Wieso sind Güter und Vorteile ungleich verteilt, wenn sie auch gleich verteilt sein könnten?

Schon ein kurzer Blick auf die politische Philosophie der Gegenwart zeigt, dass nicht Gleichheit, sondern Ungleichheit als begründungsbedürftig gilt. Auch wenn man sich dem Tenor der politischen Philosophie anschließt

J. Berger, *Wirtschaftliche Ungleichheit*, https://doi.org/10.1007/978-3-658-23682-3_1

und in der Ungleichheit, nicht in der Gleichheit, das begründungsbedürftige Faktum erblickt, ist es keineswegs ausgemacht, dass die strikte Gleichverteilung aller individuell begehrten Vorteile ein generell erstrebenswertes und normativ rechtfertigbares Ziel ist. Einmal angenommen, für diese Zielsetzung ließen sich hinreichend viele gute Gründe finden, bliebe immer noch das Problem des Zielkonflikts. Ein solcher Zielkonflikt bestünde z. B. dann, wenn die Realisierung von mehr Gleichheit mit Abstrichen an anderen Zielsetzungen erkauft werden müsste, etwa dem Ziel der Steigerung des Sozialprodukts. In diesem Fall stünde jede Gesellschaft vor dem Problem, zwischen erreichbaren Kombinationen sozialer Gleichheit einerseits und dem Niveau der Güterproduktion andererseits eine Wahl treffen zu müssen. Falls mehr Gleichheit nur mit Einbußen am Sozialprodukt erkauft werden könnte, ist nicht ausgemacht, dass diese Zielsetzung auch in einer vom Wert der Gleichheit überzeugten Bevölkerung genügend Unterstützung fände. Es ist ja noch nicht einmal sicher, dass die Forderung nach mehr Gleichheit in einer rational geführten Diskussion die stärkeren Argumente mobilisieren kann.

Die Thematik der gesellschaftlichen Ungleichheit ist untrennbar mit der Frage einer gerechten Einrichtung der Gesellschaft verbunden. Wer Ungleichheit als in der Natur der Dinge liegend oder als gottgewollt ansieht, wird sie in aller Regel auch als gerecht ansehen. Andernfalls müsste er sich mit dem Problem herumschlagen, dass Gott eine ungerechte Ordnung willentlich geschaffen hat oder dass Ungerechtigkeit die »Natur der Dinge« auszeichnet. Wer hingegen eine bestehende Verteilung von Gütern als prinzipiell änderbar ansieht, weil sie menschengemacht (gesellschaftlich bedingt) ist, wird nach allgemeinen Maßstäben urteilen wollen, ob diese Verteilung gerecht oder ungerecht ist. Wer wollte heute bestreiten, dass begehrte Güter auch anders verteilt werden können als sie es tatsächlich sind? Aber daraus allein folgt noch nicht, dass eine gleichere Verteilung auch die gerechtere ist. Ungleichheit ist nicht an Ungerechtigkeit in einer Weise gekoppelt, dass jede Zunahme an »materieller« Ungleichheit eine Zunahme an Ungerechtigkeit bedeutet (und entsprechend jede Abnahme auch eine Abnahme an Ungerechtigkeit). Nur für die Minderheit strikter Egalitaristen erfüllt Gleichheit der Güterverteilung das Ideal der Gerechtigkeit.

Angesichts der grundsätzlichen Bedeutung dieser Frage, ihrer historischen Dimension und ihrer unauflöslichen Verflechtung mit der Gerechtigkeitsdimension fragt sich, was eine empirisch-analytische Einzelwissenschaft wie die Soziologie zur Bearbeitung von Themen dieser Größenordnung beitragen könnte. Das über dem Fach hängende Werturteilsverbot wirkt als kaum übersteigbare Barriere, sich zu Fragen einer gerechten Einrichtung der Gesellschaft zu äußern. Sicherlich, die Frage, welche Verteilung von welchen gesellschaftlichen Gruppen für gerecht gehalten wird, ist ein genuin soziologisches Thema. Ihre Bearbeitung ist heute in die Sozialpsychologie und Soziologie zusammenführende empirische Gerechtigkeitsforschung abgewandert. Die Frage hingegen, welche Verteilung begehrter Ressourcen gerecht ist, liegt – bei Geltung des Werturteilsverbots – außerhalb des Spektrums soziologischer und, mit der Ausnahme der normativen Ökonomik, auch wirtschaftswissenschaftlicher Fragestellungen. Genuin soziologische Thematiken sind jedoch die grundsätzlichen Fragen nach dem Ursprung, dem Ausmaß und der Entwicklungsrichtung der Ungleichheit, auch wenn das auf Grund der üblichen und ganz unvermeidlichen Herunterbrechung solcher Themen in der empirischen Sozialforschung nicht so scheinen mag. Soweit Ungleichheit überhaupt ein Thema ist, richtet sich das Interesse der empirischen Sozialforschung heute aber nicht ganz allgemein auf Ungleichheit, sondern auf Ungleichheiten der verschiedensten Art, etwa die Lohnunterschiede zwischen Männern und Frauen in einem bestimmten Land in einer bestimmten Zeitspanne oder etwa Ungleichheiten im Bildungserwerb zwischen Migranten und Einheimischen. So gesehen ist Ungleichheit im Forschungsbetrieb ein Thema unter vielen anderen. Hinzukommt, dass die wichtigsten Beiträge zur Theorie und Empirie der materiellen Ungleichheit aus den Wirtschaftswissenschaften, nicht der Soziologie, stammen. Ich bin gleichwohl der Auffassung, dass Ungleichheit mehr ist als ein Thema unter anderen. Eine gründliche Beschäftigung mit diesem Thema ist daher unabdingbarer Bestandteil einer ernsthaften sozialwissenschaftlichen Ausbildung, die diesen Namen verdient. Dafür sprechen drei Gründe.

(a) Die Frage nach dem Ursprung der Ungleichheit gilt (oder galt einmal) als Schlüsselfrage der Soziologie. Für die Anfänge der Soziologie im Zeitalter der Aufklärung ist diese Frage in der Tat zentral gewesen. Bevor die Soziologie zu einer an den Universitäten gelehrten Fachwissenschaft wurde, trat sie als Gesellschaftstheorie mit der Zielsetzung auf den Plan, die Herkunft, die Struktur und die Entwicklung eines Gesellschaftstypus zu analysieren, der historisch völlig neuartig ist. Als wissenschaftliche Disziplin ist die Soziologie nicht älter als die moderne Gesellschaft. Sie entsteht als Reflexionswissenschaft dieser Gesellschaft. Rousseaus Frage (Rousseau 1755) woher die Ungleichheit unter den Menschen stammt, ist für das gesellschaftstheoretische Stadium der Soziologie zentral. Das Gewicht, das dieser Frage zukommt, rührt aber nicht daher, dass die entstehende moderne Gesellschaft ungleicher gewesen wäre als die von ihr abgelöste feudale Gesellschaftsordnung, sondern erklärt sich daraus, dass die Tatsache der sozialen Ungleichheit in einem offenen Widerspruch zum Gleichheitsversprechen der modernen Gesellschaft steht.

(b) Im Zuge der Etablierung als Universitätsfach verwandelt sich die Soziologie in die Wissenschaft vom Sozialen in all seinen Erscheinungen und Facetten. Aber auch noch in der akademischen Soziologie als Fach unter Fächern an den Universitäten nimmt die Beschäftigung mit sozialer Ungleichheit einen prominenten Platz ein. Das gilt jedenfalls für die Zeit vor ihrer wissenssoziologischen Wende. Erst, wo Soziologie als Kulturtheorie und Wissenssoziologie verstanden wird, erlahmt das Interesse an diesem Thema. Schon in der noch nicht wissenssoziologisch verstandenen akademischen Beschäftigung mit dem Thema verlagerte sich aber das Interesse von den Ursachen auf die Folgen sozialer Ungleichheit. Die akademische Soziologie (unterschieden von ihren gesellschaftstheoretischen Vorläufern) war an der Ungleichheit im Wesentlichen unter dem Aspekt interessiert, ob von (wachsender) Ungleichheit eine Gefahr für die gesellschaftliche Stabilität ausgeht. Konkret war damit gemeint, ob die Lage der Arbeiterklasse sich so verschlechtert (oder als so schlecht wahrgenommen wird), dass daraus revolutionäre Bestrebungen erwachsen könnten. Die empirische Sozialforschung, soweit sie gesellschaftstheoretische Themen überhaupt noch aufgriff, sowie die industriesoziologische Forschung geben hier Entwarnung. Die Lage der Arbeiter verschlechtert sich nicht, sondern verbessert sich tendenziell mit dem Ergebnis, dass die Arbeiter zunehmend in die Gesellschaft integriert werden. Höchstens wenn zunehmende Ungleichheit mit Polarisierung (Zuspitzung von Gegensätzen) einhergeht, ist die Integration (der Zusammenhalt) bedroht. Wenn sich hingegen in der Ungleichheit die Pluralisierung von Lebenslagen widerspiegelt, liegt darin keine den Zusammenhalt gefährdende Entwicklung. Es nimmt daher nicht wunder, dass die soziologische Beschäftigung mit diesem Thema im Zuge der allgemeinen Einkommenssteigerung nachgelassen hat. Seit etwa zwanzig Jahren hat das Interesse an diesem Thema aber wieder deutlich zugenommen. Dies hängt u.a. damit zusammen, dass eine wachsende Kluft zwischen arm und reich vor allem in den USA Interpretationen einer Verschärfung von Klassengegensätzen neuen Auftrieb gegeben hat.

(c) Gleichheit gilt als ein Kriterium zur Beurteilung der ›Güte‹ von Gesellschaften. Ungleichheit kommt zwar praktisch in allen Gesellschaften vor, bedarf aber gerade in modernen Industriegesellschaften mit verwirklichter rechtlicher und politischer Gleichheit der Rechtfertigung. Nicht nur für wichtige Strömungen der politischen Philosophie, sondern auch für große

Teile des politischen Spektrums stellt sie eine Verletzung des Gütekriteriums Gleichheit dar. Um sich mit ihr einverstanden zu erklären, bedarf es hinreichend guter Argumente.[1] Die Idee der Gleichheit als gesellschaftliches Ideal hat eine lange Vorgeschichte. Spätestens mit der Aufklärung tritt diese Idee ihren Siegeszug um die Welt an. Trotz der langen Vorgeschichte, die in der westlichen Tradition bis auf die antike Philosophie und die christliche Vorstellung der Gleichheit der Kinder Gottes zurückgeht, ist sie gesellschaftlich wirksam erst in der Neuzeit geworden.[2] Ältere Gesellschaftsformationen nahmen Ungleichheit entweder als ›natürlich‹ oder als gottgewollt hin. Erst für moderne Gesellschaften wird Gleichheit zu einem allgemein anerkannten Beurteilungskriterium gesellschaftlicher Zustände. Dementsprechend wird Ungleichheit zu einem kontingenten, der Rechtfertigung bedürftigen Sachverhalt. Die Idee der Gleichheit gewinnt diskursive Macht aber nicht aus sich heraus, sondern wegen ihrer engen Verknüpfung mit der Idee der Gerechtigkeit. Gleichheit als Gerechtigkeit ist eine spezifische Auslegung des Gerechtigkeitsideals. Nach dieser Auslegung ist die Gesellschaft umso gerechter, je gleicher die Verteilung erstrebenswerter Vorteile (Rechte, Ressourcen, Chancen, Nutzen) ist. Ungleichheit ist für die Anhänger dieser Sichtweise mit dem Makel der Ungerechtigkeit behaftet. Wie Amartya Sen (1992) gezeigt hat, sind praktisch alle politischen Theorien der Gegenwart der Idee der Gleichheit mehr oder weniger stark verpflichtet. Differenzen bestehen lediglich bezüglich der Frage: *Equality of what?*

Das Gleichheitsversprechen ist für die moderne Gesellschaft konstitutiv. Wohl kaum jemand hat das stärker betont als Alexis de Tocqueville (1835) in seinem Klassiker »Demokratie in Amerika«. Tocqueville hat gesehen, dass Gleichheit das Signum dieses Gesellschaftstypus ist. Damit gehört die für die vormoderne Adelsgesellschaft so typische, auf Geburt beruhende ständische Ungleichheit der Vergangenheit an.[3] Was Gleichheit konkret meint, ist weit weniger eindeutig als es auf den ersten Blick den Anschein hat. Der Sinngehalt der Gleichheit variiert je nach dem gesellschaftlichen Feld, auf dem das Gleichheitsverlangen realisiert werden soll. Vollständig

1 Nach Rawls (1979) ist das einzige vertretbare Argument, Ungleichheit zuzulassen, dass sie das Los der am schlechtesten gestellten Gruppe verbessert.

2 Noch Aristoteles versieht die Idee der Gleichheit regelmäßig mit dem Zusatz: »Gleichheit für gleiche, nicht für alle« (Aristoteles Politik 1280 a). Erst die Stoa fasst den Gedanken, dass alle Menschen als Menschen gleich sind. Zum Problem Oestreich 1978, S. 14: »Das stoische wie das christliche Naturrecht sind die stärksten geistigen Antriebe bei der Ausbildung der Menschen- und Bürgerrechte.«

3 Was nicht heißt, dass es sie nicht mehr gibt; sie ist nur nicht mehr konstitutiv für die moderne Gesellschaft.

durchgesetzt hat sich die Idee der Rechtsgleichheit und der politischen Gleichheit. Was aber Gleichheit auf wirtschaftlichem Gebiet bedeutet, ist immer noch Gegenstand eines anhaltenden Streits. Geht es um die Gleichverteilung von Ressourcen, von Einkommen oder von Nutzen oder jeweils nur um die Gleichverteilung der Chancen auf die Zuteilung dieser Größen? Wie auch immer die Antwort im einzelnen ausfallen mag: Gerade für eine soziologische Ausbildung besteht der besondere Reiz dieses Themas darin, die faktisch bestehende Ungleichheit der Verteilung von Vorteilen auch einmal im Lichte der potentiellen Verletzung einer gesellschaftlichen Norm zu betrachten. Das führt zu einer Betrachtung der Frage: Wie lautet die Norm genau und welche Sachverhalte stehen im Widerspruch zu ihr? Um die Einführung in das Thema der Vorlesung nicht mit normativen Fragen zu überfrachten, verschiebe ich die Erörterung der Gleichheitsnorm in den Appendix (A. 1).

2. Gleichheit ist keineswegs das einzige Beurteilungskriterium gesellschaftlicher Wohlfahrt. Es gibt mindestens zwei weitere, mit der Gleichheitsidee konkurrierende Gütekriterien: Freiheit und Effizienz. »Das Recht... der subjektiven Freiheit« schreibt Hegel in der Rechtsphilosophie, »macht den Wende- und Mittelpunkt in dem Unterschiede des Altertums und der modernen Zeit« (§ 124). Garantiert wird dieses Recht durch Staatsverfassungen, die auf den Ideen der Französischen Revolution gründen. Moderne Verfassungsstaaten garantieren subjektive Freiheit, verstanden als individuelle, von staatlichem Zwang unabhängige Wahlfreiheit in allen gesellschaftlichen Teilbereichen (z.B. Wahl des Partners, des Ausbildungsgangs, der Beschäftigung usw.). Zu den wenigen Ausnahmen von diesem Prinzip gehört die Schulpflicht und – mit abnehmendem Verbreitungsgrad – die Wehrpflicht. Insbesondere die Wirtschaft dieser Gesellschaftsform basiert auf der Garantie individueller Wahlfreiheit. Diese konkretisiert sich in der Gewerbefreiheit, verstanden als das Recht, ein Gewerbe eigener Wahl zu gründen, in der Freiheit, sein Vermögen in Anlageformen nach eigenem Gusto zu investieren, in der freien Berufswahl und in der freien Wahl von Konsumgütern. Natürlich gibt es Beschränkungen dieser Freiheit, aber sie leiten sich daraus ab, dass sie mit der Freiheit anderer Gesellschaftsmitglieder kollidieren oder die gesellschaftliche Wohlfahrt wegen externer Effekte schmälern. Beschränkungen gesetzlicher Natur (z.B. Einhaltung von Umweltstandards) sind nicht *eo ipso* ein Angriff auf die Idee wirtschaftlicher Freiheit. Diese Freiheit ist immer nur eine Freiheit im Rahmen von

Gesetzen. Aus ihr folgen vielmehr Anforderungen an die gesetzliche Regulierung, z.B. dass sie im Idealfall gesellschaftspolitisch neutral ist.[4]

Dass auch Effizienz ein Gütekriterium für Gesellschaften sein kann, ist auf den ersten Blick weit weniger einleuchtend. Diesem Kriterium fehlt die Verankerung in den Ideen der Französischen Revolution, auf denen die Verfassungen aller modernen Gesellschaften beruhen. Um zu begründen, dass Effizienz sehr wohl ein Gesichtspunkt zur Beurteilung gesellschaftlicher Zustände ist, genügt jedoch eine einfache Überlegung. Effizienz bedeutet in normativer Hinsicht zunächst einmal das Gebot, Ressourcen nicht zu verschwenden. Je weniger Ressourcen verschwendet werden, umso höher ist das potentielle Niveau der Güterversorgung. Die Wirtschaft verdient das Prädikat »effizient« aber nicht nur, wenn sie keine Ressourcen verschwendet, sondern vor allem dann, wenn sie in der Lage ist, Ressourcen besser zu mobilisieren als eine andere Gesellschaft, mit der sie verglichen wird. Ressourcenmobilisierung und bestmögliche Nutzung der mobilisierten Ressourcen sind zwei zentrale Aspekte der Effizienz. Von ihnen hängt das Niveau der Versorgung der Gesellschaft mit Gütern aller Art ab.

Nun kann man einwenden: Mehr Konsum ist nicht unbedingt besser als weniger Konsum. Das trifft z.B. für den Konsum von Schweinefleisch höchstwahrscheinlich zu (jedenfalls ab einer bestimmten Menge), gilt aber nicht mit der gleichen Selbstverständlichkeit für den Konsum von Bildungs- oder Gesundheitsgütern. Wenn der höhere Konsum auf der besseren Ausnutzung vorhandener Ressourcen beruht, und damit niemandem schadet (auch der Umwelt und der Nachwelt nicht) fehlt der Präferenz für weniger Konsum die Überzeugungskraft. Was für den Fleischverbrauch und den Genuss von Alkohol gelten mag, gilt bei weitem nicht für alle Konsumgüter. Das Plädoyer für Konsumbeschränkungen hat nur in Gesellschaften mit einer (wie auch immer gemessenen) Überversorgung normative Anziehungskraft. Eine Steigerung des Konsumniveaus in allen Schichten hätte aber immerhin für sich, dass sie eine ungleiche Verteilung der Güter eher akzeptierbar macht. Gleiche Armut für alle ist keine gesellschaftspolitisch überzeugende Zielsetzung.[5]

---

4 Problematischer als gesetzliche Beschränkungen, die Verfassungsnormen berücksichtigen müssen, sind Beschränkungen der Wahlfreiheit, deren Wurzel nicht der Staat, sondern die Familie ist. Solche Beschränkungen sind prinzipiell ›unmodern‹, auch wenn sie noch so verbreitet sein mögen.

5 Strikte Egalitaristen, die Gesellschaftszustände ausschließlich nach dem Kriterium des Grads der realisierten Gleichheit beurteilen, werden dieser Aussage nicht zustimmen.

Wäre Gleichheit das einzige Gütekriterium, dann ließe sich eine Rangordnung aller Gesellschaften allein nach diesem Kriterium herstellen, vorausgesetzt man hätte eine klar definierte Vorstellung vom Gegenstand der Verteilung (z.B. Bildung, Gesundheit, Einkommen, Vermögen oder eine Kombination dieser Güter) und von dem in Anschlag zu bringenden Ungleichheitsmaß.[6] Einkommen ist bei weitem nicht der einzige, zur Verteilung anstehende Sachverhalt, nicht einmal der einzige wirtschaftliche Sachverhalt. Wer Gleichheit zum Beurteilungskriterium erhebt, muss sich zudem entscheiden, ob er Gleichheit der Ergebnisse (z.B. Einkommen oder Bildung) meint oder die Gleichheit der Ausstattung von Personen mit den erforderlichen Ressourcen, bestimmte Ergebnisse zu erzielen (das Programm der Chancengleichheit). Aber auch Chancengleichheit hat eine Niveau-Komponente. Es kommt nicht allein darauf an, ob Chancen ungleich verteilt sind, sondern zuerst einmal darauf, welche Chancen eine Gesellschaft ihren Bürgern überhaupt offeriert. Wahrscheinlich würde die Gesellschaft Nordkoreas nach dem Kriterium der Einkommensgleichheit vor jener der Bundesrepublik rangieren, trotz der massiven Vorenthaltung nicht nur von Chancen der Bewegungsfreiheit, sondern vor allem auch der Einkommenserzielung.

Die potentielle Rangordnung von Gesellschaften wird jedoch beträchtlich komplizierter, wenn man weitere Kriterien und damit Kombinationen von wenigstens zwei Kriterien zulässt, die in eine Rangordnung gebracht werden müssen. Zwei dieser Kriterien haben wir schon erwähnt: individuelle Freiheit und wirtschaftliche Effizienz. Ein gerne benutzter Indikator für letztere ist das Wachstum der Wirtschaft. Aber damit ist die Kandidatenliste von Kriterien zur Beurteilung des Zustands einer Gesellschaft noch lange nicht erschöpft. Weitere Kriterien sind die innere und äußere Sicherheit, die soziale Sicherheit sowie der Zustand der natürlichen Umwelt. Alle diese Ziele (inklusive der Möglichkeit, ein selbstbestimmtes Leben zu führen) in eine zustimmungsfähige Reihenfolge zu bringen, ist ein Problem, dessen Behandlung die Möglichkeiten dieser Vorlesung übersteigt. Dem Gleichheitsziel gebührt nicht einmal dann der Vorrang vor anderen Zielen, wenn der Alltag nicht mehr von der Furcht geprägt ist, das Leben zu verlieren. Nach der körperlichen Unversehrtheit rangiert soziale Sicherheit sehr hoch in der Liste erstrebenswerter Güter. Soziale Sicherheit als Ziel darf nicht mit Einkommensgleichheit verwechselt werden. Vielmehr schließt auch

---

6 Es ist nicht ausgemacht, dass die verschiedenen, in der Ungleichheitsforschung gebräuchlichen Ungleichheitsmaße Verteilungen gleichsinnig ordnen. Siehe hierzu die siebte Vorlesung.

ein ausgebautes System sozialer Sicherheit nicht nur nicht aus, dass Einkommen ungleich verteilt sind, sondern diese Ungleichheit könnte sogar eine Bedingung für ein umfassendes System sozialer Sicherung sein. Die progressive Besteuerung höherer Einkommen trägt zur Finanzierung des Sozialstaats bei.

Zur Veranschaulichung des Spektrums von Wahlmöglichkeiten zwischen Gesellschaftszuständen, unter der Bedingung, dass wenigstens zwei Gütekriterien und zwei unterschiedliche Bewertungen gesellschaftlicher Wohlfahrt zugelassen werden, diene die folgende, an Bronfenbrenner (1971) angelehnte Abbildung 1.

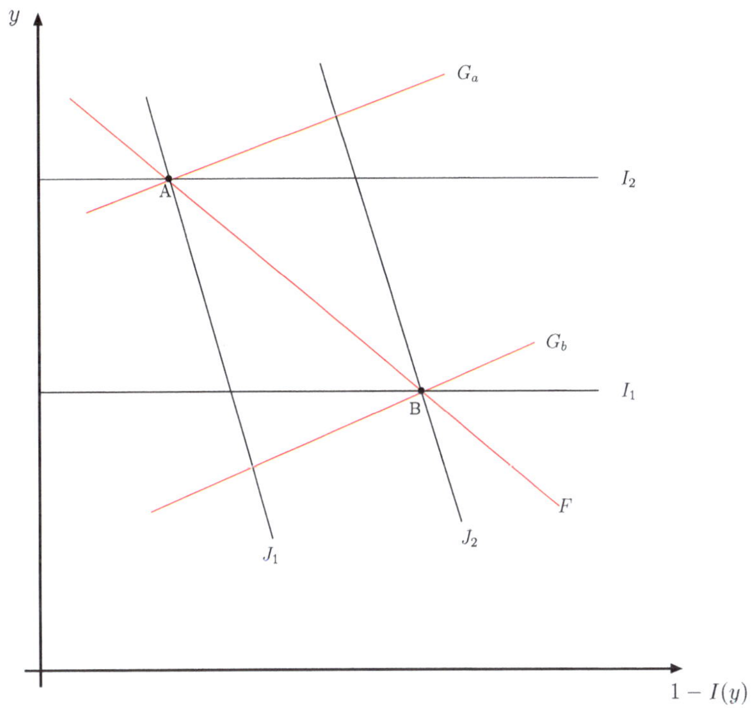

Abbildung 1: Die Wahl zwischen Gleichheit und Lebensstandard

Die beiden gesellschaftlichen Gütekriterien seien zum einen der Lebensstandard, gemessen mit dem Sozialprodukt pro Kopf (y) und zum anderen die Einkommensgleichheit, gemessen mit 1 - $I(y)$. $I(y)$ sei irgendein geeignetes, zwischen 0 und 1 schwankendes Ungleichheitsmaß, wie z.B. der Ginikoeffizient (hierzu mehr in der fünften Vorlesung). Wenn $I(y) = 0$, ist

$1 - I(y) = 1$ und die Einkommen sind perfekt gleich verteilt. Das Ausmaß der realisierten Gleichheit tragen wir auf der Abszisse ab, den Lebensstandard auf der Ordinate. Jeder durch den Abstand von Abszisse und Ordinate definierbare Punkt (wie z.B. die Punkte *A* und *B*) bezeichne eine spezifische Kombination von Lebensstandard und Einkommensgleichheit. Die Bewertungsmöglichkeiten solcher Punkte werden durch sog. Indifferenzkurven eingefangen, das sind Kurven, welche alle Kombinationen von Einkommensgleichheit und Lebensstandard darstellen, zwischen denen eine die Bewertung vornehmende Person indifferent ist. In der Graphik sind insgesamt vier solcher Kurven abgetragen: zwei für die Person *i* (I_1, I_2) und zwei für die Person *j* (J_1, J_2). Dass die Indifferenzkurven für Person *i* waagerechte Geraden sind, meint, dass für diese Person das Ausmaß der Gleichheit irrelevant ist. Für ihre Bewertung zählt einzig und allein das Niveau des Lebensstandards. Die Indifferenzkurven für Person *j* laufen steiler als in einem Winkel von 45 Grad nach unten, d.h., sie legt größeren Wert auf Gleichheit als auf den Lebensstandard. Sie ist bereit, für den Zuwachs an Gleichheit um eine Einheit mehr als eine Einheit Sozialprodukt pro Kopf zu opfern. Im Extremfall können solche Kurven auch vertikal verlaufen. Das hieße dann, dass eine Person mit einer solchen Indifferenzkurve sich um das Niveau des Lebensstandards überhaupt nicht schert und es ihr nur auf die realisierte Einkommensgleichheit ankommt.

In der Graphik sind noch drei weitere Kurven abgetragen (F, G_a, G_b). Diese Kurven repräsentieren die bei effizientem Mitteleinsatz gerade noch realisierbaren Produktionsmöglichkeiten einer Gesellschaft. Die Kurve *F* unterstellt, dass mehr Gleichheit zu einem Verlust an Lebensstandard führt; die Kurven G_a und G_b hingegen sind unter der Annahme gezeichnet, dass zumindest für ein bestimmtes Segment solcher Kurven der effizienten Produktionsmöglichkeiten mehr Gleichheit mit höherem Lebensstandard kombinierbar ist. Angenommen, *F* gibt an, welche Kombinationen von Niveau des Lebensstandards und Einkommensgleichheit realisierbar sind, dann wählt Individuum *i* den Punkt *A* aus. Kein anderer Punkt verspricht ein höheres Sozialprodukt pro Kopf. Wenn aber die Kurven G_a und G_b die ›richtigen‹ Kurven sind, wird Person *j* den Punkt *B* wählen, der zwar mehr Gleichheit verspricht, aber nur unter der Bedingung eines deutlich abgesenkten Lebensstandards. Welcher Punkt ist der ›richtige‹ Punkt? Keiner von beiden, da beide völlig von individuellen Wertungen abhängen. Nur wenn es rationale Argumente für eine bestimmte Wertung gäbe, die jedes denkende Individuum überzeugen könnten, ließe sich eine Auswahl zwischen diesen Punkten begründen.

Es gibt auch keine »prästabilierte (im voraus festgestellte) Harmonie« dieser Gütekriterien. Vielmehr ist mit Zielkonflikten zu rechnen. Es kann durchaus sein, dass Gewinne bei der Zielerreichung von Ziel *A* nur möglich sind auf Kosten der Zielerreichung von Ziel *B*. Dann muss die Gesellschaft eine Wahl treffen: Welche Kombination der Ziele soll angestrebt werden? Tradition hat die Annahme eines Zielkonflikts zwischen Freiheit und Gleichheit. Dieser Auffassung zufolge führt wirtschaftliche Freiheit zu mehr Effizienz, riskiert aber größere Ungleichheit. Falls das stimmt, würde für alle, die Gerechtigkeit mit Gleichheit assoziieren, daraus folgen, dass eine Politik der Deregulierung nicht nur das Ziel der Gleichheit, sondern auch der Gerechtigkeit verfehlt.

Die Vorlesung löst diese Probleme des Konflikts von Wertvorstellungen nicht.[7] So wichtig und so intellektuell anregend die Frage auch ist, welchem Gesellschaftstypus nach welchem Gütekriterium der Vorzug gebührt, ihre Beantwortung obliegt der politischen Philosophie und übersteigt den Erkenntnishorizont einer Soziologie der Ungleichheit. Wir werden deshalb Verteilungen ohne ständige Bezugnahme auf die Frage diskutieren, ob sie auch gerecht sind. Wir kommen zwar immer wieder auf Fragen der Gerechtigkeit zu sprechen, aber solche Fragen stehen nicht im Zentrum der Veranstaltung. Immer sollte jedoch präsent sein, dass das öffentliche Interesse am Thema Gleichheit durch Vorstellungen einer gerechten Gesellschaft motiviert ist. Vor diesem Hintergrund fragen wir uns: Was heißt Gleichheit, wie lässt sich der Grad der Zielerreichung oder Zielverfehlung messen, welche Kräfte bewirken sie (oder bewirken ihr Gegenteil) und welches Ausmaß an Gleichheit oder Ungleichheit ist in einer bestimmten Gesellschaft bereits realisiert? Dabei beschränken wir uns auf einen spezifischen Aspekt der Verteilung erstrebenswerter Güter: die wirtschaftliche oder materielle Ungleichheit. Brisanz gewinnt sie wegen des Spannungsverhältnisses zum Postulat der Gerechtigkeit als Gleichheit.[8]

Für heute belasse ich es bei diesen Bemerkungen zu normativen Aspekten der Verteilung. In den folgenden Vorlesungen liegt das Schwergewicht auf einer empirisch-analytischen Argumentation, nicht auf einer norma-

---

7 Gesellschaftstheorien lassen sich u.a. danach unterscheiden, welchen Rang sie der Idee unauflösbarer Wertantinomien beimessen. Die Soziologie Max Webers steht für die Annahme, dass der Rationalisierung von Werten enge Grenzen gesetzt sind.

8 »To have any kind of plausibility, ethical reasoning on social matters must involve elementary equal consideration for all at *some* level that is seen as critical« (Sen 1972, S. 17).

tiv-analytischen, so unverzichtbar diese für die Verknüpfung des Themas der Ungleichheit mit dem der Gerechtigkeit auch sein mag.

3. Der Vorlesungszyklus ist in vier größere Abschnitte gegliedert. Nach der Einleitung beschäftigen wir uns im *ersten* Abschnitt dieses Zyklus mit den Grundbegriffen. Da Ungleichheit immer in der Abweichung von einem Gleichheitsstandard besteht, müssen wir zunächst klären, was unter Gleichheit verstanden werden soll. Gleichheit und damit auch Ungleichheit ist ein mehrdimensionales Konzept. Dimensionen der Ungleichheit sind das Thema der zweiten Woche. Wir interessieren uns in diesem Vorlesungszyklus in erster Linie für die materielle oder ökonomische Dimension der Ungleichheit und konzentrieren uns dabei dabei auf eine ihrer Formen, die Einkommensungleichheit. Die zweite Form der ökonomischen Ungleichheit, die Vermögensungleichheit, blenden wir dagegen weitgehend aus. Es gilt daher zweitens zu klären, was unter Einkommen und Einkommensgleichheit verstanden werden soll (dritte Woche). Unter Einkommensgleichheit als Ideal kann zweierlei verstanden werden: Ergebnisgleichheit oder Chancengleichheit. Ergebnisgleichheit als gesellschaftspolitisches Ideal wird nur von strikten Egalitaristen verteidigt. Seine Realisierung würde elementare Gerechtigkeitsanforderungen verletzen, so z.B die Ausrichtung der Entlohnung an den Beiträgen zum Sozialprodukt. Die neuere Literatur zur Chancengleichheit beruht auf der Unterscheidung von sozialer Ungleichheit, die ihren Ursprung einerseits in vom Individuum nicht zu verantwortenden Umständen hat und solchen Ursachen, die in die individuelle Verantwortlichkeit fallen, andererseits (Roemer 1998). Aber auch dieses Konzept ist mit begrifflichen Schwierigkeiten befrachtet. Ziel der vierten Vorlesung wird sein, ein scharf geschnittenes Konzept der Chancengleichheit zu erarbeiten.

Im *zweiten* Abschnitt (Vorlesungen 5 – 7) wenden wir uns der Messung der Einkommensungleichheit zu. Zunächst werden die bekannten, in der empirischen Sozialforschung gebräuchlichen Ungleichheitsmaße vorgestellt, wie der Gini-Koeffizient oder der Variationskoeffizient (fünfte Woche). Diese sind deskriptive Maße, die keine Theorie der gesellschaftlichen Wohlfahrt zur Grundlage haben. Anders das sog. Atkinsonmaß. Es ist aus einem berühmten, von Atkinson aufgestellten Theorem abgeleitet: Je gleicher die Einkommen verteilt sind, umso größer ist die gesellschaftliche Wohlfahrt (sechste Woche).

Es ist ein in der empirischen Sozialforschung weitgehend ignoriertes Faktum, dass die verschiedenen in der Sozialforschung verwendeten

Ungleichheitsmaße bestenfalls ordinal, aber nicht kardinal übereinstimmen. Steigt z.B. die mit dem Gini-Koeffizienten gemessene Ungleichheit um 10 Prozent, so können andere Ungleichheitsmaße einen höheren oder einen niedrigeren Anstieg der Ungleichheit ergeben. Es ist sogar nicht einmal garantiert, dass Ungleichheitsmaße unterschiedliche Verteilungen in der gleichen Reihenfolge, geordnet nach dem Ausmaß der Ungleichheit, anordnen. Das zwingt dazu, Gütekriterien für Ungleichheitsmaße aufzustellen und anhand dieser Kriterien eine begründete Wahl zwischen den verschiedenen Ungleichheitsmaßen zu treffen (siebte Woche).

Der *dritte* Abschnitt (Vorlesungen 8 – 10) behandelt die Theorie sozialer Ungleichheit in Ausschnitten. Schon allein wegen der Prominenz funktionaler Fragestellungen in der Soziologie beschäftigen wir uns in der achten Woche mit der Funktion sozialer Ungleichheit. Ist sie vielleicht deswegen in der Welt (und daher nicht zu beseitigen), weil sie eine wichtige Funktion übernimmt? Die strukturfunktionale soziologische Theorie nahm das an. In der öffentlichen Diskussion des Themas herrscht die Auffassung vor, dass die auf freier Konkurrenz beruhende Marktwirtschaft zwangsläufig Einkommensungleichheit generiert, die Wurzel der Ungleichheit also in dieser Organisationsform der Wirtschaft zu suchen ist. Diesem zentralen Problem: Konkurrenz als Quelle der Ungleichheit, wendet sich die Vorlesung in der neunten Woche zu. Was ich zeigen möchte ist: Nicht die Konkurrenz, sondern die Abweichungen von ihr sind in Marktwirtschaften der ›letzte Grund‹ für die Entstehung wirtschaftlicher Ungleichheit. Die bekannteste, aber bei weitem nicht einzige Form der Abweichung von der Konkurrenz ist die auf dem Monopol für Produktionsmittel aufbauende kapitalistische Organisation der Wirtschaft.

In Marktwirtschaften sind rund zwei Drittel der Individualeinkommen Einkünfte aus Löhnen und Gehältern. Schon daher ist es von besonderem Interesse, mehr über die wesentlichen Determinanten dieser Einkommenskategorie zu wissen. Damit beschäftigt sich die Vorlesung in der zehnten Woche. Es gilt, einerseits zwischen personellen und strukturellen Ursachen, andererseits zwischen gerechtfertigten und ungerechtfertigten Formen der Einkommensungleichheit zu unterscheiden. Spätestens an dieser Stelle kommen Bedürfnis- und Leistungsgesichtspunkte ins Spiel. Ihre Berücksichtigung steht der strikten Gleichverteilung der Einkommen im Weg. Soweit Ungleichheit das Ergebnis unterschiedlicher Leistungen der Marktteilnehmer ist, wäre es voreilig, sie als anstößig anzusehen; das gilt zumindest dann, wenn der Erwerb von Leistungsqualifikationen Gerechtigkeitskriterien genügt. Konkret bedeutet dies, dass zumindest alle gleich

Talentierten gleiche Möglichkeiten besitzen (sollten), Leistungsqualifikationen zu erwerben und auf die Erträge dieser Anstrengung einen Anspruch zu erheben. Bedürfnis- und Leistungskriterien sind normative Gründe für die Abweichung von der Gleichverteilung der Einkommen. Schwerer wiegt eine faktische, nur im Nachhinein zu beeinflussende Ursache der Ungleichheit: die »Geburtslotterie«. In welche Familie wir geboren werden, beeinflusst in hohem Maße unsere Lebenschancen. Dieser Sachverhalt wirft nicht nur ein Schlaglicht auf die Familie als zentrale Quelle der Ungleichheit, sondern in einem damit auf die Rolle des Zufalls. Man kann (vielleicht sogar: man muss) versuchen, durch Politik die Rolle der Familie und des Zufalls einzudämmen, aber das ändert nichts an ihrer Bedeutung für die Generierung von Ungleichheit.

Im *vierten* und letzten Abschnitt der Vorlesung werfen wir noch einen Blick auf zwei, für ein Urteil über die wirtschaftliche Ungleichheit zentrale empirische Sachverhalte: den Stand und die Entwicklung der Einkommensungleichheit in Deutschland einerseits (elfte Vorlesung) und in der Welt (zwölfte Vorlesung) andererseits. Deutschland gilt uns als Beispiel für eine fortgeschrittene Industriegesellschaft. Wie hat sich die Einkommensungleichheit in der Vergangenheit entwickelt? Wie aus den Daten hervorgeht, hat die Einkommensungleichheit seit der Wiedervereinigung zugenommen, wenn auch weniger ausgeprägt als z.B. in den USA. Jüngsten Berichten zufolge scheint sie aber wieder leicht abzunehmen. Hat sie stärker zugenommen als in anderen vergleichbaren Industrieländern? Und was sind die Ursachen für diesen Anstieg? Die elfte Vorlesung legt das Augenmerk auf strukturelle Faktoren der (steigenden) Ungleichheit. Der größere Teil der gemessenen Einkommensungleichheit ist Faktoren geschuldet, die ethisch akzeptierbar sind. Im Zentrum der Betrachtung globaler Entwicklungen (zwölfte Vorlesung) steht sodann die Beschäftigung mit der Frage, ob die weit verbreitete Auffassung, dass die Ungleichheit in globaler Betrachtung immer weiter zunimmt und die Kluft zwischen Entwicklungsländern und Industrieländern immer größer wird, zu Recht besteht. Dagegen spricht schon die beispiellose wirtschaftliche Entwicklung in China und darüber hinaus die Entwicklung des gesamten südostasiatischen Raums. Die Region von Indien und Hinterindien über China bis Japan ist nach dem ›alten‹ Westen zu einem zweiten Zentrum der Modernisierung geworden. Die westliche Welt war der Vorreiter, aber es gibt keine prinzipiellen Gründe dagegen, dass der wirtschaftliche Erfolg des Westens in anderen Erdteilen Nachahmer findet. Der Aufstieg von Ländern wie Japan, China und Indien spricht dafür, dass Konvergenz, nicht Divergenz das Signum der wirtschaftlichen Zukunft der Welt sein wird.

Literatur

Aristoteles: *Politik.* Neu übersetzt von Dr. theol Eugen Rolfes. Leipzig 1922: Felix Meiner.

Bronfenbrenner, Martin, 1971: *Income Distribution Theory.* Chicago und New York: Aldine Atherton.

Hegel, Georg Wilhelm Friedrich, 1955 [1821]: *Grundlinien der Philosophie des Rechts.* Vierte Auflage. Hamburg: Meiner.

Oestreich, Gerhard, 1978: *Geschichte der Menschenrechte und Grundfreiheiten im Umriß.* Zweite, durchgesehene und ergänzte Auflage. Berlin

Rawls, John, 1979 [1971]: *Eine Theorie der Gerechtigkeit.* Frankfurt: Suhrkamp.

Roemer, John E., 1998: *Equality of Opportunity.* Cambridge, Mass.: Harvard University Press.

Rousseau, Jean-Jacques, 1984 [1755]: *Diskurs über die Ungleichheit* [Discours sur l'inégalité]. Edition Heinrich Meier. Paderborn: Ferdinand Schöningh.

Tocqueville, Alexis de, 1987 [1835]: *Über die Demokratie in Amerika.* München: DTV.

Sen, Amartya, 1992: *Inequality Reexamined.* Cambridge, Mass.: Harvard University Press.

GRUNDBEGRIFFE

2 Zweite Vorlesung: Begriff und Dimensionen sozialer Ungleichheit

1. Gleichheit der Individuen als Ideal. 2. Natürliche versus soziale Unterschiede. 3. Die ungleiche Verteilung entäußerbarer Ressourcen. 4. Weitere Dimensionen sozialer Ungleichheit. 5. Nation oder Weltgesellschaft als Objekt der Analyse?

In der letzten Woche haben wir uns – zur Einführung in das Thema der Vorlesung – mit sozialer Gleichheit als Zielgröße der gesellschaftlichen Entwicklung und Kriterium für die Beurteilung der Güte eines Gesellschaftszustands beschäftigt. Moderne Gesellschaften unterscheiden sich historisch dadurch von ihren Vorläufern, dass sie ihrem Selbstverständnis nach Gesellschaften der verwirklichten Gleichheit sind. Je fester und je umfassender dieser Standard etabliert ist, umso problematischer wird jedwede Art von Ungleichheit. Was unter dieser Gleichheit – und damit unter Ungleichheit – genauer zu verstehen ist, haben wir aber bewusst offen gelassen. Unsere erste Aufgabe war, die enge Verflechtung der Soziologie mit dem Thema sozialer Ungleichheit aufzuzeigen. In der Neuzeit avanciert die Idee der Gleichheit zu einer normativen Leitkategorie. Nur vor diesem Hintergrund wird verständlich, dass Ungleichheit zu einem Politikum wird. Aber nicht nur der Konflikt zwischen Idee und gesellschaftlicher Realität nimmt zu, auch die Spannungen zu anderen Grundwerten treten schärfer hervor. Bedeutende Denker wie z.B. Hegel haben als Ziel der Geschichte nicht die Verwirklichung der Gleichheit, sondern die Verwirklichung der Freiheit angesehen. Wir verfolgen diese geschichtsphilosophischen Kontroversen nicht weiter und wir vertiefen auch nicht die Diskussion um Bewertungsstandards gesellschaftlicher Zustände. In der Vorlesung heute geht es vor allem darum, ein möglichst genaues Konzept sozialer Ungleichheit zu erarbeiten. Dabei wird sich herausstellen, dass Gleichheit – und damit auch ihr Gegenbegriff, die Ungleichheit – ein mehrdimensionales Konzept ist. Eine höchstmögliche Schärfung dieses Begriffs ist also heute unser Ziel. Wir beginnen mit der Frage: Was verstehen wir unter Ungleichheit und was insbesondere unter sozialer Ungleichheit?

1. Ganz allgemein gesehen besteht Ungleichheit immer in einer Abweichung von der Gleichheit. Das ist die denkbar abstrakteste Definition des Begriffs. Die Referenzgröße der Definition ist damit die Gleichheit.

J. Berger, *Wirtschaftliche Ungleichheit*, https://doi.org/10.1007/978-3-658-23682-3_2

Ungleichheit beinhaltet immer eine Negation der Gleichheit in wenigstens einer spezifischen Hinsicht. Eine Definition der Ungleichheit setzt insofern ein Vorverständnis von Gleichheit voraus.

Soweit Ungleichheit immer in einer Abweichung von der Gleichheit besteht, liegt es nahe, Gleichheit sowohl normativ als auch historisch als ursprünglicher zu verstehen: Am ›Anfang‹ bestand Gleichheit und begründungspflichtig ist normativ gesehen nicht die Gleichheit, sondern die Ungleichheit. Erst mit den Hochkulturen ist die Ungleichheit in die Welt gekommen, hat Rousseau gepredigt. Nicht nur gesellschaftsgeschichtlich, auch individualgeschichtlich ist Gleichheit – jedenfalls für die Proponenten dieser Idee – ursprünglicher als Ungleichheit. Wir sind alle gleich nackt in die Welt gekommen.

Schließt man die sog. ›primitiven‹ Gesellschaften aus der Betrachtung aus und lässt die Geschichte erst mit den hochkulturellen Gesellschaften beginnen, dann ist Gleichheit ein spätes Produkt sowohl der gesellschaftlichen als auch der gedanklichen Entwicklung. Die ältere, für Sklavenhaltergesellschaften und Adelsgesellschaften mit Leibeigenschaft typische Auffassung war: Der ›natürliche‹ Zustand ist Ungleichheit. Der Satz: Alle Menschen sind gleich, hat sich erst allmählich durchgesetzt. Mit der Überwindung der durch die Privilegien der Geburt geprägten Ständegesellschaft beginnt der Siegeszug der Idee der Gleichheit in der Weltgeschichte. Die Französische Revolution ist das welthistorische Ereignis, das den Bruch mit der Vergangenheit markiert. Der Historische Materialismus hat in das Gleichheitsversprechen der Revolution auch die Wirtschaft einbezogen. Er ist davon überzeugt, dass am ›Ende der Geschichte‹ der ursprüngliche Zustand der Gleichheit, der schon einmal im Urkommunismus bestand und in den Klassengesellschaften verlassen wurde, wieder erreicht sein wird.

Eine Untersuchung der Ungleichheit wird also am besten mit einer Verständigung darüber beginnen, was Gleichheit bedeutet. Es muss nicht nur geklärt werden, auf welchen Politikfeldern Gleichheit eine Zielvorstellung ist, sondern auch, wer die Subjekte oder die Träger dieser Eigenschaft sind. Die heute vorherrschende Auffassung, die auch dieser Vorlesung zugrunde liegt, lautet, dass Gleichheit grundsätzlich die Gleichheit aller Individuen meint. Eine einfache Überlegung lehrt aber, dass diese Gleichheit nie eine vollständige sein kann. Individuelle Gleichheit ist immer eine Gleichheit »hinsichtlich …« Individuen sind immer auch jeweils andere, in ihrer Individualität unverwechselbare Personen. Ihre Unterschiedenheit voneinander gehört genauso zur individuellen Existenz wie ihre Gleichheit. Individuen unterscheiden sich nicht nur hinsichtlich ihres Aussehens, ihrer Charaktereigenschaften und ihrer Fähigkeiten, sondern vor allem auch hinsichtlich ihrer Präferenzen, Wertvorstellungen und daraus abgeleiteter Lebenspläne. Differenzen zwischen Personen können und sollen nicht völlig ausgelöscht werden. Die vollständige Gleichheit oder Homogenität von Individuen in jeder Hinsicht wäre nicht die Erfüllung einer Utopie, sondern ähnelte einem Alptraum. Zur Debatte steht nur, ob und in welchem Sinn Gleichheit nicht der Lebenspläne, sondern der Realisierungschancen solcher Pläne sowohl besteht als auch bestehen soll.

In der Neuzeit haben sich zwei Auslegungen der Gleichheit aller Individuen durchgesetzt: Gleichheit der subjektiven Rechte und Gleichheit der Chancen. Nicht durchgesetzt hat sich eine weitere Idee: Gleichheit der Ausstattung mit materiellen Ressourcen. Alle Menschen sind gleich, soll zunächst einmal heißen: Sie sind mit den gleichen Grundrechten ausgestattet, die ihnen einzig und allein auf Grund der Tatsache des Menschseins zukommen und keiner weiteren zusätzlichen Qualifikation, als der eben Mensch zu sein, bedürfen. Diskutiert wird, welche Rechte im einzelnen einem Individuum allein auf Grund seines Menschseins zukommen. Der Inbegriff dieser Rechte sind die Grundrechte. Darüber hinaus gibt es aber Rechte, die einem Individuum nicht als Mensch, sondern z.B. als Staatsbürger zustehen. Zu diesen Rechten gehören zum einen die Bürgerrechte (z.B. Versammlungsfreiheit), zum anderen die sog. politischen Rechte. Ihr Kern ist das aktive und passive Wahlrecht. Diese Rechte sind unter den Staatsbürgern gleichverteilt, aber solange zwischen Staatsbürgern und Ausländern unterschieden wird, nicht unter allen Bewohnern eines Territoriums.[1]

Das zweite Feld, auf dem der Kampf um die Realisierung von Gleichheit ausgefochten wird, ist die Chancengleichheit. Während in westlichen Gesellschaften die Rechtsgleichheit trotz ärgerlicher Abweichungen und Verstöße im Großen und Ganzen als verwirklicht gelten kann, ist in der politischen Auseinandersetzung sowie in den Sozialwissenschaften umstritten, in welchem Ausmaß Chancengleichheit in diesen Gesellschaften bereits Realität ist. Wie auch immer das Urteil ausfallen mag: Als gesellschaftliche Norm stößt Chancengleichheit auf weitgehende Zustimmung. Ob und in welchem Ausmaß Chancen tatsächlich gleichverteilt sind – und damit das Urteil darüber, in welchem Ausmaß die Realität von der Norm abweicht – hängt zu einem guten Teil davon ab, was unter Chancengleichheit zu verstehen ist

1 In Deutschland sind die Sozialrechte gleicher verteilt als die politischen Rechte. Sozialrechte besitzen alle Bewohner des Landes; politische Rechte auf Landes- und Bundesebene nur die Staatsbürger. Für ein Minimum an Sozialrechten bedarf es nicht einmal eines legalen Aufenthaltstitels.

und was alles als Bedingung für Chancengleichheit postuliert wird. Hierauf gehe ich an dieser Stelle nicht weiter ein, da die vierte Vorlesung diesem Thema gewidmet ist. Es gilt zunächst einen Blick auf jenen Bereich zu werfen, für den die differentielle Verteilung erstrebenswerter Güter typisch ist und daher durch Politik nicht oder nur in einem sehr begrenzten Maß aufgehoben werden kann. Ich meine die Unterschiede in der natürlichen Ausstattung von Individuen. Fixiert werden sie im Prozess der Zuteilung natürlicher Eigenschaften durch die Geburtslotterie.

2. Dass Menschen von Natur aus wegen dieser Lotterie verschieden sind, ist ein Faktum, das nicht oder nur in sehr engen Grenzen aus der Welt zu schaffen ist. Menschen unterscheiden sich nun einmal nach Geschlecht, Alter, Hautfarbe, Gestalt, Gesundheit, körperlicher Leistungsfähigkeit, Begabung usw. Daran lässt sich nichts oder kaum etwas ändern (jedenfalls bis heute nicht). Die wichtigsten geburtsbedingten Dimensionen natürlicher Ungleichheit sind wohl Rasse, Geschlecht, Begabung und körperliche Konstitution. Im Verlauf des Lebens kommt noch das Lebensalter hinzu. Es wäre sinnlos, solche Unterschiede und ihre Rolle bei der Verteilung von Chancen zu leugnen.[2] Insbesondere die Region, in der man geboren wird, spielt eine zentrale Rolle bei der Verteilung von Einkommenschancen. Zwei Drittel der globalen Einkommensungleichheit lassen sich mit der Region erklären, in der ein Kind aufwächst (Firebaugh 2003). Worauf es nach einer allgemein geteilten Auffassung ankommt, ist, dass die familiale Herkunft nicht zählt (oder jedenfalls nicht zählen soll), wenn es um die Zuteilung von Rechten und den Zugang zu sozialen Positionen geht. Aber diese Norm gilt keineswegs ohne Einschränkungen. Migrationsgesetze z.B. engen den Kreis von Personen, die Zutritt zu einem Land erhalten, ganz erheblich ein. Interpretiert man das Aufenthaltsrecht als eine soziale Position, dann verstoßen Migrationsregeln gegen das Prinzip, die Besetzung von Stellen mit Personen nicht an zugeschriebenen Qualitäten festzumachen. Aber auch schon im nationalen Rahmen gilt die genannte Regel keineswegs bedingungslos. Fußballvereine z.B. konkurrieren um die talentiertesten Spieler und Opernhäuser um die talentiertesten Sängerinnen und Sänger. In der Filmindustrie spielt das Aussehen eine überragende Rolle. Nicht alle, aber

2 Die soziologische Ungleichheitsforschung wäre gut beraten, wenn sie sich vor der Tatsache der genetischen Variation nicht länger wegducken, sondern sie in ihre Bemühungen, den Ursachen der Ungleichheit auf die Spur zu kommen, aufnehmen würde. Hierzu Diewald (2010).

wichtige natürliche Ausstattungsunterschiede wie Geschlecht, Begabung, Alter, Aussehen sind häufig faktische Ausschlusskriterien.

Talentunterschiede werden als ›natürliche‹ Unterschiede angesehen, weil sie mit der Person fest verwachsen, insofern nicht austauschbar und nicht entäußerbar sind. Niemand kann seine natürlichen Eigenschaften abstreifen wie ein lästiges Kleidungsstück, obwohl diese Grenze mit wachsenden technischen Möglichkeiten nicht mehr ganz so fest ist (man denke nur an die Organtransplantation oder die Geschlechtsumwandlung). Beseitigen lassen sich solche Unterschiede dennoch nur in ganz engen Grenzen. Das gilt bis heute jedenfalls ab dem Zeitpunkt der Geburt. Aber in vielen Fällen kann immerhin ein Ausgleich geschaffen werden. Beispiele hierfür sind Brillen, Hörgeräte, Zahnersatz, die Heilung von Krankheiten usw. als Ausgleich für die unterschiedliche Verteilung von Gesundheit. Dieses Vorgehen kann mit beträchtlichen Kosten verbunden sein. Die Frage ist dann, wer diese Kosten trägt. Für das Risiko zu erkranken, haben sich in westlichen Gesellschaften umfassende Versicherungslösungen etabliert. Alle Versicherten zahlen in einen gemeinsamen Topf ein, aber die Summe der Entnahme von Gesundheitsleistungen ist für das versicherte Risiko nicht an die Höhe des Beitrags gebunden, sondern erfolgt nach Bedarf.

Genuin soziale Ungleichheiten unterscheiden sich von natürlichen Unterschieden dadurch, dass sie in der ungleichen Zuordnung äußerlicher, ›alienabler‹ Ressourcen zu Personen bestehen. Weil sie von Personen abtrennbar sind, können sie daher auch prinzipiell anders zugeordnet werden. Während ›interne‹ Ressourcen mit der Leiblichkeit der Person fest verwachsen sind (z.B. Begabung, Aussehen usw.) und sich daher der Umverteilung entziehen, lassen sich externe Ressourcen von der Person, die aktuell über sie verfügt, abtrennen. Sie sind daher das geeignete Material für eine politisch gewollte Umverteilung.[3] Im Zeitalter der Gleichheit bedarf die ungleiche Verteilung abtrennbarer Ressourcen auf Personen der Rechtfertigung. Für natürliche Unterschiede gilt dies nicht. Ihre Umverteilung oder gar Einebnung ist keine Norm, die allgemein akzeptiert wäre. Eine derartige Forderung lässt sich nicht aus der Idee der Gleichheit aller Menschen ableiten. Natürliche Gleichheit aller Individuen ist eher eine Horrorvorstellung. Alle Altersunterschiede wären beseitigt, es gäbe keine verschiedenen Geschlechter mehr usw.

---

3 Nicht nur interne und externe Ressourcen sind ungleich verteilt. Auch öffentliche Güter, wenn man darunter die von der öffentlichen Hand bereitgestellten Güter versteht, können ungleich verteilt sein. Beispiele sind Wohngegenden unterschiedlicher Qualität, Erreichbarkeit und Qualität öffentlicher Schulen usw.

Natürliche Gleichheit, in der alle individuellen Unterschiede eingeebnet wären, ist kein erstrebenswertes Ziel. Umstritten ist aber, in welchem Umfang der Grundsatz Geltung beanspruchen kann, dass natürliche Differenzen ohne Auswirkung auf soziale Differenzen (im Unterschied zu rechtlichen oder politischen) bleiben sollen. Wie für alle Normen gilt auch für diese Norm, dass sie begründungspflichtig ist. Es muss angegeben werden können, was ihr Rechtsgrund ist. Eine geläufige Antwort hierauf ist, dass die leiblichen Eigenschaften einer Person für ihr Person-Sein irrelevant sind. Aber was folgt daraus konkret? Sollen z.B. behinderte Kinder zusammen mit ›normalen‹ Kindern oder von diesen getrennt in Förderschulen unterrichtet werden, weil das vielleicht für ihre Entwicklung zuträglicher ist? Darüber tobt zur Zeit der Streit um die inklusive Schule. Aus dem gleichen Recht auf individuelle Entwicklung und Teilhabe an der Gesellschaft folgt keineswegs die Integration aller Kinder in ein und dieselbe Schulform. Was für die meisten Normen gilt, dass ihre Geltung an Bedingungen geknüpft ist und Einschränkungen unterliegt, gilt auch für die Norm, den Einfluss der Natur (im Sinne der Leiblichkeit eines Individuums) auf soziale Positionen auszuschalten. Für den Zugang zum Bildungsmarkt kann der Grundsatz allgemeinere Geltung beanspruchen als für den Zugang zum Arbeitsmarkt, auf dem größere Chancen für Talente gemeinhin nicht als normwidrig angesehen werden. In einem eklatanten Widerspruch zu dieser Norm steht die Praxis der Quotierung von Positionen nach dem Geschlecht. Dass diese Praxis gerade von ›linken‹ Parteien unterstützt wird, zeigt, dass auch dort die Idee, natürlichen Unterschieden keinen Einfluss auf die Besetzung sozialer Positionen einzuräumen, keineswegs sattelfest etabliert ist.

Natürliche Ausstattungsunterschiede sind im Übrigen nur eine Teilmenge der Unterschiede, von denen gefordert werden kann, dass sie ohne Auswirkung auf die Ausstattung eines Individuums mit subjektiven Rechten im Allgemeinen und auf seine Lebenschancen im Besonderen bleiben sollen. Gerade bezüglich sozialer Unterschiede, wie z.B. die »Herkunft« aus einem bestimmten Elternhaus, wird die Forderung erhoben, sie sollten ohne Auswirkung auf Lebenschancen sein. Wie wir später (siehe die vierte Vorlesung) sehen werden, impliziert die Umsetzung dieser Forderung, dass Ressourcen, die nicht mit einer Person verwachsen sind, als Ausgleich für natürliche Unterschiede oder Unterschiede der Herkunft zur Kompensation dieser Unterschiede eingesetzt werden.

3. Ich habe eingangs gesagt, dass Ungleichheit immer in der Abweichung von einem Gleichheitsstandard besteht. Nur in Bezug auf diesen Standard

lässt sich eindeutig definieren, worin soziale Ungleichheit besteht. Eine simple Interpretation versteht darunter die Gleichverteilung aller Güter auf Personen.[4] So einfach und eigentlich selbstverständlich diese Auslegung sich gibt, ihre konkrete Durchführung, auch nur in Gedanken, steht vor erheblichen Problemen: Was ist, wenn es eine Vielzahl von Gütern gibt? Wie soll man verfahren, wenn die Bedürfnisse ungleich sind?[5] Je nachdem, wie diese Fragen beantwortet werden, ändern sich die Argumente zur Begründung der Norm, ihre Ausgestaltung im einzelnen und die politischen Strategien zu ihrer Umsetzung.

Die Ressourcen, über die ein Individuum verfügt, sind einerseits natürliche Güter, andererseits soziale Güter. Die natürlichen Güter sind, wie ausgeführt, mit der Person fest verwachsen und können von ihr nicht abgelöst und neu verteilt werden. Zu den natürlichen Gütern in diesem Sinne zähle ich auch alle Eigenschaften, die von einer Person durch Bildungsanstrengungen erworben wurden. Bildung muss man selbst erwerben, man kann sie nicht durch andere erwerben lassen.[6] Unter sozialen Gütern verstehe ich solche Güter, die erstens von einer individuellen Person ablösbar und insofern frei zuteilbar sind, die zweitens allgemein erstrebt werden (sonst wären sie kein ›Gut‹), und die drittens Güter sind, die Lebenschancen determinieren. Es handelt sich bei diesen Gütern um Instrumente oder Mittel, die wie die natürlichen Güter dazu dienen, Lebenspläne zu verwirklichen. In ›unserer‹ Gesellschaft sind die wichtigsten sozialen Güter ohne Zweifel (Geld)-Einkommen und Vermögen (Sach- sowie Geldvermögen). Sie sind nicht mit der Person fest verwachsen und können ihr daher entweder genommen oder von ihr veräußert werden, sei es durch Verkauf oder Schenkung. Von der Ausstattung mit natürlichen und sozialen Gütern hängt ab, welche Kauf- und Verkaufschancen eine Person auf Märkten hat. Die wichtigsten Märkte, welche Lebenschancen determinieren, sind der Bildungsmarkt, der Arbeitsmarkt, der Wohnungsmarkt und der Heiratsmarkt.

4 In Wahrscheinlichkeitstheorie und Statistik versteht man unter Gleichverteilung z.B. der Einkommen, dass jedes Einkommen die gleiche Realisierungschance hat. Ich gebrauche hier und in der gesamten Vorlesung diesen Begriff im umgangssprachlichen Sinn: Alle Individuen verfügen über das gleiche Einkommen.

5 Zur ersteren Frage siehe Sen (1992), Dworkin (1981) und Arneson (1989).

6 Ein engerer Begriff natürlicher Güter würde darunter nur solche Güter zählen, die eine Person von Geburt an besitzt. In der wirtschaftswissenschaftlichen Diskussion firmiert Bildung als Humankapital. Man kann es zwar wie Sachkapital durch Investitionen vermehren, aber es nutzt sich nicht wie dieses durch Gebrauch ab. Zur uferlosen Verwendung des Kapitalbegriffs siehe diese Vorlesung weiter unten.

Abstrahiert man einmal von dem Problem der unterschiedlichen Ausstattung von Individuen mit natürlichen Ressourcen und betrachtet die Ausstattung mit ›sozialen‹ Ressourcen für sich, dann besteht soziale Ungleichheit immer in der differentiellen Verteilung von Ressourcen, die im oben definierten Sinn als ›soziale‹ Güter angesehen werden können. Mitgedacht wird dabei, dass die Verteilung kontingent ist, also auch anders ausfallen könnte und abänderbar ist. Aus dem Gesagten ergibt sich die folgende allgemeine Definition sozialer Ungleichheit: die differentielle, auch anders mögliche Verteilung erstrebenswerter, von der Person ablösbarer Güter auf Individuen. Ich erläutere kurz die einzelnen Bestandteile der Definition.

- *Verteilung*: Ungleichheit ist ein Verteilungsphänomen. Falls das zu verteilende Gut metrisch skaliert ist, kann seine Verteilung mit den aus der Statistik bekannten Verteilungsfunktionen (Dichtefunktion und kumulative Verteilungsfunktion) repräsentiert und analysiert werden.
- *Differentielle Verteilung*: Ungleichheit besteht in einer differentiellen d.i. unterschiedlichen Zuteilung von Gütern auf Personen. Sie lässt sich als eine Zufallsvariable ansehen, deren einzelne Ausprägungen mit unterschiedlichen Wahrscheinlichkeiten auftreten.
- *Kontingenz*: Die Verteilung ist kontingent, also auch anders möglich. Es besteht keine Notwendigkeit, dass Individuum i eine bestimmte Menge x des zu verteilenden Guts erhält. Kontingenz impliziert: Umverteilung ist möglich.
- *Ablösbarkeit*: Das zu verteilende Gut ist nicht wie die genetische Ausstattung eines Individuums fest mit ihm verwachsen, sondern vielmehr von ihm ablösbar. Ablösbar muss nicht in jedem Fall heißen: veräußerbar. Z.B. sind die Rechte, die eine Person besitzt, vom Individuum insofern ablösbar, als sie ihm durch eine andere Rechtsordnung genommen werden könnten, aber in ›unserer‹ Rechtsordnung jedenfalls ist die Verfügung über die eigene Person (anders als die Güter, die sie besitzt), nicht verkäuflich, sondern unveräußerlich. Diese Unveräußerlichkeit ist das Ergebnis einer Jahrhunderte dauernden Rechtsentwicklung. Verkäuflichkeit von Personen ist das konstitutive Merkmal von Sklavenhaltergesellschaften.
- *Güter*: Der oben genannten Definition sozialer Ungleichheit liegt ein weit gespannter Güterbegriff zugrunde, der nicht nur Einkommen und Vermögen umfasst, sondern alle Gütergruppen, die Rawls (1979) als »gesellschaftliche Grundgüter« oder Primärgüter klassifiziert. Ne-

ben Einkommen und Vermögen zählen zu diesen Grundgütern *(primary goods)* noch Rechte, Freiheiten und Chancen.[7]

Unter Rechten und Freiheiten verstehe ich die subjektiven Rechte eines Individuums, also die von einer Verfassung garantierten Menschen- und Bürgerrechte einerseits, die politische Rechte (aktives und passives Wahlrecht) andererseits.[8] Opportunitäten (die Menge von Möglichkeiten, zwischen denen jemand eine Wahl treffen kann) sind für die Lebenschancen eines Individuums genauso wichtig wie subjektive Rechte und Freiheiten. Wahlmöglichkeiten können nicht nur durch Einschränkung subjektiver Rechte und den Mangel an Ressourcen beschnitten werden, sondern genauso durch die Beschränkung der Sachverhalte, zwischen denen überhaupt gewählt werden kann. Wenn es in einem Lebensmittelgeschäft wenig zu kaufen gibt, obwohl Freiheit der Konsumwahl besteht und das kaufwillige Individuum über genügend Geldmittel verfügt, dann schränkt das die Wahlfreiheit ebenso ein wie der Mangel an Geld oder die fehlende Freiheit der Konsumwahl.

Die Grundstruktur der Gesellschaft ist durch die Verteilung der gesellschaftlichen Grundgüter bestimmt, die auch Rawls scharf von natürlichen Grundgütern wie »Gesundheit und Lebenskraft, Intelligenz und Phantasie« (a.a.O. S. 83) abgrenzt. Für die Entscheidung über die gerechte Einrichtung der Gesellschaft sind allein die gesellschaftlichen Grundgüter relevant. Die natürlichen Güter kommen nur »mittelbar« in Betracht (nämlich bei der Entscheidung über die Frage, ob es in einer gerechten Gesellschaft einen Ausgleich für ihre ungleiche Verteilung geben soll).

Die gesellschaftlichen Grundgüter (Primärgüter) sind die Grundlage für die Realisierung von Lebensplänen. Je gleicher Rechte und Freiheiten einerseits, Opportunitäten andererseits verteilt sind, umso

7 Dieser Katalog von Grundgütern ist eher konventionell. Ein weiteres Grundgut ist nach Rawls die Selbstachtung. »Der Einfachheit halber« (Rawls 1979, S. 112) kommt er auf dieses Grundgut aber erst viel später, im dritten Teil seines Buchs zurück (Kapitel 67). Aus dem gleichen Grund folge ich Rawls mit der Ausklammerung dieses Grundguts aus der Betrachtung.

8 Schon Böhm-Bawerk hat sich mit dem Problem herumgeschlagen, ob Rechte und Verhältnisse wirtschaftliche Güter wie Sachgüter und Dienstleistungen sind. Er kommt zu einer ablehnenden Antwort. Der Nutzen den man z.B. dem »Idealwesen Staat« zuschreibt, könne ohne Rest auf die Nutzleistungen seiner Beamten und der dem Gemeinwesen zur Verfügung gestellten Sachgüter (Straßen Häfen usw.) zurückgeführt werden [Böhm-Bawerk (1924), S. 119].

größer ist die Chance, dass jedes Individuum seine Lebenspläne realisieren kann. Eine ›gute‹ Gesellschaft ist eine Gesellschaft, in der jedes Individuum die Möglichkeit hat, seine Lebenspläne zu realisieren. Aber keine noch so gute Gesellschaft kann garantieren, dass teure Lebenspläne genauso gut realisierbar sind wie billige. Wenn z.B. zu einem Lebensplan gehört, den Mount Everest zu besteigen, setzt das mehr materielle Ressourcen voraus, als den Feldberg im Schwarzwald zu besteigen. Die Gerechtigkeit verlangt nicht, dass Gleichheit in den Realisierungsmöglichkeiten von Lebensplänen besteht, wenn es um Lebenspläne mit hohem Ressourcenaufwand geht.

Die Länder der Erde unterscheiden sich u.a. danach, welche Opportunitäten sie Bürgern vor allem im Bildungswesen und in der Berufswahl bieten. Die neben dem Zugang zu Bildungseinrichtungen wichtigste Opportunität eines Individuums ist der Zugang zu Ämtern und Positionen. Die Norm, die sich in westlichen Gesellschaften diesbezüglich herausgebildet hat, ist Gleichheit des Zugangs für alle, welche die erforderlichen Qualifikationen für die Besetzung einer Stelle besitzen. Aber nach dem oben Gesagten kommt es nicht nur darauf an, dass Freiheit der Berufswahl besteht, sondern dass überhaupt Berufe bestehen, zwischen denen gewählt werden kann. Diese Bedingung ist dann erfüllt, wenn entweder hinreichend Chancen der Berufsausübung für Selbständige bestehen oder wenn hinreichend viele Arbeitsplätze mit unterschiedlicher Ausrichtung, auf denen berufliche Tätigkeiten ausgeübt werden können, angeboten werden.

In den fortgeschrittenen Industriegesellschaften des Westens sind Geldeinkommen und Vermögen die materiellen Ressourcen, die einem Individuum zur Realisierung von Lebensplänen zur Verfügung stehen.[9] Rechte, Freiheiten und Chancen sind in den westlichen Gesellschaften entweder schon gleichverteilt oder ihre Gleichverteilung ist ein konsensuelles Ziel der Politik. Anders verhält es sich hingegen mit der Verteilung von Einkommen und Vermögen. Sie sind so gut wie immer ungleich verteilt. Ihre Gleichverteilung befürworten nur strikte Egalitaristen. Auch nach Rawls kann unter bestimmten Bedingungen von der Norm der gleichmäßigen Verteilung abgewichen werden, dann nämlich, wenn diese Abweichung jeden besser stellt (Rawls 1979, S. 84).

9 Der Vermögensbegriff umfasst nicht nur Geldvermögen, sondern auch Sachvermögen wie z.B. Immobilien, Produktionsanlagen, aber auch Gemälde, Schmuck usw.

- *Individuen*: In der oben angeführten allgemeinen Definition sozialer Ungleichheit sind Individuen die sozialen Einheiten, über die begehrte Güter ungleich verteilt werden können. Aber diese Bezugsgröße ist nicht die einzig denkmögliche. Auch Haushalte, Gruppen und Regionen können Gegenstand der Analyse sozialer Ungleichheit sein. Allerdings hat sich in der jüngeren Ungleichheitsforschung die Auffassung durchgesetzt, soziale Ungleichheit als Ungleichheit zwischen Individuen anzusehen. In der international vergleichenden Ungleichheitsforschung treten an die Stelle von Individuen häufig Nationen (Staaten). In der einfachsten Form des internationalen Vergleichs – jedes Land wird mit dem Mittelwert der pro Kopf-Einkommen repräsentiert – wird von der ungleichen Verteilung von Vorteilen auf Individuen oder Haushalte innerhalb der Staaten abstrahiert. Auf die damit verbundenen Probleme kommen wir in der zwölften Vorlesung zurück.
- *begehrte Güter*: Dass die zur Verteilung anstehenden Güter auch begehrt werden, ist ein begriffsnotwendiges Element der Definition.[10] Wenn niemandem die ungleiche Verteilung etwas ausmacht, dann existiert sie allenfalls in einem statistischen Sinn, aber nicht mehr als politisches und gesellschaftliches Problem. Mit wenigen Ausnahmen (Diogenes im Fass) begehren Individuen Primärgüter, weil sie die unverzichtbaren Mittel zur Realisierung von Lebensplänen sind und alle Individuen Wert darauf legen, ihre Lebenspläne verfolgen zu dürfen und verfolgen zu können. Ohne die Verfügung über Primärgüter wäre das ausgeschlossen.

4. Auf die Idee, dass Ungleichheit ein mehrdimensionales Konzept ist, sind wir u.a. bei dem Rückgriff auf das Rawlssche Konzept der Primärgüter gestoßen. Rawls hat seine Liste unter dem Gesichtspunkt zusammengestellt, für welche Güter legitim Gleichverteilungsansprüche erhoben werden können. Soziale Ungleichheit hat jedoch noch weitere, in der Liste der Primärgüter nicht enthaltene Dimensionen. Auch mit der Unterscheidung zwischen natürlichen und gesellschaftlichen Gütern einerseits, der Differenzierung von Kategorien gesellschaftlicher Güter andererseits, ist das Spektrum der zur Verteilung anstehenden Sachverhalte aber noch lange nicht erschöpft.

10 So auch Rawls 1979, S. 112: »Grundgüter [sind] ... Dinge, von denen man annimmt, dass ein vernünftiger Mensch sie haben möchte, was auch immer er sonst noch haben möchte«.

Ganz allgemein gesprochen gibt es wenigstens drei unterschiedliche Sachverhalte, die gleich oder ungleich verteilt sein können: erstens Ressourcen (in einem ganz weiten Sinn), zweitens die individuelle Wohlfahrt (einigen geht es vielleicht besser als anderen, auch dann, wenn sie vielleicht über weniger Ressourcen verfügen) und drittens Lebenschancen *(opportunities)*. Für die wirtschaftswissenschaftliche und sozialphilosophische Diskussion sozialer Ungleichheit im Anschluss an Sen (1992) und Arneson (1989) ist die Unterscheidung dieser drei Dimensionen fundamental.[11] In der Soziologie ist sie, soweit ich sehe, noch nicht angekommen.

Gegen die Rawlssche Idee, dass es auf Ressourcengleichheit im Sinne einer Gleichheit in der Verteilung gesellschaftlicher Primärgüter ankomme, hat Sen (1992) eingewandt, dass es sich um eine Art von Güter-Fetischismus handele. Warum in aller Welt sollen Güter gleichverteilt sein? Abgesehen von dieser normativen Frage: Solange es verschiedene gesellschaftliche Primärgüter gibt, bedarf es eines Indexes, um verschiedene Bündel von Primärgütern vergleichbar zu machen. Einen plausiblen Index dieser Art gibt es (noch) nicht.

Für die individuelle Wohlfahrt oder den Nutzen als die relevante Dimension der Gleichheit spricht, dass es doch eigentlich auf das gleiche Wohlbefinden und nicht auf den gleichen Güterbesitz ankommt. Gegen diese Größe als Maßstab der Bewertung gesellschaftlicher Zustände spricht aber u.a., dass Nutzen nicht kardinal messbar ist. Arneson (1989) hat u.a. deswegen dafür plädiert, nicht die Nutzengleichheit und auch nicht die Ressourcengleichheit, sondern die *equality of opportunity of welfare*, also Chancengleichheit in der Dimension des Nutzens oder der individuellen Wohlfahrt, unterschieden von der Dimension des Erwerbs von Ressourcen, als die relevante Dimension anzusehen. Auf Chancengleichheit (allerdings ohne die Bedingung, dass es sich um Chancengleichheit in der Dimension der Wohlfahrt handeln müsse) als die eigentliche relevante Dimension sozialer Ungleichheit gehe ich in der nächsten Vorlesung ein. Ich beschränke mich im Folgenden darauf, das Spektrum der Ungleichheit in der Güterdimension zu vervollständigen.

Was die Güterkategorien anbelangt, die gleichverteilt sein können oder sollen: Entweder zählt man einfach auf, was einem an Gütern so in den Sinn kommt oder man leitet die Kategorien der für die Lebensführung relevanten Güter aus einer Theorie ab. In der Soziologie genügt eigentlich nur die

11 Sen (1992) hat sich für eine vierte Dimension: *Equality of capabilities* stark gemacht. Ich betrachte ohne weitere Begründung diese Idee als eine Variante der Chancengleichheit.

Parsonssche Theorie diesem Anspruch. Webers Unterscheidung zwischen Klassen und Ständen kann als ein erster Ansatz gelesen werden, Dimensionen sozialer Ungleichheit zu unterscheiden.

(a) Die vielleicht umfassendste Auflistung von Gütern in einem weiten, auch Rechte einschließenden Sinne, die gleich oder ungleich verteilt werden können, findet sich bei Walzer (1983). Diese Liste beginnt mit der Mitgliedschaft. In Netzwerke oder Verkehrskreise (Simmel) inkludiert oder aus ihnen exkludiert zu sein, hat erhebliche Auswirkungen nicht nur, aber ganz besonders auf die Berufschancen einer Person. Die für ein Individuum wichtigste Mitgliedschaft ist die Staatsbürgerschaft. Sie enthält u.a. das Recht, jederzeit in das Staatsterritorium, dessen Bürger man ist, wieder zurückkehren zu können. Von diesem Recht sind nur die Staatenlosen ausgeschlossen. Insofern ist die Staatsbürgerschaft ein gleichverteiltes Mitgliedschaftsrecht, auch wenn dieses Recht von verschiedenen Staaten gewährt wird. Weitere Kapitel von Walzers Buch widmen sich der sozialen Sicherheit, der Verteilung von Geld und Waren, dem Zugang zu Ämtern und beruflichen Positionen, schwerer körperlicher Arbeit (kein ›Gut‹, sondern ein ›bad‹) sowie freier Zeit. Damit endet die Aufzählung aber noch nicht. Es folgen noch Kapitel über Erziehung (Ausbildung), Verwandtschaft, Zuneigung *(love)* sowie göttliche Gnade (auch die ist nach der Lehre protestantischer Sekten höchst ungleich verteilt), Anerkennung und politische Macht.

(b) Einen interessanten Vorschlag zur Kategorisierung von Gütern hat Erik O.Wright (1994) gemacht. Wenn man zwischen Formen der Verteilung von Gütern und Klassen zu verteilender Güter unterscheidet und für beide Kategorien jeweils eine relationale und eine monadische Form annimmt (also die Art und Weise der Verteilung von Gütern ist entweder relational oder monadisch und auch das zu verteilende Gut ist entweder relational oder monadisch), dann ergeben sich vier Kategorien ungleicher Verteilung, die in einer Vierfeldertafel angeordnet werden können. Typische monadische Güter sind Einkommen und Gesundheit, typisch relationale sind Macht und Talent. Für die Macht ist die relationale Eigenschaft offensichtlich: Macht ist immer Macht über andere. Aber auch das Talent ist relational, da ohne Begabungsunterschiede Talente nicht attestiert werden könnten. Von jemandem zu sagen, er sei talentiert, geht nur, wenn mit dieser Aussage implizit auf Durchschnittsbegabungen Bezug genommen wird.

Die relationale Eigenschaft Talent wird jedoch monadisch verteilt, soll heißen: Die Ausstattung einer Person mit Talent im Rahmen der Vererbung von Eigenschaften affiziert nur die betreffende Person und sonst niemanden. Hingegen kann Macht nur relational verteilt werden: Der Erwerb von Macht durch Person A geschieht in einem Prozess der konflikthaften Auseinandersetzung mit anderen Personen. Das Gleiche gilt nach Wright für das Einkommen. Es ist ein monadisches Gut, wird aber relational verteilt. Ein Einkommen einer bestimmten Höhe kennzeichnet ausschließlich dessen Empfänger und bezeichnet keinerlei Beziehung zwischen Einkommensempfängern. Später werden wir sehen, dass, wenn es um die Messung von Ungleichheit geht, die Einkommenshöhe sogar das einzige Charakteristikum eines Einkommensempfängers ist. Auch wenn Einkommen monadisch definiert ist (um das Einkommen von A zu bestimmen, ist keinerlei Bezug auf das Einkommen von B erforderlich), ist jedoch der Prozess des Einkommenserwerbs von A nicht monadisch, sondern geschieht stets in der Bezugnahme auf andere Personen (nur für Robinson Crusoe gilt das nicht). Gesundheit und Körpergewicht sind Beispiele für Güter, die sowohl monadisch definiert sind als auch in Prozessen erworben werden, die monadisch organisiert sind. Für das Gut Gesundheit gilt dies allerdings mit Einschränkungen: Betrachtet man Gesundheit als ein rein natürliches und nicht durch das medizinische Gesundheitssystem erzeugtes oder miterzeugtes Gut, dann ist es sowohl nach seinem Charakter als auch nach der Form seiner Verteilung monadisch.

So interessant dieser Vorschlag ist, ihm fehlt die Verankerung in einer genuin soziologischen Gesellschaftstheorie (ein Nachteil ist das natürlich nur, wenn man auf einer solchen Verankerung besteht). Sieht man sich nach soziologischen Theorieansätzen um, aus denen sich eine Kategorisierung von Dimensionen der Ungleichheit ableiten ließe, dann kommen insbesondere zwei Ansätze in Betracht: Webers Unterscheidung zwischen Klassen und Ständen einerseits und Parsons' Unterscheidung von vier Subsystemen der modernen Gesellschaft andererseits.

(c) Sehr verkürzt entstehen Klassen nach Weber (1972) durch gruppenspezifische Unterschiede in »Maß und Art der Verfügungsgewalt (oder des Fehlens solcher) über Güter und Leistungsqualifikationen« (ebd. S. 177). Diese Unterschiede determinieren die Chancen der Einkommenserzielung und, hierüber vermittelt, die Lebenschancen. Aber nicht die Höhe des Einkommen ist klassenbildend, sondern die differentielle Verfügung über »Maß und Art der Verfügungsgewalt« von auf Märkten verwertbaren Ressourcen. Im Falle der Arbeiter ist das die Verfügung über Arbeitskraft, im Falle der Unternehmer die Verfügung über Produktivkapital. Klassen im eigentlichen Sinn gibt es nur auf dem Boden der Marktvergesellschaftung. Sie entstehen durch die unterschiedliche Verfügung über Sachgüter und Leistungsqualifikationen (Humankapital). Eine ständische Gesellschaft unterscheidet sich von einer Klassengesellschaft nicht durch eine andere Verteilung von Sach- und Humankapital (es könnte durchaus sein, dass die Verteilung von Sachkapital, zumindest von Grund und Boden, in einer ständischen Gesellschaft ungleicher ist), sondern durch das spezifische Gut, dessen ungleiche Verteilung Schichtung erzeugt. In einer ständischen Gesellschaft ist das die Ehre oder das Ansehen, das einer Person durch ihre Herkunft zukommt. In Marktwirtschaften ist das die differentielle Verfügung über auf Märkten verwertbare Ressourcen. Auch in Marktgesellschaften gibt es noch ständische Unterschiede, verstanden als Unterschiede der Ehre und des Ansehens, auch wenn ihre wesentliche Quelle nicht mehr die Herkunft (Geburt), sondern der Beruf ist. Wie dem auch sei: Ansehen oder Ehre ist eine eigenständige Dimension von Gütern, die ungleich verteilt sein können.

(d) Damit kommen wir zu einer Klassifikation von Gütern im Anschluss an die Parsonssche Theorie der modernen Gesellschaft. Dieser Theorie zufolge gliedert sich eine moderne Gesellschaft in vier funktional separierte Teilgebiete: Wirtschaft, Politik, gesellschaftliche Gemeinschaft und gesellschaftliche Kultur (Soziokultur). Die Trennung von Politik und Wirtschaft ist eine der grundlegenden Neuerungen im Übergang von der traditionalen zur modernen Gesellschaft. So fundamental diese Unterscheidung auch ist, es bedarf einiger gedanklicher Anstrengung, sie auf den Begriff zu bringen und gegen Einwände zu verteidigen. Man kann entweder Weber folgen, und handlungstheoretisch die Bereiche nach ihrem Handlungssinn unterscheiden, oder man folgt Parsons funktionaler Grenzziehung. Aufgabe der Politik ist, gesamtgesellschaftlich verbindliche Entscheidungen zu fällen (z.B. Beitritt zur EU), Aufgabe der Wirtschaft dagegen, die Mobilisierung von Ressourcen für beliebige Zwecke. Für Parsons haben aber nicht nur Politik und Wirtschaft, sondern auch die gesellschaftliche Gemeinschaft und die Soziokultur in der Moderne relative Autonomie erlangt. Unter der gesellschaftlichen Gemeinschaft versteht Parsons diejenige Sphäre, in der freie Bürger private Zusammenschlüsse aller Art bilden. Solche Vereinsbildungen reichen von Familien über alle Arten geselliger Vereine bis hin zu politischen Parteien. Die Soziokultur schließlich ist der gesellschaftliche Bereich, welcher sich der Pflege und Fortbildung der Kultur widmet. Konkret handelt es sich im Wesentlichen um alle Arten von Bildungseinrichtungen von der Schule bis zur Universität. Parsons räumt damit dem Bildungswesen prinzipiell den gleichen Rang ein wie der Politik und der Wirtschaft.

In diesen vier Bereichen stehen vier verschiedene Güter zur Verteilung an. In der Wirtschaft materielle Ressourcen, in der Politik Macht, in der Gemeinschaft subjektive Rechte und in der Soziokultur in differenten Ausbildungsgängen erworbenes Wissen. Unter Auspizien der Gleichverteilung hat sich (in westlichen Gesellschaften) nur die Idee der Rechtsgleichheit durchgesetzt; für die Güterkategorien »materielle Ressourcen« und »Wissen« hingegen gelten Abstufungen im Allgemeinen als legitim, jedenfalls solange die Chancen des Erwerbs dieser Güter gleichverteilt sind. Dazu mehr in der vierten Vorlesung. Versteht man unter politischer Macht das Stimmrecht, dann gilt für die Verteilung dieser Ressource uneingeschränkt die Gleichverteilung. Versteht man hierunter hingegen die Befugnis zu Entscheidungen, welche die Gesellschaft binden, dann ist diese Macht in demokratisch regierten Gesellschaften hochgradig bei der Exekutive und der Legislative konzentriert.

Was in dieser Aufzählung fehlt, ist die Verteilung von Ansehen (Ehre). Eine Möglichkeit, im Rahmen der Parsonsschen Theorie damit umzugehen, ist: Ansehen war die zentrale Verteilungsdimension in der vormodernen, ständischen Gesellschaft. In der modernen Erwerbsgesellschaft büßt diese Variable ihre zentrale, den Status zuweisende Position ein. Das ist nur insofern richtig, als Ansehen zum einen nicht mehr wie in feudalen Ständegesellschaften die gesellschaftsspezifische Kategorie ist, nach der Personen unterschieden werden, und als zum anderen Ansehen nicht mehr auf der Herkunft beruht. Aber das ändert nichts an der Tatsache der ungleichen Verteilung von Ansehen auch in Gegenwartsgesellschaften. Nur die Quelle hat sich geändert. In unserer Gesellschaft ist die wichtigste (aber keineswegs einzige) Quelle von Ansehen der ausgeübte Beruf.

Eine andere Möglichkeit ist, zu postulieren, dass die gesellschaftliche Gemeinschaft zwei Güter verteilt: Rechte und Ansehen. Eine dritte Möglichkeit: In modernen Gesellschaften sind nur die subjektiven Rechte (zumindest gesetzlich, wenn auch nicht faktisch) gleichverteilt. Materielle Güter, Macht (besser: Organisationsmacht oder Herrschaft), Ansehen und Ausbildung hingegen sind die legitim ungleich verteilten Güter in den vier Subsystemen. Legitim ungleich soll heißen: Zumindest ein Teil der Variation (wenn auch nicht die gesamte) ist legitim.

(e) Kreckels (2004, Kap. II) Kategorisierung von Ungleichheitsdimensionen ist an die Parsonssche Theorie angelehnt. Reichtum, Organisation, Assoziation und Wissen sind dem Autor zufolge die vier wesentlichen Dimensionen sozialer Ungleichheit. Weiterführend ist der Gedanke, dass auch private Assoziationen eine Sphäre der Ungleichheit sind. Das soziale

Netz, in dem jemand steht, ist durchaus ein Gut, das sehr unterschiedlich verteilt ist. Diese Vorstellung geht zurück auf Simmels Konzept voneinander abgeschotteter Verkehrskreise. Lebenschancen sind auch dadurch determiniert, in welchem Verkehrskreis man sich bewegt. Kreckels Analyse leidet jedoch darunter, dass er nicht genügend zwischen Dimensionen der Ungleichheit, den in ihnen zur Verteilung anstehenden Gütern und den »Medien« der Ungleichheit trennt. Nimmt man diese Trennung vor, ergeben sich an Dimensionen der Ungleichheit: die ökonomische, die politische, die private (gemeinschaftliche) und die kulturelle (symbolische) Dimension. Verteilt werden in diesen Dimensionen materielle Güter (die Reichtum bedeuten), Rang in Organisationen (dieses Gut ist politisch, weil es Entscheidungsbefugnis vermittelt), Zugehörigkeit und formales, in Bildungspatente gegossenes Wissen. In Anlehnung an Luhmann sind Geld, Macht, Liebe (Sympathie) und Wahrheit dann die den vier Dimensionen zugeordneten Medien.

(f) Für die Unterscheidung von Dimensionen der Ungleichheit war ein kurzer Aufsatz von Pierre Bourdieu, in Deutsch publiziert in einem Sammelband über soziale Ungleichheiten von Reinhard Kreckel (1983), trotz der eigenwilligen Diktion des Verfassers überaus einflussreich. Bourdieu unterscheidet in diesem Aufsatz zwischen ökonomischem, kulturellem und sozialem Kapital.[12] Unter ökonomischem Kapital versteht Bourdieu alle Arten von veräußerbarem Besitz, also nicht nur das Sachkapital von Unternehmen, sondern z.B. auch alle Formen von Geldkapital, Grund und Boden, Vermögensgegenstände im Privatbesitz usw. Das kulturelle Kapital kann in drei Formen existieren: als in die Person inkorporiertes Kapital, als objektiviertes Kulturkapital – darunter versteht der Autor veräußerbare kulturelle Objekte wie Bücher oder Gemälde – und als institutionalisiertes Kulturkapital in der Form von Titeln (Bourdieu 1983, 185ff.). Das inkorporierte Kulturkapital ist zum Teil mit dem aus der Bildungsforschung geläufigen Konzept des Humankapitals identisch. Sein Erwerb kostet Zeit, und dieser Erwerb kann auch nicht an Andere abgetreten werden, sondern verlangt eine eigene Anstrengung. Das auf diese Weise erworbene Bildungskapital kann nicht verschenkt, vererbt oder verkauft werden. Anders als in der Bildungsforschung rechnet Bourdieu zum Bildungskapital aber nicht nur das in formalen Bildungsgängen erworbene und in Zertifikaten

12 Eine vierte Kapitalkategorie Bourdieus, das symbolische Kapital, ist in diesem Aufsatz noch nicht thematisiert. In Bourdieu (1983) taucht der Begriff nur kursorisch an zwei Stellen auf, für seine Ausarbeitung siehe z.B. Bourdieu (1982).

dokumentierte Wissen, sondern auch die Aneignung von Kultur in der primären Sozialisation des Elternhauses.

Der Begriff des Sozialkapitals hat in der Soziologie eine große Karriere hinter sich. Neben Bourdieu sind Coleman (1990) und Putnam (2000) die wichtigsten Quellen für dieses Konzept. Bourdieu versteht unter sozialem Kapital die Summe der Vorteile, die ein Individuum durch die Zugehörigkeit zu einer Gruppe gewinnt. Diese Gruppe kann eine Familie, eine Gesellschaftsschicht oder ein Netzwerk sozialer Beziehungen sein. Wie viel Sozialkapital jemand besitzt, hängt nicht nur von den eigenen Investitionen in diese Kapitalsorte ab (Beziehungen muss man bekanntlich pflegen), sondern auch von der Größe des Netzwerks, dem man angehört, dem Kapital, das die einzelnen Knoten dieses Netzwerks besitzen usw.[13]

Das symbolische Kapital schließlich ist nichts anderes als das aus der soziologischen Ungleichheitsforschung seit Max Weber vertraute Konzept des Prestiges oder des Ansehens. Beim symbolischen Kapital ist noch umstrittener als beim sozialen Kapital, inwiefern die Verfügung darüber auf einer individuellen Leistung der Person beruht, die dieses Kapital besitzt. Schließlich ist das Ansehen etwas, das eine Person in den Augen Anderer hat; die Wertschätzung wird ihr von Anderen entgegengebracht und ist damit nichts, über das individuell wie etwa über eine Summe Geldes verfügt werden kann.

Die Vorstellung, die ungleich verteilten Güter seien verschiedene Sorten von Kapital, lässt sich bis auf Marx zurückverfolgen. Der Marxsche Kapitalbegriff war allerdings auf das physische Kapital beschränkt. Darunter verstand er produzierte Produktionsmittel. Das »ursprünglichste« Produktionsmittel ist der Boden, aber er ist nicht produziert. Jedenfalls lässt er sich nicht beliebig vermehren.[14] Die produzierten Produktionsmittel sind im Monopolbesitz der Gruppe der Kapitalisten. In der Produktion des Reichtums stehen dieser Gruppe die besitzlosen Arbeiter gegenüber. Sie sind besitzlos in dem Sinne, dass sie keinerlei Verfügungsrechte über physisches Kapital in der Produktion besitzen. Das Einzige, was sie besitzen und produktiv verwerten können, ist ihre eigene Arbeitskraft; diese ist praktisch gleichverteilt. Jeder Arbeiter verfügt über genau eine Einheit. Wenn man will, kann man dieses Kapital Humankapital nennen: das in die Person

13 Aus solchen Gründen ist in den Wirtschaftswissenschaften umstritten, eine Parallele zwischen Sozialkapital einerseits, ökonomischem und Humankapital andererseits, zu ziehen. Siehe Sobel (2002).

14 Die Bodenqualität lässt sich jedoch durch unternehmerische Investitionen verbessern.

inkorporierte »Arbeitsvermögen«. Die ökonomische und soziologische Bildungsforschung versteht unter Humankapital allerdings nicht das nackte, unqualifizierte Arbeitsvermögen, sondern spezifische, in Bildungsgängen der verschiedensten Art erworbene Qualifikationen.

5. Ein weiteres Problem der Ungleichheitsforschung ist die räumliche Erstreckung der Untersuchung. Lässt sich wegen der Verflechtung der Volkswirtschaften das Studium der Ungleichheit überhaupt auf eine Nationalgesellschaft beschränken? Oder ist es nicht vielmehr geboten, dieses Studium auf transnationale Größen (z.B. die Europäische Union), tendenziell sogar auf die Weltgesellschaft auszudehnen? Die Anhänger des »methodologischen Kosmopolitismus« (Ulrich Beck) bejahen diese Frage. Eine ausführliche Auseinandersetzung mit ihren Argumenten ersparen wir uns an dieser Stelle. Wer sich empirisch mit Fragen sozialer Ungleichheit beschäftigt, hat immer die Wahl, Ungleichheit auf nationaler oder transnationaler Ebene zu thematisieren. An der räumlichen Begrenzung der Fragestellung ist jedoch an sich nichts falsch. Gleichheit kann man national oder international erforschen. Wer sich auf den nationalen Rahmen beschränkt, verstößt vielleicht gegen eine verbreitete Ideologie, begeht aber keinen schwerwiegenden methodologischen Fehler.

Ferner verlangt eine Untersuchung sozialer Ungleichheit immer auch eine Festlegung der Einheiten, auf welche Güter ungleich verteilt werden. Im internationalen Vergleich sind das Staaten oder Nationen. Aber auch dann hat die Forschung die Wahl, ob sie Staaten als eine Ansammlung von Individuen oder von Haushalten ansieht. Für Haushalte als Einheiten der Analyse spricht sowohl in nationaler als auch in internationaler Perspektive, dass sie Einheiten des Konsums sind und der Konsum ein gern benutztes Maß für die individuelle Wohlfahrt ist. Darüber hinaus besteht natürlich auch die Möglichkeit, sowohl innerhalb eines Staates als auch zwischen Staaten die Einkommen von Gruppen, z.B. Klassen oder von Berufsgruppen wie Arbeitern, Angestellten und Beamten, zu vergleichen.

Fragen der räumlichen Erstreckung stellen sich nicht nur für die empirische Forschung, sondern ebenso auf der normativen Ebene. Wer für strikte Einkommensgleichheit oder wenigsten für weniger Ungleichheit plädiert, sollte zugleich angeben, auf welche gesellschaftliche Einheit sich diese Forderung bezieht. Auf die Weltgesellschaft, eine Nationalgesellschaft oder eine mehrere Nationen umfassende Region (etwa die EU)? Soll sie für alle auf dem Territorium tatsächlich lebenden Personen gelten (mit gültigem Aufenthaltstitel), nur für die Staatsbürger oder z.B. auch für die Personen mit dauerhaftem oder sogar nur mit zeitlich begrenztem Aufenthaltsrecht? In der jüngeren politischen Theorie ist eine Debatte darüber entbrannt, welche Art von Gleichverteilung sozialer Güter für welchen Typus von Gesellschaft gelten soll.[15] Der Streit bewegt sich zwischen zwei Polen. Den einen Pol bilden normative Auffassungen, wonach die Gleichverteilung materieller Güter sich auf die Weltgesellschaft bezieht, den anderen Pol das Argument, dass eine solche Forderung sinnvoll nur für eine Nationalgesellschaft erhoben werden kann. Für die Begrenzung der Forderung nach Gleichverteilung auf die Nationalgesellschaft sprechen mehrere Gründe: Erstens, deren Mitglieder sind stärker voneinander abhängig als vom Rest der Welt. Zweitens, nur sie sind so stark vergemeinschaftet, dass von den Landsleuten Solidarität abverlangt werden kann. Und schließlich drittens, Umverteilung muss von einer staatlichen Instanz durchgesetzt und durchgeführt werden. Bis heute ist hierzu nur der Nationalstaat in der Lage.

Ab der nächsten Vorlesung betrachten wir nur noch eine einzige Dimension der Güterverteilung: die Verteilung materieller Vorteile und in dieser Dimension auch nur die Verteilung der Einkommen. Die Vermögensverteilung wird nur kursorisch behandelt. Dadurch entkommen wir auch einem schwerwiegenden Problem, das sich immer dann einstellt, wenn mehrere Dimensionen der Ungleichheit unterschieden werden und die Position eines Individuums auf diesen Positionen unterschiedlich ausfällt (z.B. jemand ist einkommensreich, aber vermögensarm, gebildet, aber arm, usw.). Ich meine das Problem der Indexbildung, das virulent wird, wenn es gilt, die vorhandene Ungleichheit mit einer einzigen Messziffer zu erfassen. Dann müssen die einzelnen Komponenten, die in den Index eingehen, nicht nur messbar und metrisch skalierbar sein, sie müssen auch gewichtet werden.[16]

Bevor wir die Einkommensverteilung im Einzelnen studieren, müssen wir zuvor noch klären, was genau unter Einkommen verstanden werden

15 Siehe hierzu den instruktiven Sammelband über globale Gerechtigkeit von Broszies/Hahn (2010). Für eine durchdachte Kritik am Kosmopolitismus siehe insbesondere Nagel (2003), auf Deutsch auch in dem Band von Broszies und Hahn (2010).

16 Gut studieren lässt sich das Problem am Beispiel des *Human Development Index*. Er besteht aus den drei Komponenten Einkommen pro Kopf, Lebenserwartung und Bildungsgrad. Jede Komponente geht mit einem Drittel in den Index ein. Nicht nur ist diese Gewichtung arbiträr, sondern bereits die Konstruktion des Indexes wirft Fragen nach der theoretische Begründung auf. Für einen instruktiven Überblick über die Probleme der Wohlfahrtsmessung vgl. den Beitrag von Jochimsen/Raffer 2016.

soll. Hinter dem simplen Begriff verbirgt sich eine Vielzahl von Bedeutungsvarianten, zwischen denen die Forschung eine Auswahl treffen muss. Damit beschäftigen wir uns in der folgenden dritten Vorlesung. In der vierten Vorlesung wenden wir uns dann der Idee der Chancengleichheit zu.

Literatur

Arneson, Richard, 1989: Equality and Equal Opportunity for Welfare. In: *Philosophical Studies* Vol. 56, S. 77-93.

Böhm-Bawerk, Eugen, 1924 [1881]: Rechte und Verhältnisse vom Standpunkte der volkswirtschaftlichen Güterlehre. In: ders., *Gesammelte Schriften,* S. 1-126. Paderborn: Historisches Wirtschaftsarchiv.

Bourdieu, Pierre, 1983: Ökonomisches Kapital, kulturelles Kapital, soziales Kapital. In: Kreckel, Reinhard (Hrsg.): *Soziale Ungleichheiten.* Sonderband 2 der Zeitschrift Soziale Welt, S. 183-198. Göttingen: Otto Schwartz.

Bourdieu, Pierre, 1982: *Die feinen Unterschiede. Kritik der gesellschaftlichen Urteilskraft.* Frankfurt: Suhrkamp.

Broszies, Christoph und Henning Hahn (Hrsg), 2010: *Globale Gerechtigkeit: Schlüsseltexte zur Debatte zwischen Partikularismus und Kosmopolitismus.* Frankfurt: Suhrkamp.

Coleman, James S., 1990: *Foundations of Social Theory.* Cambridge, Mass.: The Belknap Press of Harvard University Press.

Diewald, Martin, 2010: Zur Bedeutung genetischer Variation für die soziologische Ungleichheitsforschung. In: *Zeitschrift für Soziologie,* Band 39, S. 4-21.

Dworkin, Ronald, 1981 a, b: What is Equality? Part 1: Equality of Welfare, in: *Philosophy and Public Affairs* 10, S. 185-246 – What is Equality? Part 2: Equality of Resources, in: *Philosophy and Public Affairs* 10, S. 283- 345.

Kreckel, Reinhard, 2004: *Politische Soziologie der sozialen Ungleichheit.* Dritte Auflage. Frankfurt: Campus.

Jochimsen, Beate und Christian Raffer, 2016: Herausforderungen bei der Messung von Wohlfahrt. Deutsches Institut für Wirtschaftsforschung. *Discussion Papers* 1595.

Nagel, Thomas, 2003: The Problem of Global Justice. In: *Philosophy and Public Affairs.* Vol. 33, S. 133-147.

Parsons, Talcott, 1972: *Das System moderner Gesellschaften.* Weinheim: Juventa.

Putnam, Robert D., 2000: *Bowling Alone. The Collapse and Revival of American Community.* New York: Simon & Schuster.

Rawls, John, 1979 [1971]: *Eine Theorie der Gerechtigkeit.* Frankfurt: Suhrkamp.

Rousseau, Jean-Jacques, 1984 [1755]: *Diskurs über die Ungleichheit* [Discours sur l'inégalité]. Edition Heinrich Meier. Paderborn: Ferdinand Schöningh.

Sen, Amartya, 1973: *On Economic Inequality*. Oxford: Clarendon Press.

Sen, Amartya, 1992: *Inequality Reexamined*. Cambridge, Mass.: Harvard University Press.

Sobel, Joel, 2002: Can We Trust Social Capital? In: *Journal of Economic Literature* Vol. XL, S. 139-154.

Tocqueville, Alexis de, 1987 [1835]: *Über die Demokratie in Amerika*. München: DTV.

Walzer, Michael, 1983: *Spheres of Justice. A Defense of Pluralism and Equality*. o.O., Basic Books.

Weber, Max, 1972 [1922]: *Wirtschaft und Gesellschaft. Grundriss der verstehenden Soziologie*. Fünfte Auflage. Tübingen: Mohr Siebeck.

Wright, Erik Olin, 1994: Inequality. In: ders., *Interrogating Inequality. Essays on Class Analysis, Socialism and Marxism*, S. 21-31. London: Verso.

3 Dritte Vorlesung: Einkommensungleichheit

1. Rekapitulation: Soziale Ungleichheit versus natürliche Ungleichheit. Die Unterscheidung zwischen Gütern, Nutzen und Chancen. 2. Gleichheit und Gerechtigkeit. 3. Konzentration auf ökonomische Ungleichheit. 4. Einkommen und Vermögen. 5. Personelle und funktionale Einkommensverteilung. 6. Einkommensarten. 7. Einkommensempfänger. Das Konzept des Äquivalenzeinkommens. 8. Die Wahl der Einkommensperiode.

1. In der letzten Vorlesung haben wir versucht, eine möglichst allgemeine Definition sozialer Ungleichheit zu entwickeln. Soziale Ungleichheit in einem deskriptiven Sinn liegt immer dann vor, wenn ›externe‹ Vorteile jedweder Art, d.h. Vorteile, die nicht mit der Leiblichkeit einer Person fest verwachsen sind, differentiell auf gesellschaftliche Einheiten (Individuen oder Haushalte) verteilt sind und daher auch anders verteilt werden könnten. Eine ungleiche Ausstattung von Personen mit *natürlichen* Eigenschaften erfüllt für sich genommen noch nicht den Tatbestand sozialer Ungleichheit. Dass Personen z.B. unterschiedlich begabt sind, ist zunächst einmal keine soziale, sondern eine natürliche Tatsache. Erst mit den sozialen Folgen dieser unterschiedlichen Ausstattung von Personen wird das Reich der sozialen Ungleichheit betreten. Wir haben uns dann noch mit der Frage befasst, ob sich natürlich bedingte soziale Ungleichheiten normativ rechtfertigen lassen.

Eine von normativen Vorstellungen sozialer Gleichheit angeleitete engere Definition würde von sozialer Ungleichheit erst dann sprechen, wenn es für diese ungleiche Verteilung abtrennbarer, mit einer Person nicht fest verwachsener Vorteile keinerlei Rechtfertigung gibt. Nach dieser engeren Definition erfüllt die bloße Streuung von Vorteilen noch nicht den Tatbestand sozialer Ungleichheit. Hinzukommen muss die fehlende Rechtfertigung für diese Streuung. Die statistisch feststellbare Ungleichheit weicht dann von der ›wahren‹ Ungleichheit ab. Beispielsweise kann man sich auf den Standpunkt stellen, dass in dem geringeren Gehalt des Lehrlings im Vergleich zum Gehalt eines Meisters keine Ungleichheit zum Ausdruck kommt, sondern ganz im Gegenteil: Gleiche Bezahlung beider Personengruppen wäre eine manifeste Ungleichheit. Nicht bei jeder tatsächlich festgestellten Ungleichheit muss es sich auch ›in Wahrheit‹ um eine solche handeln. Schon

J. Berger, *Wirtschaftliche Ungleichheit*, https://doi.org/10.1007/978-3-658-23682-3_3

daran zeigt sich, dass im Begriff der Ungleichheit positive und normative Bedeutungsschichten miteinander verschmelzen.

Wenn man sich gegen den normativen Gehalt der Gleichheitsvorstellung wendet und sich auf den Standpunkt stellt, es komme nur auf die Ergebnisungleichheit an, bleibt gleichwohl die Frage im Raum stehen, ob solche Unterschiede gerechtfertigt sind oder nicht. Ihre Beantwortung wird dann nur auf eine andere Disziplin (die philosophische Ethik) abgeschoben. Je egalitaristischer Vorstellungen sozialer Gleichheit sind, umso ausgedehnter ist allerdings der Bereich nicht gerechtfertigter sozialer Ungleichheit. Wer z.B. die unterschiedliche Ausstattung mit natürlichen Eigenschaften (Gesundheit, Begabung, Schönheit usw.) durch die Geburtslotterie als ungerecht ansieht, wird einen Ausgleich über die Zuteilung sozialer, also veräußerbarer Vorteile verlangen. Wer hingegen jeder Person einen uneingeschränkten Besitz seiner selbst einräumt (Nozick 1974: *self ownership*), wird solche Vorstellungen ablehnen.

Natürliche Eigenschaften sind sicherlich ungleich verteilt, aber in der Regel nicht ungleicher als materielle Güter. Z.B. steht zu vermuten, dass Intelligenz weit weniger über Personen streut als Einkommen (Atkinson 1983). Trotz der großen Bedeutung, welche die Vererbung von Anlagen auf die Position eines Individuums im sozialen Gefüge hat, hängt das Ausmaß, in dem natürliche Unterschiede in soziale umschlagen, von der Organisation der Gesellschaft ab. Eine zwangsläufige oder gar invariante Transformation natürlicher Eigenschaften in soziale Ungleichheit gibt es nicht. Eine natürliche Eigenschaft (z.B. blonde Haare) wird nur dann zu einem sozialen Vorteil, wenn sie entsprechend bewertet wird und sich in Gratifikationen – der Zuteilung von Vorteilen – niederschlägt.[1]

Natürliche Unterschiede lassen sich, wenn überhaupt, nur unter Inkaufnahme hoher Kosten eliminieren. Angesichts der Gegebenheit natürlicher Unterschiede kann die Politik allenfalls bestrebt sein, sie gesellschaftspolitisch zu isolieren, also darauf hinzuwirken, dass sie sich nicht in soziale Unterschiede übersetzen. Für Unterschiede des Geschlechts und der Ethnie ist das eine mittlerweile fest etablierte Norm (in westlichen Gesellschaften), aber daraus folgt nicht, das die Ausschaltung der Umsetzung natürlicher Unterschiede in soziale in jedem Fall wünschenswert ist; dies gilt z.B. dann nicht, wenn es um Vorteile aus Talenten geht. Die höheren Einkommen talentierter Personen, kommen nicht nur diesen selbst zu gute, sondern,

1 Siehe z.B. Frey/Gallus 2012 über Vorteile guten Aussehens.

so lautet das Argument, die Gesellschaft als ganze hat etwas davon, wenn Talente einen Anreiz besitzen, sich anzustrengen.

Wir haben uns dann noch damit beschäftigt, den Gegenstand der Verteilung (oder Umverteilung) zu präzisieren. Falls Gleichheit das Ziel ist, stellt sich die Frage, welcher Art die Sachverhalte sind, die gleichverteilt werden sollen. Unter Auspizien der Gerechtigkeit als Gleichheit kommen nicht nur Güter (im weitesten, z.B. auch Bildungsgüter einschließendem Sinn) in Betracht. In der politischen Philosophie der Gegenwart werden zumindest zwei weitere Kandidaten diskutiert: Chancen (Opportunitäten) sowie Nutzen *(welfare)*, der aus dem Besitz von Gütern oder aus eingeräumten Chancen gezogen wird.[2]

2. Mit Blick auf Fragen der Gerechtigkeit wirft die Mehrdimensionalität der Güterwelt ein gravierendes Problem auf. Solange ein Individuum Güter unterschiedlicher Art besitzt, muss seine Ausstattung mit diesen Gütern zu einem Index zusammengefasst werden, um mit dem Güterbesitz einer anderen Person vergleichbar zu werden. Dieses Problem lässt sich besonders gut am Beispiel der Rawlschen Grundgüter demonstrieren. Rawls (1979) z.B. zählt zu den Grundgütern, die zur Verteilung anstehen, neben Einkommen und Vermögen die bürgerlichen Freiheiten, politische Grundrechte sowie den Zugang zu Ämtern und Positionen.[3] Um Gesellschaftszustände nach dem Grad der erreichten Gleichheit miteinander vergleichbar zu machen, müsste jede Güterart mit einem Gewicht versehen und die verschieden Güterarten zu einem Index zusammengefasst werden.

Was Rechte anbelangt, so hat sich in westlichen Gesellschaften die Gleichheitsnorm vollständig durchgesetzt. Ebenso ist Chancengleichheit als Norm für die Regelung des Zugangs zu Ämtern und Positionen mittlerweile fest etabliert. Was diese Norm konkret verlangt, ist allerdings Gegenstand

---

2 Sen (1992) vertritt die Auffassung, dass die relevante Dimension, bezüglich derer Gleichheit politisch hergestellt werden soll, weder Güter, noch Nutzen, noch Chancen, sondern *capabilties* sind (also Fähigkeiten im Sinne von: welche Lebenspläne zu realisieren ein Individuum in der Lage ist). Ich sehe in Sens Vorschlag allerdings nur eine Präzisierung der Idee der Chancengleichheit.

3 Ein weiteres Grundgut nach Rawls (1979, S. 83) sind die sozialen Grundlagen der Selbstachtung. Es leuchtet unmittelbar ein, dass z.B. eine Gesellschaft, die einen Teil ihrer Mitglieder als rechtlose Sklaven behandelt, kein geeigneter Nährboden für die Entwicklung von Selbstachtung ist. Was außer der Institutionalisierung der Menschen- und Bürgerrechte für die Gleichverteilung der Selbstachtung getan werden könnte, ist schwer zu sehen.

heftiger Kontroversen.[4] Der tatsächliche Zugang zur Warenwelt hingegen ist nach wie vor ungleich verteilt, Solange Waren mit Geld erworben werden und der Geldbesitz nicht nur faktisch ungleich verteilt ist, sondern die ungleiche Verteilung auch legitim sein kann, wird sich daran nichts ändern. Geldeinkommen sind der Schlüssel zum Eintritt in die Warenwelt. Was diesen Schlüssel anbelangt, so könnte die Norm lauten: Gleiche Chancen des Gelderwerbs. Was das wieder heißen könnte, dazu mehr in der nächsten Vorlesung. Rawls Theorie der Gerechtigkeit postuliert, dass Einkommen und Vermögen gleichverteilt werden, es sei denn, eine ungleiche Verteilung gereicht jedermann zum Vorteil.[5]

Eine ausführliche Beschäftigung mit der Rawlsschen Theorie der Gerechtigkeit gehört nicht zu den Aufgaben dieser Vorlesung. In unserem Zusammenhang ist es jedoch von Belang, dass nicht nur die Einkommen ungleich (oder gleich) verteilt sein können, sondern vor allem auch der Zugang zu Rollen, Ämtern und Positionen in sozialen Systemen (den Teilbereichen der Gesellschaft). Wem dieser Zugang verwehrt ist, der ist aus dem entsprechenden Teilsystem exkludiert, so z.B. die Arbeitslosen aus dem Beschäftigungssystem, die Ausländer aus dem durch die Ausübung des Wahlrechts definierten politischen System und die Bildungsaspiranten aus dem Bildungssystem dort, wo ein *numerus clausus* den Zugang zu Bildungsgütern regelt.[6] Mit einem zentralen Aspekt der Zugangsungleichheit (der Chancenungleichheit) beschäftigen wir uns in der nächsten Vorlesung. Auch bei völliger Chancengleichheit des Zugangs zu Ämtern und Positionen schlägt sich die Besetzung einer mit einem Gehalt verbundenen Stelle in Einkommensunterschieden nieder, da einerseits Stellen nur von einer Person besetzt werden können (und Mitbewerber leer ausgehen), andererseits Stellen unterschiedlich entlohnt werden (mehr dazu in der achten und neunten Vorlesung).

3. Wie schon in der Einleitung betont, konzentrieren wir uns in der Vorlesung auf die materielle oder ökonomische Ungleichheit; politische, rechtliche, kulturelle Ungleichheiten usw. bleiben außen vor. In einer Geldwirt-

4 Hierzu siehe Kapitel 4.

5 Rawls (1979), Abschnitt 11, S. 83. Diese Aussage wird in den späteren Kapiteln des Buchs präzisiert, so z.B. S. 112 umgedeutet in: bestmögliche Aussichten für die am wenigsten Begünstigten.

6 Für weitere Aspekte von *inequality beyond income* siehe *The Journal of Economic Perspectives* Heft 2, Jahrgang 30, 2016. Ein Aufsatz behandelt die »Ungleichheit vor dem Tod«, ein anderer die ausgleichenden Wirkungen der Krankenversicherung usw.

schaft ist die materielle Ungleichheit im Großen und Ganzen deckungsgleich mit der Verfügung über Geldeinkommen, Geldvermögen und geldwertem Sachbesitz. Unter einer solchen Wirtschaft verstehe ich eine Form der wirtschaftlichen Organisation, in welcher der Lebensunterhalt eines ›Singles‹ oder einer Familie typischerweise durch den Gelderwerb und die anschließende Nutzung der Einkünfte zum Erwerb von Waren nach dem Gutdünken der Geldbesitzer gesichert wird. Der hierbei verwendete Geldbegriff ist recht simpel: Geld ist das gesetzliche Zahlungsmittel.[7] Auch wenn nicht die gesamte Sicherung des Lebensunterhalts in dieser Form abläuft und die Endverteilung der Konsumgüter nicht am Markt, sondern in Familien und Haushalten stattfindet (nur etwa die Hälfte der Bevölkerung nimmt am Erwerbsleben teil): Diese Form der Gewinnung des Lebensunterhalts ist in »unserer Gesellschaft« die dominante, für diese Gesellschaft typische Form. Das gilt auch dann, wenn viele Güter, die aus Sicht individueller Lebensplanung und Lebensführung für ein gutes Leben erforderlich sein mögen (z.B. Zuneigung, soziale Anerkennung oder Seelenheil) nicht käuflich erworben werden können.

Für die Konzentration auf ökonomische Ungleichheit gibt es mehrere Gründe: (a) reiches Datenmaterial; keine Ungleichheitsdimension ist besser dokumentiert als die Ungleichheit der Einkommen. In allen Industrieländern werden mittlerweile die Einkommen und ihre Veränderungen systematisch erfasst und kontinuierlich erhoben. Verglichen damit sind die Daten über die Verteilung z.B. von Macht oder Prestige geradezu dürftig. Nicht einmal für die Bildungsbeteiligung bestehen vergleichbar gute Daten. (b) Messbarkeit; Einkommen und Vermögen können skalar repräsentiert werden. Darüber hinaus hat die Messskala die höchste Gütestufe, da es einen natürlichen Nullpunkt der relevanten Größen gibt: keinerlei Einkommen, $y = 0$ (y ist das allgemein gebräuchliche Symbol für das individuelle Einkommen). Schließlich (c): Die materielle Ungleichheit besitzt in Geldwirtschaften eine überragende Bedeutung. Das Wohlergehen eines Haushalts hängt von dessen Konsummöglichkeiten ab und diese Konsummöglichkeiten sind in Marktwirtschaften, jedenfalls soweit es sich um privaten Konsum handelt, über das Einkommen vermittelt. Die Bindung von Konsumchancen an das eigene Einkommen ist allerdings keine unverrückbare Tatsache. In der Utopie einer kommunistischen Gesellschaft wäre diese Bindung aufgehoben. Auch in ›unserer‹ kapitalistischen Gesellschaft sind

7 Legal kann das Geld nur als ›gesetzliches Zahlungsmittel‹, welches jedermann... zu nehmen und zu geben... ›verpflichtet‹ ist, definiert werden: Weber (1972), S. 97. »Soziologisch« ist diese Definition natürlich »nicht erschöpfend« (a.a.O. S. 98).

große Teile des Konsums bereits von dieser Bindung befreit. Man denke nur an all die öffentlichen Einrichtungen von Parks bis zu Hochschulen, die ohne Zahlung betreten werden können.[8]

Das private Einkommen ist noch aus einem weiteren Grund nicht die definitive Grenze für den Konsum. Haushalte können Einkommenseinbrüche zumindest temporär durch die Aufnahme von Krediten oder die Auflösung von Vermögen ausgleichen. Das ist einer der Gründe, warum viele Autoren im Konsum, und nicht im Einkommen die relevante Größe erblicken, wenn es um das Wohlergehen *(well being)* eines Haushalts geht. »Most studies of inequality«, so Meyer und Sullivan (2013), »focus on wages, earnings or income. However, if one is concerned with inequality in well-being, consumption is the more appropriate measure.« Wegen der Möglichkeit, den Einfluss plötzlicher Einkommensveränderungen auf Konsumchancen durch den Rückgriff auf das Vermögen aufzufangen, fällt die Streuung des Konsums über die Haushalte geringer aus als die Streuung des Einkommens. »As a matter of fact«, so Atkinson und Bourgignon (2001, S. 7269), »it is typically true that the distribution of consumption expenditures is less unequal than that of current income.« Und nicht nur das. Es kann sogar sein, dass die Ungleichheit im Konsum sich anders entwickelt als die Ungleichheit der Einkommen. »During the years of the Great Recession«(2007-2011), so halten Meyer und Sullivan (2013) fest, »consumption and income inequality moved in opposite directions.«[9].

Die ›Reicheren‹ sind im Durchschnitt (!) auch die mit höheren Bildungsgütern, Ansehen oder Macht ausgestatteten Individuen. Je stärker Einkommen einerseits, Ansehen, Bildung oder Macht andererseits korrelieren, umso aussichtsreicher scheint es, die Marxsche Basis-Überbau-These als Ausgangspunkt der Gesellschaftsanalyse zu wählen. Wie hoch diese Korrelationen im Einzelnen sind, ist eine empirische Frage. Man müsste jeweils testen, wie sich die Wahrscheinlichkeit des Besitzes in einer ausgewählten Dimension (Bildung, Gesundheit, Ansehen usw.) ändert, wenn der wirtschaftliche Reichtum einer Person zunimmt. Wäre die Korrelation vollstän-

8 Kostenlos sind diese Einrichtungen gleichwohl nicht. Irgendjemand muss für ihre Kosten aufkommen, in der Regel die »öffentliche Hand«.

9 Zu einem hiervon abweichenden Urteil kommen Attanasio und Pistaferri (2016), S. 25: »What do we conclude about whether disparities in well-being have increased? Our opinion is that, despite the fact that some studies have suggested the opposite, inequality in the consumption of nondurables and services has increased substantially over the last few decades and has paralleled the increase in inequality in income and earnings. A consequence of this is that the increase in income inequality is reflected in an increase in inequality in welfare and well-being.«

dig, dann würde die Anordnung der Personen in einem sozialen Gefüge (z.B. nach ihrem Ansehen) genau ihrer Anordnung nach dem Einkommen entsprechen. Historisch stimmt das auf keinen Fall (Weber 1972, S. 179f.) und auch in Gegenwartsgesellschaften ist das Ansehen, das jemand genießt, in hohem Maß unabhängig vom Einkommen.

Dass materielle Ungleichheit häufig mit der Ungleichheit in anderen Dimensionen kovariiert, muss noch lange nicht nicht heißen, dass sie die Ursache für die Ungleichheit in anderen Dimensionen (Bildung oder z.B. Macht) ist. Die Kausalität könnte auch umgekehrt verlaufen (z.B. von höherer Bildung oder Macht zu größerem Reichtum). Die Behauptung einer Korrelation der Ausstattung mit Gütern in verschiedenen Dimensionen gibt zunächst nur eine Alltagserfahrung wieder. Ihre Präzisierung und empirische Überprüfung würde im Test zweier konträrer Hypothesen bestehen, die das Forschungsfeld strukturieren. Während die »Kumulationsthese« davon ausgeht, dass die Ungleichheiten in verschieden Bereichen sich addieren, unterstellt die gegenläufige »Kompensationsthese«, dass Bevorteilungen in einer Dimension Benachteiligungen in einer anderen Dimensionen kompensieren können.[10]

4. Materielle Ungleichheit tritt in zwei großen Formen auf: als Einkommensungleichheit und als Vermögensungleichheit. Formal unterscheiden sie sich dadurch, dass Einkommen eine Stromgröße ist, Vermögen hingegen eine Bestandsgröße. Der Vermögensstand wird immer zu einem bestimmten Zeitpunkt erhoben, das Einkommen hingegen innerhalb einer Periode gemessen. Die kleinste gebräuchliche Einheit ist die Stunde (Es macht ja wenig Sinn, das Einkommen pro Minute oder Sekunde anzugeben). Wenn man z.B. den Einfluss der Länge des Arbeitstags auf das Einkommen ausschalten will, misst man den Stundenlohn. Den Unterschied zwischen Bestands- und Stromgrößen kann man sich mithilfe des Bildes einer Badewanne klar machen. Der Zufluss und der Abfluss von Wasser pro Zeitspanne sind Stromgrößen, der zu einem bestimmten Zeitpunkt gemessene Wasserstand (Pegelstand) ist eine Bestandsgröße. Der Unterschied zwischen Einkommen und Vermögen gilt auch für Gesellschaften, die nicht erwerbswirtschaftlich organisiert sind, aber wir beschränken unsere

10 Für die aus einem Beschäftigungsverhältnis entspringenden Vor- und Nachteile lässt sich die Kompensationsthese bis auf Adam Smith zurückverfolgen. Zur empirischen Überprüfung der Smithschen Annahme, Lohnunterschiede kompensierten nur unterschiedliche Arbeitsbedingungen, siehe Preisendörfer (2002).

Behandlung materieller Ungleichheit auf Geldwirtschaften. In ihnen ist der Gelderwerb das Zentrum wirtschaftlicher Aktivität.

In der Vorlesung konzentrieren wir uns auf die personelle Verteilung von Einkommen und betrachten die Vermögensverteilung nur insoweit, als sie zur Erklärung der Einkommensverteilung herangezogen werden muss (Erträge aus Vermögen gehören zum Einkommen). Wenn das Ziel der Vorlesung wäre, ein möglichst vollständiges Bild der Lebenslagen von Bevölkerungsgruppen zu zeichnen, wäre es selbstverständlich nicht statthaft, die Vermögensverteilung auszublenden. Vermögen sind neben den Einkommen die zweite, in ihrer Bedeutung oft unterschätzte Komponente der materiellen Lage einer Person oder eines Haushalts. Das gilt insbesondere angesichts des beträchtlichen Anstiegs der Vermögen in den letzten Jahrzehnten. Im Durchschnitt besaß jeder Haushalt in der Bundesrepublik ein Sach- und Geldvermögen (brutto) von 150.400 Euro.[11] Das sind erhebliche Summen, die für eine Beurteilung der materiellen Lage eines Haushalts in Rechnung zu stellen sind. Aber kann man von einem Vermögen dieser Größenordnung leben? Bei einer Entnahme von monatlich 2500 Euro und einer Verzinsung des Kapitals zu zwei Prozent reicht ein Nettovermögen von 125.000 Euro zur Finanzierung des Lebensunterhalts gerade einmal für vier Jahre und vier Monate. Um allein von den Erträgen des Kapitals in der Höhe von 2500 Euro leben zu können, ohne den Kapitalstock anzugreifen, müsste der Kapitalstock bei dieser Verzinsung 1,5 Millionen Euro betragen, und das ohne Berücksichtigung der Bildung erforderlicher Rücklagen als Ausgleich für die Geldentwertung. Einfache Überlegungen dieser Art rechtfertigen es, sich auf die Einkommen und ihre Verteilung zu konzentrieren.

Ein theoretisches Argument kommt hinzu: Alle Vermögen entspringen letztlich einem Einkommen. Sieht man einmal von Raub und Enteignung ab, dann entsteht Vermögen im Ausgang von einer Situation ohne jedes Vermögen immer durch das Sparen von Einkommensanteilen. Insofern ist die Einkommensverteilung die ursprüngliche Größe und die Vermögensverteilung die abgeleitete.[12]

11 Statistisches Bundesamt, Einkommens- und Verbrauchsstichprobe. Das Nettogesamtvermögen (Bruttovermögen abzüglich der Schulden) betrug laut gleicher Quelle 123.000 Euro. Die Angaben über das Durchschnittsvermögen schwanken je nach Quelle und Definition. Grabka und Westermeier (2014) berechnen pro Erwachsenen einen Nettowert von 83.000 Euro. Zur Definition von Vermögen vgl. nur Grabka und Westermeier (2014), Kasten 1.

12 Siehe hierzu Stiglitz (1969). Marx (1968) stellt der kapitalistischen Akkumulation von Vermögen aus dem Mehrwert (der Einkommenskategorie der Kapitalisten) die »ursprüngliche Akkumulation« zu Beginn der kapitalistischen Epoche gegen-

Allerdings muss das Vermögen nicht aus dem eigenen Einkommen des aktuellen Vermögensbesitzers stammen. Aber aus irgendeinem Einkommen stammt es (z.B. aus dem Einkommen seiner Vorfahren), falls es nicht geraubtes oder illegal enteignetes Vermögen darstellt. Vermögen kann in einer spezifischen Form weitergereicht werden, die dem Einkommen fremd ist, nämlich durch Erbschaften (vom Erblasser nicht verbrauchtes Einkommen ist Vermögen). Zwar generiert Vermögen wiederum Einkommen (über den Verkauf von Vermögensanteilen oder Erträge aus der Anlage von Vermögen), aber nur für die reichsten Vermögensbesitzer erreicht dies eine Größenordnung, welche das Einkommen übersteigt (vgl. Stupek et al. 2012).

Einer der am besten gesicherten Befunde der Erforschung von Lebenslagen lautet, dass Vermögen erheblich ungleicher verteilt sind als Einkommen.[13] Das untere Drittel der Einkommensbezieher besitzt überhaupt kein nennenswertes Vermögen. Das lässt sich schon daraus ersehen, dass ohne Erbschaften der Aufbau eines Vermögens auf Sparleistungen beruht und die Fähigkeit zu sparen von der Höhe des Einkommens abhängig ist. Die Wechselbeziehung zwischen Einkommen und Vermögen bekräftigt die Vermutung, dass Ungleichheit der Einkommen und Ungleichheit der Vermögen sich addieren. Da unser Ziel aber nicht darin besteht, ein möglichst wirklichkeitsnahes Bild materieller Lebenslagen zu zeichnen, verfolgen wir diese Kontroverse: Kumulation von Ungleichheiten oder relative Unabhängigkeit der Dimensionen Einkommen und Vermögen hier nicht weiter.[14]

über. In England beruht sie Marx zufolge auf der Enteignung selbständiger Bauern von ihrem Land. Aber wenn man von gewaltsamen Enteignungen absieht, bleibt es dabei, dass das Einkommen die ›ursprünglichere‹ Kategorie ist.

13 Grabka und Westermeier (2014) errechnen für die Vermögensungleichheit (die Verteilung der individuellen Nettovermögen) in Deutschland im Jahr 2012 einen Wert des Gini-Koeffizienten von 0,78, ein auch im internationalem Vergleich hoher Wert. Zum Gini-Koeffzienten siehe die fünfte Vorlesung.

14 Das vornehmste Ziel einer Untersuchung von Lebenslagen ist die integrierte Analyse der Einkommens- und Vermögensverteilung. Die einfachste Form der Integration wäre, einem Kapitel über die Einkommensverteilung ein weiteres über die Vermögensverteilung anzufügen. Eine anspruchsvollere Form würde, um Einkommen verschiedener Gruppen vergleichbar zu machen, z.B. berücksichtigen, dass Selbständige aus ihrem Einkommen ihre Alterssicherung aufbauen müssen. Schließlich könnte auf die parallele Betrachtung von Einkommen und Vermögen verzichtet werden, indem alles Vermögen (gedanklich) liquidiert und als Renteneinkünfte dem Einkommen zugeschlagen wird. Siehe hierzu Hauser et al. (2007).

5. Für die Analyse wirtschaftlicher Ungleichheit spielt die Unterscheidung von personeller und funktionaler Einkommensverteilung eine wichtige Rolle. Zwar ist das vorrangige Ziel einer Beschäftigung mit der Einkommensverteilung letztlich, die personelle Einkommensverteilung zu beschreiben, historisch aufzuschlüsseln und zu erklären, aber die Analyse der funktionalen Einkommensverteilung kann durchaus ein wichtiger Schritt auf dem Weg zu einer Erklärung sein. Unter funktionaler Einkommensverteilung wird die Verteilung der Einkommen auf die Produktionsfaktoren verstanden. Faktoren wie z.B. Kapital und Arbeit erzielen durch ihre Verwendung in der Produktion (im weitesten, z.B. auch den Handel einschließendem Sinn) ein Einkommen. Das personelle Einkommen hängt dann vom individuellen Faktorbesitz ab. Anders als in Modellen einer Zwei-Klassengesellschaft, in denen jede Klasse über genau einen Faktor verfügt, ist heute für die Teilnehmer am Wirtschaftsleben der Besitz mehrerer Faktoren nichts Ungewöhnliches (z.B. haben auch Arbeitnehmer Aktienbesitz).

Die klassische politische Ökonomie hatte zwischen drei Produktionsfaktoren unterschieden: Kapital, Boden und Arbeit und dementsprechend zwischen drei großen Kategorien von Einkommen, nämlich Profiten auf das Kapital, Renten aus Bodenbesitz und Löhnen als Einkommen aus unselbständiger Arbeit. Gleichzeitig nahm die klassische politische Ökonomie an, dass die Klassenbildung der bürgerlichen Gesellschaft aus dem Besitz dieser Produktionsfaktoren entspringt und dass Haushalte sich daher nach ihrer Einkommensquelle gliedern lassen. Die Unternehmerhaushalte leben vom Gewinn, die Haushalte der Grundbesitzer von Renteneinkünften und die Haushalte der Arbeiter von den Löhnen, die sie durch den Verkauf ihrer Arbeitskraft erzielen. Wenn das Einkommen der Arbeiter so gering bemessen ist, dass sie nicht sparen können und wenn zudem der Kapitalmarkt alles andere als perfekt ist (was heißt: Arbeiter erhalten keinen Bankkredit zur Unternehmensgründung), dann ist ein Wechsel von der Arbeiterklasse in die Klasse der Kapitaleigner ausgeschlossen.

Wegen dieser über den Besitz von Produktionsfaktoren vermittelten Zuordnung von Einkommensarten zu Personengruppen ist die funktionale Einkommensverteilung weit mehr als eine statistische Größe. Z.B. bietet sie sich als Ausgangspunkt einer Theorie der Klassen der bürgerlichen Gesellschaft geradezu an, unbeschadet der Tatsache, dass die strikte Zuordnung von Haushalten zu Einkommensarten mittlerweile aufgebrochen wurde. Jeder Haushalt kann heute prinzipiell Einkommen aus den verschiedensten Quellen beziehen. Gerade der Kapitalbesitz streut erheblich. Wenn man unter einem Kapitalisten einen Besitzer von Geldkapital versteht, bevölkert diese Sozialfigur heute auch Arbeitnehmerhaushalte. Die eindeutige Zuordnung jedes Haushalts zu je einer Einkommensart wurde aufgeweicht, aber davon bleibt die Unterscheidung von Einkommensarten und ihre Addition zum Volkseinkommen unberührt: $Y = G + L$. Das Volkseinkommen (*Y*) setzt sich zusammen aus den Einkommen aus Unternehmertätigkeit und Vermögen (*G*= Gewinne) sowie den Einkommen aus abhängiger Beschäftigung (*L*=Löhne). In der Volkswirtschaftlichen Gesamtrechnung bilden Renten aus Grundbesitz nicht mehr eine eigene, auf gleicher Ebene wie Löhne und Unternehmensgewinne angesiedelte Einkunftsart.

6. Alle Feststellungen über das Ausmaß der Streuung der Einkommen und ihre Veränderung in der Zeit verlangen, dass zunächst drei Vorfragen geklärt werden: (a) Was soll unter Einkommen verstanden werden? (b) Wer sind die Empfänger dieser Einkommen und (c): Welche zeitliche Periode wird bei der Betrachtung von Einkommensunterschieden gewählt?

Zum ersten Punkt (a). In ›unserer‹ Gesellschaft sind Einkommen im wesentlichen Geldeinkommen. Die wichtigste Quelle solcher Geldeinkommen ist für die große Mehrheit der Bevölkerung die selbständige oder die abhängige Erwerbsarbeit. Geldeinkommen sind insoweit eine Gegenleistung für Erwerbsarbeit. Diese unterscheidet sich von für alle mögliche Zwecke erbrachten Arbeitsleistungen (z.B. Arbeiten im Haus, ehrenamtliche Tätigkeiten) dadurch, dass sie mit dem Ziel unternommen wird, Geld zu verdienen. Das Ziel oder der Zweck dieser Tätigkeit ist nicht die Produktion nützlicher Dinge, sondern die Verfügung über Geld. Dieses Geld, so Marx, fungiert für seinen Besitzer als die allgemeine Ware. Mit dem Besitz dieser Ware verschafft sich ihr Inhaber den Zugang zu der bunten Warenwelt, also zu allem, was käuflich erworben werden kann.

Die Transformation der Arbeit in Erwerbsarbeit und die damit einhergehende Umstellung der individuellen Lebensführung auf Erwerbsarbeit ist ein zentraler Grundzug der Modernisierung. Diese Transformation hat allerdings keineswegs dazu geführt, dass »unbezahlte« Arbeit verschwunden wäre. Ihr Ort heute ist vor allem der private Haushalt, daneben aber auch private Assoziationen (Vereine) aller Art als Orte ehrenamtlicher Tätigkeit. Die Führung eines Haushalts verlangt immer den Einsatz unbezahlter Arbeit. Ohne ein Minimum unbezahlter Arbeit lässt sich ein privater Haushalt kaum führen.[15] Hausarbeit steigert das dem Haushalt mögliche

15 Während Männer im OECD-Raum durchschnittlich 131 Minuten pro Tag auf unbezahlte Arbeit verwenden, entfallen bei Frauen 279 Minuten pro Tag auf Kochen,

Konsumniveau. Ohne sie müsste z.B. ein Teil des Geldeinkommens für die Dienstleistung »Sauberkeit« abgezweigt werden.

Erwerbsarbeit zerfällt in zwei große Formen: selbständige und unselbständige Arbeit. Selbständige Arbeit leisten Landwirte, die Professionen (Ärzte, Rechtsanwälte usw. soweit sie nicht angestellt sind), der Mittelstand (das Handwerk) und Unternehmer. Ein Teil der Einkommen von selbständigen Unternehmern kann als Entgelt für Arbeitsleistungen interpretiert werden. Unter Gewinnen versteht man dann jenes Residuum, das dem Unternehmen verbleibt, wenn es alle vertraglichen Zahlungsverpflichtungen (Miete von Gebäuden, Maschinen und Arbeitskräften) erfüllt hat.

Weitere Quellen für Geldeinkommen sind Erträge aus Kapitalvermögen. Diese haben verschieden Namen, je nachdem, auf welcher Vermögensart sie beruhen: Dividenden aus Aktienbesitz, Zinsen aus dem Besitz von Unternehmens- oder Staatsanleihen, Mieten aus dem Hausbesitz.[16]

Eine immer wichtiger werdende Rolle im Lebenslauf spielen die Sozialtransfers. Das sind Zahlungen staatlicher oder halbstaatlicher Institutionen (wie die Deutsche Rentenversicherung) an Personen auf der Grundlage eines Rechtsanspruchs. Der mit Abstand größte Brocken solcher Transfers entfällt auf Rentenzahlungen und Pensionen. Bei beiden gründet sich der Zahlungsanspruch auf zuvor geleistete Erwerbsarbeit. Aber die Zahlungen im Renten- oder Pensionsalter werden nicht aus einem während der Berufstätigkeit angesparten Fond bezahlt. Die Angestelltenrenten beruhen auf der Fiktion des Generationenvertrags: Weil die Angestellten über Abzüge von ihrem Gehalt während ihrer aktiven Zeit die Renten der Generation vor ihnen finanziert haben, dürfen sie erwarten, dass ihre eigenen Renten von der auf sie folgenden Generation auf dem gleichen Wege bezahlt werden. Die Beamtenpensionen beruhen auf der Fiktion, dass es sich bei ihnen um einbehaltene, erst später ausgezahlte Gehaltsbestandteile handelt. Die Aufwendungen für die soziale Sicherung der Angestellten und Arbeiter werden im Prinzip ›paritätisch‹ von den Arbeitgebern und Arbeitnehmern erbracht, bei letzteren durch Abzüge vom Bruttolohn oder -Gehalt bei ersteren durch

---

Putzen oder Kindererziehung und Pflege. Deutsche Männer 164 Minuten, deutsche Frauen: 269. Siehe www.oecdbetterlifeindex.org/de/topics/work-life-balance-de/. Die Berichterstattung über die ungleiche Beteiligung der Geschlechter an der Hausarbeit ist ein Tummelplatz für wohlfeile Kritik am »Patriarchat« und am Kapitalismus.

16 Zum Vermögen können auch die kapitalisierten Renten- und Pensionsansprüche gezählt werden. Je größer diese Ansprüche sind, umso höher ist das Einkommen im Alter und damit auch das Lebenszeiteinkommen einer noch aktiven Erwerbsperson.

entsprechende, auf der Lohnbescheinigung der Arbeiter und Angestellten eigens ausgewiesene Zuzahlungen zu dieser Größe. Bruttolohn- und Gehalt zusammen mit den Beiträgen zur Sozialversicherung ergeben das Arbeitnehmerentgelt. Mit den Einkommen aus Unternehmertätigkeit und Vermögen fließt es in das Volkseinkommen (Nettonationaleinkommen) ein. In realwirtschaftlicher Betrachtung handelt es sich beim Volkseinkommen um den Vorrat an Gütern und Diensten, aus dem sich der jährliche Konsum der Bevölkerung speist und aus dem die Güter zur Erweiterung oder Verbesserung des Produktionsapparats entnommen werden. Teile dieses Vorrats werden gegen ausländische Güter eingetauscht.

Nicht nur Rentenzahlungen, auch der Anspruch auf die Zahlung von Arbeitslosengeld fußen auf vorangegangener Erwerbsarbeit und entsprechender Einzahlung in eine Sozialkasse. Daneben gibt es aber auch rechtlich gesicherte Ansprüche auf Sozialleistungen, die nicht auf früherer Erwerbstätigkeit beruhen. Dazu zählen vor allem Familienleistungen, ferner z.B. auch Leistungen aus dem Bundesausbildungsförderungsgesetz (»Bafög«), vor allem aber alle Leistungen aus dem Sozialgesetzbuch II, (Grundsicherung für Arbeitssuchende) die populär unter »Hartz IV« rubriziert werden.[17]

Neben den staatlichen Transfers gibt es noch die privaten Transfers. Zwar erreichen sie bei weitem nicht die Größenordnung der staatlichen Transfers, gleichwohl sind sie eine nicht zu vernachlässigende Größe.[18] Dazu zählen z.B. der monatliche Wechsel für studierende Kinder, einmalige Schenkungen usw.

Zu einer umfassenden Einkommensdefinition, die bestrebt ist, möglichst keine denkbare Einkommensart außer acht zu lassen, gehören ferner die *capital gains*, Darunter versteht man nicht, wie der Name nahe legen könnte, den Ertrag aus Kapitalanlagen wie Zinsen oder Dividenden, sondern deren Wertsteigerung (z.B. Kursgewinne von Aktien). In tatsächliches Einkommen verwandeln sich aber die Kursgewinne von Wertpapieren erst dann, wenn die Papiere veräußert werden.

Auch in ›unserer‹ Gesellschaft gibt es neben den Geldeinkommen aber immer noch Einkommen *in kind* (Sachzuwendungen). Dazu gehören das selbstgenutzte Wohneigentum, ferner die sog. *fringe benefits* der Unterneh-

17 Ein gut zugänglicher Text über die Grundlagen der Sozialpolitik und ihre Finanzierung ist Bäcker/Bispinck u.a. (2010).

18 Nach einer Studie des DIW (Wochenbericht 6/2004) zahlen ca. 16 Prozent der Personen, die 65 Jahre alt oder älter sind, immerhin fast 350 Euro monatlich an ihre Kinder oder Enkel.

men (Firmenwagen z.B.), der Naturaltausch von Gütern und Diensten und die Erstellung von Gütern in Eigenarbeit *(home production)*[19].

Einen beachtlichen Beitrag zur Mehrung der Wohlfahrt leistet die ›unbezahlte‹ Arbeit im Haushalt. Nach einer Schätzung des Statistischen Bundesamts belief sich die Bruttowertschöpfung der privaten Haushalte im Jahr 2001 auf 40 Prozent des Bruttoinlandsprodukts. Auch wenn solche Schätzungen mit großer Vorsicht zu genießen sind, unterstreichen sie gleichwohl, dass der Wert der Hausarbeit in eine revidierte volkswirtschaftliche Gesamtrechnung Eingang finden sollte. Der Beitrag unentgeltlicher Arbeit in Familie, Nachbarschaft und Vereinen zum individuellen und kollektiven Wohlergehen steigt tendenziell mit der Zunahme an freier Zeit. Sie ist das Ergebnis eines mit dem Anteil der Erwerbsarbeit an der Lebenszeit gemessenen Rückzugs der Erwerbsarbeit aus dem Lebenslauf. Mehr freie Zeit steigert im allgemeinen die individuelle Wohlfahrt. Der Einkommensunterschied zwischen amerikanischen und deutschen Arbeitnehmern schrumpft zusammen, wenn die Zahlungen in Gestalt freier Zeit einbezogen werden. Die deutschen Arbeitnehmer (andere europäische Arbeitnehmer noch mehr) lassen sich ihr Gehalt zu Teilen in freier Zeit statt in Geldbeträgen auszahlen.

Für eine umfassende Erhebung der Einkommenslage eines Individuums, die keine Einkommensquelle unberücksichtigt lässt, müssten derartige Einkommen zum Geldeinkommen hinzugezählt werden.[20] Dagegen spricht eigentlich nur die lückenhafte Berichterstattung über diese Einkommensarten. Das Gleiche trifft für eine wichtige Kategorie von Geldeinkommen zu, die sog. Schwarzarbeit oder Schattenwirtschaft. Solche Einkommen gehen in die volkswirtschaftliche Gesamtrechnung nicht ein, verbessern aber gleichwohl die Einkommenssituation gerade ärmerer Bevölkerungsgruppen ganz erheblich.[21] Enste (2012) berichtet, dass nach einer Studie des IAW (Institut für angewandte Wirtschaftsforschung) der Umfang der Schattenwirtschaft in Deutschland (2012) auf 13,4 Prozent der ›offiziellen‹

---

19 OECD Glossary: Income in kind received by employees is measured by the value of the goods and services provided by employers to their employees in remuneration for work done. Non-cash payments received in exchange for services rendered or in lieu of a cash contribution. In-kind income can come in the form of provisions, such as free rent, or free meals, or it can come in the form of property, or an exchange of services.

20 Das um den Wert der Haushaltsproduktion erweiterte personelle Einkommen (»extended income«) ist gleicher verteilt als das Geldeinkommen. Siehe Frazis/Stewart 2009.

21 Vgl. Schneider 2011.

Wirtschaft angeschwollen ist (Spitzenreiter ist Griechenland mit 24,8 Prozent, Schlusslicht in dieser internationalen Vergleichsstudie sind die USA mit sieben Prozent).

Zu den Einkommen *in kind* zählen auch öffentliche Dienstleistungen, die ohne Gebühren bezogen werden. Beispiele hierfür sind öffentliche Parks, Autobahnen, freier Besuch von Schulen und Hochschulen. Dass es sich hierbei um Einkommen handelt, wird aus dem Vergleich einer amerikanischen Familie mit studierenden Kindern und einer deutschen Familie deutlich. Die amerikanische Familie muss, jedenfalls für den Besuch einer Elite-Universität, enorme Studiengebühren bezahlen, die deutsche nicht, auch nicht für den Besuch der besten deutschen Universitäten. Das Einkommen der amerikanischen Familie mag ohne Berücksichtigung der Kosten eines Studiums (nur beim Vergleich der Geldeinkommen) deutlich höher ausfallen als das der deutschen Familie, nach Berücksichtigung der staatlichen Leistungen *in kind* mag das anders aussehen.

Die allgemeinste Definition von personellen Einkommen, die alle genannten Aspekte umfasst, ist die mit Haig-Simons (oder Schanz-Haig-Simons) verbundene Definition: Personelles Einkommen ist der potentielle Konsum eines Individuums pro Periode, ohne den Vermögensbestand anzutasten: »Income is the amount a person could have spent while maintaining the value of his wealth intact« (Atkinson 1983, S. 39, mit Verweis auf Simons 1938, S. 50).

Formal:

$$Y_{(HS)} = C + \Delta W$$

C steht für den Konsum, *W(=wealth)* für das Vermögen einer Person, Δ für dessen Änderung. Nach dieser Definition kommt es für das Wohlergehen einer Person (oder eines Haushalts) nicht darauf an, was er oder sie aktuell konsumiert, sondern darauf, was konsumiert werden könnte (ohne Wertveränderungen des Vermögens). Entscheidend ist das Potential zum Konsum unter der Randbedingung, dass der (Real-)Wert des Vermögens nicht absinkt, nicht der tatsächliche Konsum. Beide Größen können beträchtlich voneinander abweichen. Man beachte, dass nach dieser Definition das Einkommen auch geringer sein kann als die Summe aus Erwerbstätigkeit und Kapitalerträgen. Wenn z.B. zur Aufrechterhaltung des Realwerts des Vermögens wegen der Geldentwertung der Nominalwert des Vermögens aufgestockt werden muss, dann verringert sich das Einkommen um diesen Betrag. Da zur Haig-Simons Definition des Einkommens aber auch die für das selbstgenutztes Wohneigentum unterstellten Mieten *(imputed rents)* zählen, kann es leicht vorkommen, dass der Konsum größer ist als das Einkommen im Sinne des (deutschen) Steuerrechts.

Schließlich sei noch daran erinnert, dass die personellen Einkommen sich nicht nur nach der Einkommensquelle sowie nach Sach- oder Geldleistungen unterscheiden lassen, sondern auch danach, ob es Brutto- oder Nettogrößen sind oder ob es sich um reale oder nominale Größen handelt. Nettogrößen sind Bruttogrößen abzüglich geleisteter Steuern und Sozialbeiträge. Unter realen Größen versteht man inflationsbereinigte nominale Größen.[22]

7. Jetzt zu der Frage (b), wer die Einkommensempfänger sind. In Erhebungen von Daten zur Einkommensverteilung sind dies sehr oft abhängig Beschäftigte oder, wenn Selbständige hinzugenommen werden, Erwerbstätige. Schon in der letzten Vorlesung haben wir eine Alternative zu dieser Konzeption kurz angesprochen. Als Einkommensempfänger kommen neben natürlichen Personen auch Haushalte (Familien) in Frage. Fast jede natürliche Person kann einem Haushalt zugeordnet werden. Das gilt auch für Gefängnisinsassen und die Dauerbewohner von Heimen. Nur Personen ohne festen Wohnsitz leben nicht in einem Haushalt. Der Haushalt ist der primäre Ort der Versorgung einer Person mit Konsumgütern aller Art oder wenigstens der Versorgung mit den Mitteln zu solchen Gütern. Diese Konsumgüter sind teils solche, die privat im strikten Sinn sind (sie können nur von einer einzigen Person genutzt werden, und solchen, die von allen Haushaltsmitgliedern genutzt werden können. Zu letzteren zählen in erster Linie die Wohnung selbst, sodann aber wichtige Einrichtungsgegenstände wie Waschmaschine, Fernseher usw. Wegen des gemeinsamen Gebrauchs eines Konsumguts verringern sich die Lebenshaltungskosten pro Person, auch wenn sie pro Haushalt zunehmen (je größer die Personenzahl, umso größer der Verbrauch). Basierend auf der Idee der *»economies of scale«* (gemeinsame Nutzung eines Konsumguts verbilligt die Lebenshaltungskosten pro Person) hat die Ungleichheitsforschung ein Konzept entwickelt, das die Vorteile des Zusammenlebens in einem Haushalt berücksichtigt: das sog. Äquivalenzeinkommen.[23] Der Einfachheit halber führe ich die

22 Z.B. erhält man das reale Bruttoinlandsprodukt durch Teilung des nominalen BIP durch einen geeigneten Preisindex (und anschließender Multiplikation mit 100). Das reale BIP ist also immer noch eine Preisgröße: Die Produkte werden nur nicht zu aktuellen Preisen, sondern zu Preisen eines Basisjahrs berechnet.

23 Zur Konstruktion von Äquivalenzskalen siehe Schwarze und Elsas (2013), Kap. 3. Leider ist mir dieses Buch zu spät bekannt geworden, um noch in die Vorlesung einfließen zu können.

Definition des Statistischen Bundesamtes an (www.destatis.de/DE/Service/Glossar):

> Äquivalenzeinkommen werden vor allem für die Analyse von Einkommensverteilung, Einkommensungleichheit und Armutsgefährdung verwendet. Das Äquivalenzeinkommen ist eine fiktive Rechengröße, um das Einkommen von Personen vergleichbar zu machen, die in Haushalten unterschiedlicher Größe und Zusammensetzung leben. Dazu wird das Haushaltseinkommen auf die Personen des Haushalts nach einem Gewichtungsschlüssel (Äquivalenzskala) verteilt, der unterschiedliche Haushaltsstrukturen berücksichtigt sowie den Umstand, dass Personen in einem Haushalt durch das Zusammenleben Einspareffekte bei den laufenden Kosten erzielen (z.B. durch gemeinsame Nutzung von Wohnraum oder Haushaltsgeräten). Bei EUSILC wird als Gewichtungsskala (Äquivalenzskala) die sogenannte »modifizierte OECD-Skala« verwendet, nach der die erste erwachsene Person das Gewicht 1 erhält. Jede weitere Person erhält ein Gewicht, das die Größenordnung des Mehrbedarfs berücksichtigen soll, der durch diese Person entsteht: Weitere Erwachsene und Kinder ab 14 Jahren erhalten das Gewicht 0,5 und Kinder unter 14 Jahren das Gewicht 0,3. Das verfügbare Haushaltseinkommen wird anschließend durch die Summe der Gewichte dividiert. Das so ermittelte Einkommen ist eine personenbezogene Größe, die als »Äquivalenzeinkommen« bezeichnet und jeder Person im Haushalt zugeordnet wird.

An dieser Stelle wird die Frage erneut virulent, welcher Einkommensbegriff der Analyse der Einkommensverteilung zugrunde gelegt werden soll: Das individuelle Erwerbseinkommen oder das Haushaltseinkommen, das Äquivalenzeinkommen, das Brutto- oder das Nettoeinkommen (des Haushalts oder eines Individuums) das nominale oder das reale Einkommen? Es empfiehlt sich, nur reale Größen zu betrachten, da gerade für Analysen der zeitlichen Entwicklung der Einkommen nominale Größen ein durch die Inflation verzerrtes Bild liefern würden. Aber ansonsten steht es dem Forscher frei, ob er Brutto- oder Nettogrößen in den Vordergrund stellt oder ob er Individualeinkommen respektive Haushaltseinkommen als Gegenstand der Untersuchung wählt. Als Standard der Verteilungsanalyse hat sich allerdings das Konzept des Äquivalenzeinkommens durchgesetzt, das, wie geschildert, eine fiktive Rechengröße ist und kein von einer Erwerbsperson tatsächlich erzieltes Einkommen. Für diese Wahl gibt es gute Gründe.

Es schreibt auch solchen Personen ein Einkommen zu, die nicht über ein eigenes Einkommen verfügen (z.B. Kinder, nicht berufstätige Hausfrauen), aber deswegen ja nicht dem Hungertod preisgegeben sind, sondern auf sehr unterschiedlichem Niveau versorgt werden. Es bewirkt zweitens die Vergleichbarkeit von Einkommen. Es macht schließlich einen Unterschied, ob z.B. eine alleinstehende Person ein Einkommen von 4000 Euro bezieht oder ob von diesem Einkommen ein Haushalt (eine Familie) leben muss. Und drittens schließlich »sind aus verteilungs- und sozialpolitischer Perspektive (letztlich) nicht Haushalte, sondern Personen die relevanten Bezugseinheiten, da mit einem gegebenen Haushaltseinkommen infolge innerfamilialer Transfers je nach der Haushaltsgröße und -struktur sehr unterschiedliche Lebensstandards verbunden sind« (Hauser u.a. 2007).

Der erste Schritt in einem Verfahren, das in der Zurechnung eines Äquivalenzeinkommen zu jeder Person mündet, ist die Addierung aller Einkommen, die einem Haushalt zufließen. Diese Einkommen sind teils Markteinkommen (auch Primäreinkommen genannt), teils Transfereinkommen. Zusammengenommen ergeben sie das Haushaltsbruttoeinkommen. Zieht man von dieser Größe Steuern und Abgaben für Sozialbeiträge ab, erhält man das Haushaltsnettoeinkommen. Das folgende Schema aus Hauser u.a. (2007) verdeutlicht den Zusammenhang dieser Größen:

Von den Markteinkommen zum Haushaltsnettoeinkommen

Bruttoeinkommen aller Haushaltsmitglieder aus

- unselbständiger Tätigkeit (einschließlich unterstellter Sozialbeiträge für aktive Beamte)
- selbständiger Arbeit
- Vermögen
- Mietwert selbstgenutzten Wohneigentums

= Markteinkommen des Haushalts zuzüglich personen- und haushaltsbezogener Übertragungseinkommen, im einzelnen:

- private Transfers
- staatliche Transfers

= Haushaltsbruttoeinkommen abzüglich Pflichtabgaben und freiwilliger Aufwendungen aller Haushaltsmitglieder, im einzelnen:

- Pflichtbeiträge zur Sozialversicherung (einschließlich unterstellter Sozialbeiträge für aktive Beamte)
- Lohn- bzw. Einkommensteuer (einschl. Solidaritätszuschlag)
- freiwillige Beiträge zur GKV (Arbeitnehmer oberhalb der Pflichtversicherungsgrenze, Selbständige); Prämien an die PKV

= Haushaltsnettoeinkommen

Dieses von Hauser u.a. (2007) zur Auswertung von Daten des Sozio-ökonomischen Panels benutzte Schema enthält einige Besonderheiten, die sich nicht in allen Analysen der Einkommensverteilung finden. Z.B. zählt der Mietwert des selbstgenutzten Wohneigentums explizit als Einkommen. Zur besseren Vergleichbarkeit der Einkommen verschiedener Sozialkategorien (Beamte, Angestellte) wird den Beamteneinkommen eine fiktive Vorsorgepauschale in Höhe von 15 Prozent zugeschlagen (und dementsprechend bei der Ermittlung der Nettogrößen wieder abgezogen). Die Arbeitgeberbeiträge zu den Sozialversicherungen sind in den Bruttogrößen der SOEP-Daten nicht enthalten (in den Armuts- und Reichtumsberichten der Bundesregierung hingegen sind sie enthalten). Ein spezifisches Problem stellt sich für den Nettoeinkommensbegriff. Aus Gründen der Vergleichbarkeit der Einkommen von Selbständigen mit den Einkommen abhängig Beschäftigter müssten von den Einkommen der Selbständigen eigentlich die Altersvorsorgeaufwendungen abgezogen werden, was aber meist nicht geschieht.[24] Aussagen über die Ungleichheit (oder gar über die wachsende Ungleichheit) der Einkommen dieser Gruppen sollten dieses Problem im Auge behalten.

8. Schließlich noch ein kurzes Wort zu dem dritten Punkt (c): Wahl der Zeitperiode. Allgemein gilt: Je länger die gewählte Zeitperiode, umso geringer fällt die Variation der Ungleichheit aus. Bei einer Lebenszeitbetrachtung können, um ein extremes Beispiel zu nennen, große Unterschiede in den wöchentlichen, monatlichen oder auch jährlichen Einkommen mehr oder weniger verschwinden. Personen, die in einer kürzeren Betrachtungsperiode zu den Reicheren zählten, können in lebenszeitlicher Perspektive durchaus zu den Ärmeren gehören. Die Ordnung der Einkommen über die Lebenszeit muss nicht der Ordnung der Einkommen pro Jahr entsprechen.

Allgemein hat sich als Standard für die Zeitperiode das Jahr durchgesetzt. In diesem Zeitraum schwanken die Einkünfte pro Person aufgrund temporärer Einflüsse weniger stark als z.B. bei wöchentlicher oder monatlicher Betrachtungsweise. Für das Jahr als zeitliche Dimension spricht auch die Existenz verlässlicher Daten, was beim Lebenszeiteinkommen nur sehr

24 Hauser u.a. 2007, S. 52. Der Nettoeinkommensbegriff ist wegen der nur bei Pflichtversicherten abgesetzten Altersvorsorgeaufwendungen fragwürdig. Für Vergleiche mit der Einkommenssituation von Personen, die ausschließlich freiwillig für ihr Alter vorsorgen, müssten auch deren Aufwendungen in angemessener Höhe bei der Ermittlung des – dann von der gängigen Definition abweichenden – Haushaltsnettoeinkommens abgezogen werden.

bedingt der Fall ist. Allerdings haben Stundenlöhne als Basis der Untersuchung von Einkommensunterschieden abhängig Beschäftigter den großen Vorzug, auf diese Weise den Einfluss unterschiedlich langer Arbeitszeiten auf das Einkommen zu eliminieren.

In Analysen der ökonomischen Ungleichheit hat sich das jährliche Nettoäquivalenzeinkommen als Standard etabliert. Sein großer Vorzug ist, dass es wenigstens ansatzweise Lebenslagen (in Gestalt unterschiedlicher Haushaltsgrößen) und unterschiedliche Bedürfnisse (Kinder und Erwachsene) berücksichtigt. Es ist heute die zentrale Bezugsgröße zur Beantwortung der Frage, welches Ausmaß die Einkommensungleichheit hat. Auch wenn es auf andere, einkommensrelevante Sachverhalte wie z.B. die Länge der Arbeitszeit nicht reagiert, ist es ein unverzichtbarer Schritt auf dem Weg zu einer besseren Vergleichbarkeit von Einkommen. Aber keine Frage, das »Gut« Einkommen ist und bleibt ungleich verteilt. Wenn die Frage jedoch lautet, ist Einkommensgleichheit wirklich ein erstrebenswertes Ziel und was, wenn nicht das Einkommen, *sollte* gleichverteilt sein, rückt ein anderes Konzept in den Vordergrund: nicht Güter, sondern Chancen. Mit dem Konzept der Chancengleichheit beschäftigen wir uns in der nächsten Vorlesung.

Literatur

Atkinson, Anthony B., 1983: *The Economics of Inequality*. Second Edition. Oxford: Clarendon Press.

Atkinson, Anthony B. und Francois Bourgignon, 2001: Income Distribution. In: *The International Encyclopedia of the Social and Behavioral Social Sciences*. S. 7265-7271.

Attanasio, Orazio P. und Luigi Pistaferri 2016: Consumption Inequality. *Journal of Economic Perspectives*, Volume 30 S. 3–28.

Bäcker, Gerhard, Reinhard Bispinck et al., 2010: *Sozialpolitik und soziale Lage in Deutschland*, Band 1: Grundlagen, Arbeit, Einkommen und Finanzierung. Fünfte, durchgesehene Auflage, Wiesbaden: VS Verlag.

Frazis, Harley, Jay Stewart, 2009: How Does Household Production Affect Measured Income Inequality? *IZA Discussion Paper* Nr. 4048.

Frey, Bruno S., Jana Gallus, 2012: Beautiful people earn more ... and are moreover happier. www.voxeu.org/article/shiny-happy-people

Enste, Dominik H., 2012: Schwarzarbeit und Schattenwirtschaft. In: *Wirtschaftsdienst*, Band 92, S. 136-138

Grabka, Markus, 2004: Einkommen, Sparen und intrafamiliale Transfers von älteren Menschen. *DIW Wochenbericht* 6/2004, S. 67-72.

Grabka, Markus und Christian Westermeier, 2014: Anhaltend hohe Vermögensungleichheit in Deutschland. *DIW Wochenbericht* 9/2014 S. 151-164.

Hauser, Richard et al., 2007: Integrierte Analyse der Einkommens- und Vermögensverteilung. Abschlussbericht zur Studie im Auftrag des Bundesministeriums für Arbeit und Soziales, Bonn. www.bmas.de/SharedDocs/Downloads/DE/PDF-Publikationen/forschungsprojekt-a369

Marx, Karl, 1968 [1867]: *Das Kapital. Kritik der politischen Ökonomie*, Band 1. Berlin: Dietz Verlag (MEW Band 23).

Meyer, Bruce D., und James X. Sullivan, 2013: Consumption and Income Inequality and the Great Recession. *American Economic Review* Vol. 103(3): S. 178-83.

Nozick, Robert, 1974: *Anarchy, State and Utopia*. New York: Basic Books.

Preisendörfer, Peter, 2002: Kompensation statt Kumulation? Soziale Ungleichheit aus der Sicht des Theorems des Ausgleichs der Nettovorteile. *Zeitschrift für Soziologie* Band 31, S. 93-105.

Rawls, John, 1979 [1971]: *Eine Theorie der Gerechtigkeit*. Frankfurt: Suhrkamp.

Schneider, Friedrich (Hrsg.), 2011: *Handbook of the Shadow Economy*. Cheltenham: Edward Elgar Publishing.

Schwarze, Johannes, Susanne Elsas, 2013: *Analyse von Einkommensverteilungen. Ansätze, Methoden, Empirie*. Bamberg: University of Bamberg Press.

Sen, Amartya, 1992: *Inequality Reexamined*. Cambridge, Mass.: Harvard University Press.

Simons, Henry C., 1938: *Personal Income Taxation. The Definition of Income as a Problem of Fiscal Policy*. Chicago: University of Chicago Press.

Statistisches Bundesamt (Hrsg.), 2003: *Wo bleibt die Zeit? Die Zeitverwendung der Bevölkerung in Deutschland 2001/2002*. Wiesbaden (Internet Ressource).

Stiglitz, Joseph E., 1969: Distribution of Income and Wealth Among Individuals In: *Econometrica*, Vol. 37, No. 3, S. 382-397.

Stupck, Nora, Kathrin Kolb et al., 2012: Einkommensreich-vermögensarm? Die Zusammensetzung von Vermögen und die Bedeutung einzelner Vermögenskomponenten im europäischen Vergleich. *Berliner Journal für Soziologie*, Band 22, S. 163-188.

Weber, Max, 1972: *Wirtschaft und Gesellschaft. Grundriss der verstehenden Soziologie*. Fünfte, revidierte Auflage. Tübingen: Mohr Siebeck.

4 Vierte Vorlesung: Chancengleichheit

1. Rekapitulation. 2. Chancengleichheit als Norm. 3. Formale Chancengleichheit. 4. Faire Chancengleichheit. 5. Substantielle Chancengleichheit. Die Konzeption von John Roemer. 5.1 Theoretische Grundlagen. 5.2 Die Rolle persönlicher Verantwortung. 5.3 Zur Diskussion um den Ansatz von Roemer. 6. Internationale Chancengleichheit.

1. In der letzten Vorlesung ging es um eine möglichst präzise Bestimmung des Einkommensbegriffs. Die Schärfung dieses Begriffs ist eine unabdingbare Voraussetzung für alles Weitere. Zwar sind nicht nicht einmal in Marktwirtschaften alle Einkommen Geldeinkommen, aber in solchen Wirtschaften sind Geldeinkommen eine zentrale, wenn nicht sogar die zentrale Ressource, von deren Zuteilung die Realisierung von Lebensplänen abhängt. In diesem Vorlesungszyklus konzentrieren wir uns aus den angegebenen Gründen auf das Studium der Verteilung von Geldeinkommen.

Es sollte deutlich geworden sein, dass in der Verteilungsforschung »Einkommen« ein komplexes Konstrukt ist. Wovon ist die Rede: von Brutto- oder Nettoeinkommen, von Real- oder Nominaleinkommen, von Individual- oder Haushaltseinkommen? Landläufig versteht man unter dem Haushaltsbruttoeinkommen alle Einkommen, die einem Haushalt aus selbständiger und abhängiger Erwerbsarbeit seiner Mitglieder, aus deren Vermögenserträgen sowie aus Sozialtransfers zufließen. Zieht man davon Steuern und die Pflichtbeiträge zur Sozialversicherung ab, erhält man das Haushaltsnettoeinkommen. Um die Einkommenssituation eines Haushalts (und davon abgeleitet, eines Individuums) oder einer sozialen Gruppe möglichst genau zu erfassen, muss diese landläufige Vorstellung, wie gezeigt, erheblich präzisiert werden. Z.B. müssen zu den Bruttoeinkommen der Beamten rechnerisch unterstellte Sozialbeiträge hinzuaddiert werden, um Vergleiche mit anderen Gruppen unselbständiger Arbeit aussagekräftiger zu machen.[1] Ebenso ist der Mietwert des selbstgenutzten Wohnungseigentums ein nicht zu vernachlässigender Faktor, auch wenn diese Einkom-

1 So Hauser et al. (2007). Die Autoren unterstellen für aktive Beamte eine fiktive Vorsorgepauschale in Höhe von 15 Prozent des Bruttoerwerbseinkommens, um die Einkommen aus unselbständiger Tätigkeit von sozialversicherungspflichtigen Personen und Beamten besser zu vergleichen. Bei der Ermittlung des Nettoeinkommens müssen diese fiktiven Zuschläge dann wieder abgezogen werden.

J. Berger, *Wirtschaftliche Ungleichheit*, https://doi.org/10.1007/978-3-658-23682-3_4

mensquelle aus keinem Zahlungsvorgang resultiert. Neben den staatlichen Transfers ändern auch private Transfers die Einkommenssituation eines Haushalts. Bei den Abzügen vom Bruttoeinkommen sind – wiederum aus Gründen der Vergleichbarkeit – neben den Pflichtbeiträgen auch die freiwilligen Beiträge (z.B. zu einer privaten Krankenversicherung) zu berücksichtigen. Schließlich wäre es ideal, wenn in Verteilungsanalysen auch die geschätzten oder rechnerisch unterstellten Beiträge der Selbständigen zu ihrer Alterssicherung Eingang fänden.

2. Worin auch immer die zu verteilende Größe besteht – im Einkommen, dem Vermögen, dem Ansehen, der Macht, der Bildung usw. – für jede Verteilung stellt sich nicht nur die Frage, wie sie ausfällt und wie man sie erklären kann, sondern immer auch die Frage, wie sie ausfallen sollte und damit zusammenhängend, wie eine bestehende Verteilung geändert werden könnte. Verteilungsfragen sind hochgradig normativ besetzt. Bevor wir uns (in der nächsten Vorlesung) der Frage zuwenden, mit welchem Instrumentarium die Verteilung einer Größe wie des Einkommens erfasst werden kann, möchte ich in dieser Vorlesung das Thema der Gleichverteilung als Norm aufgreifen.[2] In der zweiten Vorlesung haben wir schon über den Siegeszug der Gleichheitsnorm in den westlichen Gesellschaften gesprochen. Dort klang auch schon an, dass grundsätzlich die Wahl besteht, diese Norm entweder auf Ressourcen (zu denen das Einkommen zählt) oder auf den Nutzen, den Ressourcen stiften, zu erstrecken. Eine dritte Möglichkeit besteht darin, die Idee der Gleichheit auf *Chancen* des Ressourcenerwerbs zu beziehen. Gegen die strikte Gleichverteilung der Ressourcen spricht vor allem die Tatsache, dass damit die Rolle eigener Anstrengungen, Ressourcen zu erlangen, negiert würde. Gegen die Gleichverteilung des Nutzens spricht das Argument, dass sie Personen mit teurem Geschmack bei der Ressourcenverteilung unbegründet bevorzugen würde (z.B. Champagnertrinker gegenüber Biertrinkern). Als ernsthafter Kandidat der Gleichverteilung bleiben somit nur Chancen (z.B. Bildungschancen oder Einkommenschancen) übrig.

Chancengleichheit ist ein nicht nur theoretisch gut begründbares, sondern auch in Meinungsumfragen weithin zustimmungsfähiges Ziel. Gleichwohl besteht Klärungsbedarf bezüglich der Frage, was darunter eigentlich genauer verstanden werden soll. In dieser Vorlesung möchte ich drei Kon-

2 Die Analyse einer Norm und der aus ihr folgenden Sozialpolitik ist kein Verstoß gegen das Werturteilsverbot in der Soziologie. Ein solcher Verstoß läge erst dann vor, wenn die Analyse sich diese Norm zu eigen machte.

zepte der Chancengleichheit vorstellen. Von einer Klärung des Konzepts hängt nicht nur eine Einigung darüber ab, was mit einer Politik der Chancengleichheit erreicht werden kann und erreicht werden soll, sondern auch die Wahl der Politiken, mit denen das Ziel erreicht werden soll.

Es gibt drei verschiedene Vorstellungen von Chancengleichheit: erstens die formale Chancengleichheit (4.3), zweitens das auf der Theorie der Gerechtigkeit von John Rawls fußende Konzept fairer Chancengleichheit (4.4) und drittens eine mit dem Namen John Roemer verbundene spezifische Version substantieller Chancengleichheit, die sogenannte LPF-Theorie (4.5). Im Folgenden betrachten wir diese drei Prinzipien der Chancengleichheit im Allgemeinen sowie in spezifischen Geltungsbereichen und erörtern sodann die damit verbundenen politischen und ethischen Implikationen sowie methodischen Probleme.

3. Zunächst zur formalen Chancengleichheit. Ihr Kern besteht in der Garantie des gleichen Zugangs zu Ämtern und Positionen einerseits, dem gleichen Zugang zu Märkten für Güter und Dienstleistungen andererseits. Sie ist für Ämter und Positionen dann realisiert, wenn diese »Allen« (das ist die wiederholte Formulierung von Rawls in seinem »Zweiten Grundsatz der Gerechtigkeit«) offen stehen [Rawls (1979), § 11, S. 83]. Eine elementare Voraussetzung dafür, dass ein Amt oder eine Position Allen offensteht und das Prinzip des gleichen Zugangs damit realisiert ist, gilt als erfüllt, wenn niemand wegen Eigenschaften, die mit der Amtsausübung nichts zu tun haben, z.B. Geschlecht oder Hautfarbe, von der Besetzung des Amts ausgeschlossen werden darf. Einzig und allein die Eignung zählt und die Vergabe von Stellen richtet sich strikt nach der Eignung, ohne Ansehen aller weiteren Personenmerkmale. Wir werden später sehen, ob die Einhaltung dieses Prinzips ausreicht, Offenheit zu garantieren und Diskriminierung auszuschließen.

So selbstverständlich diese Auslegung des Prinzips der Chancengleichheit auch klingen mag, so besteht gleichwohl Klärungsbedarf, was unter einem Amt oder einer Position zu verstehen ist, wem genau ein Amt oder eine Position offensteht, was das Offenstehen genauer bedeutet und auf wel che Bereiche der Gesellschaft das allgemeine Prinzip der Chancengleichheit zugeschnitten ist.

Unter Ämtern verstehe ich zum einen rein politische Ämter (z.B. ein Ministeramt) im engeren Sinn und zum anderen die von Beamten besetzten Dienstellen in der öffentlichen Verwaltung. Mit dem Begriff »berufliche Position« werden gemeinhin alle weiteren Stellen in der Privatwirtschaft und der öffentlichen Verwaltung bezeichnet (z.B. Buchhalter in einer Bank). Politische Ämter unterscheiden sich u.a. dadurch von beruflichen Positionen, dass für ihre Besetzung in der Regel keine Bildungsqualifikationen verlangt werden. Es verstößt nicht gegen das Prinzip der formalen Chancengleichheit, von dem Bewerber für eine Position oder Stelle bestimmte Bildungsqualifikationen zu verlangen. Auch dürfen für den Zugang zu einem Amt elementare Qualifikationen vorausgesetzt werden. Es wird z.B. nicht als diskriminierend angesehen, dass nach Artikel 54 GG das Amt des Bundespräsidenten an den Besitz des Wahlrechts zum Deutschen Bundestag gebunden ist. Man muss dafür deutscher Staatsbürger sein. Der Zugang zu diesem Amt wird somit auf eine Teilmenge der Wohnbevölkerung beschränkt. Wer von dieser Gruppe zu einer Freiheitsstrafe von mindestens einem Jahr verurteilt wurde, verliert das passive Wahlrecht für die Dauer von fünf Jahren (STGB § 45). Im Blick auf das Diskriminierungsverbot ist die weitere Vorschrift von Artikel 54 GG problematischer, dass nur gewählt werden kann, wer das vierzigste Lebensjahr vollendet hat. Dieses Amt steht also keineswegs »Allen« – nicht einmal allen Deutschen – offen und doch werden gemeinhin die genannten Einschränkungen nicht als diskriminierend angesehen.

Das Prinzip formaler Chancengleichheit gilt nicht nur für den Zugang zu Ämtern und Positionen, sondern auch für den Zugang zum Bildungssystem einerseits, zu Märkten für Güter und Dienstleistungen andererseits. Im Bildungssystem werden die Qualifikationen erworben, die für die Erlangung einer späteren beruflichen Position ausschlaggebend sind. Daher kommt dem Bildungssystem eine Schlüsselrolle für die Realisierung der Chancengleichheit zu.

Im *Civil Rights Act* von 1964, einem Meilenstein auf dem Weg zur Durchsetzung formaler Chancengleichheit in den USA, ist die Ausweitung der Idee der formaler Chancengleichheit auf den Zugang zu Märkten für Güter und Dienste festgeschrieben worden: »All persons shall be entitled to the full and equal enjoyment of the goods, services, facilities, and privileges, advantages, and accommodations of any place of public accommodation, as defined in this section, without discrimination or segregation on the ground of race, color, religion, or national origin«. Wie das Gesetz weiter ausführt, fallen unter »public accomodation« alle Arten von Beherbergungsbetrieben und Gaststätten, Theater und Kinos, gleich ob sie privat oder öffentlich betrieben werden. Interessant ist, welche Diskriminierungsgründe im Gesetz nicht erwähnt werden. Nicht einmal das Geschlecht wird genannt, auch nicht das Alter oder die sexuelle Orientierung. Nach dem *Civil Rights*

Act würde z.B. kein Betreiber einer Bar, der Homosexuelle vom Betreten seines Lokals ausschließt, gegen das Bundesgesetz verstoßen (sehr wohl aber gegen Gesetze in vielen Bundesstaaten der USA).

Das Prinzip des gleichen Zugangs gilt im Allgemeinen dann als erfüllt, wenn (a) alle, welche über die notwendigen Voraussetzungen für die Besetzung einer Position verfügen, gleich wählbar sind und wenn (b) bei der Besetzung einer Position irrelevante Personenmerkmale keinen Einfluss haben. Formale Chancengleichheit ist insoweit identisch mit der strikten Durchführung des »Nicht-Diskriminierungsprinzips«. Allein die Eignung und nicht Merkmale wie das Geschlecht, das Alter[3], die soziale Herkunft, die rassische oder ethnische Zugehörigkeit sind bei der Zuordnung von Personen zu Positionen entscheidend. Zu den Sachverhalten, die beim Zugang zu »Stellen« im weitesten, auch Märkte einschließenden Sinn des Worts nicht zählen dürfen, wurden im Lauf der Zeit noch die weltanschauliche und die sexuelle Orientierung hinzugefügt (im *Civil Rights Act* waren sie noch nicht mit einem Bann belegt worden). So heißt es gleich im ersten Paragraphen des in Deutschland seit 2006 geltenden allgemeinen Gleichbehandlungsgesetzes (AGG):

> »Ziel des Gesetzes ist, Benachteiligungen aus Gründen der Rasse oder wegen der ethnischen Herkunft, des Geschlechts, der Religion oder Weltanschauung, einer Behinderung, des Alters oder der sexuellen Identität zu verhindern oder zu beseitigen«.

Als Felder, auf denen Benachteiligungen aus den genannten Gründen ausgeschaltet werden sollen, zählt das Gesetz auf:

1. die Bedingungen, einschließlich Auswahlkriterien und Einstellungsbedingungen, für den Zugang zu unselbstständiger und selbstständiger Erwerbstätigkeit, unabhängig von Tätigkeitsfeld und beruflicher Position, sowie für den beruflichen Aufstieg
2. die Beschäftigungs- und Arbeitsbedingungen einschließlich Arbeitsentgelt und Entlassungsbedingungen, insbesondere in individual- und kollektivrechtlichen Vereinbarungen und Maßnahmen bei der Durchführung und Beendigung eines Beschäftigungsverhältnisses sowie beim beruflichen Aufstieg

---

3 In Deutschland ist das Alter sehr wohl ein Ausschlussgrund. Das gilt sowohl für das Mindestalter z.B. bei dem aktiven und passiven Wahlrecht, als auch für das Höchstalter bei abhängiger Beschäftigung.

3. den Zugang zu allen Formen und allen Ebenen der Berufsberatung, der Berufsbildung einschließlich der Berufsausbildung, der beruflichen Weiterbildung und der Umschulung sowie der praktischen Berufserfahrung
4. die Mitgliedschaft und Mitwirkung in einer Beschäftigten- oder Arbeitgebervereinigung oder einer Vereinigung, deren Mitglieder einer bestimmten Berufsgruppe angehören, einschließlich der Inanspruchnahme der Leistungen solcher Vereinigungen
5. den Sozialschutz, einschließlich der sozialen Sicherheit und der Gesundheitsdienste
6. die sozialen Vergünstigungen
7. die Bildung,
8. den Zugang zu und die Versorgung mit Gütern und Dienstleistungen, die der Öffentlichkeit zur Verfügung stehen, einschließlich von Wohnraum

Der Anwendungsbereich des Gesetzes erstreckt sich damit auf das Beschäftigungssystem, das Bildungssystem, das Gesundheitswesen und den gesamten Bereich der sozialen Sicherheit. Darüber hinaus sind in Punkt 8 nicht nur die gesamte öffentliche Infrastruktur, also z.B. Schwimmbäder und öffentliche Parks, sondern darüber hinaus auch Marktvorgänge eingeschlossen. Ausdrücklich erwähnt werden Wohnungen. Also auch der Wohnungsmarkt, nicht nur etwa der Arbeitsmarkt oder der Bildungsmarkt, fallen unter das Gesetz (der Heiratsmarkt aber nicht).[4] Ferner werden Gewerkschaften, Arbeitgeberverbände und berufsständische Vereinigungen angeführt, merkwürdigerweise aber nicht Parteien. Die Sozialrechte werden genannt, aber nicht die politischen Rechte und die Gleichheit vor dem Gesetz. Aber auch für diese Bereiche gilt das Diskriminierungsverbot. Niemand darf auf diesen Feldern eine Benachteiligung aus den im ersten Paragraphen des Gesetzes genannten Gründen erfahren.

Wirklich niemand? Das aktive Wahlrecht bindet die Wahlbeteiligung an ein bestimmtes Alter, das passive Wahlrecht an die Staatsbürgerschaft. Ausgeschlossen sind damit alle Jugendlichen unterhalb des Mindestalters und alle Ausländer, auch wenn sie im Inland wohnen und alle bürgerlichen Rechte genießen. Ein besonders ›haariges‹ Problem bildet die Frage,

4 Der Begriff Bildungsmarkt ist nur in einem übertragenen Sinn ein Markt, weil zumindest in Deutschland der größte Teil des Bildungswesens nicht marktförmig organisiert ist, der Zutritt zu ihm also nicht an Geldzahlungen gebunden ist. Auf dem Heiratsmarkt wird mit Erwartungen an die Partner gezahlt, die sich erfüllen oder enttäuscht werden können.

inwieweit das Prinzip des gleichen Zugangs zu Ämtern und Positionen tatsächlich für EU-Bürger in allen Länder der EU gilt. Bekannt geworden ist in diesem Zusammenhang die Sperrung oder Einschränkung des Zugangs deutscher Abiturienten zu den medizinischen Fakultäten Österreichs. Ein weiteres einschlägiges Beispiel ist der Erwerb von Wohnraum im Ausland. Obwohl diese Praktiken den Diskriminierungsbegriff des Gesetzes eindeutig erfüllen, werden sie m.W. nicht als Diskriminierung verfolgt.

Wenn »Alle« den gleichen Zugang haben und niemand diskriminiert werden soll, dann bedeutet das nicht, dass der Zugang zu Ämtern und Positionen völlig ungeregelt verliefe. Nur der diskriminierende Zugang soll ausgeschlossen werden. Das zentrale Regulativ der Stellenbesetzung ist der faire Wettbewerb unter all jenen, welche die elementaren Voraussetzungen des Zugangs zu einem Bereich erfüllen. So verstanden wird das Nicht-Diskriminierungsprinzip nicht verletzt, wenn z.B. Waren nur an Zahlungsfähige und Zahlungswillige verkauft und Kredite nur an kreditwürdige Personen vergeben werden. Wer nicht zahlen kann, wird dadurch nicht diskriminiert. Nicht einmal das Schild, das sich gelegentlich vor amerikanischen Restaurants befindet: »We reserve the right to refuse service to anyone« ist illegal. Verboten ist nur die Zurückweisung aus Gründen der Rasse, der Religion, der Hautfarbe etc., nicht aber der Ausschluss eines Touristen, der das Restaurant unbedingt in Badehose oder Unterhemd betreten möchte. Unzulässig wäre es, den Zugang zu einem öffentlichen Verkehrsmittel nach einem anderen Kriterium als dem der Zahlungsfähigkeit zu regeln, vorausgesetzt, alle Fahrgäste beachten die allgemeinen Regeln für die Benutzung öffentlicher Verkehrsmittel (z.B. kein Verzehr von Speisen und Getränken in Bussen und Straßenbahnen).

Vor allem aber verstößt es nicht gegen das Gesetz, wenn der Zugang zu Stellen und Ämtern nach Qualifikationen geregelt wird. Dieses Prinzip besagt: Die Besetzung soll ausschließlich nach Qualifikation und nach keinem anderen Kriterium erfolgen. Das gilt für das Bildungswesen genauso wie für das Beschäftigungssystem. Das Diskriminierungsverbot bedeutet kein Regulierungsverbot. Das AGG erlaubt daher ausdrücklich die unterschiedliche Behandlung wegen beruflicher Anforderungen. Das ist unstrittig. Darüber hinaus lässt das gleiche Gesetz die unterschiedliche Behandlung wegen der Religion oder Weltanschauung zu, wenn es um die Beschäftigung in einer Religions- oder Weltanschauungsgemeinschaft geht. Auch dafür lassen sich gute Gründe vorbringen. Es ist einer Weltanschauungsgemeinschaft nicht zumutbar, in ihren Reihen Gegner zu beschäftigen. Problematisch wird es aber bei der im Gesetz vorgesehenen Ausnahmeregelung für das Alter. Wer der Auffassung ist, dass eine fixe Altersgrenze wie die Pensionierung mit 65 Jahren genauso diskriminierend ist wie es die unterschiedliche Behandlung der Geschlechter wäre, befindet sich mit seiner Meinung im Einklang mit dem Nichtdiskriminierungsprinzip, wird aber in Deutschland auf taube Ohren stoßen. Im Hochschulwesen der USA sind wegen des Verstoßes gegen das Diskriminierungsverbot fixe Altersgrenzen abgeschafft worden.

Trotz des weiten Geltungsbereichs des AGG erstreckt es sich nicht auf alle Lebensbereiche, weshalb nicht jede Ungleichbehandlung aufgrund der im Gesetz genannten Personenmerkmale den Tatbestand der Diskriminierung im Sinne des Gesetzes erfüllt. Das wichtigste Feld der Nichtanwendung ist der Heiratsmarkt oder allgemeiner das, was Simmel »Verkehrskreise« nennt. Wer sich für eine Frau einer bestimmten Herkunft oder Hautfarbe entscheidet, diskriminiert nicht. Auch bei der Wahl des Freundeskreises muss niemand befürchten, gegen ein allgemein anerkanntes Prinzip zu verstoßen. Kritischer wird es allerdings schon beim Wohnungsmarkt. Das AGG verbietet es, einen Bewerbers bloß deswegen zurückzuweisen, weil er z.B. Türke oder Sinto ist. Aber wie sieht es aus, wenn der Grund der Zurückweisung nicht die ethnische Zugehörigkeit, sondern Annahmen über das spezifische Verhalten von Bevölkerungsgruppen sind (z.B. hinsichtlich der potentiellen Lärmbelästigung, der Einhaltung von Sauberkeitsstandards, des pfleglichen Umgangs mit der Mietsache) oder gar Befürchtungen über die Zahlungsfähigkeit?

In der wirtschaftswissenschaftlichen Literatur wird dieses Problem unter dem Oberbegriff der statistischen Diskriminierung diskutiert.[5] In einem bestimmten Sinne ist statistische Diskriminierung eine Form der Diskriminierung (sonst hieße sie nicht so), aber die Frage ist doch, ob diese Form

5 Die wirtschaftswissenschaftliche Literatur zur Diskriminierung zerfällt in zwei große Blöcke: auf Präferenzen beruhende Diskriminierung und statistische Diskriminierung. Der erste Ansatz geht auf Becker (1957) zurück, der zweite auf Arrow (1973) und Phelps (1972). Im ersten Ansatz beruht Diskriminierung am Arbeitsmarkt auf einer Abneigung der Arbeitgeber (oder der Arbeitnehmer und der Konsumenten) gegenüber bestimmten Bevölkerungsgruppen, im zweiten auf mangelnder Information. In Ermangelung besseren Wissens gründen Unternehmer ihre Einstellungs- oder Gehaltsentscheidungen auf potentiell irrtümlichen Stereotypen.

immer einen Verstoß gegen das Nichtdiskriminierungsprinzip beinhaltet. Den § 3 Absatz 1 des AGG muss man allerdings so lesen:

> »Eine unmittelbare Benachteiligung liegt vor, wenn eine Person wegen eines in § 1 genannten Grundes eine weniger günstige Behandlung erfährt, als eine andere Person in einer vergleichbaren Situation erfährt, erfahren hat oder erfahren würde. Eine unmittelbare Benachteiligung wegen des Geschlechts liegt in Bezug auf § 2 Abs. 1 Nr. 1 bis 4 auch im Falle einer ungünstigeren Behandlung einer Frau wegen Schwangerschaft oder Mutterschaft vor«.

Gegen diese Lesart lässt sich aber einwenden, dass die Zurückweisung hier ja nicht wegen der ethnischen Zugehörigkeit an sich erfolge, sondern wegen unterstellter Gruppeneigenschaften. In diesem Fall reduziert sich das Problem auf die Frage, ob die unterstellten Gruppeneigenschaften tatsächlich bestehen und ob sie für die Vergabe einer Stelle oder Position relevant sind. Wenn beide Fragen bejaht werden, liegt keine Gruppendiskriminierung vor. Der einzelne Bewerber kann gleichwohl immer noch diskriminiert werden, nämlich dann, wenn die Gruppeneigenschaft für ihn persönlich nicht zutrifft.

Unter Diskriminierungsgesichtspunkten besonders heikel ist die Vermietung von Wohnraum – der Wohnungsmarkt ist neben dem Bildungsmarkt und dem Arbeitsmarkt der dritte große Markt, auf dem Benachteiligungen manifest werden. Einerseits können die Motive der Zurückweisung bestimmter Bewerber sehr unterschiedlich sein und sind nicht *eo ipso* diskriminierend (sonst wäre jede Wahl, weil sie immer eine Zurückweisung von Mitbewerbern beinhaltet, diskriminierend), aber andererseits ist der Wohnungsmarkt für Benachteiligungen ein ganz besonders kritischer Markt. An soziologischen Fachbereichen erfreuen sich empirische Untersuchungen zur Vergabe freier Zimmer in studentischen Wohngemeinschaften großer Beliebtheit. Ein denkbares Vorgehen für solche Studien ist, Anrufe von Interessenten mit typisch deutschen oder typisch türkischen Vornamen, Hochdeutsch oder türkisch gefärbtes Deutsch Sprechenden zu fingieren und dann zu überprüfen, ob es statistisch signifikante Unterschiede bei der Einladung zu Vorstellungsgesprächen gibt. Angenommen, solche Unterschiede gibt es. Ist das ein eindeutiger Beleg für Diskriminierung? Dagegen sprechen zwei Gründe. Erstens kann die unterschiedliche Behandlung (Diskriminierung in einem ganz allgemeinen Sinn) auf Vorstellungen von mit der Ethnie verbundenen Eigenschaften beruhen (statistische Diskriminierung) und zweitens unterliegt die Wahl von Personen, mit denen man zusammenleben will, überhaupt nicht dem Nicht-Diskriminierungsprinzip. Soziologisch formuliert: In Fragen der Vergemeinschaftung sind wir frei, nach Belieben zu entscheiden, in Fragen der Vergesellschaftung hingegen nicht.

4. Faire Chancengleichheit. Die Anhänger der fairen Chancengleichheit eint die Überzeugung, dass auch unter der – eher unwahrscheinlichen – Voraussetzung, dass alle Kriterien der formellen Chancengleichheit erfüllt sind und vollkommene formale Chancengleichheit herrscht, Chancen keineswegs gleichverteilt sind und insoweit der Gerechtigkeit nicht genüge getan ist. Das liegt daran, dass das Prinzip der formalen Chancengleichheit zwar, wie gesehen, eine Vielfalt von Diskriminierungskriterien für den Zugang zu bzw. den Ausschluss von begehrten Stellen als illegitim betrachtet, nicht aber die Kriterien Eignung oder Qualifikation. Chancenungleichheit bei vollkommener formeller Chancengleichheit kommt zustande, wenn aufgrund von Umständen, die vom Einzelnen nicht zu verantworten sind, keineswegs tatsächlich »Alle« die gleichen Chancen haben, die für den Zugang zu begehrten Stellen erforderlichen Qualifikationen zu erwerben.

Es ist immer wieder gesagt worden, dass auch eine noch so strikte Beachtung des Nicht-Diskriminierungsprinzips die tatsächliche Benachteiligung spezifischer Teilpopulationen bei der Besetzung von Ämtern und Positionen nicht verhindert. Wie kann das sein, wenn weiterführende Schulen allen offen stehen und wenn über die Besetzung einer Stelle ausschließlich nach Qualifikation in einem fairen Wettbewerb entschieden wird? Die Schlüsselrolle in dem Prozess ungleicher Chancenverteilung spielt der Qualifikationserwerb. Beruflich relevante Qualifikationen werden im Bildungssystem erworben. Die Grundvoraussetzung für den Eintritt in jede Stufe des Bildungssystems ist die Eignung für eine Stufe. Das gilt für alle Stufen mit Ausnahme des Eintritts in das Bildungssystem, die Grundschule. Diese bietet allen Kindern einer bestimmten Altersstufe einen Platz an. Da aber nicht garantiert ist, dass alle Grundschulen von gleicher Qualität sind und da in Deutschland zumindest bis zum vierten Schuljahr die sog. Sprengelpflicht besteht, können sich bereits auf dieser Stufe Benachteiligungen aufbauen. Zwar können Eltern Maßnahmen ergreifen, dieser Pflicht zu entkommen, aber wo das Sprengelprinzip herrscht, werden Schulkinder je nach ihrem Wohnort in bessere oder schlechtere Schulen sortiert.

Die zentrale Ursache dafür, dass trotz formaler Chancengleichheit die Chancen tatsächlich ungleich verteilt sind, liegt im Prozess des Eignungserwerbs begründet. Solange Kinder nicht die gleiche Chance haben, ihre

Begabungen zu entwickeln, besteht keine faire Chancengleichheit.[6] Dieser Prozess der ungleichen Verteilung von Chancen beginnt lange vor der Pflichtschulzeit bereits in der Familie. Familien (in einem weiten Sinn verstanden) fördern nicht nur ihren Nachwuchs sehr unterschiedlich, sie sind wegen der Geburtslotterie auch der Grund für die unterschiedliche genetische Ausstattung der nachwachsenden Generation. Aller späterer Eignungserwerb in Prozessen der sog. sekundären Sozialisation ist einerseits durch diese natürlichen Begabungsunterschiede gesteuert und andererseits durch den Eignungserwerb in der primären Sozialisation, deren Ort die Erziehung der Kinder durch Eltern (oder auch andere Bezugspersonen) im vorschulischen Alter ist.

Auf vier Pfaden macht sich der Einfluss des Elternhauses auf die Bildungschancen des Nachwuchses geltend: erstens durch die Vererbung natürlicher Anlagen, zweitens durch die Erziehung im Elternhaus, drittens durch die unterschiedlichen finanziellen Möglichkeiten der Eltern und viertens durch direkte Einflussnahme der Eltern auf schulische Entscheidungen. Insbesondere die letztere Einflussmöglichkeit sollte in einem Bildungswesen, das sich vom Schichtungssystem abgekoppelt hat, nicht mehr vorkommen. Dass Eltern versuchen, auf diesem Pfad Einfluss zu nehmen, wird man nie ganz ausschließen können. Aber eine solche Einflussnahme bedroht die Autonomie des Bildungswesens und das setzt der Rolle direkter Einflussnahme klare Grenzen. Die unterschiedlichen finanziellen Möglichkeiten des Elternhauses (Punkt 3) sind nur insoweit relevant, als Schule und Studium von finanziellen Möglichkeiten abhängen. Je mehr das Bildungswesen öffentlich finanziert ist und je unabhängiger das Studium von privaten Mitteln ist, umso geringer sollte dieser Einflusskanal sein. Dass Kinder unterschiedlich begabt sind, ist ein Faktum, gegen das kein Kraut gewachsen ist (Punkt 1). Zwar streut die mit dem Intelligenzquotienten gemessene kognitive Fähigkeit vermutlich weit weniger über die Bevölkerung als das Einkommen, aber es hilft trotzdem nicht weiter, den Sachverhalt unterschiedlicher Begabungen einfach in Abrede zustellen. Zwar kann der Staat einiges unternehmen, um Begabungsunterschiede aus der Welt zu schaffen. Z.B. könnte daran gedacht werden, alle Kinder auch schon im Vorschulalter in staatlichen Einrichtungen unterzubringen. Oder staatliche Instanzen könnten Maßnahmen ergreifen, die darauf hinauslaufen, dass Begabungsunterschiede sich nicht in Verteilungsunterschiede umsetzen. Aber solche Vorhaben rechtfertigen sich keineswegs von selbst. Es gibt

6 »Genuine or substantive equality of opportunity requires that all have a genuine opportunity to become qualified«. Arneson (2009), S. 9.

gute, letztlich im Prinzip des *self-ownership* begründete Argumente dafür, die Kinder bei ihren Eltern zu belassen und zuzulassen, dass talentierte Personen die Früchte ihres Talents auch ernten können.

Kinder sind nicht nur unterschiedlich begabt, sie werden auch unterschiedlich gefördert (Punkt 2). Die ungleiche Verteilung von Vorteilen im Erwachsenenleben hat hier ihre vielleicht wichtigste Wurzel. Die Förderung, die ein Kind im Elternhaus erfahren hat, ist eine wichtige, wenn nicht die wichtigste Stellgröße für den Erfolg im Bildungswesen und über das Bildungswesen vermittelt, die Berufschancen junger Erwachsener. Die Forderung nach fairer Chancengleichheit unterscheidet sich genau darin von der Forderung nach formaler Chancengleichheit, dass die durch die sozioökonomische Herkunft bedingten Benachteiligungen, soweit es irgend geht, ausgeschaltet werden sollen. Wenn die Familie als Instanz der Entwicklung und Förderung von Begabungen versagt, müssen staatliche Programme diese Aufgabe übernehmen.

Aus den genannten Gründen begnügen sich die Anhänger der fairen Chancengleichheit nicht mit dem Gedanken, der Idee der Chancengleichheit sei Genüge getan, wenn die Rechtsordnung sicherstellt, dass Bewerbungen um einen Ausbildungsplatz oder um eine Position im Beschäftigungssystem einzig und allein nach der Eignung sortiert werden. Die Gesellschaft müsse vielmehr Sorge tragen, dass Menschen mit ähnlichen Fähigkeiten, gleich welcher sozialen Schicht sie zugehören, die gleichen Möglichkeiten haben, angestrebte Vorteile zu erlangen. Eine klassische Formulierung für dieses Prinzip der fairen Chancengleichheit stammt von Rawls (1979, S. 93):

> »Menschen mit ähnlichen Fähigkeiten sollten ähnliche Lebenschancen haben. Genauer: Man geht von einer Verteilung der natürlichen Fähigkeiten aus und verlangt, dass Menschen mit gleichen Fähigkeiten und gleicher Bereitschaft, sie einzusetzen, gleiche Erfolgsaussichten haben sollten, unabhängig von ihrer anfänglichen gesellschaftlichen Stellung ... Die Aussichten von Menschen mit gleichen Fähigkeiten und Motiven dürfen nicht von ihrer sozialen Schicht abhängen.«

So einleuchtend dieses Prinzip auch sein mag, seiner Umsetzung stehen schier unüberwindbare Hürden im Wege. Maßnahmen der kompensatorischen Erziehung für die im Bildungserwerb benachteiligten Gruppen werden nicht ausreichen. »Selbst bei formell meritokratischem Zugang zu privilegierten Positionen«, konstatiert Miller (2008, S. 230), würden die Bewerber mit einem günstigeren Familienhintergrund daher immer noch unverdiente Vorteile genießen. Will man die Familie nicht abschaffen, besteht offenbar wenig Aussicht auf die Ausschaltung dieses Effekts.«[7]

Die faire Chancengleichheit wird aber nicht nur durch die familiale Herkunft gefährdet, sondern potentiell auch durch die Selektionsmechanismen des Bildungswesens und des Arbeitsmarkts. In der Publizistik, aber auch in der wissenschaftlichen Literatur findet sich immer wieder die Behauptung, dass trotz gleicher Begabung oder gleicher Qualifikation nicht alle Bewerber für einen Bildungsgang oder eine Stelle die gleiche Selektionschance haben. In diesem Zusammenhang wird z.B. dem Bildungswesen ein »Mittelschichtbias« nachgesagt. Wo es diesen gibt, handelt es sich um eine institutionelle, in die Praktiken und Regulierungen des Bildungssystems eingebaute und nicht gewollte Benachteiligung. Sie wurzelt gerade nicht in der Ungleichbehandlung Gleicher, sondern in der in Gleichbehandlung Ungleicher durch die Institutionen des Bildungswesens. Die Institution selbst mag strikt auf Gleichbehandlung aller ausgerichtet sein, aber gerade dadurch, so lautet der Vorwurf, benachteiligt sie bestimmte Gruppen. Alle Schüler müssen z.B. das gleiche Schulbuch lesen. Damit werde sie aber der Ungleichheit ihrer aus verschiedenen Kulturkreisen stammenden Adressaten nicht gerecht. Oder: Deutsch als Prüfungssprache benachteiligt potentiell Personen, deren Muttersprache nicht Deutsch ist. Kritiken dieser Art überziehen das Konto eines allgegenwärtigen Diskriminierungsverdachts. Dass in Deutschland Deutsch die Amtssprache ist, ist zwar nachteilig für alle, die nicht Deutsch sprechen, aber das erfüllt nicht den Tatbestand der Diskriminierung.

Beispiele einer institutionellen Verzerrung im Beschäftigungssystem sind Einstellungsvoraussetzungen, die nicht von allen Bewerbern gleich gut erfüllt werden können. Wenn eine Fluglinie verlangt, dass ihre Stewardessen bestimmten Ansprüchen an das äußere Erscheinungsbild genügen müssen, schließt diese Regelung alle Bewerberinnen von der Einstellung aus, die diese Standards nicht erfüllen. Die Fluglinie könnte allerdings argumentieren, dass Aussehen eine Qualifikation für den Beruf und somit

7 Miller verweist auf eine Studie von Fishkin (1983), der dieses Argument in der Form eines Trilemmas stark gemacht hat. »Es ist unmöglich, gleichzeitig drei Prinzipien zu genügen: (a) dem Leistungsprinzip (Positionen sollten nach stellenspezifischen Kriterien vergeben werden; (b) der Gleichheit von Lebenschancen (die beruflichen Aussichten der Kinder sollten nicht von arbiträren Geburtsmerkmalen wie der Ethnie oder der sozialen Herkunft abhängen; und (c) der Autonomie der Familie (der Staat sollte sich nicht in die Entwicklung von Kindern innerhalb der Familie einmischen« (Miller 2008, S. 350).

nicht diskriminierend ist. Sollte gleichwohl im Auge von Gleichstellungsbeauftragten Diskriminierung vorliegen, ist ihre ›Quelle‹ eher der Kunde und nicht die Fluglinie.

Die Forderung nach fairer Chancengleichheit ist im Bildungswesen erfüllt, wenn Kinder ähnlicher Begabung ähnliche Chancen des Qualifikationserwerbs haben. Das Minimalerfordernis hierfür ist, dass es über das Land verstreut hinreichend viele Ausbildungsstätten gibt, in denen Begabte die erforderlichen Qualifikationen für eine weiterführende Ausbildung oder für die Ausübung eines Berufs erwerben können. Für das berühmt berüchtigte katholische Arbeitermädchen vom Lande der deutschen Bildungsforschung würden sich die Bildungschancen verbessern, wenn es mit einem öffentlichen Verkehrsmittel in eine nahegelegene Stadt mit Gymnasium gelangen könnte (und der Preis für die Fahrkarte vom Staat übernommen wird), wenn Mädchen nicht mehr in der Familie kämpfen müssten, eine höhere Schule besuchen zu dürfen und wenn die Bildungseinrichtung selbst Mädchen als gleich wichtig wie Jungen ansähe. Ferner müsste gewährleistet sein, dass das katholische Milieu nicht mehr offen oder versteckt Mädchen vom Bildungserwerb abhält. Anders gesagt: Chancengleichheit für das katholische Arbeitermädchen vom Lande besteht, wenn dieses Mädchen die gleiche Behandlung erfährt, die sie erfahren würde, wenn sie ein protestantischer Junge aus einem Angestelltenhaushalt in der Stadt wäre, aber im übrigen die gleiche Person.[8]

5. Mit dieser Auslegung der Forderung nach Gleichbehandlung scheint dem Gebot der Chancengleichheit Genüge getan. Mehr als faire Chancengleichheit lässt sich nicht fordern. Wirklich nicht? Der Schritt über das Gebot der fairen Chancengleichheit hinaus folgt aus der schlichten Tatsache, dass Begabungsunterschiede moralisch genauso arbiträr sind wie Sozialisationsunterschiede. Daher dürfen sie bei der Zuteilung von Vorteilen auf Personen genauso wenig eine Rolle spielen wie Sozialisationsunterschiede. Diese Deutung seiner Gerechtigkeitstheorie nennt Rawls »demokratische Gleichheit«.[9] Sie ist eine Konsequenz der für Rawls typischen egalitären

8 Vorausgesetzt bei diesem Gedankenexperiment ist, dass es nur zwei Milieus gibt (katholisches und evangelisches), nur zwei Regionen (Stadt - Land) und zwei Schichten (Arbeiter - Angestellte).

9 Rawls (1979), S. 86 f. und Abschnitt 13.

Gerechtigkeitsauffassung. »Da nun Ungleichheiten der Geburt und der natürlichen Gaben unverdient sind«, schreibt Rawls, (Rawls (1979), S. 121),

> »müssen sie irgendwie ausgeglichen werden. Das Prinzip besagt also, wenn alle Menschen gleich behandelt werden sollen, wenn wirkliche Chancengleichheit herrschen soll, dann müsse die Gesellschaft sich mehr um diejenigen kümmern, die mit weniger natürlichen Gaben oder in weniger günstige gesellschaftliche Positionen geboren wurden.«

Zu Ende gedacht läuft dieser Gedanke auf die Gleichverteilung aller Primärgüter hinaus.[10] Da alles, was eine Person von einer anderen unterscheidet, ihre genetischen wie die in der Sozialisation erworbenen Eigenschaften, moralisch arbiträr sind, bleibt gerechtigkeitstheoretisch gar nichts anderes übrig als die Gleichverteilung. Diese Konsequenz hat Barry (1989, S. 224) mit der nötigen Klarheit gezogen: »It is surely plain then that equal opportunity for entities that are not in any way distinguishable from one another can be nothing other than equal prospects of success for all. The third conception of equal opportunity amounts to equality of outcomes.«

Schon Rawls selbst hat die zentrale Schwäche einer egalitären Lösung des Verteilungsproblems klar gesehen: Sie ist ineffizient. Wenn individuelle Entscheidungen keinerlei Einfluss auf das Ergebnis haben, schwinden die Anreize, zur Vermehrung des Sozialprodukts beizutragen. Dieser Einsicht folgend hat er die Gleichverteilung von Ressourcen als optimale Allokationsregel durch das Differenzprinzip ersetzt: Eine ungleiche Verteilung der Ressourcen ist gerechtfertigt, wenn sie das Los der am schlechtesten gestellten Gruppe verbessert. Aufbauend auf zwei Aufsätzen von Dworkin (1981) hat Roemer in Auseinandersetzung mit Rawls ein neues Konzept der Chancengleichheit entwickelt, dessen politische Durchsetzung er als *levelling the playing field* kennzeichnet. Es besteht in einer tiefgreifenden Modifizierung des Konzepts der demokratischen Gleichheit von Rawls und einer daraus abgeleiteten Politik, die im Kern darin besteht, dass die gerechte Allokation von Ergebnissen *(outcomes)* auf Individuen einzig und allein von dem *relativen* Grad ihrer Anstrengungen abhängt. Relativ meint: die Anstrengung eines Individuums gemessen an der Anstrengung der Gruppe, der es zugehört. Dazu gleich mehr. Von Dworkin übernimmt Roemer zwei Ideen: Individuen sind für ihre Handlungen (und unter Umstän-

10 Genauer gesagt: wenn es mehrere Primärgüter gibt, auf die Gleichverteilung eines Indexes der Primärgüter.

den auch für ihre Präferenzen) verantwortlich. Aber Vorteile, die sie aus ihren Talenten schöpfen können sind unverdient und verlangen daher nach einem Ausgleich.

5.1 Zunächst gilt es, sich klar zu machen, warum das Ideal eines ebenen Spielfelds (*level playing field* = LPF) das Herzstück einer neuen Konzeption der Verteilungsgerechtigkeit ist, die sich deutlich von der bis dahin (jedenfalls auf dem ›linken‹ Spektrum der politischen Philosophie) dominierenden Theorie von John Rawls unterscheidet.[11] Es geht also um weit mehr als die richtige Definition eines Begriffs. Die zentrale Frage einer jeden Theorie der Verteilungsgerechtigkeit ist, unter welchen Bedingungen eine differentielle Verteilung von Vorteilen *(outcomes)* fair oder gerecht ist. Die LPF-Theorie der Verteilungsgerechtigkeit postuliert, dass dies genau dann zutrifft, wenn die Zuteilung von Vorteilen einzig und allein eine Funktion von individuellen Entscheidungen ist und der Einfluss von Umständen, für die ein Individuum nichts kann, vollständig ausgeschaltet ist. In den Worten von Roemer (2008):

> »Whereas the ethic of equality of outcome does not hold individuals responsible for actions that may create inequality of outcomes, equality of opportunity 'levels the playing field' so that all have potential to achieve equal outcomes; inequalities of outcome that then transpire are not compensable at the bar of justice. The influences on the outcome a person experiences comprise circumstances (for which he should not be held responsible) and effort (for which he should be). Equal-opportunity policy compensates persons for their disadvantaged circumstances, ensuring that, finally, only effort counts in achieving outcomes.«

Während die Rawlssche Idee der demokratischen Gleichheit dem Fehlschluss Vorschub leistet, eine gerechte Gesellschaftsordnung sei erst dann erreicht, wenn auch Gleichheit im Ergebnis bestünde, ist die LPF-Theorie der Chancengleichheit gegen diesen Fehlschluss gefeit. Gerechtigkeit verlangt weder die Beseitigung der Stufenleiter sozialer Positionen im allgemeinen, noch Einkommensgleichheit im besonderen, sondern nur, dass die berufliche Position oder das erzielte Einkommen einzig und allein das Ergebnis persönlicher Entscheidungen ist und Umstände, die außerhalb

11 Ein ebenes Spielfeld ist nach keiner Seite hin geneigt, so dass nicht eine Mannschaft aufwärts spielen muss und die andere abwärts spielen kann.

der individuellen Kontrolle liegen, hierauf keinen Einfluss nehmen. »The interpretation taken here is that a society has achieved equality of opportunity if it is the case that what individuals accomplish, with respect to some desirable objective, is determined wholly by their choices and personal effort, rather than by circumstances beyond their control.«[12]

Gleichheit im Ergebnis ist demnach kein Kriterium für die Verwirklichung des Ideals der Chancengleichheit. Dieses Ideal ist erreicht, wenn ungleiche Ergebnisse ausschließlich individuelle Entscheidungen im allgemeinen und ungleiche Grade der Anstrengung *(effort)* widerspiegeln, also Faktoren, die in die Verantwortung eines Individuums fallen.[13] Anhand der Unterscheidung zwischen Umständen, die von einem Individuum nicht kontrolliert werden können und dem Ausmaß seines Bemühens *(effort)* – soweit es individuell zurechenbar ist, kann dann der Umfang, in dem Chancengleichheit verwirklich ist, empirisch geschätzt werden. Voraussetzung hierfür ist, die Ergebnisungleichheit methodisch in eine Komponente zerlegen, die den Umständen geschuldet ist und eine Komponente, die auf die individuelle Anstrengung und/oder individuelle Entscheidungen zurückgeht.[14]

Roemer fasst, wie ausgeführt, den Einfluss von Wahlentscheidungen und persönlicher Anstrengung auf Ergebnisse in der Variablen *effort* zusammen. Generell hängt die Zielerreichung nicht nur von den Umständen ab, sondern auch von der Anstrengung oder den Bemühungen, die ein Individuum unternimmt, das Ziel (z.B. ein hohes Einkommen, einen hohen Bildungsgrad) zu erreichen. Zwei Annahmen sind somit für diese dritte Theorie der Chancengleichheit grundlegend: erstens, alle Faktoren, die Einfluss auf das Ergebnis haben, sind entweder ein Umstand oder fallen in die Verantwortlichkeit des Individuums. Zweitens, die Variable *effort* ist typspezifisch, und das heißt: Die *Verteilung* dieser Größe ist selbst ein Umstand, für den der Einzelne nicht verantwortlich ist. Die Auswirkung von Umständen auf die Verteilung der Anstrengung unter den Individuen, die einem bestimmten Typ angehören, ist sogar einer der wichtigsten, das Ergebnis bedingenden

12 Björklund, Jäntti und Roemer (2011), Zusammenfassung.

13 »By definition, in the world as I have constructed it, any difference in achievement, once types have been defined, is viewed as being a result of differential application of effort or, as I also say, of different autonomous choices that individuals make« (Roemer 1998, S. 8.)

14 Siehe hierzu Appendix A.2. Theoretisch lässt sich gegen diese Zerlegung in nur zwei Faktoren einwenden, dass in ihr z.B. kein Platz für Glück als Komponente der Ergebnisungleichheit ist. Empirisch ist der Einfluss glücklicher Umstände im Residuum von Regressionsanalysen versteckt.

Umstände: „A substantial part of choice should not be considered voluntarily, but ... due to factors that are clearly beyond the control of persons (Björklund, Jännti und Roemer (2011), S. 26). Dass Menschen sich unterschiedlich anstrengen, ist eigentlich trivial. Neuartig an Roemers Theorie der Gerechtigkeit als Chancengleichheit ist jedoch die Annahme, dass die Verteilung der *effort*-Variablen typspezifisch ist und dass die Gerechtigkeit gebietet, diesen Umstand auszuschalten. Diesem Gedanken wenden wir uns im folgenden Abschnitt zu.

5.2. Gegen die Unterscheidung von Umständen, für die niemand etwas kann und Entscheidungen, für die man verantwortlich ist, ist eingewendet worden, dass damit der Rolle von Entscheidungen ein viel zu großes Gewicht eingeräumt wird. Ein Individuum, das frei seinen Präferenzen folgt, handelt womöglich unfrei, falls seine Präferenzen von den Umständen geprägt sind. Roemer hat diesem Einwand dadurch Rechnung getragen, dass er zwei Pfade unterscheidet, auf denen die Umstände Einfluss auf die Zielerreichung eines Individuums nehmen. Die Zielerreichung eines Individuums (sein *outcome*) kann von den Umständen nicht nur direkt, sondern auch indirekt abhängen. Ein schlagendes Beispiel für den direkten Einfluss eines Umstands auf das Ergebnis sind begabte Kinder aus armen Elternhäusern, die aus Geldmangel nicht studieren können. Ein indirekter Einfluss lieg immer dann vor, wenn die Umstände die Präferenzen prägen:

> »With regard to this indirect contribution, it is generally the case that one's circumstances affect one's preferences (and hence one's choices of effort), and if a person is not to be held responsible for his circumstances, then he should not be held responsible for the distribution of preferences, and hence of effort, in his type. Thus, an equal-opportunity policy should hold people only partially responsible for their choices: they are responsible, in a word, for where on the distribution of effort in their type they sit, but not for the properties of the distribution itself (such as its median, mean, and variance)« [Björklund, Jännti und Roemer (2011), S. 2].

Damit macht die LFP-Theorie der Chancengleichheit Individuen nicht mehr verantwortlich für das absolute Niveau der Anstrengung, sondern allein für den *Grad* der Anstrengung im Vergleich zu den Anstrengungen anderer in ihrer Gruppe. Der Einfluss der Umstände auf die Anstrengung wäre dann ausgeschaltet, wenn ein Individuum nur noch für den Leistungsrang verantwortlich ist, den es in seiner Gruppe einnimmt, aber nicht mehr für die »absolute« Leistung. Ein Beispiel aus dem Sport soll dem Verständnis dieser Idee weiterhelfen. In der Leichtathletik finden olympische Wettkämpfe getrennt für Frauen und Männer statt. Die drittplatzierte Frau erhält auch dann die gleiche Belohnung wie ein drittplatzierter Mann (eine Bronzemedaille), wenn ihre Leistung deutlich schlechter ist als die des Mannes und sie in einem Rennen, an dem Frauen und Männer gemeinsam teilnähmen, mit ihrer Zeit niemals einen Medaillenrang erreicht hätte. Auf diese Weise wird der Einfluss eines individuell nicht kontrollierbaren Umstandes (Geschlecht) auf das Ergebnis ausgeschaltet und das Ergebnis (die Bronzemedaille) ist ausschließlich von der relativen, d.h. auf den Typ bezogenen Leistung bedingt.

Trotz dieser Relativierung der Rolle von *effort* (nicht mehr die absolute Leistung, sondern nur noch die relative Leistung zählt) ist Roemer weit davon entfernt, Wahlentscheidungen zu einer verschwindenden Restgröße zu degradieren. Roemer ist kein Strukturalist mit der Neigung, alle Ungleichheit in Gesellschaftsstrukturen verwurzelt zu sehen. Sein Verdienst für die Theorie der Gerechtigkeit wird gerade umgekehrt darin gesehen, der Verantwortung eines jeden Individuums für seinen Platz in der sozialen Hierarchie Rechnung getragen zu haben. In der Theorie von Rawls, so lautet die Kritik der Anhänger der LPF-Theorie, sei diese Verantwortlichkeit nicht hinreichend gewürdigt worden. Roemers Konzept der Chancengleichheit ist in der Tat so konstruiert, dass die aus ihm folgende Politik zwischen den Extremen des ›Rawlsianismus‹ und des Utilitarismus liegt.

> »If we think of different possible specifications of what constitutes circumstances« – hebt Roemer (1998, S. 31) hervor – »beginning from an extremely ›individualist‹ view in which all behavior is attributed to effort and none to circumstances and moving toward a ›structuralist‹ view in which all behavior is taken to be explained by circumstance and none by autonomous choice, then the EOp policy [equality of opportunity policy, JB] moves from utilitarianism at the first extreme to Rawlsianism at the other«.

5.3 Welchem spezifischen Gerechtigkeitspostulat folgt nun eine der LPF-Theorie verpflichtete Politik der Chancengleichheit? Wir haben oben gesehen, dass die Anhänger des Nicht-Diskriminierungsprinzips es für gerecht halten, dass ausschließlich die Leistung oder Leistungsfähigkeit eines Bewerbers über die Zuweisung von Stellen, sei es im Bildungssystem, sei es im Arbeitsmarkt, entscheidet. Die Anhänger der fairen Chancengleichheit halten das strikte Insistieren auf dem Leistungsprinzip solange für naiv, als nicht Sorge dafür getragen wird, dass alle die gleiche Chance haben, eine verlangte Leistung zu erbringen. Aber für den Fall, dass die gesellschaftliche Ordnung so eingerichtet ist, dass tatsächlich alle Personen gleicher Begabung auch die gleiche Chance haben, diese Begabung zu entfalten, zählt nur das Leistungsprinzip, also die Auslese strikt nach der erbrachten Leistung. Die LPF-Theorie weicht von dieser Vorstellung ab. Sie ist der Überzeugung, dass nur die relative, nicht die absolute Leistung zählen soll – jedenfalls in der Phase der Vorbereitung auf einen Beruf, wie wir gleich sehen werden. Sie trägt damit der Tatsache Rechnung, dass auch die Zuteilung von Talent auf Personen in der Geburtslotterie eine moralisch arbiträre Größe ist. Wenn es aber um die Besetzung von Stellen im Beschäftigungssystem geht, verlangt nicht einmal die LPF-Theorie, dass nur die relative Anstrengung zählen solle.[15]

Die LPF-Theorie ist – wie die Konzeption fairer Chancengleichheit – von einer tiefen Skepsis gegenüber dem Nicht-Diskriminierungsprinzip geprägt. Selbst wenn die Auslese für Plätze im Bildungssystem vollkommen fair und kontrolliert verliefe, bliebe das Problem, dass *effort* mit den Umständen variiert, für die niemand, der einem Typus zugehört, etwas kann. (Zu diesen Umständen gehört auch die genetische Ausstattung eines Individuums.) Die verschiedenen, in der Untersuchungsanlage definierten Typen von Individuen differieren ja nicht nur einfach nach den Umständen, sondern diese Umstände haben Auswirkungen auf die Leistungserbringung und damit auf die Realisierung von Lebensplänen. Insofern sind Leistungen typspezifisch. Gerecht wäre es daher, z.B. das knappe Bildungsgut unter dem Gesichtspunkt zu vergeben, dass nicht die gleiche Anstrengung, sondern das gleiche relative Ausmaß der Anstrengung (relativ zur Verteilung der Anstrengung innerhalb eines Typs) zu gleichen Ergebnissen führt. Wer eine mittlere Anstrengung in einem Milieu hervorbringt, das sich nicht gerade durch Anstrengung hervortut, sollte die gleiche Zuteilung des begehrten Bildungsguts erhalten wie jemand mit einer mittleren Anstrengung in einem leistungsstarken Milieu. Auf diese Weise würde der Einfluss der Umstände auf das Ergebnis ausgeschaltet.

Zur Verdeutlichung ein Beispiel. Angenommen, Mädchen sind in der Schule im Durchschnitt fleißiger als Jungen. Wenn das nicht zufällig, sondern typspezifisch so ist, verlangt dies einen Ausgleich für die benachteiligten Jungen, die unter ihrem Typ zu leiden haben. Natürlich muss nicht der faulste Junge im Ergebnis mit dem fleißigsten Mädchen gleichgestellt

15 Roemer 1998, § 12.

werden, sondern nur mit dem faulsten Mädchen, der zweitfaulste Junge mit dem zweitfaulsten Mädchen usw. bis zum fleißigsten Jungen. Auch wenn dieser weniger fleißig ist als das fleißigste Mädchen (und der zweitfleißigste Junge weniger fleißig als das zweitfleißigste Mädchen), haben beide Jungen Anspruch auf die gleiche »Entlohnung« (in diesem Fall Schulnoten) wie die Mädchen. Über die *policy*, dieses Ziel zu erreichen, ist damit noch nichts gesagt. Denkbar wären etwa Nachhilfe-Unterricht für die Jungen, eine insgesamt stärkere Betreuung oder eben auch differentielle Notengebung.

Ein weiteres Beispiel soll den Blick dafür schärfen, dass die LPF-Politik nicht nur geeignet ist, Gerechtigkeit herzustellen, sondern andere Gerechtigkeitsvorstellungen, so vor allem solche der formalen Chancengleichheit, auch verletzen kann. Eine Eliteuniversität hat hundert Studienplätze zu vergeben. Entweder erhalten diese Plätze die hundert Besten eines Eingangstests oder, wenn vier verschiedene Gruppen an diesem Test teilgenommen haben (z.B. Jungen aus Akademikerfamilien, Mädchen aus Akademikerfamilien, Jungen aus bildungsfernen Familien und Mädchen aus ebensolchen Familien) die jeweils 25 Besten aus diesen Gruppen. Angenommen, unter den Bewerbern befanden sich noch 75 Mädchen aus Akademikerfamilien, die besser abschnitten als die jeweils 25 Besten aus den drei anderen Gruppen: Es wird einige Überzeugungsarbeit kosten, diese Mädchen davon zu überzeugen, dass die Gerechtigkeit gebiete, sie leer ausgehen zu lassen.

Genau das verlangt ja die LPF-Theorie. Es reicht nicht aus, die direkten Effekte auszuschalten, aus Gründen der Gerechtigkeit müssen auch die indirekten Effekte ausgeschaltet werden, die sich über die Beeinflussung der *effort*-Variablen geltend machen. Nur so kann ›wahre‹ Chancengleichheit garantiert werden. Gelänge es, durch geeignete LPF-Politiken sowohl den direkten als auch den indirekte Einfluss der durch Gruppenzugehörigkeit definierten sozialen Herkunft zu eliminieren, wäre die Ungleichheit in der Verteilung der Ergebnisse zwar nicht verschwunden, sondern einzig und allein durch Leistungsunterschiede determiniert. Unter dieser, allerdings utopischen Bedingung produzierten die meritokratische und eine EOp-Verteilungsregel der Vergabe von Plätzen im Bildungssystem identische Ergebnisse.[16] Ein mit dem LPF-Ideal der Chancengleichheit kompatibler Egalitarismus verlangt also lediglich, dass der Erwerb von Bildungszertifikaten nicht von den Umständen abhängig ist; hingegen lässt er mit den beruflichen Fähigkeiten variierende monetäre Belohnungen in der Berufsausübung ausdrücklich zu. »When training people for careers and

16 Vgl. Paes de Barros et al. (2009) S. 33.

occupations, use the equality of opportunity. When choosing candidates for jobs, use meritocracy.«[17]

Die LPF-Theorie wirft aber nicht nur ethische, sondern auch methodische Probleme auf. Ein erstes Problem besteht darin, dass der gemessene Einfluss der Umstände auf das Ergebnis von der Art und Weise der Typenbildung abhängt. Je mehr Typen unterschieden werden, umso größer ist der Einfluss der Umstände, weil mit der wachsenden Zahl der Typen die Variation innerhalb der Typen abnimmt. Ein logischer Endpunkt dieser Vorgehensweise wäre, jedes Individuum als einen Typ anzusehen. Dann gäbe es keine Variation von *effort* innerhalb eines Typs mehr und das Ergebnis wäre restlos durch die Umstände determiniert.[18]

Ein zweites methodisches Problem ist, welche Variablen als Umstände, für die ein Ausgleich verlangt werden kann, klassifiziert werden sollen. Virulent wird dieses Problem beim Umgang mit Begabungsunterschieden. Begabung ist sicherlich ein Umstand, für den niemand etwas kann, aber folgt daraus, dass mangelnde Begabung aus Gründen der Gerechtigkeit immer als ein auszugleichender Umstand klassifiziert werden muss? Wer diese Frage bejaht, müsste eigentlich auch dafür eintreten, dass eine große Begabung sich z.B. nicht in einem höheren Gehalt niederschlägt. Die Anhänger des LPF-Ideals und die Tradition der kompensatorischen Erziehung plädieren dafür, dass Begabung, zumindest in der Ausbildung, auf die Liste der auszugleichenden Umstände gesetzt wird. Chancengleichheit verlangt nach dieser Auffassung, alles zu unternehmen, damit (am Beispiel des Abiturzeugnisses) nicht nur der sozioökonomische Status des Elternhauses keine Rolle spielen darf, sondern darüber hinaus auch der Einfluss von Begabungsunterschieden eliminiert wird.

---

17 Roemer, in Paes de Barros et al. (2009), S. 32. Roemer führt hierfür überzeugende Beispiele an: »No one would recommend equality of opportunity for choosing surgeons for their children. In that case, people want meritocracy. Also take the example of selection to professional basketball teams. Height is an important circumstance, exogeneous to the individual. Yet no one would recommend equality of opportunity here. In none of thes cases is it advisable to select people only according to their effort – because the welfare of patients and basketball spectators dominates«.

18 Für Strukturalisten sind alle Entscheidungen mehr oder weniger strukturell determiniert. Innerhalb dieses Bezugsrahmens ist Chancengleichheit erst dann gegeben, wenn Ergebnisgleichheit vorliegt. In der Soziologie hat diese letztlich philosophische Position, welche *freely chosen effort* als eine Chimäre ansieht und alle Ergebnisse strukturell bedingt sieht, eine angestammte Heimat. Strukturalistische Ansätze reichen vom Marxismus bis zu Peter Blau.

Ein weiterer, prominenter Kandidat für die Liste der auszugleichenden Umstände sind Sozialisationsunterschiede. Solange die Erziehung der Kinder in die Zuständigkeit der Eltern fällt, werden schon im Vorschulalter die Weichen für den späteren Bildungserfolg der Kinder gestellt. Angesichts dessen allein die in Tests oder durch die Notengebung festgestellte Eignung ohne Berücksichtigung der Herkunft zum Kriterium des Zugangs zu den weiterführenden Bildungseinrichtungen zu machen, wie das die Anhänger der formalen Chancengleichheit vorschlagen, benachteiligt sicherlich Kinder, die in bildungsfernen Elternhäusern aufwuchsen.

Unter Auspizien der Gerechtigkeit ist dies ein starkes Argument für LPF-Politiken. Aber sogar den indirekten Einfluss der Umstände auf das Ergebnis in Rechnung zu stellen bedeutet eben auch, dass Eignung (absolut gemessen) nicht mehr das alleinige Kriterium ist. Nicht mehr der oder die Geeignetere erhält die Stelle, sondern der oder die relativ Geeignetere. Das ist ein klarer Verstoß gegen das meritokratische Prinzip. Um diesen Einwand zu entkräften, plädiert Roemer dafür, LPF-Politiken auf das Bildungssystem zu beschränken, im Beschäftigungssystem aber z.B. Begabungsunterschiede zu berücksichtigen. Wer hingegen Begabung nicht als einen Ausgleich verlangenden Umstand ansieht, sondern als legitime Quelle für unterschiedliche *outcomes*, wird jedenfalls bei der Beurteilung von Leistungen im Bildungssystem Begabung wie *effort* behandeln (und mangelnde Begabung wie mangelnde Anstrengung).

In der Literatur ist umstritten, ob für die unterschiedliche Verteilung natürlicher Fähigkeiten *(abilities)* ein Ausgleich verlangt werden kann und geleistet werden soll. Eine Antwort auf diese Frage hängt u.a. davon ab, welchen Platz das Glück *(luck)* bei der Erklärung sozialer Ungleichheit einnimmt. *Ability* verdankt sich einem glücklichen Zufall in der Geburtslotterie. Da solche Zufälle moralisch arbiträr sind, können sie für Rawlsianer kein Argument für die differentielle Zuteilung von Gütern im Lebenslauf sein. Dagegen lässt sich einwenden, dass eine zufällig erworbene Begabung deswegen noch lange keine unrechtmäßig erworbene darstellt und daher die unterschiedliche Entlohnung nach *abilities* unter Gleichheitsgesichtspunkten nicht anstößig ist.

Wie steht es aber mit der Rolle von Glück für Personen in einem Alter, in dem sie für ihre Lebenspläne selbst verantwortlich sind? Dworkin (1981) hat diesbezüglich zwischen *option luck* und *brute luck* unterschieden. Für *option luck* kann kein Ausgleich verlangt werden: Wer versäumt, sich gegen Unfälle zu versichern, ist selbst schuld, wenn er für den Schaden alleine aufkommen muss. Für *brute luck* hingegen kann nach Dworkin ein Ausgleich verlangt werden. Wer dies für das *initial brute luck* der *birth lottery* bejaht, ist mit der Frage konfrontiert, ob das gleiche Prinzip auch für alle Fährnisse gelten soll, die einem auf dem späteren Lebensweg begegnen können *(later brute luck)*. Die Verpflichtung, in Notlagen zu helfen, ist von der Entscheidung in dieser Frage nicht tangiert.

So gut durchdacht, das LPF-Konzept der Chancengleichheit auch ist, man sollte sich nicht darüber hinwegtäuschen, dass es auf normativen Voraussetzungen beruht, die keineswegs unumstritten sind. Im Zentrum der normativen Diskussion steht die partielle Ausschaltung des Leistungsprinzips. Leistung wird im Rahmen der LPF-Konzeption zwar insoweit anerkannt, als sie typspezifisch ist, aber nicht absolut, d.h. unabhängig von den Umständen, die auf das Leistungsniveau Einfluss nehmen könnten. Den Einfluss der Umstände auf das Leistungsniveau auszuschalten, impliziert jedoch gleiche Auszahlungen für im Niveau ungleiche Leistungen, da die Auszahlung sich ja nur nach dem relativen Leistungsgrad richten soll. In letzter Konsequenz hieße das z.B., dass bei der Notengebung im Schulunterricht nicht nur die tatsächlich erbrachte Leistung, sondern auch die Umstände berücksichtigt werden: Von Benachteiligten wird weniger verlangt. Roemer (1998) kennt, wie gesagt, diese Einwände. Er wird ihnen dadurch gerecht, dass er das LPF-Ideal der Chancengleichheit nur auf den Zugang zum Qualifikationserwerb, nicht auf den Arbeitsmarkt (Stellenvergabe) angewendet wissen will.

6. Abschließend möchte ich noch auf einen Gesichtspunkt aufmerksam machen, der bislang nicht zur Sprache kam. In der gesamten Diskussion um Chancengleichheit und vor allem um die erforderlichen Maßnahmen, sie politisch zu realisieren, wird meist stillschweigend der Nationalstaat als der Rahmen für die Verwirklichung von Politiken der Chancengleichheit unterstellt. Diese Unterstellung wird allerdings teilweise durch die Rechtsregeln der Europäischen Union aufgeweicht, etwa wenn das Recht von EU-Bürgern auf Freizügigkeit unter Berufung auf das Nicht-Diskriminierungsgebot auf das Recht ausgedehnt wird, die im jeweiligen Zielland üblichen Sozialleistungen zu beziehen. Ebenso wird die nationalstaatliche Prämisse in Frage gestellt, wenn das bloße Aufenthaltsrecht in einem Land zur ausreichenden Begründung für die ungeschmälerte Teilhabe an den staatlichen Leistungen, die das Land bietet, verstanden wird. Ein Beispiel hierfür ist die Integration der Kinder von Asylbewerbern in das Bildungssystem auch unabhängig von der Frage, ob diese Gruppe ein dauerhaftes Bleiberecht erhält. Aber generell gilt in der Bundesrepublik, wie in anderen

Nationalstaaten auch, nach wie vor das Prinzip, dass die Staatsbürgerschaft und nicht die Weltbürgerschaft die Rechtsgrundlage für den sozialen Ausgleich darstellt. Jede Expansion der Sozialpolitik jenseits der Grenzen des Nationalstaats muss über kurz oder lang zu einer Überforderung führen, welche nicht nur die finanziellen, sondern auch die sozialmoralischen Grundlagen der Sozialpolitik unterminiert. Man stelle sich nur einmal vor, dass die zentrale Forderung der LPF-Theorie, die Verteilung von Vorteilen strikt an dem relativen Grad der Anstrengung auszurichten, tatsächlich für »Alle« gälte. Jeder Nationalstaat müsste dann die ihm möglichen Vorteile allen Bürgern der Welt gewähren und nicht mehr nur seinen eigenen Staatsbürgern.

Wenn der Mittelwert der Einkommen zwischen den Nationen erheblich variiert, dann hängt das Einkommen einer beliebig herausgegriffenen Person zu einem beträchtlichen Teil von dem Land ab, in dem sie lebt oder geboren ist.[19] Milanovic (2016) nennt diese Gehaltskomponente *citizenship premium*.[20] Der Sache nach handelt es sich bei dieser Prämie um eine ökonomische Rente, oder in der Terminologie John Roemers, einen exogenen Umstand »independent of a person's individual effort and their episodic (that is, not birth-related luck« Milanovic a.a.O., S. 132). »The very existence of a large citizenship premium«, fährt Milanovic fort (a.a.O. S. 139) »indicates that there is currently no such thing as global equality of opportunity«. Das macht die Frage unabweislich: »Should we strive to remedy this situation? Or should we concede that the quest for equality ends at the national border?« Der gleiche Rawls, der so entschieden darauf insistierte, dass »unverdiente Ungleichheiten ausgeglichen werden sollten« (Rawls 1979, S. 121) – und Ungleichheiten der Geburt hält Rawls für unverdient – wendet sich in einem späteren Werk (1999) entschieden dagegen, dieses Prinzip auf internationalem Maßstab anzuwenden. Rawls' Begründung hierfür war, dass eine solche Expansion der Idee nationaler Selbstbestimmung zuwiderliefe.

Diese Rawlssche Position wirft eine Reihe sehr grundsätzlicher Fragen auf, deren ausführliche Diskussion den Rahmen dieser Vorlesung sprengen würde. Soweit Entwicklungsunterschiede in die nationale Verantwortung

19 Nach Berechnungen von Milanovic (2016, S. 128) hingen Mitte des Zwanzigsten Jahrhunderts 80 Prozent der globalen Ungleichheit von dem Land ab, in dem man geboren wurde und nur 20 Prozent von der individuellen Klassenposition.

20 Nimmt man als Vergleichsmaßstab Kongo als das ärmste Land der Welt, dann betrug die *Citizenship*-Prämie für Bürger der USA 9200 Prozent. Milanovic (2016), S. 133.

fallen und also nicht aus globalen Prozessen wie Kolonialismus und Imperialismus resultieren, lässt sich mit guten Gründen gegen eine internationale Umverteilung unter dem Gesichtspunkt der globalen Gerechtigkeit argumentieren.[21] Wie die anhaltende Diskussion um die richtige Form der Entwicklungshilfe zeigt, besteht nicht einmal Einigkeit darüber, welche Politik aus der Akzeptanz des Prinzips der internationalen Umverteilung folgen würde. Ebenso wenig ist die Gleichstellung von Einwanderern mit den Staatsbürgern moralisch geboten. »Justice permits us to do less for would-be immigrants than we are required to do for citizens«, schreibt z.B. Miller (2016. S. 30).[22] Für das kosmopolitische Lager und seinen Universalismus der Menschenrechte gehört die Aufteilung der Welt in Nationalstaaten jedoch der Vergangenheit an. Es sieht jede Gruppenzugehörigkeit als in Auflösung begriffen an und lässt als relevante Kategorie nur noch das Menschsein gelten. Solange Ressourcen begrenzt sind, ist eine Konsequenz dieser Position, dass der nationale Ausgleich um willen der Utopie des internationalen Ausgleichs ins Hintertreffen gerät.

Literatur

Arneson, Richard, 2009: Equality of Opportunity. *Stanford Encyclopedia of Philosophy*, Spring Edition 2009, PDF Version.

Arrow, Kenneth J.,1973: The Theory of Discrimination. In: O. Ashenfelter and A. Rees (Eds.), *Discrimination in Labor Markets*. Princeton: Princeton University Press, S. 3-33.

Barry, Brian, 1989: *Theories of Justice*. London: Harvester-Wheatsheaf.

Björklund, Anders, Markus Jäntti und John E. Roemer, 2011: Equality of Opportunity and the Distribution of Long-Run Income in Sweden. IZA Discussion Paper No. 5466.

Dworkin, Ronald 1981a, 1981b: What is Equality? Part 1: Equality of Welfare, in: *Philosophy and Public Affairs* 10, S. 185-246 – What is Equality? Part 2: Equality of Resources, in: *Philosophy and Public Affairs* 10, S. 283- 345.

Hauser Richard et al., 2007: Integrierte Analyse der Einkommens- und Vermögensverteilung. Abschlussbericht zur Studie im Auftrag des Bundesministeriums für Arbeit und Soziales, Bonn. www.bmas.de/SharedDocs/Downloads/DE/PDF-Publikationen/forschungsprojekt-a369

21 Zu einer systematischen Entfaltung dieser Gründe siehe Miller (2007).

22 Miller beeilt sich aber, hinzuzufügen: But less is not nothing.

Milanovic, Branco, 2016: *Global Inequality. A New Approach for the Age of Globalization*. The Belknap Press, Cambridge, MA.

Miller, David, 2007: *National Responsibility and Global Justice*. Oxford: Oxford University Press.

Miller, David, 2008: *Grundsätze sozialer Gerechtigkeit*. Aus dem Englischen von Ulrike Berger. Frankfurt: Campus.

Miller, David, 2016: *Strangers in Our Midst. The Political Philosophy of Immigration*. Harvard University Press.

Paes de Barros, Ricardo, Francisco H.G. Ferreira et al., 2009: *Measuring Inequality of Opportunities in Latin America and the Caribbean*. Washington: The World Bank.

Phelps, Edmund, 1972: The Statistical Theory of Racism and Sexism. *American Economic Review* 62: S. 659–661.

Rawls, John, 1979 [1971]: *Eine Theorie der Gerechtigkeit*. Frankfurt: Suhrkamp.

Rawls, John, 1999: *The Law of Peoples*. Cambridge: Harvard University Press.

Roemer, John E., 1998: *Equality of Opportunity*. Cambridge, Mass.: Harvard University Press.

Roemer, John E., 2008: Equality of Opportunity. In: Steven N. Durlauf and Lawrence E. Blume, *The New Palgrave Dictionary of Economics Online*. Second Edition. Palgrave Macmillan.

MESSUNG

5 Fünfte Vorlesung: Statistische Ungleichheitsmaße

1. Rekapitulation. 2. Graphische Darstellungen ungleicher Verteilungen. 3. Statistische Kennziffern. 3.1. Partielle Maße. 3.2. Aggregierte Maße.

1. In der letzten Vorlesung haben wir uns ausführlich mit der Idee der Chancengleichheit beschäftigt. Der leitende Gesichtspunkt hierbei war, eine möglichst präzise Vorstellung darüber zu gewinnen, was Chancengleichheit meint. Zugleich diente die Beschäftigung mit der Idee der Chancengleichheit dazu, das Verständnis einer gerechten Gesellschaft zu vertiefen. Die Konzeption von Roemer läuft darauf hinaus, dass eine Gesellschaft nur dann den Anspruch erheben kann, gerecht zu sein, wenn die Chancen zum Qualifikationserwerb für alle Gesellschaftsmitglieder gleichverteilt sind. Die Einlösung dieses Anspruchs ist eine notwendige, nicht unbedingt hinreichende Bedingung für die Zuteilung des Prädikats »gerecht«. Gleiche Chancen beim Erwerb von Qualifikationen sind genau dann gegeben, wenn solche Chancen unabhängig von Umständen sind, für welche die nach dem Erwerb von Qualifikationen strebenden Individuen nichts können. Die bloße Tatsache unterschiedlicher Einkommen steht solange nicht im Widerspruch zu der so definierten Chancengleichheit, als solche Unterschiede ausschließlich auf dem Grad der Anstrengung und nicht auf förderlichen oder hemmenden Umständen beruhen.

Fragen und Probleme einer gerechten Verteilung von Vorteilen aller Art verdienten weit mehr Aufmerksamkeit als ich ihnen in den ersten Wochen dieser Vorlesung gewidmet habe. Trotzdem verlassen wir mit der Vorlesung dieser Woche dieses Thema und wenden uns Fragen der tatsächlichen Verteilung zu. Am Beginn der Erörterung von *quaestiones facti* im Unterschied zu *quaestiones iuris* stehen die Probleme einer möglichst genauen Feststellung der Verteilung von Vorteilen auf die Bevölkerung. Unterstellt wird, dass es gelungen ist, verlässliche und valide Daten über die Einkommen der Bewohner eines abgrenzbaren Gebiets zu erhalten. Auf Grundlage dieser Daten kann dann jedem Individuum je nach dem Haushalt, in dem es lebt, ein Einkommen zugerechnet werden (siehe hierzu die dritte Vorlesung). Bevor wir uns mit der Charakterisierung der Einkommensverteilung beschäftigen und z.B. eine Antwort auf die Frage zu geben versuchen, wie groß die Einkommensungleichheit ist, ob sie sich in den letzten Jahren

J. Berger, *Wirtschaftliche Ungleichheit*, https://doi.org/10.1007/978-3-658-23682-3_5

vergrößert oder verringert hat usw., gilt es sich mit der Frage zu befassen, mit welchen Messinstrumenten das Ausmaß der Ungleichheit und dessen potentielle Veränderung festgestellt werden kann. Wir wenden uns daher zunächst dem Problem der Messung der Einkommensverteilung zu. Was dieses Problem anbelangt, so sind in einer mehr als hundertjährigen Forschung die verschiedensten Verfahren zur Ermittlung der tatsächlichen Ungleichheit entwickelt worden. Man darf aber nicht erwarten, dass alle diese Verfahren konsistent sind, das Gleiche leisten und zu den gleichen Aussagen führen.

Wir betrachten zunächst graphische Darstellungen von Verteilungen und behandeln daran anschließend die gebräuchlichsten Messziffern, die zur Verfügung stehen, um eine Antwort auf die Frage nach dem Ausmaß der Ungleichheit (oder Gleichheit) zu geben.

2. (a) An den Anfang des Abschnitts über graphische Darstellungen der Verteilung sei eine besonders anschauliche graphische Repräsentation gestellt: Pen's Parade, auch »The Parade of Dwarfs (and a few Giants)« genannt.

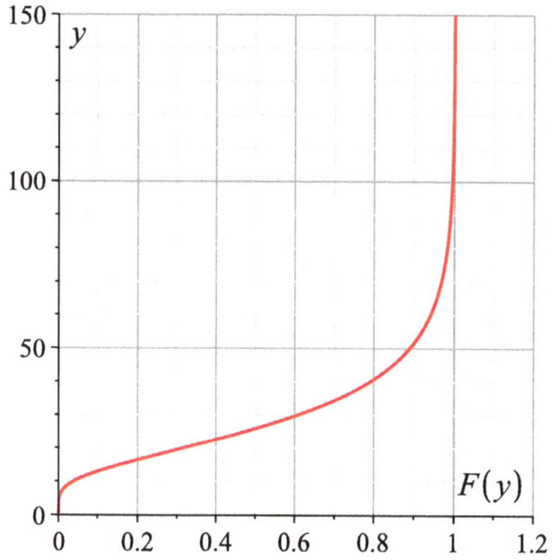

Abbildung 2: Pen's Parade

Die Parade ist nach Jan Pen benannt, einem holländischen Ökonomen (Pen 1971), der sich zur Veranschaulichung der ungleichen Verteilung der Einkommen die folgende Geschichte ausgedacht hat. Man stelle sich vor, alle

Bewohner eines Landes würden als eine Parade, geordnet nach der Größe der Einkommen, an einer Tribüne vorbeiziehen. Die Körpergröße aller Teilnehmer an der Parade entspreche ihrem Einkommen. Ein Einkommensbezieher mit einem durchschnittliches Einkommen hat eine durchschnittliche Körpergröße, wer nur halb so viel verdient wie der Durchschnitt ist auch nur halb so groß, wer das zweifache Durchschnittseinkommen verdient, ist doppelt so groß wie der Durchschnitt, usw. Diese Parade dauert genau eine Stunde. Ein Beobachter auf der Tribüne würde höchstwahrscheinlich zunächst Personen sehen, die mit dem Kopf nach unten im Boden stecken; das sind Geschäftsleute, die Verluste machen (die Graphik berücksichtigt allerdings nur Einkommen > 0). Anschließend kommen winzige Menschen an der Tribüne vorbei, vielleicht ein paar Zentimeter groß. Es braucht deutlich länger als eine halbe Stunde, bis endlich Personen vorbeiziehen, die ein durchschnittliches Pro-Kopf-Einkommen erzielen.[1] Mehr als eine Dreiviertelstunde ist vergangen, bis endlich Personen mit einem moderaten Jahreseinkommen von 40 000 Euro vorbeiziehen. Und dann, wenige Minuten vor Schluss, kommen Riesen von mehreren Metern Höhe vorbeigetrampelt: Ärzte, Anwälte usw. Schon ab einem Einkommen von 110 000 Euro lässt sich die Kurve visuell nicht mehr vom rechten Rand der Bevölkerungsanteile unterscheiden. Erst in den letzten Sekunden ziehen die wahren Großverdiener vorbei, Topverdiener im Fußball, Filmstars, Pop-Größen, aber auch erfolgreiche Unternehmer, die Manager von Großunternehmen, Bankenvorstände usw. Ihre Gestalten verschwinden zum Teil schon in den Wolken. Ganz am Schluss marschiert (in Pen's Parade für die USA) vielleicht Bill Gates vorbei und dessen Körpergröße reicht bis in die Stratosphäre. (Wollte man dessen Einkommen in der Graphik erfassen, müsste die Kurve weit über den oberen Blattrand hinaus gezogen werden.)

---

1 Wann genau die Personen (oder Haushalte) mit mittlerem Einkommen an der Tribüne vorbeiziehen, hängt (siehe die dritte Vorlesung) ganz wesentlich von dem verwendeten Einkommensbegriff ab (Einkommen pro Person oder pro Haushalt, zugerechnetes oder tatsächlich erworbenes Einkommen, Brutto- oder Nettoeinkommen, Real- oder Nominaleinkommen, Einkommen nur aus unselbständiger Arbeit oder aus allen Einkommensquellen usw). In Abbildung (1) ist der Kurvenverlauf an die Einkommensverteilung der Bruttoeinkommen aus unselbständiger Arbeit vollbeschäftigter Arbeitnehmer im Jahr 2005 (Bundesrepublik Deutschland) angelehnt. Auf der x-Achse sind die kumulierten Prozentanteile der nach der Einkommensgröße (von arm nach reich) geordneten Einkommensbezieher abgetragen, auf der y-Achse die entsprechenden Einkommen.

(b) Ebenfalls sehr sinnfällig lässt sich die Einkommensverteilung mithilfe der aus Lehrbüchern der Statistik bekannten kumulativen Verteilungsfunktion $F(y)$ modellieren. Auf die Einkommensverteilung bezogen gibt diese Funktion den Bevölkerungsanteil p an, der ein Einkommen bis zur Höhe von y bezieht: $F(y) = p$. Sei z.B. F(2000) = 1/3. Diese Gleichung ist so zu lesen: Ein Drittel der Bevölkerung bezieht Einkommen, die bis zu 2 000 Euro reichen.

Ganz allgemein ordnet die Verteilungsfunktion jedem Wert y einer kontinuierlichen Zufallsvariablen Y eine Wahrscheinlichkeit zu, einen Wert $\leqslant y$ anzunehmen.[2] Das folgt aus der Beziehung $F'(y) = f(y)$. Formal:

$$F(y) = P(Y \leqslant y) = \int_0^y f(x)dx \tag{1}$$

Anders als es bei der Behandlung der Verteilungsfunktion in den Lehrbüchern der Wahrscheinlichkeitstheorie und Statistik üblich ist, setzen wir als Untergrenze des Integrals nicht $-\infty$, sondern 0, da wir negative Einkommen ausschließen.[3] Unterstellt wird, dass $F(0) = 0$ und $F(\infty) = 1$. $P(Y \leqslant y)$ entspricht dem Prozentsatz p der Bevölkerung der ein Einkommen bis zur Höhe von $Y = y$ bezieht. Die Werte, welche $F(y)$ annimmt, lassen sich also doppelt verstehen: zum einen als die Wahrscheinlichkeit, dass die Zufallsvariable Y einen Wert kleiner oder gleich y annimmt, zum anderen als den Anteil der Bevölkerung mit Merkmalsausprägungen kleiner oder gleich y an der Gesamtpopulation.

2 Das Einkommen als diskrete oder als kontinuierliche Zufallsvariable zu verstehen, heißt natürlich nicht, dass es zufällig ist, wer wie viel verdient. Aber wenn man für jedes Einkommen einen Zettel in eine Urne wirft, ist es zufällig, welches Einkommen mit einem Griff in die Urne gezogen wird. Zufallsvariablen werden üblicherweise mit Großbuchstaben gekennzeichnet, die einzelnen Werte, die sie annehmen können, mit Kleinbuchstaben. Y ist das für Einkommen gebräuchliche Symbol.

3 Vermögensbestände werden negativ, wenn die Schulden die positiven Vermögenswerte übersteigen.

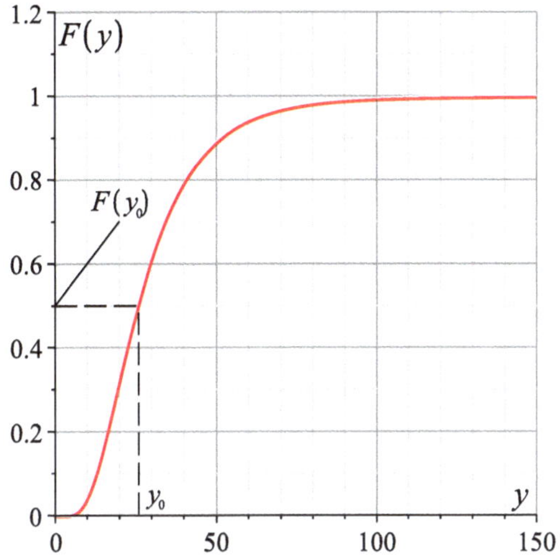

Abbildung 3: Die kumulative Verteilungsfunktion

In Abbildung (2) sind die Einkommen y der Größe nach auf der x-Achse abgetragen. Auf der y-Achse wird die Funktion $F(y) = p$ abgetragen. Diese Funktion gibt, wie bereits erläutert, den Anteil an der Bevölkerung mit Einkommen nicht größer als y an also den Anteil von Individuen mit einem Lebensstandard $\leqslant y$ an der Bevölkerung .

Wie ein Blick auf die Abbildungen (1) und (2) zeigt, erhält man die Graphik für die Verteilungsfunktion $F(y)$ durch Austausch der Achsen für »Pen's Parade« (und *vice versa*). Die x-Achse in Pen's Parade ist jetzt die y-Achse der Graphik der Verteilungsfunktion und die y-Achse (in Pen's Parade die Einkommen) ist jetzt die x-Achse der Verteilungsfunktion. Beide Graphen verhalten sich spiegelbildlich zueinander. Darin kommt der Sachverhalt zum Ausdruck, dass der Graph von »Pen's Parade« nichts anderes ist als die Umkehrfunktion zur Verteilungsfunktion $F(y)$. Die Umkehrfunktion zur Verteilungsfunktion $F(y)$ ist die Quantilfunktion $Q(p)$:

$$Q(p) = F^{-1}(p) = y \tag{2}$$

Diese Funktion ordnet jedem Wert p in der Rangordnung der nach der Größe ihrer Einkommen geordneten Bevölkerung ein Einkommensniveau y zu. Z.B. könnte für $p = 0{,}3$ das Einkommen 2000 Euro betragen. Aus $Q(p) = y$ folgt, dass ein Anteil p (oder p mal 100 Prozent) der Bevölkerung einen Lebensstandard hat, der unterhalb dieses Niveaus liegt.

(c) Die Verteilungsfunktion [siehe Gleichung (1)] ist wie schon erwähnt das Integral über die Dichtefunktion $f(y)$. Differentiation des Integrals ergibt die Dichte $f(y)$. Zur graphischen Darstellung einer Verteilung kann man daher statt der Verteilungsfunktion auch die Dichtefunktion wählen.[4]

Die Dichtefunktion in Abbildung (4) ist anders als die symmetrische Glockenkurve der Gaußschen Normalverteilung linkssteil (rechtsschief). Das ist ein für die Einkommensverteilung typischer Verlauf. Zu ihrer theoretischen Modellierung und graphischen Repräsentation wird gerne die Dichte einer logarithmisch normalverteilten (oder kürzer: lognormalverteilten) Zufallsvariablen gewählt, weil lognormale Zufallsvariablen die in Abbildung (4) gezeigte Dichte haben.[5] Mittels einer geeigneten Wahl der Parameter μ und σ^2 lässt sich zumindest für den unteren und mittleren Wertebereich die empirische Einkommensverteilung recht gut approximieren.

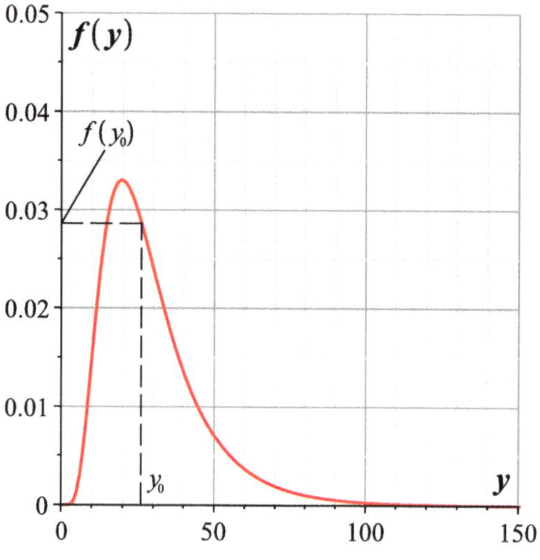

Abbildung 4: Die Dichtefunktion $f(y)$

4 Man beachte, dass $f(y)$ nicht die Wahrscheinlichkeit angibt, dass die stetige Zufallsvariable Y den Wert y annimmt. Die Wahrscheinlichkeitsdichte $f(y)$ gibt vielmehr die Wahrscheinlichkeit an, dass die Zufallsvariable Y in das Intervall $(y, y+h)$, geteilt durch h fällt. Hingegen ist die Wahrscheinlichkeit, dass Y einen bestimmten Wert a annimmt, gleich 0. Das folgt aus $\int_a^a f(y)dy = F(a) - F(a) = 0$

5 Mehr dazu in Appendix A. 4.

(d) Das vielleicht gebräuchlichste Mittel zur Veranschaulichung der Streuung von Merkmalen über Merkmalsträger ist die nach ihrem Konstrukteur Max Otto Lorenz (1876-1959) benannte Lorenzkurve. Sie wird immer dann herangezogen, wenn es darum geht, die Konzentration beliebiger Merkmale auf Merkmalsträger graphisch einzufangen. Je größer der Anteil an einem zu verteilenden Gut ist, der auf immer weniger Merkmalsträger entfällt, umso größer ist die Konzentration. Im Extremfall entfällt der Gesamtwert des Merkmals auf einen einzigen Merkmalsträger. Dieser Extremfall ist im wirtschaftlichen Bereich z.B. bei Vorliegen eines Marktmonopols gegeben. Ein einziger Anbieter bedient den gesamten Markt. Das entgegengesetzte Extrem ist die Gleichverteilung: Alle Merkmalsträger vereinigen genau den gleichen Anteil an dem Merkmal auf sich. Ein gutes Beispiel hierfür ist die Gleichverteilung der Einkommen.
Zur graphischen Darstellung der Konzentration ordnet man in einem ersten Schritt die Merkmalsausprägungen, in unserem Fall also die Einkommen, nach ihrer Größe. Auf der x-Achse werden sodann die Anteile $p = j/N$ der Merkmalsträger abgetragen. Auf der y-Achse kann dann mit Hilfe der Lorenzkurve abgelesen werden, welcher Einkommensanteil auf den Populationsanteil der Einkommensbezieher entfällt. Wenn man die Werte der x-Achse und der y-Achse jeweils mit 100 multipliziert, erhält man statt Anteilen Prozentsätze.

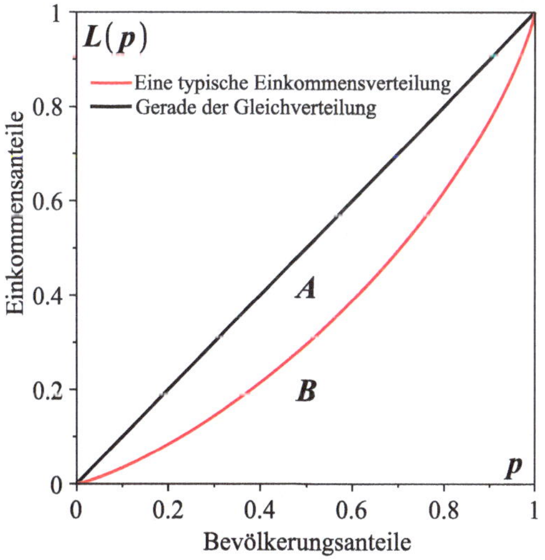

Abbildung 5: Die Lorenzkurve

Die Lorenzkurve ist deswegen so beliebt, weil sie sehr anschaulich und leicht interpretierbar ist. Die Kurve verläuft in einem Würfel mit den Seitenlängen gleich 1. Sie ordnet Einkommensanteile den Bevölkerungsanteilen zu. Bei Gleichverteilung beziehen 10 Prozent der Bevölkerung 10 Prozent der Einkommen, 20 Prozent der Bevölkerung 20 Prozent der Einkommen usw. Je stärker die Kurve durchhängt und von der Geraden der Gleichverteilung (auch diese ist eine Lorenzkurve!) abweicht, um so größer ist die Ungleichheit. Die Kurve erstreckt sich immer vom Ursprung (0, 0) zum gegenüberliegenden Pol (1, 1); Null Prozent der Bevölkerung halten null Prozent der Einkommensanteile und hundert Prozent der Bevölkerung halten hundert Prozent der Einkommensanteile.

Mit einer Lorenzkurve lassen sich ungleiche Einkommensverteilungen sehr anschaulich ins Bild setzen, aber lassen sie sich mit diesem Instrument auch messen und damit vergleichen? Das trifft nur in einem eingeschränkten Sinn zu. Bedingung hierfür ist, dass Lorenzkurven sich nicht überschneiden, eine Lorenzkurve also wenigstens auf einer Teilstrecke oberhalb und an keiner Stelle unterhalb einer anderen verläuft. Wenn die Lorenzkurve für Land A (im Jahr x) oberhalb der Kurve für Land B (im Jahr y) verläuft oder äußerstenfalls diese berührt (ohne sie zu schneiden), ist der Schluss gerechtfertigt, dass die Ungleichheit in Land B größer ist als in Land A. Allerdings lässt sich aus dem Verlauf der Kurven keine Information darüber gewinnen, um wie viel die Ungleichheit in Land B größer ist als in Land A. Erst recht nicht kann aus einer Lorenzkurve auf den Lebensstandard eines Landes geschlossen werden. Das liegt daran, dass die Lorenzkurve ein relatives Maß ist und als solches Maß keine Auskunft über die Höhe des Volkseinkommens gibt. Wenn alle Einkommen z.B. verdoppelt würden, änderte sich die Lage der Lorenzkurve nicht. Daher ist es prinzipiell nicht ausgeschlossen, dass die individuellen Einkommen im Land mit der größeren Ungleichheit im gesamten Einkommensbereich höher sind als im Land mit der geringeren Ungleichheit.

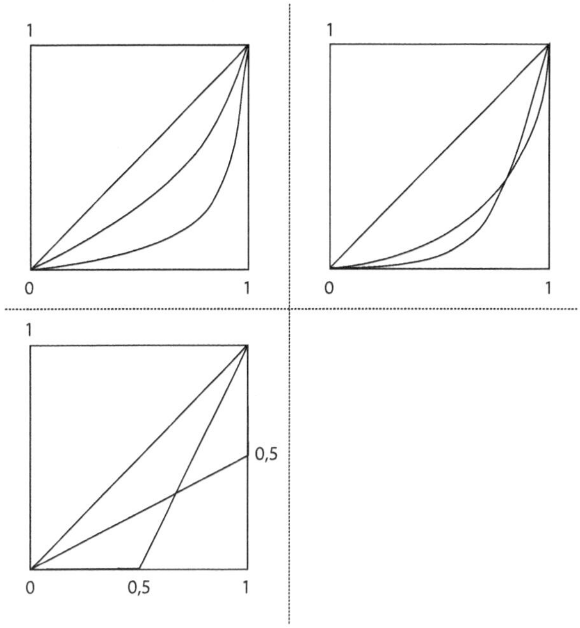

Abbildung 6: Lorenzkurven

Das Diagramm oben links in Abbildung (6) zeigt zwei sich nicht überschneidende Lorenzkurven. Man sagt auch, dass die innere Kurve die äußere dominiert. Wir werden später sehen, dass gebräuchliche Ungleichheitsmaße die Einkommensverteilung nach dem Grad ihrer Ungleichheit genauso ordnen wie sich nicht überschneidende Lorenzkurven. Das Diagramm oben rechts in Abbildung (6) zeigt zwei sich kreuzende Lorenzkurven. In diesem gar nicht so seltenen Fall kann es passieren, dass gebräuchliche Ungleichheitsmaße unterschiedliche Aussagen darüber treffen, in welchem Land oder in welchem Zeitraum die Ungleichheit größer ist. Lorenzkurven ordnen Verteilungen im allgemeinen nicht vollständig (Cowell 2009 S. 34). Sie ordnen Verteilungen nur dann vollständig, wenn die zu vergleichenden Verteilungen sich an keiner Stelle kreuzen. Lorenz-Kurven können sich aber auch kreuzen. Wenn Lorenzkurven sich kreuzen, ist allein anhand der Betrachtung des Kurvenverlaufs keine Aussage darüber mehr möglich, in welcher Verteilung die Ungleichheit größer ist. Das Diagramm unten links in Abbildung (5) zeigt zwei Lorenzkurven mit gleicher Fläche zwischen der Geraden der Gleichverteilung und der Lorenzkurve. Wir werden später sehen, dass der Gini-Koeffizient beiden Verteilungen die gleiche Kennziffer (0,5) zuordnet, obwohl doch die Verteilungen außerordentlich unterschiedlich ausfallen. In der einen Verteilung (die Verteilung, die bis zum Punkt 0,5 auf der x-Achse waagrecht verläuft) verhungert die Hälfte der Bevölkerung, in der anderen entfällt die Hälfte des Volkseinkommens auf eine Person. Wie kann es sein, dass ein und derselbe Koeffizient zwei völlig unterschiedlichen sozialen Lagen die gleiche Kennziffer zuordnet, also als gleich beurteilt, was doch höchst ungleich ist? Dahinter stecken Setzungen, welche einem Maß wie dem Gini-Koeffizienten entlockt werden müssen und die es nicht von sich aus preisgibt.

3. So eindrucksvoll graphische Darstellungen der Einkommensungleichheit auch sein mögen, eine korrekte Interpretation des Kurvenverlaufs verlangt Übung. Noch schwieriger als die Interpretation einer einzigen Kurve ist es, die Aussage eines Schaubilds mit mehreren Kurven richtig zu erfassen. Für Zwecke des Vergleichs von Verteilungen wäre es daher hilfreich, wenn sich etwa der Grad der Ungleichheit in einer einzigen Zahl zusammenfassen ließe. Eine einzige Maßzahl scheint voraussetzungsloser zu sein als eine Kurve. Basierend auf solchen Maßzahlen oder Kennzahlen könnten dann z.B. Vergleiche zwischen Einkommensverteilungen gezogen werden; man könnte Aussagen darüber treffen, in welchem Land die Ungleichheit größer ist, ob die Ungleichheit zwischen zwei Zeitpunkten gewachsen ist usw. Besonders verlockend wäre es, wenn sich auf der Grundlage solcher Kennzahlen nicht nur feststellen ließe, in welcher Verteilung die Ungleichheit größer (oder kleiner) ist, sondern auch, um wie viel sie größer ist. In empirischen Untersuchungen der wirtschaftlichen Ungleichheit finden eine ganze Reihe solcher Maßzahlen Verwendung. Sie lassen sich grob danach gliedern, ob sie die gesamte Verteilung oder nur Ausschnitte erfassen. Erstere reagieren *ceteris paribus* auf jede Änderung eines individuellen Einkommens, letztere nicht unbedingt, sondern nur dann, wenn sie den betrachteten Ausschnitt betreffen. Ich beginne mit der Vorstellung der partiellen Kennzahlen, bevor ich mich den aggregierten Kennzahlen zuwende.

3.1. (a) Die Spannweite R (Das Symbol R steht für *range*). Sie ist definiert als:

$$R = y_{\max} - y_{\min} \tag{3}$$

Damit misst R die Ungleichheit mittels des Abstands zwischen größtem und kleinstem Einzelwert. R ändert sich demnach nur, wenn die Ober- oder Untergrenze sich ändert. Ein Vorzug dieses Maßes scheint darin zu bestehen, dass die erforderlichen Daten leicht zu beschaffen sind. Man muss ja nur das größte und das kleinste Einkommen erheben. Aber genau darin liegt das Problem. Es ist gar nicht so einfach, das kleinste und das größte Einkommen festzustellen. Probleme der Ermittlung niedriger und hoher Einkommen lassen sich vielleicht umschiffen, indem man als unteren Wert das Einkommen der Person wählt, die – am Beispiel von Pen's Parade – auf die Sekunde genau zu Beginn der 6. Minute an der Tribüne vorbeikommt und als oberen Wert das Einkommen der Person, die genau zu Beginn der 54. Minute die Linie vor einem Beobachter überschreitet (siehe Cowell 2009). Das entspricht den Einschnitten von 10 Prozent und 90 Prozent auf der Einkommensgeraden. Bei Lichte besehen ist die Spannweite aber ein gänzlich unbrauchbares Maß. Auf Änderungen zwischen den Grenzen, und seien sie auch noch so tiefgreifend, reagiert das Maß nicht. Es erfüllt nicht Mindestanforderungen, die an Ungleichheitsmaße gestellt werden müssen.[6] Angeführt habe ich es eigentlich nur, weil sich an ihm der Gedanke, dass Ungleichheitsmaße bestimmten Kriterien genügen müssen, sehr sinnfällig machen lässt.

(b) Ein beliebtes Verfahren, die Einkommensungleichheit in einer Gruppe anders als nur durch die Erfassung der Ränder der Verteilung zu ermitteln, sind sog. Quintilsdarstellungen. Die Population wird in fünf Untergruppen gleicher Größe eingeteilt und für jedes Fünftel wird, aufsteigend vom ärmsten zum reichsten, der Prozentsatz seines Einkommens am Gesamteinkommen angegeben.[7] Die Ungleichheit wird anschließend in einer Tabelle, also nicht in einer einzigen Zahl, wie bei einem Ungleichheitsindex, erfasst. Wenn bei dem Vergleich zweier Populationen oder einer Population zu verschiedenen Zeitpunkten der prozentuale Anteil eines Quintils abgesunken ist, muss der einer anderen Untergruppe zwangsläufig größer sein. Statt in Quintile werden die Einkommen gerne auch in Dezile eingeteilt und für jedes Dezil wird analog zur Lorenzkurve der Anteil am Gesamteinkommen in einer Tabelle festgehalten. Es kommt nicht darauf an, in wie viel gleich große Gruppen die Einkommen unterteilt werden. Am prinzipiellen Vorgehen ändert sich durch den Grad der Untergliederung nichts. Aussagen darüber, in welcher Population die Ungleichheit größer ist, lassen sich jedoch nicht durch bloße Inspektion der Tabelle der Quintile oder Dezile treffen.[8]

---

6 Siehe hierzu die 7. Vorlesung.

7 Atkinson, Rainwater und Smeeding (1995) S. 44 weisen die Einkommensanteile nicht als Anteile am Gesamteinkommen, sondern im Vergleich zum Median aus.

8 Beispiele für solche Tabellen in Atkinson, Rainwater und Smeeding (1995) oder Jahresgutachten des Sachverständigenrats 2014/15, S. 368ff.

Dezile (Zehntelwerte) zerlegen die Verteilung in zehn gleich große Teile, Perzentile (Hundertstelwerte) in hundert gleich große Teile. Zur Charakterisierung einer Verteilung häufig benutzte Quantile sind der Median (er teilt die Einzelwerte einer Verteilung in zwei genau gleich große Hälften), die Quartile (Viertelwerte) und Quintile (Fünftelwerte).[9] Es gibt drei Quartile Q_{25}, Q_{50} und Q_{75}, vier Quintile (Q_{20}, Q_{40}, Q_{60}, Q_{80}) usw. Drei Quartile unterteilen die Werte einer Variablen in vier Abschnitte zu je 25 Prozent, vier Quintile diese Werte in fünf Abschnitte zu je zwanzig Prozent, 99 Perzentile in 100 Abschnitte zu je einem Prozent. Dezile sind wie der Median, Quartile, Quintile und Perzentile eine Teilmenge von Quantilen. Unter einem Quantil versteht man generell einen Merkmalswert, der die Werte einer Zufallsvariablen in zwei Abschnitte unterteilt. Ordnet man alle Werte der Variablen auf einer Geraden an, dann liegen links von diesem Wert $p * 100$ Prozent aller Werte, rechts von ihm $(1 - p) * 100$ Prozent. Allgemein: Sei Y eine Zufallsvariable und F die Verteilungsfunktion dieser Variablen, dann ist

$$F^{-1}(p) = \min\{y \in \mathbb{R} : F(y) \geqslant p\} \tag{4}$$

die Quantilfunktion. Sie gibt den kleinsten Wert y an, der $F(y) \geqslant p$ erfüllt.[10] Für die Verteilung {2,3,5,7,9} und $p = 0{,}4$ wäre dieser Wert z.B. gleich 3.

(c) Ein ebenso beliebtes Mittel zur Charakterisierung einer Verteilung vor diesem Hintergrund besteht darin, das Verhältnis zweier Quantile zu betrachten. Bei diesem Verfahren werden Brüche von Quintilen oder Dezilen, allgemeiner: von Quantilen gebildet. Das Dezil-Verhältnis 9:1 ist die vielleicht am häufigsten benutzte Quantils-Kennziffer. Das Einkommen genau am neunten Dezil (neunzigsten Perzentil) der Einkommensverteilung wird durch das Einkommen genau am ersten Dezil (am zehnten Perzentil) geteilt. Ein Wert dieses Bruchs von z.B. 4 bedeutet, dass das Einkommen am neunten Dezil viermal so groß ist wie das am ersten Dezil. Eine weitere Möglichkeit der Messung besteht darin, nicht die Einkommen an den ausgewählten Schnittstellen sondern die entsprechenden Einkommens*anteile* in ein Verhältnis zu setzen. Ein Beispiel: Die *decile share ratio* S_{90}/S_{10} gibt

9 In vielen statistischen Beschreibungen der Einkommensverteilung sind mit Quartilen nicht die Einschnitte gemeint, sondern die dadurch gebildeten Abschnitte der Einkommensverteilung. Das Gleiche gilt für Quintile und Dezile. Ein Dezil ist also sowohl die Bezeichnung für ein Zehntel der Datenmenge als auch für einen Einschnitt (die Dezilgrenze).

10 Zur besseren Verständlichkeit des Gemeinten schreiben viele Autoren für $F^{-1}(p)$ einfach $Q(p)$.

das Verhältnis des mittleren Einkommens der obersten zehn Prozent der Einkommen zu den untersten zehn Prozent wieder. Ist diese Verhältniszahl gleich 8, heißt das, dass die mittleren Einkommen der obersten zehn Prozent achtmal so hoch sind wie die mittleren Einkommen der untersten zehn Prozent der Verteilung.

Wenn man Ungleichheit in der Weise misst, dass man das Verhältnis zweier Quantile (oder des Mittelwerts zweier Einkommensanteile) bildet, setzt man immer nur zwei Punkte (Strecken) der Lorenzkurve (oder von Pen's Parade) zueinander in Beziehung. Man erfasst daher auf diese Weise nur einen eng begrenzten Ausschnitt der Verteilung. Wenn es um einen umfassenden Einblick in die Einkommensverteilung geht, sind Quantilsmaße nur bedingt hilfreich, da sie lediglich Änderungen an den beobachteten Punkten erfassen und alle anderen Änderungen unberücksichtigt lassen. In der empirischen Ungleichheitsforschung wird nur zu oft vorschnell von einem Anstieg eines Quantilsmaßes auf einen Anstieg der Ungleichheit geschlossen.

3.2. Die bisher angesprochenen Maße sind alle selektiv. Sie erfassen nicht die gesamte Verteilung, sondern sind Kennziffern, die auf herausgegriffenen Punkten der Verteilung beruhen. Die Varianz, der Variationskoeffizient, der Gini-Koeffizient und die in der nächsten Vorlesung vorgestellten sog. verallgemeinerten Entropiemaße (Atkinson, Theil, *MLD*) sind hingegen Beispiele für aggregierte Ungleichheitsmaße (sog. *summary measures*). Sie erheben den Anspruch, in einer einzigen Zahl die Größe der Ungleichheit über das gesamte Spektrum der Verteilung zu erfassen. Für die Beantwortung der Frage, ob die Verteilung A ungleicher ist als die von B oder ob die Ungleichheit zu- oder abgenommen hat, kommen ernsthaft nur solche Kennziffern in Betracht, welche die gesamte Verteilung (und nicht nur Ausschnitte aus ihr) mit einer einzigen reellen Zahl charakterisieren. Ich stelle im dieser Vorlesung drei deskriptive *summary measures* kurz vor: die Varianz V, den Variationskoeffizienten VC und den Gini-Koeffizienten G.

(a) Die Varianz. Sie ist definiert als die durchschnittliche quadratische Abweichung der Einzelwerte vom Mittelwert. In Gleichungsform:

$$V = \frac{1}{N}\sum_{i=1}^{N}(y_i - \mu)^2 \qquad (5)$$

Die Varianz ist das wohl bekannteste statistische Streuungsmaß. N ist die Zahl der Einzelwerte (=Einkommensbezieher), y_i das Einkommen der i-ten Person (oder des i-ten Haushalts) und μ ist der Mittelwert der Einkommen. Auch wenn die Varianz als Streuungsmaß bei den verschiedensten Problemstellungen zum Einsatz kommt, ist sie als Ungleichheitsmaß dennoch denkbar ungeeignet. Der Grund hierfür ist, dass die Werte für V skalenabhängig sind. Die Varianz der Einkommen, z.B. gemessen in DM ist viermal größer als gemessen in Euro (falls 1 Euro = 2 DM). Wenn die Einzelwerte sich verdoppeln, vervierfacht sich die Varianz. Das folgt aus einer bekannten Rechenregel für Varianzen, die in jedem Lehrbuch der Statistik nachgelesen werden kann: $Var(aX) = a^2 Var(X)$. Wir werden in der siebten Vorlesung noch einmal auf Skaleninvarianz als Gütekriterium für Ungleichheitsmaße zu sprechen kommen.

(b) Der Variationskoeffizient VC

$$VC = \frac{\sqrt{\frac{\sum (y_i - \mu)^2}{N}}}{\mu} \tag{6}$$

VC ist die Wurzel aus der Varianz (die Standardabweichung), geteilt durch den Mittelwert. Falls Skalenunabhängigkeit ein Gütekriterium für Ungleichheitsmaße ist, kommt die Standardabweichung als Ungleichheitsmaß ebenso wenig in Frage wie die Varianz. VC hingegen erfüllt immerhin diese Mindestvoraussetzung für Ungleichheitsmaße. Als dimensionslose Größe reagiert VC nicht auf den Wechsel der Währungseinheiten oder eine proportionale Erhöhung aller Einkommen. Diese Kennziffer hat aber eine andere, aus ihrer Verwandtschaft mit der Varianz resultierende Schwäche: Erst den Abstand aller Einzelwerte zu ihrem Mittelwert zu quadrieren, dann aus der durch die Zahl der Beobachtungen geteilten Summe der quadrierten Abweichungen die Wurzel zu ziehen, ist ein höchst willkürliches Verfahren zur Messung von Streuungen.[11]

VC besitzt noch eine weitere problematische Eigenschaft: Die Sensitivität (Reaktion auf Transfers von reich nach arm) ist für VC über alle Einkommensniveaus konstant. D.h., ein Transfer z.B. von einer Person mit Einkommen von y zu einer Person mit einem Einkommen von z.B. $y-100$ führt zu einer gleicher Reduktion des Maßes, gleichgültig wie groß der Ausgangswert y ist. Anders gesagt: Es spielt nicht die geringste Rolle, an welcher Stelle von Pen's Parade der Transfer stattfindet (Cowell 2009, S. 27). Eine Umverteilung von 1000 Euro von einem Einkommen von 10000 Euro auf ein Einkommen von 1000 Euro hat auf VC den gleichen Effekt wie die Umverteilung des gleichen Betrags von einem Einkommen von 110000

11 Siehe hierzu auch Sen (1973), Kap. 2.

Euro auf ein Einkommen von 101000 Euro, obwohl sich im ersten Fall das Einkommen des Begünstigten verdoppelt, im zweiten Fall der Anstieg nicht einmal ein Prozent beträgt.[12] Es kommt nur auf die Differenz der Einkommen an, zwischen denen umverteilt wird, und nicht darauf, an welcher Stelle der Verteilung sie sitzen.[13] *VC* zeigt die gleiche Reaktion auf einen Transfer *t*, obwohl sich im Beispiel durch den Transfer das niedrige Einkommen verdoppelt und das hohe Einkommen (101000 Euro) nur um knapp ein Prozent steigt. Daraus folgt dass bei gleichen proportionalen Änderungen von niedrigen und von hohen Einkommen *VC* viel empfindlicher auf die proportionale Änderung des hohen Einkommens reagiert. Auf das Problem der unterschiedlichen Sensitivität von Ungleichheitsmaßen kommen wir in der siebten Vorlesung noch einmal zurück.

(c) Der Gini-Koeffizient (*G*). Er ist wahrscheinlich immer noch das gebräuchlichste Ungleichheitsmaß. Mathematisch gesehen hängt dieser Koeffizient eng mit der Lorenzkurve zusammen. Daher lässt er sich sehr anschaulich interpretieren. In der Literatur finden sich bis zu zwölf unterschiedliche, aber mathematisch identische Definitionen (Yitzhaki 1998). Ich gebe zunächst die geometrische Definition (G_1), die direkt aus dem Lorenz-Diagramm (siehe Abbildung 4) abgeleitet wird:

$$G_1 = A / A + B. \tag{7}$$

Der Gini-Koeffizient ist definiert als die Fläche zwischen der Geraden der Gleichverteilung und der Lorenzkurve, geteilt durch die Fläche unterhalb der Geraden der Gleichverteilung. Da $A + B = 1/2$ (die halbe Fläche eines Quadrats mit der Seitenlänge gleich 1) gilt: $G_1 = 2A$. Aus $A = ½ - B$ folgt $G_1 = 1 - 2B$.

$G_1 = 0$, wenn $A = 0$ und $G_1 = 1$, wenn $A = A + B$. Neben seiner Anschaulichkeit ist ein weiterer Vorzug von *G*, dass das Maß zwischen 0 und 1 schwankt. Das erleichtert die Interpretation eines bestimmten Werts für *G* erheblich.[14] Um für G_1 eine reelle Zahl zu ermitteln, muss man entweder die Größe von A oder die Größe von B berechnen. Zur Berechnung der Fläche von B für diskrete Werte siehe Appendix A.3.

---

12 Vgl. Lüthi (1981), S. 35.

13 Ein Beweis hierfür findet sich in Hartmann (1985), S. 94f.

14 Genau genommen ist die Obergrenze von *G* für diskrete Werte allerdings nicht = 1, sondern gleich $(N-1)/N$, und damit nur asymptotisch = 1 für große *N*. Zur Herleitung dieser Aussage siehe den Appendix A.3.

Wegen $B = \int_0^1 L(p)$ folgt aus $G_1 = 1 - 2B$ unmittelbar:[15]

$$G_2 = 1 - 2\int_0^1 L(p) \tag{8}$$

Eine weitere, in zahlreichen Publikationen über Ungleichheitsmaße angeführte Formel für den Gini-Koeffizienten ist:

$$G_3 = \frac{1}{2N^2\mu}\sum_{i=1}^{N}\sum_{j=1}^{N}\left|y_i - y_j\right| \tag{9}$$

G_3 ist die wohl bekannteste algebraische Gleichung für den Gini-Koeffizienten. Wie aus der Formel hervorgeht, entspricht der Gini-Koeffizient der Hälfte des arithmetischen Mittels der absoluten Differenzen zwischen allen Einkommenspaaren, normiert mittels der Teilung durch den Mittelwert der Einkommen. Es gibt N^2 solcher Paare. Jedes Einkommen wird mit jedem, auch mit sich selbst, verglichen, der Absolutbetrag der Einkommensdifferenzen wird anschließend aufaddiert und der Mittelwert der Differenzen mittels Teilung durch N^2 gebildet. Nach Normierung dieser Größe (Teilung durch den Mittelwert der Einkommen) wird abschließend die Hälfte genommen. Sei $\Delta = \sum\sum|y_i - y_j|/N^2$ die absolute mittlere Differenz (der Mittelwert der Differenzen zwischen den Einzelwerten) und Δ/μ die relative mittlere Differenz (= die absolute mittlere Differenz bezogen auf μ). Der Gini-Koeffizient ist dann definiert als die Hälfte der mittleren relativen Differenz: $G = \Delta/2\mu$.

Auf den ersten Blick mutet die Berechnung von G_3 willkürlich an. Sind denn wirklich alle Rechenschritte nötig? Das sind sie in der Tat. Ohne diese Operationen würde G_3 etwas anderes messen als G_1 und G_2. Dass alle drei Formeln den gleichen Sachverhalt bezeichnen, kann man ihnen nicht ansehen. Aber dies lässt sich tatsächlich zeigen. Einfach ist das aber nicht immer. Z.B. verlangt der Nachweis $G_3 = G_1$ für kontinuierliche Werte Kenntnisse der Integralrechnung (siehe den Appendix A. 3).

Mit den bisher vorgestellten Gleichungen für den Gini-Koeffizienten sind die Möglichkeiten seiner Berechnung noch lange nicht erschöpft. Bekannt ist insbesondere noch die folgende Umrechnung des Koeffizienten durch Dasgupta, Sen und Starrett (1973) geworden:

$$G_4 = 1 + \frac{1}{N} - \frac{2}{N^2\mu}[Ny_1 + (N-1)y_2 + \ldots + 1y_N] \tag{10}$$

15 Siehe hierzu Lambert (1989), Kap. 2.3.

Jedes Einkommen erhält ein Gewicht, das von N für das kleinste Einkommen bis zu 1 für das größte Einkommen variiert.[16]

Für den Schritt von G_1 zu G_4 siehe den Appendix A. 3. Bedeutung erlangt hat diese Umrechnung nicht nur, weil sie eine einfache numerische Berechnung des Koeffizienten durch Computer ermöglicht, sondern vor allem deswegen, weil sie eine versteckte Wohlfahrtsfunktion des Koeffizienten sichtbar macht: Jedes Einkommen wird entsprechend seinem Platz in der Einkommenshierarchie gewichtet. Das höchste Einkommen erhält das geringste Gewicht, das zweithöchste das zweitgeringste usw. Eine Gewichtung der Einkommen nach ihrer Reihenfolge in der Einkommensverteilung ist jedoch eine völlig willkürliche Setzung, für die sich keine theoretische Begründung finden lässt. Es war sicherlich eine überraschende Entdeckung, dass der Gini-Koeffizient eine solche Gewichtung impliziert, aber ein theoretisch zwingendes Argument, so zu gewichten, folgt aus dieser Entdeckung nicht. Dutzende anderer Gewichtungen sind ebenso gut denkbar.

Wieso ist der Koeffizient dann dennoch so prominent in der Ungleichheitsforschung? Die Attraktivität dieses Koeffizienten beruht (a) darauf, dass seine Berechnung auf einem paarweisen Vergleich der Einkommen aufbaut und nicht auf der Abweichung jedes Einzelwerts vom Mittelwert, wie z.B. beim Variationskoeffizienten; (b) die Berechnung von G vermeidet die willkürliche Quadrierung der Einzelwerte; (c) G schwankt zwischen 0 und 1 (für diskrete Werte asymptotisch zwischen 0 und 1) und vor allem (d): G hängt mit dem Lorenzdiagramm zusammen, was zu einer intuitiv einleuchtenden geometrischen Interpretation von G führt. Aber mit dem Gini-Koeffizienten sind auch beträchtliche Nachteile verbunden: zum einen die willkürliche Gewichtung der Einkommen, zum anderen, dass er am empfindlichsten auf Änderungen der Einzelwerte um den Modalwert herum reagiert.[17] Ob dies wirklich eine wünschenswerte Eigenschaft ist, sei zunächst einmal dahingestellt (mehr dazu in der siebten Vorlesung). Vor allem aber lässt er sich nicht wie z.B. die mittlere logarithmische Abweichung (*MLD*) in die Komponenten: Ungleichheit zwischen Untergruppen von Einkommensbeziehern und Ungleichheit innerhalb dieser Gruppen zerlegen. Auch auf dieses Thema kommen wir in der siebten Vorlesung noch einmal zurück.

16 Die Gleichung für G_4 unterscheidet sich dadurch formal von der Gleichung in Sen (1973, S. 31), dass bei Sen y_1 der größte Wert ist (und daher das Gewicht 1 erhält), und damit y_N der kleinste Wert mit dem Gewicht N ist, während in der hier benutzten Gleichung y_1 für den kleinsten Wert steht und y_N für den größten Wert.

17 Das Argument hierfür findet sich in Kurzform in Cowell (2009), S. 25, Fußnote.

Literatur

Atkinson, Anthony, Lee Rainwater und Timothy M. Smeeding, 1995: *Income Distribution in OECD Countries. Evidence from the Luxembourg Income Study*. Paris: OECD.

Cowell, Frank, 2009: *Measuring Inequality*. http://darp.lse.uk/MI3

Dasgupta, Partha, Amartya Sen und David Starrett, 1973: Notes on the Measurement of Inequality. In: *Journal of Economic Theory*, Vol. 6, S. 180-187.

Hartmann, Peter H., 1985: *Die Messung sozialer Ungleichheit*. Pfaffenweiler: Centaurus Verlagsgesellschaft.

Lambert, Peter J., 1989: *The Distribution and Redistribution of Income. A Mathematical Analysis*. Manchester: Manchester University Press. Second edition.

Lüthi, Ambos, 1981: *Messung wirtschaftlicher Ungleichheit*. Berlin: Springer-Verlag.

Pen, Jan, 1971: *Income Distribution*. Allen Lane: The Pinguin Press.

Sachverständigenrat zur Begutachtung der gesamtwirtschaftlichen Entwicklung, 2015: Analyse: Einkommens- und Vermögensverteilung in Deutschland. Jahresgutachten 2014/2015, S. 368-397.

Sen, Amartya, 1973: *On Economic Inequality*. Oxford: Clarendon Press.

Yitzhaki, Shlomo, 1998: More than a Dozen Alternative Ways of Spelling Gini. In: Slottje, Daniel J.: *Research on Economic Inequality*, Vol. 8., S. 13-30.

6 Sechste Vorlesung: Aus Theorien abgeleitete Ungleichheitsmaße

1. Rekapitulation. 2. Informationstheoretisch begründete Ungleichheitsmaße. 3. Wohlfahrtsfunktionen. 4. Das Atkinson-Theorem. 5. Der Atkinson-Index.

1. Alle bisher vorgestellten Ungleichheitsmaße sind rein statistischer Natur. Sie wurden im Rahmen der deskriptiven Statistik zur Analyse der Streuung von Messdaten entwickelt. Irgendeine Theorie über die ›Ordnung der Dinge‹ und über den Platz der Ungleichheit in dieser Ordnung steckt nicht hinter ihnen. Sie eignen sich zur Messung jedweder Art von Verteilungen, z.B. des Körpergewichts, der Körpergröße oder der Firmengröße genauso gut (oder genauso schlecht) wie zur Messung der Einkommensverteilung. Ein bezeichnender Unterschied zwischen der Messung der Verteilung z.B. des Körpergewichts und des Einkommens ist, dass letztere im Unterschied zur ersteren neben der deskriptiven Komponente unausweichlich eine normative Komponente besitzt. Ungleichheit ist nicht nur ein deskriptiver, sondern auch ein wertgeladener Begriff.[1] In der heutigen Vorlesung behandeln wir Maße der Einkommensverteilung, die auf einem spezifischen theoretischen Hintergrund, der nicht rein statistisch ist, beruhen: zum einen Maße, die auf der von Shannon (1948) entwickelten Informationstheorie fußen, zum anderen ein Maß, das die Wohlfahrtsökonomik zur Voraussetzung hat. Die aus der Informationstheorie abgeleiteten Maße sind zwar theoretisch, aber nicht gesellschaftstheoretisch fundiert. Allein die wohlfahrtsökonomisch begründeten Maße beruhen auf einer spezifischen Vorstellung der gesellschaftlichen Ordnung. Es gibt mehrere Maße, deren theoretischer Hintergrund die Wohlfahrtsökonomik ist, aber ich beschränke mich in dieser Vorlesung auf das wichtigste Maß dieser Klasse, das Atkinson-Maß. Dieses Maß ist zugleich Hauptvertreter der Klasse normativer Ungleichheitsmaße.[2]

---

1 Man kann allerdings bestreiten, dass die Feststellung des Körpergewichts immer nur rein beschreibend ist, man denke nur an den normativen Gehalt des sog. *body mass index.*

2 Zur Unterscheidung zwischen deskriptiven und normativen Maßen siehe Sen (1973), S. 2 und S. 24: »Positive measures ... make no use of any concept of social welfare ... Normative measures ... are based on an explicit formulation of social welfare and the loss incurred from unequal distribution.«

J. Berger, *Wirtschaftliche Ungleichheit*, https://doi.org/10.1007/978-3-658-23682-3_6

2. Beginnen will ich mit der Vorstellung zweier informationstheoretisch begründeter Ungleichheitsmaße, die in der empirischen Forschung zur Einkommensungleichheit immer häufiger benutzt werden: die mittlere logarithmische Abweichung *(MLD, mean logarithmic deviation)* und das nach seinem Konstrukteur Henri Theil benannte Theil-Maß (T).[3] Die Formel für *MLD* lautet

$$MLD = \frac{1}{N}\sum_{i=1}^{N}\ln\left(\frac{\mu}{y_i}\right) \tag{1}$$

MLD misst Ungleichheit als Mittelwert der logarithmisierten Abweichungen der individuellen Anteile am Gesamteinkommen vom Logarithmus der Gleichverteilung dieser Anteile ($1/N$). Das wird aus der folgenden Umformung ersichtlich:

$$\frac{1}{N}\sum_{i=1}^{N}\ln\left(\frac{\mu}{y_i}\right) = \frac{1}{N}\sum_{i=1}^{N}\ln\left(\frac{\mu / N\mu}{y_i / N\mu}\right) = \frac{1}{N}\sum_{i=1}^{N}\left(\ln 1/N - \ln s_i\right),\ s_i = y_i / N\mu$$

Ein naher Verwandter dieses Maßes ist das Theil-Maß:

$$T = \frac{1}{N}\sum_{i=1}^{N}\left(\frac{y_i}{\mu}\right)\ln\left(\frac{y_i}{\mu}\right) \tag{2}$$

Beide gehören zur Familie der sog. verallgemeinerten Entropiemaße *(generalized entropy,* abgekürzt *GE)*. Darunter versteht man alle Maße der Gestalt:

$$GE_\alpha = \frac{1}{\alpha^2 - \alpha}\left[\frac{1}{N}\sum_{i=1}^{N}\left(\frac{y_i}{\mu}\right)^{\alpha} - 1\right] \tag{3}$$

Mit Hilfe der Regel von L'Hôpital lässt sich zeigen, dass $GE(\alpha)$ mit der Wahl von $\alpha = 0$ zu *MLD* (gleich $GE(0)$) und mit der Wahl von $\alpha = 1$ zu T [gleich $GE(1)$] wird (siehe Appendix A.5). Auch der quadrierte Variationskoeffizient VC^2 ist ein Mitglied der Familie der verallgemeinerten Entropiemaße. Viele Abhandlungen zur Einkommensungleichheit benutzen statt *VC* den quadrierten Variationskoeffizienten VC^2, da sich mit ihm einfacher rechnen lässt.[4]

3 Henri Theil war ein niederländischer Ökonometriker. »Theil's book on information theory (Theil 1967) provided a landmark in the development of the analysis of inequality measurement« Cowell (2003, S. 1).

4 Vgl. Firebaugh (2003), S. 83. Es lässt sich leicht nachrechnen, dass $0{,}5\,VC^2 = GE(2)$ gilt (siehe Appendix A.5).

Besonders das Maß *MLD* hat in jüngerer Zeit in der Ungleichheitsforschung an Bedeutung gewonnen. Der Grund hierfür ist, dass es wie alle *GE*-Maße zerlegbar ist in den Anteil der Ungleichheit, welcher der Variation der Einkommen in einer Teilgruppe der Population geschuldet ist, und den Teil der Ungleichheit, welcher der Variation der Einkommen zwischen den Teilgruppen zugerechnet werden kann. Darüber mehr in der siebten Vorlesung. Es lässt sich zeigen, dass alle zur *GE*-Familie gehörenden Maße sowie deren ordinale Transformationen diese Eigenschaft besitzen.[5]

Anders als die in der letzten Vorlesung behandelten rein statistischen Maße *VC* und *G*, die ohne Theorie auskommen, basieren die Maße *T* [=Theil (1)] und *MLD* [=Theil (0)] auf einer hochspeziellen Theorie, nämlich der von Shannon (1948) über den Informationswert von Nachrichten.[6] Ein Ungleichheitsmaß auf Shannons (1948) Idee der Informationsentropie zu gründen, ist allein schon deswegen gewöhnungsbedürftig, weil Entropie in der Thermodynamik doch als ein Verhängnis gilt, das die Zukunft des Universums als eines geschlossenen Systems ereilen wird. Wenn bei maximaler Entropie alle Temperaturunterschiede eingeebnet sind, erlischt alles Leben im ›Wärmetod‹. Beim Theil-Maß hingegen ist wachsende Entropie, die mit wachsender Gleichheit einhergeht, positiv konnotiert.

Shannon hatte bestimmt nicht im Auge, mit seiner Theorie eine neue Grundlage für die Messung von Ungleichheit zu schaffen, aber die bedeutende theoretische Neuerung von Theil (1967) bestand genau darin, erkannt zu haben, dass sich der Entropiegedanke von Shannon für die Konstruktion von Ungleichheitsmaßen nutzen lässt. Um die Vorlesung nicht zu sehr mit mathematischen und technischen Feinheiten zu belasten, verschiebe ich die die theoretische Herleitung von Entropiemaßen wie z.B. des des Maßes von Theil in den Anhang. Ihre Rolle in der empirischen Erforschung der Einkommensungleichheit beruht ohnehin nicht auf ihrer artifiziell anmutenden theoretischen Grundlage, sondern auf dem schlichten Sachverhalt, dass sie in die Ungleichheit innerhalb und zwischen Gruppen zerlegbar sind (Hierzu mehr in der nächsten Vorlesung).

5 Vgl. Cowell (2009, S. 65). Unter einer ordinalen Transformation versteht man eine Umformung des Maßes, das nur die Bedingung erfüllen muss, die Reihenfolge von Verteilungen nach ihrer Ungleichheit beizubehalten. Auch der Variationskoeffizient *VC* und das Atkinson-Maß lassen sich als ordinale Transformationen von GE_α verstehen.

6 Überblick in Cowell (2009), Kap. 3.3, auch Sen (1973), S. 34-36.

3. Auch andere Maße, so z.B. das Maß von Atkinson (*A*, auch Atkinson-Index geheißen) besitzen diese wünschenswerte Eigenschaft. Anders als *MLD* und *T* [Theil (0) und Theil (1)] ist der Atkinson-Index aber ein Maß, das nicht auf einer befremdlich anmutenden Theorie des Informationswerts von Nachrichten – befremdlich aus der Sicht der Ungleichheitsmessung – sondern auf einer bestimmten Vorstellung gesellschaftlicher Wohlfahrt beruht. Seine wissenschaftliche Grundlage ist die Wohlfahrtsökonomik. Darunter wird der normative Zweig der ökonomischen Theorie verstanden. Die Wohlfahrtsökonomik betrachtet gesellschaftliche Zustände ganz allgemein unter dem Gesichtspunkt, welcher Zustand eine höhere Wohlfahrt stiftet. Ihr Ziel ist, alle denkbaren gesellschaftlichen Zustände in eine Reihung nach dem Grad ihrer Wohlfahrt zu bringen. Zu diesem Zweck beschäftigt sie sich mit den denkmöglichen Allokationen (Zuordnungen) von Ressourcen auf Individuen oder allgemeiner, auf Verwendungszwecke. Der vorherrschende Gesichtspunkt der Befassung mit Allokationen ist hierbei die Ermittlung einer besten Allokation. Die unverzichtbare Vorbedingung einer solchen Ermittlung der besten Allokation unter der Vielzahl möglicher Allokationen ist die Festlegung eines Kriteriums für die beste Allokation. Das denkbar schwächste normative Kriterium wäre die Pareto-Effizienz. Vorausgesetzt, es gibt allgemein zustimmungsfähige Kriterien der Ordnung von Zuständen, dann lassen sich mit Hilfe des wohlfahrtsökonomischen Instrumentariums z.B. unterschiedliche Distributionen nach dem Kriterium anordnen, welche Wohlfahrt eine Distribution stiftet. Die Wohlfahrtsökonomik wird die Wahl derjenigen Verteilung empfehlen, welche die größte Wohlfahrt stiftet.

Eine solche Empfehlung würde keine Schwierigkeiten bereiten, wenn Einigkeit darüber bestünde, nach welchen Kriterien gesellschaftliche Zustände zu ordnen seien. Nun gibt es aber höchst unterschiedliche Vorstellungen über die richtige Ordnung gesellschaftlicher Zustände. Z.B. könnte man sie, im Anschluss an Rawls (1979) vom Minimum der Wohlfahrt abhängig machen, über das die am meisten benachteiligte Gruppe in der Gesellschaft verfügt. Eine diametral entgegengesetzte Vorstellung gesellschaftlicher Wohlfahrt ist die utilitaristische. Sie setzt die gesellschaftliche Wohlfahrt mit der Summe individueller Nutzen (»Wohlfahrten«) gleich. Eine dritte Möglichkeit wäre, von einer Allokation lediglich zu verlangen, dass sie effizient im Sinne der Pareto-Effizienz ist. Eine Allokation ist dann Pareto-effizient, wenn es keine andere Allokation gibt, die wenigstens ein

Individuum besser stellt, ohne irgend ein anderes schlechter zu stellen.[7] Solange die Besserstellung irgendeines Individuums ohne Inkaufnahme der Schlechterstellung eines anderen möglich ist, empfiehlt die Wohlfahrtsökonomik, die entsprechende Zuordnung von Ressourcen zu Zwecken vorzunehmen.

Die öffentliche Debatte über die bestmögliche Ordnung der Gesellschaft leidet in der Regel unter der Unbestimmtheit von Vorstellungen über die »gute« Gesellschaft. Die Wohlfahrtsökonomik ist bestrebt, diese Unbestimmtheit durch die Aufstellung einer Funktion, mit deren Hilfe sich gesellschaftliche Zustände ordnen lassen, zu überwinden. Diese Aufgabe wird erheblich erleichtert, wenn man sich unter einem gesellschaftlichen Zustand *(social state)* einfach eine bestimmte Einkommensverteilung – ein Einkommensprofil – vorstellt. Dann ordnet die Wohlfahrtsfunktion gesellschaftliche Zustände in Abhängigkeit von diesem Einkommensprofil. Aber selbstverständlich können in das Argument der Funktion auch andere Sachverhalte eingehen, Vermögen, Gesundheit, Lebenserwartung, berufliche Chancen usw. Eine gesellschaftliche Wohlfahrtsfunktion *(SWF)* – die Abkürzung steht für *social welfare function* – stellt dann eine Rangordnung der möglichen gesellschaftlichen Zustände dadurch auf, dass sie jedem sozialen Zustand $\mathbf{y}$ eine reelle Zahl $W(\mathbf{y})$ zugeordnet. Der Zustand $\mathbf{y}$ wird dem Zustand $\mathbf{x}$ genau dann vorgezogen, wenn $W(\mathbf{y}) > W(\mathbf{x})$. Die Reihung sozialer Zustände ist im allgemeinen ordinal, enthält also keine Information darüber, um ›wie viel‹ ein Zustand einem anderen vorgezogen wird.

Ohne weitere Angaben über ihre Gestalt ist eine solche Wohlfahrtsfunktion inhaltsleer und daher zur Begründung normativer Aussagen über die präferierte Ordnung der Gesellschaft denkbar ungeeignet. Um eine Basis für derartige Urteile abzugeben, muss sie weiter spezifiziert werden. Atkinson (1970) hat in einem bahnbrechenden Aufsatz eine Spezifizierung vorgenommen, welche die Diskussion um den Zusammenhang von gesellschaftlicher Wohlfahrt und sozialer Ungleichheit für Jahrzehnte beherrscht hat. Das generelle Ziel dieses Aufsatzes (Atkinson (1970) lag nicht in der Formulierung eines neuen, wohlfahrtsökonomisch begründeten Ungleichheitsmaßes. Dieses Resultat war eher das Nebenprodukt einer weit darüber hinaus reichenden Zielsetzung. Atkinson wollte zeigen, dass größere Gleichheit größere Wohlfahrt stiftet. Zu diesem Zweck wählte er eine

7 Die analoge, für die Zuordnung von Ressourcen zu Zwecken geltende Formulierung lautet: Eine Allokation ist dann effizient, wenn es nicht möglich ist, durch eine Reallokation von einem Gut mehr zu produzieren, ohne dass von einem anderen Gut weniger produziert wird.

utilitaristische Wohlfahrtsfunktion als Ausgangspunkt. Das ist insofern überraschend, weil der Utilitarismus bezüglich der Verteilung von Gütern auf die Mitglieder einer Gesellschaft allgemein als blind gilt, solange nur die gesellschaftliche Wohlfahrt insgesamt zunimmt. Wie aus dem Folgenden hervorgeht, gibt es aber eine Version des Utilitarismus, die mehr Gleichheit für wohlfahrtssteigernd hält. Grundlegend für Atkinsons Wohlfahrtsfunktion ist in der Tat die Annahme, dass die gesellschaftliche Wohlfahrt mit steigender Ungleichheit sinkt.

Atkinsons Wohlfahrtsfunktion gehört, wie gesagt, zur Familie der utilitaristischen Wohlfahrtsfunktionen.[8] Konstitutiv für eine solche Wohlfahrtsfunktion ist die Gleichsetzung der gesellschaftlichen Wohlfahrt mit der Summe individueller Nutzen:

$$W_1 = \sum_{i=1}^{N} U_i(\mathbf{y})$$

Diese Formulierung der gesellschaftlichen Wohlfahrt geht auf Jeremias Bentham zurück. Die individuellen Nutzen gehen ungewichtet (oder mit dem Gewicht $\alpha = 1$) in die gesellschaftliche Wohlfahrt ein. Aus Sicht der Gesellschaft besitzt kein Individuum einen Vorzug vor einem anderen; es kommt allein auf die Nutzensumme an. Je höher die Nutzensumme, umso größer ist die gesellschaftliche Wohlfahrt. Das Ziel der Wirtschaftspolitik ist die Maximierung des Gesamtnutzens. Eine verwandte Formulierung der gleichen Idee wählt den Mittelwert der Nutzen als Zielgröße:

$$W_2 = \frac{1}{N} \sum_{i=1}^{N} U_i(\mathbf{y})$$

Wegen $W_1 = NW_2$ laufen beide Formulierungen auf dieselbe Politik hinaus.

Zur Ableitung seines Ungleichheitsmaßes wählt Atkinson eine abgewandelte Form der utilitaristischen Wohlfahrtsfunktion: $W_A = \int U(y) f(y)\, dy$ für kontinuierliche Werte, das Gegenstück zu $W_A = 1/N \sum U(y_i)$ für diskrete Werte. Der Unterschied zu W_2 besteht darin, dass jetzt alle Individuen die gleiche Nutzenfunktion $U(\cdot)$ besitzen und zudem ihr Nutzen nicht vom

8 Zum Typ der Wohlfahrtsfunktion, aus dem das Atkinson-Maß abgeleitet wird, siehe Lambert (1989), Kapitel 4.3, S. 91ff. sowie Cowell 2009, Kap. 3.1, auch Hartmann (1985) Kap. 4.5 und Barr (1998), Kap. 6.4.2. Zu Wohlfahrtsfunktionen allgemein auch Breyer und Kolmar (2010), Kap.2.3.1, Varian (2006) Kap. 33, vor allem aber Boadway und Bruce (1984).

Einkommensprofil oder allgemeiner, vom gesellschaftlichen Zustand **y** abhängt, sondern allein vom individuellen Einkommen y_i.

Atkinsons *SWF* ist insgesamt durch fünf Eigenschaften gekennzeichnet:

(1) Sie ist - wie utilitaristische Wohlfahrtsfunktionen generell - individualistisch. »The individualistic approach is, at its most general, to derive a social preference ordering over income distributions from the personal preference orderings of the individuals concerned« (Lambert 1989, S. 92). Das Argument der *SWF* sind demnach individuelle Nutzenfunktionen (Sen 1973, S. 8; Lambert 1989, S. 56, S. 88).[9] Die Güte eines gesellschaftlichen Zustands hängt aus utilitaristischer Sicht ausschließlich davon ab, welchen Nutzen Individuen aus dem Besitz von Ressourcen ziehen. Anders gesagt: Die gesellschaftliche Wohlfahrt ist eine Funktion des individuellen Wohlergehens. Wenn der Nutzen (das Wohlergehen) irgendeines Individuums sich ändert, dann ändert sich auch die gesellschaftliche Wohlfahrt. Letztere Formulierung lässt noch offen, ob der individuelle Nutzen eine Funktion lediglich des individuellen Einkommens ist oder eine Bewertung des gesellschaftlichen Zustands **y** durch die Individuen einschließt. Die vorherrschende Interpretation lautet, dass der Nutzen von Individuum *i* ausschließlich von dessen Einkommen abhängt und nicht z.B. von der Verteilung des Einkommens insgesamt, dem Einkommen von Individuum *j*, usw. »Each individual judges distributions solely in terms of what is in it for him.« (Lambert 1989, S. 92).[10] Kurz: Die von Atkinson unterstellte Nutzenfunktion ist die »common-utility-of-own-income function $U(y)$« (Lambert (1989), S. 95).

(2) Die *SWF* ist symmetrisch. Die Symmetrieeigenschaft besagt, dass es keine Rolle spielt, wer was erhält (wer welches Einkommen bezieht). Die Einkommen mögen unterschiedlich sein, aber eine Permutation der Einkommen lässt die *SWF* unverändert. Voraussetzung hierfür ist, dass alle individuellen Nutzenfunktionen identisch sind. Andernfalls würde ein Austausch der Einkommen zwischen den Einkommensempfängern sehr wohl den Wert der *SWF* ändern. In der ökonomischen Theorie werden Individuen gemeinhin dadurch voneinander unterschieden, dass sie mit unterschiedlichen Nutzenfunktionen ausgestattet sind. Ihnen die gleiche Nutzenfunktion zu unterstellen bedeutet praktisch, sie in ökonomischer Hinsicht als identisch anzusehen. Insofern untergräbt die Symmetrieeigenschaft der *SWF* ihre individualistische Komponente. Wäre die *SWF* eine Funktion individuell unterschiedlicher Nutzenfunktionen, dann könnte

9 Anders Cowell S. 40, bei dem die individuellen Einkommen, nicht der hieraus gezogene Nutzen für die Einkommensbezieher, das Argument der *SWF* bilden.

10 Vgl. Cowell 2009, S. 41: »U_1 is a function of y_1 alone and so on.«

eine Umverteilung von arm nach reich sogar die Wohlfahrt steigern, falls nämlich die reichere Person auch die genussfähigere ist (vgl. Sen 1973, S. 16 ff.). Wenn hingegen alle Nutzenfunktionen gleich sind, dann führt die Gleichverteilung der Einkommen zu einem Maximum der gesellschaftlichen Wohlfahrt. Das folgt aus der Konkavität der Nutzenfunktion.

(3) Die *SWF* ist additiv. Die gesellschaftliche Wohlfahrt ist die Summe individuellen Wohlergehens. In Gleichungsform:

$$W(y_1, y_2 ..., y_N) = U_1(y_1) + U_2(y_2) + ... + U_N(y_N)$$

Summenbildung ist vielleicht die einfachste, aber gleichwohl nicht die einzige Form der Aggregation individueller Nutzen. Denkbar wäre z.B. auch eine multiplikative Verknüpfung. Additivität (das Zusammenzählen der individuellen Nutzen wie in der utilitaristischen Wohlfahrtsfunktion) impliziert additive Separabilität.[11] Unter letzterer wird verstanden, dass die individuellen Komponenten der gesellschaftlichen Wohlfahrt »without reference to the welfare components of others« beurteilt werden können (Sen 1973, S. 40). Utilitaristische Wohlfahrtsfunktionen sind additiv und damit auch additiv separierbar. Zur Beurteilung des Einflusses, welche eine Nutzenänderung des *i*-ten Individuums auf die gesellschaftliche Wohlfahrt hat, ist es nach diesem Kriterium unerheblich, wie die Einkommen auf alle übrigen Gesellschaftsmitglieder verteilt sind. Z.B. hat eine Einkommenssteigerung des *i*-ten Individuums immer den gleichen Effekt auf die gesellschaftliche Wohlfahrt unabhängig davon, ob der Rest der Gesellschaft am Hungertuch nagt oder im Wohlstand lebt.

Additive Separabilität ist eine sehr restriktive Annahme (vgl. Sen 1973, S. 39f., S. 49f. sowie Sen und Foster 1997, S. 133f., S. 149). Die Eigenschaft der additiven Separabilität muss fallen gelassen werden, wenn man der Ansicht ist, dass die Wohlfahrt von Person *i* abhängt von der Wohlfahrt von Person *j* (Sen 1973 S. 41). Zur Modellierung der wechselseitigen Abhängigkeit individueller Nutzen ist eine weniger restriktive Form der *SWF* verlangt als die utilitaristische.

(4) Während die utilitaristische Wohlfahrtsfunktion im Allgemeinen lediglich Konkavität der Nutzenfunktionen unterstellt, verschärft Atkinson dieses Kriterium zu strikter Konkavität. Mit jeder Zunahme des Einkommens nimmt der zusätzliche, aus dem Anstieg des Einkommens gezogene Nutzen ab. Technischer ausgedrückt: Die erste Ableitung der Nutzenfunktion

11 Additive Separabilität impliziert aber nicht Additivität. Additive Separabilität ist das umfassendere Konzept.

ist > 0, die zweite < 0. Das gleiche gilt für die gesellschaftliche Bewertung steigender Einkommen. Wenn alle Einkommen um einen bestimmten Betrag steigen, nimmt das Gewicht, das die Gesellschaft dieser Steigerung beimisst, mit steigendem Einkommen ab (Cowell 2009, S. 41f.). Atkinson benötigt diese Eigenschaft strikter Konkavität, weil sich nur unter dieser Voraussetzung begründen lässt, dass die Gesellschaft ungleichheitsavers ist. Wenn man lediglich Konkavität unterstellt, würde – vorausgesetzt, die Nutzenfunktionen sind identisch – jeder Nutzenzuwachs von Person *j* aufgrund der Umverteilung einer Ressource von *i* nach *j* ein Nutzenverlust von Person *i* in gleicher Höhe entsprechen, die Nutzensumme bliebe aber unverändert. Bei strikter Konkavität hingegen sind die Zuwächse geringer als die Verluste, was auf ein Argument für Gleichverteilung der Ressourcen hinausläuft.

Schließlich (5): Atkinson unterstellt konstante Elastizität der *SWF* oder eine konstante relative Ungleichheitsaversion. Damit ist gemeint, dass die Änderung des Grenznutzens einer Einkommenssteigerung unabhängig ist vom Einkommensniveau, also über alle Einkommen konstant bleibt. »The constant elasticity assumption states that the proportional decrease in the weight U' for a given proportional increase in income should be the same at any income level« (Cowell 2009, S. 43) . Diese Aussage bedarf der Erläuterung.

Unter der proportionalen oder relativen Änderung einer Größe wird die Änderung dieser Größe bezogen auf ihren Ausgangswert verstanden, also z.B. dy/y für das Einkommen, dU/U für den Nutzen und dementsprechend dU'/U' für die proportionale Änderung des Grenznutzens. Unter der Elastizität einer Größe *x* versteht man ihre relative Änderung in Bezug auf die relative Änderung einer andere Größe *y*. Formal besagt dann die Annahme konstanter Elastizität des Grenznutzens:

$$\frac{dU'/U'}{dy/y} - \text{konstant}$$

Aus der Annahme einer konstanten Elastizität des Grenznutzens folgt zwangsläufig die Wahl der Nutzenfunktion, weil nur sog. isoelastische Nutzenfunktionen der Gestalt

$$U(y_i) = k_1 + (k_2/\alpha)y_i^{\alpha} \tag{4}$$

diese Bedingung erfüllen (vgl. Sen 1973, S. 70). Atkinson setzt $k_1 = a$, $k_2 = b$ sowie $\alpha = 1 — \varepsilon$ und erhält damit

$$U(y_i) = a + b\frac{1}{1-\varepsilon}y_i^{1-\varepsilon}, \varepsilon \neq 1 \tag{5}$$

Dass Gleichung (5) und ihre kardinalen Transformationen die Bedingung Konstanz des Grenznutzens erfüllen, lässt sich leicht zeigen (siehe hierzu den Appendix A.5). Der umgekehrte Schluss hingegen von der Konstanz des Grenznutzen auf Isoelastiziät der Nutzenfunktion und damit Skaleninvarianz des Ungleichheitsmaßes ist erheblich komplizierter.[12] Eine so spezifische Nutzenfunktion wie (5) zu wählen ist aber keine willkürliche Festlegung, sondern ein zwingendes Erfordernis, wenn das Ungleichheitsmaß einerseits mittelwertunabhängig sein soll und anderseits auf utilitaristischen Voraussetzungen fußt: »The constant elasticity function is obligatory if social welfare takes the utilitarian shape of being additive on identical *U* functions« (Sen 1973, S. 70).

Zusammengefasst: $W = \Sigma\ U(y_i)$ impliziert erstens ein spezifisches Aggregationsverfahren der individuellen Nutzen. Die gesellschaftliche Wohlfahrt ist eine Summe und nicht z.B. ein Produkt (Additivität der Wohlfahrtsfunktion, was additive Separabilität einschließt).

Zweitens, die *SWF* ist symmetrisch $[U_i(y_i) = U(y_i)]$; Konkret bedeutet dies: die Geschmäcker sind nicht verschieden, sondern identisch. Diese Annahme steht in einem empfindlichen Widerspruch zur Realität.

Drittens, die *SWF* ist individualistisch. Der Nutzen der *i*-ten Person ist nur von ihrem eigenen Einkommen (allgemeiner: ihrer Verfügung über Güter) abhängig.

Viertens, die individuellen Nutzenfunktionen sind strikt konkav. Diese Bedingung sichert, dass mehr Einkommensgleichheit die gesellschaftliche Wohlfahrt steigert.[13]

Fünftens, die von Atkinson gewählte Nutzenfunktion zeichnet sich durch konstante Elastizität des Grenznutzens aus. Eine solche Bedingung für die Nutzenfunktion aufzustellen, limitiert die Gestalt der Nutzenfunktion erheblich. Sie wird, wie schon gesagt, nur von sog. isoelastischen Funktionen erfüllt.

4. Atkinson hat nun in dem schon erwähnten Aufsatz von 1970 ein berühmtes Theorem aufgestellt, das einen Zusammenhang der Ungleichheit

---

12 Ein Beweis findet sich in Lambert (1989), Theorem 4.2, S. 101f.

13 Atkinson stellt diese Bedingung auf, aber die Diskussion im Anschluss an Atkinson (Dasgupta et al. 1973) hat gezeigt, dass es möglich ist, diese Bedingung zu lockern und statt strikt konkaver Wohlfahrtsfunktionen nur sog. S-konkave Wohlfahrtsfunktionen zu unterstellen. Für den Schluss von Lorenz-Dominanz auf größere Wohlfahrt ist der utilitaristische Bezugsrahmen, insbesondere die Annahme einer additiven und individualistischen Wohlfahrtsfunktion, keineswegs zwingend erforderlich. Siehe Sen (1973), Kap. 3.

von Verteilungen mit der gesellschaftlichen Wohlfahrt behauptet: Unter der Voraussetzung, dass die *SWF* den Annahmen (1)-(4) genügt (Eigenschaft (5) ist nicht erforderlich, d.h., die Gestalt der konkaven Nutzenfunktion wird nicht weiter spezifiziert), führt eine gleichere Verteilung der Einkommen zu größerer Wohlfahrt, wenn beide Verteilungen den gleichen Mittelwert der Einkommen haben. Gleichere Verteilung meint: Die Lorenzkurve der gleicheren Verteilung liegt wenigstens an einem Punkt der Verteilung innerhalb der Lorenzkurve der ungleicheren (vgl. Sen 1973, S. 49). Für den Schluss von mehr Gleichheit auf größere Wohlfahrt (und umgekehrt) nimmt Atkinson also an, dass die gesellschaftliche Wohlfahrt die Summe individueller Wohlfahrten (Nutzen) ist, dass alle Individuen die gleiche Nutzenfunktion haben und dass diese Funktion strikt konkav ist. Wenn man dann noch für den Vergleich zweier Verteilungen unterstellt, dass beide Verteilungen den gleichen Mittelwert haben und dass die eine Verteilung die andere dominiert (also deren Lorenzkurve wenigstens an einer Stelle innerhalb der anderen verläuft), dann gilt: Diese Verteilung stiftet eine größere Wohlfahrt als die konkurrierende Verteilung. Das Atkinson Theorem formal:

$$L(F) \geqslant L(G) \Leftrightarrow \int U(y) f(y) dy \geqslant \int U(y) g(y) dy \tag{6}$$

für alle p (Vgl. Lambert 1989 S. 55, S. 41). $L(F)$ ist die Lorenzkurve für die Verteilung F, $L(G)$ die Lorenzkurve für die Verteilung G, $\int U(y)f(y)dy$ ist die utilitaristische Wohlfahrtsfunktion für kontinuierliche Werte mit der Dichtefunktion $f(y)$. $L(F) \geqslant L(G)$ besagt für zwei nichtidentische Lorenzkurven: Die Lorenzkurve für F dominiert die Lorenzkurve für G.[14] Wie wir in der letzten Vorlesung schon gesehen haben, bedeutet Dominanz von Lorenzkurven: Die Verteilung der dominierenden Kurve ist gleicher als die der dominierten. Das Atkinson-Theorem in einem Satz lautet also: Größere Gleichheit der Verteilung ist gleichbedeutend mit größerer gesellschaftlicher Wohlfahrt.[15]

Dieses Theorem hat die Diskussion über die wohlfahrtsbefördernde Funktion größerer Einkommensgleichheit über Jahrzehnte beherrscht. Aber mit ihm ist das letzte Wort über den Zusammenhang von Gleich heit und Wohlfahrt noch nicht gesprochen. Auch wenn die theoretische Ableitung bestechend ist: Der Geltungsbereich des Theorems ist gleichwohl

---

14 Die Verteilung F dominiert die Verteilung G wenn gilt: $L_F(p) \geq L_G(p)$ für alle $p \in [0, 1]$ und $L_F \neq L_G$, Lambert (1989), S. 41.

15 Wer an einem Beweis interessiert ist, lese den Aufsatz von Atkinson (1970) oder studiere z.B. Lambert (1989), S. 65f. oder Heinemann (2008), Kap. 4.2.

wegen seiner restriktiven Voraussetzungen erheblich eingeschränkt. Dies hat nicht nur damit zu tun, dass Atkinson eine utilitaristische Wohlfahrtsfunktion wählt (gesellschaftliche Wohlfahrt als Summe individueller Nutzen) und die von ihm unterstellte Nutzenfunktion zudem recht speziell ist. Der Anwendungsbereich des Theorems ist zudem auf sich nicht überschneidende Lorenzkurven und identische Mittelwerte der verglichenen Verteilungen beschränkt. Der Normalfall werden jedoch die Überschneidung dieser Kurven und ungleiche Mittelwerte sein.[16]

5. Die zweite Großtat Atkinsons war die Ableitung eines Maßes für Ungleichheit aus der von ihm gewählten Wohlfahrtsfunktion. Diese Ableitung basiert auf der Idee eines gleichverteilten Einkommensäquivalents, das der Behauptung nach die gleiche Wohlfahrt stiftet wie ein ungleich verteiltes Einkommen mit einem höheren Mittelwert. Zur Erläuterung dieser Ableitung diene Abbildung (7):

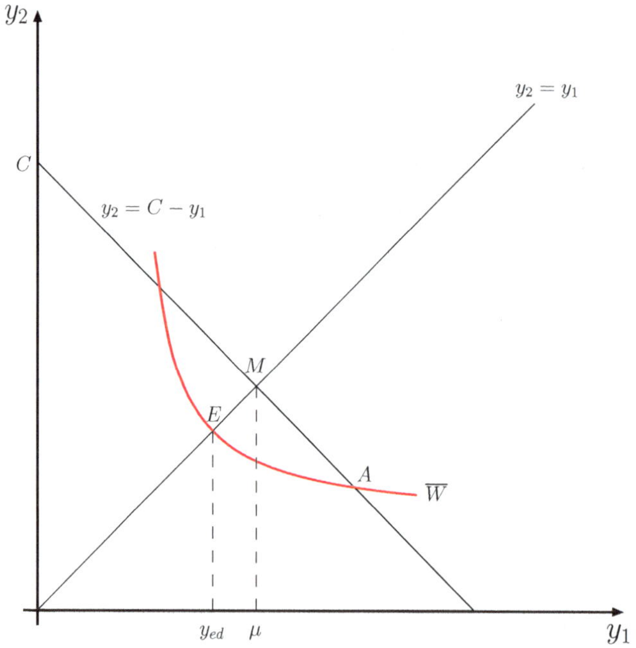

Abbildung 7: Das Maß von Atkinson

16 Shorrocks (1983) hat ein wichtiges Theorem aufgestellt, das ein Kriterium für den Wohlfahrtsvergleich von Verteilungen benennt, deren Lorenzkurven sich kreuzen und deren Mittelwerte ungleich sind. Zu diesen Erweiterungen siehe Lambert (1989), Kap. 3.2.

Auf der x-Achse ist das Einkommen von Person $i = 1$ abgetragen, auf der y-Achse das Einkommen von Person $j = 2$. Die mit dem Neigungswinkel -1 abfallende Gerade $y_2 = C - y_1$ ist die Kombination aller möglichen Einkommensverteilungen zwischen i und j. Bei der Kurve $\overline{W}$ handelt es sich um eine Wohlfahrts-Indifferenzkurve. Sie ist die Ortslinie aller Einkommensverteilungen, zwischen denen die Gesellschaft indifferent ist.[17] Punkt *A* gibt die aktuelle Einkommensverteilung zwischen zwei Personen an. Das gleichverteilte Einkommen y_{ed} (Das Suffix *ed* steht für *equally distributed*) in Punkt *E* würde, da *E* auf derselben Kurve der gesellschaftlichen Wohlfahrt liegt wie *A*, die gleiche Wohlfahrt erbringen, obwohl der Mittelwert *E* beträchtlich kleiner ist als der Mittelwert *M* der aktuellen Verteilung. Ein niedrigeres Gesamteinkommen würde also, Gleichverteilung vorausgesetzt, nicht mit einer Reduktion der gesellschaftlichen Wohlfahrt einhergehen. Zwar wäre die Wohlfahrt in *M* größer als in *E* (dieser Punkt läge auf einer höheren, in die Graphik nicht eingetragenen Wohlfahrts-Indifferenzkurve), aber dieser Punkt könnte nur erreicht werden, wenn Einkommensbezieher *i* freiwillig einer Umverteilung zustimmte (oder durch Besteuerung dazu gezwungen würde).

Die Differenz $\mu - y_{ed}$ bietet sich als Grundlage für die Konstruktion eines wohlfahrtsökonomisch fundierten Ungleichheitsindex geradezu an. Wie aus der Graphik ersichtlich ist, wächst diese Differenz, je weiter Punkt E von M (der Schnittpunkt des Gleichheitsstrahls mit der Linie aller möglichen Aufteilungen des Gesamteinkommens) entfernt ist. Die Distanz zwischen μ und y_{ed} ist ein Maß dafür, welches Opfer die Gesellschaft für die Herstellung der Einkommensgleichheit zu erbringen gewillt ist. Normalisierung dieser Distanz mittels Teilung durch μ ergibt dann das Ungleichheitsmaß von Atkinson:

$$A - 1 - y_{ed} / \mu \qquad (7)$$

Dieses Maß basiert gänzlich auf der Vorstellung eines gleichverteilten Einkommens, das trotz eines niedrigeren Mittelwerts die gleiche Wohlfahrt stiftet wie ein ungleich verteiltes Einkommen mit einem höheren Mittelwert (Lambert 1989, S. 131). Die Unbekannte in dieser Gleichung ist y_{ed}: das Niveau des gleichverteilten Einkommens, das der Voraussetzung nach die

17 Manchem Leser wird vielleicht eine ähnliche Graphik aus der mikroökonomischen Theorie des Haushalts vertraut sein. Die fallende Gerade war dort die Budgetgerade, die Indifferenzkurve der geometrische Ort aller Kombinationen zweier Güter, zwischen deren Konsum der Verbraucher indifferent ist. Der Balken über *W* bedeutet Konstanz von *W*.

gleiche Wohlfahrt stiftet wie ein ungleich verteiltes Gesamteinkommen mit dem Mittelwert μ. Ohne die Aufstellung einer Gleichung, welche Atkinsons Maß für die Messung der Ungleichheit tauglich macht, lässt sich dieses Maß empirisch nicht verwenden.

Ausgangspunkt der Ableitung dieser Gleichung ist die Annahme, dass es ein gleichverteiltes Einkommen gibt, das die gleiche Wohlfahrt stiftet wie das ungleich verteilte Einkommen. Atkinsons Ungleichheitsmaß liegt eine debattierbare Annahme zugrunde: Die gesellschaftliche Wohlfahrt ist dann maximal, wenn alle Ressourcen von denen die individuelle Wohlfahrt abhängt, gleichverteilt sind (Gleichverteilung der wohlfahrtsrelevanten Ressource). Modelltheoretisch folgt diese Annahme bei Zugrundelegung einer utilitaristischen *SWF* sofort, wenn man identische Nutzenfunktionen und strikte Konkavität der Nutzenfunktionen annimmt (siehe zur Erläuterung Sen 1973, Kap.1). Ein solcher Ressourcenegalitarismus steht jedoch argumentativ auf schwachen Füßen, wenn er nicht lediglich als theoretische Basis für die Messung von Ungleichheit dient, sondern darüber hinaus ein gesellschaftspolitisches Ideal formuliert. Er lässt sich allenfalls dann rechtfertigen, wenn man Bedürfnis- und Leistungsaspekte völlig ausblendet. Insbesondere stößt die Einbeziehung anderer Variablen des sozioökonomischen Status als Einkommen und Vermögen auf Probleme. Macht es z.B. wirklich Sinn, gleiche Schulbildung für Alle zu fordern oder sogar gleiches Berufsprestige für alle Berufe?[18] Solange ›Ansehen‹ teils an ›Können‹, teils an ständische Eigenschaften gebunden ist, wird eine Umverteilung von Ansehen nur auf dem Wege eines kulturellen Umdenkens erreichbar sein.

Was Atkinsons Ungleichheitsmaß sowohl vor den rein statistischen, als auch den informationstheoretisch fundierten Maßen auszeichnet, ist, dass die gemessene Ungleichheit nicht nur von den Werten y_i abhängt, sondern auch von dem Parameter ε, der den Grad der Ungleichheitsaversion angibt. »Once agreed on the form of the social welfare function«, folgert Cowell (2009, S. 52), »it enables the analyst of inequality to say ... ›you tell me how strong society's aversion to inequality is and I will tell you the value of the inequality statistic‹.«

Inspektion der algebraischen Gleichung für den Atkinson-Index [Appendix A.5, Gleichung (3)] ergibt, dass z.B. $A = 0$ nicht nur für $y_i = \mu$ (Gleichheit aller Einkommen), sondern auch für $\varepsilon = 0$, also bei Abwesenheit jeglicher Aversion gegen Ungleichheit, gilt. Dann können die Einkommen noch so ungleich verteilt sein, das Maß misst immer Gleichheit! Wenn hingegen

18 Siehe hierzu z.B. Hartmann (1985), S. 134.

ε gegen ∞ tendiert, nähert sich $A = 1 - y_{ed}/\mu$ bei einer gegebenen Einkommensverteilung $F(y)$ dem Wert $1 - y_1/\mu$ an.[19] Konkret bedeutet dies, dass bei einer extremen Ungleichheitsaversion ($\varepsilon \Rightarrow \infty$) die Gesellschaft bereit wäre, um willen des Ziels der Einkommensgleichheit einer Absenkung aller Einkommen auf das Niveau des ärmsten Gesellschaftsmitglieds zuzustimmen.

Die Wahl des Parameters durch einen Beobachter (Sozialforscher) wirft zwei schwerwiegende Probleme auf: Erstens, wie kann sichergestellt werden, dass der Beobachter genau jenes ε wählt, das die Ablehnung von Ungleichheit durch die Gesellschaft korrekt erfasst? Für sich selbst kann jeder Beobachter ein Gedankenexperiment anstellen, das auf die berühmte *leaky bucket* Überlegung von Okun (1975) hinausläuft: Wie viel Prozent des Transfers von reich nach arm dürfen verlorengehen, ohne dass die Zustimmung zu dem Transfer verschwindet? Atkinson (1983, S. 58) gibt für dieses Gedankenexperiment die Formel: $1/x = 2^{\varepsilon}$ an, wobei x den prozentualen Verlust des Transfers bezeichnet. Die Minimalbedingung der Zustimmung zum Transfer ist $x = 1$ (der gesamte Betrag des Transfers kommt beim Empfänger an). Eine Person, die dem Transfer auch dann zustimmt, wenn die Hälfte des Transferbetrags auf dem Weg von reich nach arm verloren ginge, demonstriert damit eine Ungleichheitsaversion von $\varepsilon = 1$. Aber wie kann man sicherstellen, dass das Ergebnis eines solchen Gedankenexperiments die gesellschaftliche Aversion gegen Ungleichheit wiedergibt?

Zweitens ist eine konstante Ungleichheitsaversion eine Unterstellung, die doch eigentlich nur getroffen wird, weil andernfalls die Messung der Ungleichheit in Abhängigkeit von der Aversion gegen Ungleichheit vor neuen Hürden stünde. Für die Annahme einer konstanten Ungleichheitsversion gibt es keine wirklich sachhaltigen Gründe. »Utilites $U(x)$ for which $q_U(x)$ varies with x«, betont Lambert (1989, S. 102), »represent entirely feasible attitudes toward inequality« (Lambert schreibt x für unser y, $q_U(x)$ ist sein Symbol für die Ungleichheitsaversion).[20] Es sind also durchaus Nutzenfunktionen konzipierbar, deren Grenznutzen mit dem Einkommen variiert.

Abschließend kann man sich die Frage stellen, ob der beträchtliche gedankliche Aufwand, der für die Ableitung des Atkinson-Maßes aus einer

19 Siehe z.B. Breyer und Buchholz (2007, S. 27). Ein Beweis für diese Aussage findet sich in Lambert (1989, S. 104). y_1 steht für das Einkommen des ärmsten Haushalts.

20 Für eine strenge Begründung, dass die Elastizität des Grenznutzens bezüglich des Einkommens ein geeignetes Maß für die Ungleichheitsaversion ist, siehe Lambert (1989), Kap. 4.5.

spezifischen Vorstellung gesellschaftlicher Wohlfahrt erforderlich ist, die Mühe wert ist, also irgendwie Ungleichheit ›besser‹ misst als die in der fünften Vorlesung vorgestellten rein statistischen Maße. Atkinsons Maß misst nicht genauer als z.B. der Gini-Koeffizient oder *VC*, es misst nur anders. Sein großer Vorzug ist, dass es seine inhärenten normativen Implikationen offenlegt. »The degree of inequality«, so Atkinson (1983, S. 56) sehr dezidiert, »cannot, in general be measured without introducing social judgements ... Given that the conventional measures inevitably introduce distributional values«, fährt Atkinson fort, »it may well be preferable to consider such values explicitly.« Alle Ungleichheitsmaße sind werturteilsgeladen. Insofern besteht die Wahl allein zwischen Maßen, die ihre normativen Voraussetzungen offenlegen und solchen, die sie verbergen.[21] Dass das Atkinson-Maß offen normativ ist, zeigt sich daran, dass es sich mit dem vom Forscher gewählten Aversionsparameter ε ändert. Die gemessene Ungleichheit variiert mit dem Grad der Aversion gegen Ungleichheit! Es wäre aber verfrüht, deswegen ein ethisches Maß wie das Atkinson-Maß anderen Maßen umstandslos vorzuziehen. Die Abhängigkeit des Atkinson-Maßes von dem Aversionsparameter ε mag man für seine Stärke halten, weil normative Setzungen jetzt offen zutage liegen, man kann sie aber zugleich als seine zentrale Schwäche ansehen. Wie viel ein Einkommenstransfer von arm nach reich zählt, hängt jetzt ganz und gar ab von der Größe von ε. Je kleiner ε ausfällt, um so weniger wirkt sich ein Transfer auf die gemessene Ungleichheit aus und für $\varepsilon = 0$ reagiert das ethische Maß A überhaupt nicht mehr auf Transfers.[22] Wir kommen in der nächsten Vorlesung im Rahmen einer Diskussion der Vor- und Nachteile von Ungleichheitsmaßen noch einmal auf die in allen solchen Maßen versteckten Werturteile zurück.

Literatur

Atkinson, Anthony B., 1970: On the Measurement of Inequality. *Journal of Economic Theory* Vol. 2, S. 244-263.

Atkinson, Anthony B., 1983: *The Economics of Inequality*. Second Edition. Oxford: Clarendon Press.

21 Siehe hierzu auch Fields (2001), S. 29.

22 Sen (1982, S. 420) charakterisiert diesen Fall sehr drastisch als »the end of ... [a] chain of a perverse relationship.«

Barr, Nicholas, 1998: *The Economics of the Welfare State.* Third Edition. Oxford: Oxford University Press.

Boadway, Robin W. und Neil Bruce, 1984: *Welfare Economics.* Oxford: Basil Blackwell.

Breyer, Friedrich und Wolfgang Buchholz, 2007: *Ökonomie des Sozialstaats.* Berlin: Springer.

Breyer, Friedrich und Martin Kolmar, 2010: *Grundlagen der Wirtschaftspolitik.* Dritte Auflage. Tübingen: Mohr Siebeck.

Cowell, Frank A., 2003: Theil, Inequality and the Structure of Income Distribution. Paper prepared for the Theil Memorial Conference, August 2002.

Cowell, Frank A., 2009: *Measuring Inequality.* LSE Perspectives on Economic Analysis. Oxford: Oxford University Press.

Dasgupta, Partha, Amartya Sen und David Starrett, 1973: Notes on the Measurement of Inequality. *Journal of Economic Theory* Vol. 6, S. 180 -187.

Fields, Gary S., 2001: *Distribution and Development. A New Look at the Developing World. Cambridge*, Mass.: The MIT Press.

Firebaugh, Glenn, 2003: *The New Geography of Global Income Inequality.* Cambridge, Mass.: Harvard University Press.

Hartmann, Peter H., 1985: *Die Messung sozialer Ungleichheit.* Pfaffenweiler: Centaurus Verlagsgesellschaft.

Heinemann, Maik, 2008: Messung und Darstellung von Ungleichheit. Universität Lüneburg, Working Paper Series in Economics, Nr. 108.

Lambert, Peter J., 1989: *The Distribution and Redistribution of Income. A Mathematical Analysis.* Manchester: Manchester University Press. Second edition.

Okun, Arthur M., 1975: *Equality and Efficiency: the Big Trade-Off.* Washington: Brooking Institutions.

Rawls, John, 1979: *Eine Theorie der Gerechtigkeit.* [Englisch: A Theory of Justice, 1971]. Frankfurt: Suhrkamp.

Sen, Amartya, 1973: *On Economic Inequality.* Oxford: Clarendon Press.

Sen, Amartya,1982: Ethical Measurement of Inequality. Some Difficulties. In: ders., *Choice, Welfare and Measurement*, S. 416-431. Cambridge, Mass.: Harvard University Press.

Shannon, Claude E., 1948: A Mathematical Theory of Communication. *Bell System Technical Journal* Vol. 27, S. 379-423, S. 623-656.

Shorrocks, Anthony F., 1983: Ranking Income Distributions. *Economica* Vol. 50, S. 3-17.

Theil, Henri, 1967: *Economics and Information Theory.* Amsterdam: North-Holland.

Varian, Hal, 2006: *Intermediate Economics. A Modern Approach.* New York: W.W. Norton & Company.

7 Siebte Vorlesung: Die Wahl zwischen Ungleichheitsmaßen

1. Rekapitulation. 2. Das Problem: Die Wahl zwischen Ungleichheitsmaßen. 3. Gütekriterien für Ungleichheitsmaße. 4. Das Lorenz-Kriterium. 5. Lorenz-konsistente Maße. 6. Gesichtspunkte einer Klassifikation von Ungleichheitsmaßen. 7. Die Ordnung von Verteilungen anhand von Ungleichheitsmaßen. 8. Implizite Werturteile in Ungleichheitsmaßen.

1. In der fünften Woche haben wir drei aggregierte Ungleichheitsmaße *(summary measures)* ausführlich vorgestellt: die Varianz *V*, den Variationskoeffizienten *VC* und den Gini-Koeffizienten *G*. Diese Maße sind rein statistischer Natur, fußen also nicht auf einer spezifischen, theoretisch begründeten Vorstellung der gesellschaftlichen Ordnung. Anders das Atkinson-Maß *A* (sechste Woche): Es ist aus der utilitaristischen Theorie gesellschaftlicher Wohlfahrt abgeleitet. Zudem haben wir noch die Formeln für zwei weitere Maße, die mittlere logarithmische Abweichung (*MLD*, auch Theil (0) geheißen) und das Maß von Theil (*T*, manchmal auch Theil (1) bezeichnet) präsentiert, die zwar wie das Atkinson-Maß aus einer Theorie abgleitet sind, aber auf einer gänzlich anderen, für Ökonomen und insbesondere für Soziologen ungewohnten und befremdlichen Vorstellung fußen: der Informationsentropie.

2. In der Vorlesung heute geht es darum, Argumente vorzustellen, die erlauben, zwischen all diesen Maßen eine begründete Wahl zu treffen. Es ist keineswegs unerheblich, welches Maß in der empirischen Erforschung der Einkommensungleichheit verwandt wird. Ein Beispiel soll klarmachen, warum Aussagen über das Ausmaß und die Änderung der Einkommensungleichheit durch und durch von dem verwendeten Ungleichheitsmaß abhängen.

Tabelle (1) enthält Angaben über die gemessene Einkommensungleichheit in der Bundesrepublik in den Jahren 1993 und 1998. Zur Erinnerung: Markteinkommen sind Einkommen vor der Umverteilung durch das Steuer- und Abgabensystem, Äquivalenzeinkommen sind zugerechnete, nicht tatsächliche Individualeinkommen unter Berücksichtigung der Haushaltsgröße. Wie gravierend die Ungleichheit ist, lässt sich der Tabelle nicht entnehmen. Ob sie »hoch« oder gar »zu hoch« ist, ist eine vom Betrachter vorgenommene Wertung und keine inhärente Eigenschaft der Kennziffern.

J. Berger, *Wirtschaftliche Ungleichheit*, https://doi.org/10.1007/978-3-658-23682-3_7

Diese selbst lassen verschiedene Interpretationen zu. Ein Wert von 2.06 für 1998 für das Maß *MLD*, dessen Maximalwert = ∞ ist, scheint auf eine geringe Ungleichheit hinzudeuten. Eine solche Vermutung wäre jedoch völlig unbegründet. Aber auch Messungen mit Indizes, die nur Werte zwischen 0 und 1 annehmen können wie das Atkinson-Maß und der Gini-Koeffizient, sind schwerlich miteinander vergleichbar. Ein Wert von 0,81 für Atkinson (nur noch 19 Prozentpunkte fehlen bis zum Maximalwert) scheint auf eine viel größere Ungleichheit hinzudeuten als der Wert für den Gini-Koeffizienten, der für das Jahr 1998 noch deutlich unterhalb des Mittelwerts 0,5 liegt.

Tabelle 1: Verteilung der Marktäquivalenzeinkommen Deutschland 1993-1998

Verteilungsmaß	1993	1998	Δ%
Gini	0,45568	0,4559	-0,0067%
MLD	0,93	2,06	+ 121%
Atkinson (ε = 1)	0,60	0,81	+35%
nachrichtlich: arithm. Mittel	29069 DM	32199 DM	+ 11%

Quelle: Becker und Hauser 2003, S. 95; eigene Berechnungen.

Wie aus der Tabelle ersichtlich, zeigen die angeführten Maße abgesehen davon, dass sie höchst unterschiedliche Änderungsraten angeben, nicht einmal eine Änderung der Ungleichheit in der gleichen Richtung an. Der Gini-Koeffizient konstatiert eine ganz leichte Abschwächung der Ungleichheit zwischen 1993 und 1998, wohingegen Atkinson und *MLD* einen Anstieg konstatieren. Vertraut man dem Maß *MLD*, dann ist die Ungleichheit in nur fünf Jahren um immense 121 Prozent angestiegen. Das Äußerste, was man von Ungleichheitsmaßen erwarten kann, scheint zu sein, dass sie Verteilungen ordinal in der gleichen Reihenfolge ordnen. Aber auch das ist, wie unser Beispiel zeigt, keineswegs garantiert. Man stelle sich einmal vor, das Gleiche (alle Längenmaße ordnen Distanzen lediglich gleichsinnig) gälte für die Maßeinheit ›Kilometer‹! Dann wären nur Aussagen möglich wie: »Moskau ist von Frankfurt weiter entfernt als Paris«, aber es wäre nicht möglich, anzugeben, um wie viel Moskau weiter entfernt ist.

3. Diese Sachlage macht es unabdingbar, Gütekriterien für Ungleichheitsmaße aufzustellen, anhand derer entschieden werden kann, welchem Ungleichheitsmaß der Vorzug gebührt. In der Literatur herrscht weitgehend

Einigkeit darüber, dass Ungleichheitsmaße wenigstens den folgenden drei Bedingungen genügen sollten:

(1) Anonymität (AN). Formal: Für jede Permutation **y'** von **y** gilt: $I(\mathbf{y}') = I(\mathbf{y})$; Hierbei ist $\mathbf{y} = (y_1, y_2, ..., y_n)$ der Zeilenvektor der Einkommen y_i. Wie in Lehrbüchern der Matrix-Algebra üblich, stehen Kleinbuchstaben in Fettdruck für Vektoren, *I* ist das Symbol für irgendeinen Ungleichheitsindex.

Zur Erläuterung: (a) Die gemessene Ungleichheit hängt ausschließlich ab vom Einkommen (oder dem jeweils gewählten Wohlfahrtsindikator), also nicht von irgendwelchen anderen Eigenschaften der Einkommensbezieher wie z.B. Reputation, ›Verdienst‹, soziale Herkunft, Leistung etc. Die Ungleichheit ändert sich nicht dadurch, dass z.B. ein niedriges Einkommen, das zuvor einer Person von geringer Reputation zufloss, nach der Permutation zum Einkommen einer Person mit hoher Reputation wird, der eigentlich nach Auffassung von Beobachtern ein höheres Einkommen zustünde.

Daraus folgt: (b) Eine Permutation der Einkommen hat keinerlei Auswirkungen auf den Ungleichheitsindex. Die Messung soll nicht von der Reihenfolge abhängen, in der die Einkommensbezieher aufgezählt sind. Werden die Einkommen von zwei oder auch mehr Personen getauscht, ändert sich die gemessene Ungleichheit nicht.[1] Im Beispiel: $I(10, 20, 30) = I(10, 30, 20) = I(20, 10, 30) = I(20, 30, 10) = I(30, 10, 20) = I(30, 20, 10)$.[2]

Die Messung der Ungleichheit ist somit unabhängig davon, wem die Einkommen zufließen. Gleichgültig, ob Maier 1000 € verdient und Müller 2000 € oder umgekehrt: Alle die Identität einer Person betreffenden Informationen werden ausgeblendet. Dieses Axiom ist keineswegs so harmlos, wie es sich gibt: Die Ausschaltung aller Informationen außer dem Bezug von Einkommen bedeutet auch die Ausschaltung aller Informationen über die Berechtigung zu einem Einkommensbezug; Weder Bedürftigkeit noch Leistung zählen bei der Messung von Ungleichheit. Der Ungleichheitsindex $I(\mathbf{y})$ nimmt keinerlei Bezug auf »claims or merit« (Bronfenbrenner 1971, S. 8). Einzig und allein die Information über das Einkommen zählt. Solange die Einkommensempfänger Individuen sind, mag diese Ausschaltung aller anderen Informationen noch angehen. Anders sieht es hingegen aus, wenn die Einkommensempfänger Haushalte sind. Dann muss die Annahme einer homogenen Population (homogen mit Ausnahme der Einkommen) fallengelassen werden. Haushalte unterscheiden sich nun einmal nach ihrer

1 Lüthi (1981), S. 23.

2 Die Anzahl der Permutationen von 3 Elementen ist gleich $1 \cdot 2 \cdot 3 = 3!$

Größe und nach ihren Bedürfnissen. Ein Haushalt mit mehr Mitgliedern hat größere Bedürfnisse als ein Ein-Personenhaushalt. »The fundamental problem with a heterogeneus population of (differing) households is the fact that income is no longer a reliable indicator of living standard« (Ebert 2011: S. 86). Die Lösung dieses durch Heterogenität aufgeworfenen Problems liegt dann in der Konstruktion sog. Äquivalenzskalen, die verschiedene Haushaltstypen miteinander vergleichbar machen (siehe hierzu die dritte Vorlesung).

(2) Populationsinvarianz (PI). Sie ist formal wie folgt definiert: $I(\mathbf{y}) = I(\mathbf{y}, \mathbf{y},...\mathbf{y})$. Eine *n*-fache Replikation aller Einkommen führt nicht zu einer Änderung der gemessenen Ungleichheit. Im Beispiel: Die Ungleichheit einer Gesellschaft aus acht Personen mit dem Einkommensvektor (2, 2, 2, 2, 10, 10, 10, 10), die aus einer Replikation einer Gesellschaft von vier Personen mit dem Einkommensvektor (2, 2, 10, 10) entsteht, ist genauso groß wie die Ungleichheit der Gesellschaft von vier Personen, aus deren Replikation sie hervorgegangen ist: $I(2, 2, 2, 2, 10, 10, 10, 10) = I(2, 2, 10, 10)$. Auch das Populationsprinzip sieht auf den ersten Blick recht harmlos aus, ist dies aber keineswegs. Ob die Ungleichheit in einer Gesellschaft von acht Personen, in der vier Personen ein geringes Einkommen ($y_i = 2$) und vier Personen ein hohes Einkommen ($y_i = 10$) haben, wirklich identisch ist mit der Ungleichheit in einer Gesellschaft von vier Personen mit der Verteilung (2, 2, 10, 10) lässt sich mit guten Gründen bestreiten. Immerhin hat sich die Armut absolut ausgedehnt (wenn auch nicht relativ), ebenso der Reichtum.[3]

(3) Das Pigou-Dalton-Transferprinzip (PD), auch *weak transfer principle* geheißen. Jede Umverteilung von einer ärmeren zu einer reicheren Person (regressiver Transfer) sollte zu einem Anstieg der gemessenen Ungleichheit führen und jede Umverteilung von einer reicheren zu einer ärmeren (progressiver Transfer) zu einem Rückgang. Für regressive Transfers ist diese Aussage immer richtig im Sinne: Jeder Transfer eines Betrags $T > 0$ von arm nach reich führt zum Anstieg der gemessenen Ungleichheit, hingegen gilt das gleiche nicht für jeden Transfer von reich nach arm. Angenommen wird hierbei, dass sich durch die Umverteilung die Rangordnung der Einkommen nicht ändert. Sei y_2 das größere Einkommen und y_1 das kleinere.

3 Vgl. Cowell (2009), S. 62: »... it is not self-evident that this property is desirable. Consider a two-person world where one person has all the income, and the other has none. Then replicate the economy ... so that one now has a four-person world with two destitute people andt two sharing income equally. It seems to me debatable wether these two worlds are ›equally unequal‹.«

Dann sinkt der Ungleichheitsindex nur im Bereich von Transfers in der Größe von $T < 1/2(y_2 - y_1)$.

Da die Anforderungen an Ungleichheitsmaße, die durch diese Kriterien erhoben werden, sehr milde sind, scheint sich fast von selbst zu verstehen, dass ein Ungleichheitsmaß diesen drei Kriterien genügen sollte. Jedenfalls sind die meisten Autoren, die sich mit Fragen von Gütekriterien befasst haben, dieser Auffassung. Das Maß sollte blind dafür sein, wer was erhält, es sollte nicht auf eine Replikation der Bevölkerung reagieren, aber vor allem sollten sich Umverteilungen in ihm widerspiegeln, und zwar in der Form, dass Umverteilungen von arm nach reich die Ungleichheit erhöhen und die von reich nach arm sie absenken. Gerade das Pigou-Dalton-Transferprinzip scheint fern jeder normativen Setzung zu sein und irgendwie so selbstverständlich aus der Definition von Ungleichheit zu folgen wie aus der Definition der Länge folgt, dass größere Entfernungen sich in einem Anstieg und nicht im Rückgang des Längenmaßes widerspiegeln. Bei genauerem Hinsehen zeigt sich jedoch, dass schon diese drei so harmlos auftretenden Kriterien normative Setzungen enthalten, die durchaus bestreitbar sind.

Das Anonymitätsprinzip z.B. schaltet jede Berücksichtigung von Verdienst[4] aus, ebenso von Bedürftigkeit und von Leistungsgesichtspunkten. Die einzige, zur Messung der Einkommensungleichheit relevante Information sind die Einkommen, alle anderen Informationen über die Einkommensbezieher zählen nicht. Von selbst versteht sich diese Ausblendung elementarer, auf die Person bezogener Sachverhalte nicht. Am einsichtigsten scheint noch das Prinzip der Populationsinvarianz zu sein. Wenn zwei Gesellschaften mit der gleichen Einkommensstruktur miteinander verschmolzen werden, ändert sich ja nichts am Verhältnis von arm und reich; aber die Einkommensdifferenz zwischen den beiden Lagern hat sich vergrößert (im obigen Beispiel von 16 auf 32)! Auch das schwache Transferprinzip (Pigou-Dalton) ist normativ geladen, wenn auch bestimmt so gering, dass es mit weitgehender Zustimmung rechnen kann. Man kann sich auf den Standpunkt stellen, dass dieses Prinzip rein analytisch zu verstehen ist: Jede Umverteilung von reich nach arm, wenn sie eine bestimmte Grenze nicht überschreitet, verlagert die Lorenzkurve näher an die Linie der absoluten Gleichheit heran und jede Verteilung von arm nach reich führt zu einer größeren Ausbuchtung der Lorenzkurve, entfernt sie also von der Geraden der Gleichverteilung. Die Lorenzkurve ist der Bogen, den die Gesellschaft um die Gerechtigkeit macht, ist einmal gesagt worden. Aber gerade dieser

4 Im Sinne von *desert*, nicht *merit*, siehe Miller (2008), Kap. 7 und 8.

Satz belegt, dass hinter der Gleichheitsvorstellung mehr als eine bloß empirisch feststellbare Größe schlummert.

Zwei weitere Kriterien in der Auseinandersetzung um die Frage, welchen Kriterien Ungleichheitsmaße genügen sollten, sind Skaleninvarianz und Zerlegbarkeit. Diese beiden Gütekriterien sind umstrittener als die bislang angeführten drei Kriterien. (Der Streit betrifft immer die Frage, ob ein Ungleichheitsmaß dem in Frage stehenden Kriterium genügen sollte).

(4) Skaleninvarianz (SI). Dieses Prinzip ist formal wie folgt definiert: $I(\lambda \mathbf{y}) = I(\mathbf{y}),\ \lambda > 0$. Mit Skaleninvarianz ist gemeint: Die Multiplikation aller Einkommen mit dem gleichen Faktor ändert an der Ungleichheit nichts. Im Beispiel:

$$I(4, 4, 10, 10) = I(2, 2, 5, 5)$$

Die Gegenvorstellung zu Skaleninvarianz ist Translationsinvarianz. Darunter versteht man, dass ein Ungleichheitsmaß sich nicht ändert, wenn jedem Einkommen genau der gleiche Betrag (z.B. zwei Einheiten) hinzugefügt (oder abgezogen) wird. Formal:

$$I(\mathbf{y} + \boldsymbol{\lambda}) = I(y), \lambda_1 = \lambda_2 = \ldots \lambda_n, \lambda_i > 0$$

Unter dem Regime der Translationsinvarianz ändert sich an der gemessenen Ungleichheit also nichts, wenn jedem Einkommen genau der gleiche Betrag hinzugefügt wird. Im Beispiel: $I(4, 4, 7, 7) = I(2, 2, 5, 5)$. Translationsinvarianz gilt als eine ›linke‹ Vorstellung, Skaleninvarianz als eine ›rechte‹.[5] Tatsächlich kann man bei gewerkschaftlichen Lohnverhandlungen beobachten, dass Gewerkschaften dazu neigen, prozentuale Lohnforderungen zumindest durch die Forderung nach einem gleichen Sockelbetrag für Alle zu ergänzen. Ohne eine solche Erhöhung aller Einkommen um den gleichen Betrag bliebe bei Durchsetzung einer prozentualen Lohnforderung das Verhältnis der Einkommen zueinander unverändert. Es käme also nie zu einer relativen Besserstellung einzelner Gruppen, wenn alle Einkommen stets um den gleichen Prozentsatz erhöht würden.

Wenn ich recht sehe, herrscht in der Messtheorie der Ungleichheit heute weitgehend Einigkeit darüber, dass Ungleichheitsmaße dem Anonymitätsprinzip, der Populationsinvarianz, dem schwachen Transferprinzip und der Skaleninvarianz genügen sollten. Am meisten Streit hat es allerdings um das Skaleninvarianzprinzip gegeben. Es hat sich aber schon allein deswegen durchgesetzt, weil die gebräuchlichsten Maße *A, VC, G* und *MLD*

5 Siehe hierzu Lüthi (1981), Kap. 3.3.

ihm gehorchen (oder umgekehrt: Diese Maße sind gebräuchlich, weil sie skaleninvariant und nicht translationsinvariant sind). Wie dem auch sei: Skaleninvarianz ist (wie Translationsinvarianz) werturteilsbehaftet. Die skaleninvarianten Maße haben sich etabliert, weil offensichtlich das damit verknüpfte Werturteil vertretbarer erscheint als das Werturteil, das mit Translationsinvarianz einhergeht. Gemäß dem Skaleninavarianzprinzip ändert sich die Ungleichheit solange nicht, als die Einkommensrelationen intakt bleiben und z.B. ein Gymnasiallehrer, gleichgültig mit welchem Faktor die Einkommen steigen, immer das Zweifache z.B. einer Sekretärin verdient usw. Die Aufrechterhaltung von Relationen, nicht von absoluten Abständen ist das, worauf es nach dem Skaleninvarianzprinzip ankommt.

(5) Zerlegbarkeit. Ein Ungleichheitsmaß gilt als zerlegbar, wenn die gesamte Ungleichheit aufgeteilt werden kann in die Ungleichheit zwischen Gruppen und die Ungleichheit innerhalb von Gruppen. Formal: $I_t = I_w + I_b$, t steht für *total*, w für *within* und b für *between*. Ein Beispiel: Die Lohnungleichheit in Deutschland lässt sich in die Ungleichheit der Verdienste von Männern und Frauen aufteilen (gemessen mit dem Mittelwert der Einkommen dieser Gruppen) und die Ungleichheit (Streuung) innerhalb dieser Gruppen. Der Gini-Koeffizient lässt sich nicht derart zerlegen oder nur dann, wenn die Einkommen (im Beispiel die von Männern und Frauen) sich nicht überlappen, also z.B. das höchste Fraueneinkommen kleiner wäre als das geringste Männereinkommen. Das wohl gebräuchlichste Maß, das dem Kriterium der Zerlegbarkeit genügt, ist die mittlere logarithmische Abweichung (*MLD*). Es lässt sich ohne Rest in den Teil der gemessenen Ungleichheit zerlegen, welcher der Ungleichheit innerhalb von Gruppen, und den Teil, welcher der Ungleichheit zwischen den Gruppen geschuldet ist.[6] Formal:

$$MLD = \frac{1}{N}\sum_{i=1}^{N} \ln\left[\frac{\bar{y}}{y_i}\right] = \sum_{k=1}^{K}\frac{N_k}{N} MLD_k + \sum_{k=1}^{K}\frac{N_k}{N}\ln\left[\frac{\bar{y}}{\bar{y}_k}\right] \qquad (1)$$

Hierbei ist MLD_k die mittlere logarithmische Abweichung der k-ten Gruppe, N_k die Anzahl der Mitglieder dieser Gruppe und N_k/N ihr Bevölkerungsanteil. Der erste Term rechts des zweiten Gleichheitszeichens misst den Anteil der Ungleichheit, welcher durch die Ungleichheit innerhalb der Untergruppen bedingt ist, der zweite Term den Anteil, welcher auf die Ungleichheit zwischen den Gruppen zurückgeht. Wegen der Eigenschaft, zerlegbar zu sein, hat dieses Maß insbesondere bei der Erforschung der

6 Siehe Appendix A.6.

Chancenungleichheit *G* den Rang abgelaufen. Unter der Bedingung, dass der Effekt einer Anstrengung durch die Umstände bedingt ist, spiegelt sich Chancenungleichheit wider in den unterschiedlichen Mittelwerten von nach Umständen gebildeten Gruppen.[7] Wie in der vierten Vorlesung ausgeführt, ist die Streuung von Ergebnissen innerhalb von Gruppen, soweit sie dem Faktor ›Leistung‹ und nicht dem Faktor ›Umstände‹ zugeschlagen werden kann, mit dem Prinzip der Chancengleichheit kompatibel.

Alle in der Vorlesung behandelten Maße, die sowohl AN, PI, PD und SI erfüllen als auch zerlegbar sind, gehören der Klasse sog. verallgemeinerter Entropie-Maße (*GE*) an. Ein wichtiges, von Shorrocks (1980) aufgestelltes Theorem der Ungleichheitsforschung besagt, dass nur die verallgemeinerten Entropiemaße und ihre ordinalen Transformationen sowohl dem Lorenz-Kriterium genügen als auch zerlegbar sind.[8] Cowell (2009, Kap. 3.5) kommt zu dem Schluss, dass für die Messung von Ungleichheit Maße, welche diesem Prinzip genügen, vorzuziehen sind. Einigkeit herrscht darüber, dass Zerlegbarkeit eine wünschenswerte Eigenschaft von Ungleichheitsmaßen ist. Umstritten ist nur, ob zur Messung von Ungleichheit tatsächlich nur solche Indizes in Frage kommen sollten, die diesem Kriterium genügen. Hält man Zerlegbarkeit für unverzichtbar, dann würde die Messung von Ungleichheit auf diese Klasse beschränkt und der Gini-Koeffizient (siehe die fünfte Vorlesung) würde als Ungleichheitsindex an Bedeutung verlieren.

Ich führe noch drei weitere, in der Literatur diskutierte Kriterien an, denen aber bei weitem nicht die gleiche Bedeutung wie den zuvor behandelten zukommt.

(6) *Diminishing transfer principle.* Unter der Voraussetzung, dass die Spender- und Empfängereinkommen gleich weit voneinander entfernt sind, sollte der Effekt eines Transferbetrags *TB* von einer reicheren zu einer ärmeren Person auf die Reduktion des Ungleichheitsindex $I(\mathbf{y})$ umso größer ausfallen, je ärmer die Person ist, die in den Genuss der Umverteilung gerät. So sollte z.B. ein Transfer von 100 Euro von einer Person mit einem Monatseinkommen von 2000 Euro zu einer Person mit einem Monatseinkommen von 1600 Euro die Ungleichheit stärker reduzieren als der Transfer des gleichen Betrags von einem Einkommen von 6000 Euro zu einem Einkommen von 5600 Euro. Das ist eine sehr spezifische Annahme über die Sensitivität, der Ungleichheitsmaße genügen sollten. *VC* z.B. genügt dieser Anforderung nicht.

7 Siehe die elfte Vorlesung über ex ante *inequality of opportunity*.

8 Der Beweis dieses Satzes liegt jenseits des Spektrums dieser Vorlesung.

(7) *Strong transfer principle.*[9] Die Reduktion der Ungleichheit bei einem Transfer von reich nach arm sollte für alle Verteilungen, welche die Bedingung PD erfüllen, ausschließlich von der Distanz der beiden Einkommen abhängen, also nicht davon, in welchem Einkommensbereich sie stattfindet. Je größer die Distanz zwischen Geber und Nehmer, um so größer ist die Reduktion der Ungleichheit. Unter Distanz versteht Cowell (2009, S. 55) das Verhältnis zweier Einkommensanteile zueinander. Ein Transfer zwischen Einkommen, die im gleichen Verhältnis zueinander stehen, führt zu einer gleichen Reduktion der Ungleichheit und ist damit unabhängig davon, an welcher Stelle der Verteilung der Transfer stattfindet. Auch dies ist eine sehr spezifische Anforderung bezüglich der Sensitivität eines Ungleichheits-Indexes.

(8) Untergrenze und Obergrenze. Alle aggregierten Ungleichheitsmaße ordnen der gemessenen Ungleichheit eine reelle Zahl zu. Es liegt nahe, zu fordern, dass bei vollständiger Gleichheit $I(\mathbf{y}) = 0$ und bei äußerster, nicht mehr steigerbarer Ungleichheit $I(\mathbf{y}) = 1$. Die Unter- und Obergrenzen des Ungleichheitsmaßes sind damit 0 und 1. Formal: $0 \leq I(\mathbf{y}) \leq 1$. Auch wenn die Forderung, dass jedes Ungleichheitsmaß den Wert 0 bei Gleichverteilung der Einkommen ($y_i = \mu$) annimmt, unmittelbar einleuchtet, ist es keineswegs ebenso evident, dass Ungleichheitsmaße unter keinen Umständen Werte > 1 annehmen sollten. Der große Vorteil der Unterwerfung eines Maßes unter die Forderung sup $y = 1$ ist allerdings, dass die Erfüllung dieser Forderung die Interpretation von Indexwerten erheblich erleichtert. Wie groß etwa die Ungleichheit bei einem Indexwert von 0, 3 ist, erschließt sich leichter für ein Maß, das z.B. wie *G* oder *A* zwischen 0 und 1 schwankt, als etwa die Ausprägung 5 für ein Maß, das wie *MLD* zwischen 0 und unendlich schwankt.

4. Welche Ungleichheitsmaße genügen nun welchen Kriterien? Ich gehe jetzt nicht jedes in der Ungleichheitsforschung benutzte Maß danach durch, welchen der insgesamt acht Kriterien es genügt. Eine zentrale Annahme der Forschung über die Messung von Ungleichheit lautet, dass *VC*, *G*, *MLD* und *A* (die wohl wichtigsten in der empirischen Forschung verwandten Maße) den vier Postulaten: AN, PI, PD und SI genügen. Das ist leicht gesagt, aber im Einzelnen nicht immer einfach nachzuweisen. Diese Aufgabe würde sich erheblich erleichtern, wenn es ein weiteres Kriterium gäbe, das die vier genannten Kriterien implizierte. Glücklicherweise gibt es ein solches Kriterium: das sogenannte Lorenz-Kriterium. Dieses Kriterium besagt kurz

9 Ausführlich hierzu Cowell (2009), S. 66 f.

und knapp formuliert, dass Lorenzkurven, die wenigstens an einer Stelle innerhalb und an keiner Stelle außerhalb einer anderen Lorenzkurve liegen (für die also z.B. $L(p)$ der Verteilung F wenigstens an einer Stelle größer ist als $L(p)$ der Verteilung G), eine Verteilung mit geringerer Ungleichheit repräsentieren. Formal:

$$L(F) \geq L(G) \Leftrightarrow I(F) \leq I(G)$$

F und G sind Verteilungen, $I(\cdot)$ ein Ungleichheitsmaß, das dem Lorenz-Kriterium genügt. $L(F) \geq L(G)$ meint: Die Lorenzkurve der Verteilung F liegt an mindestens einem Punkt über der Lorenzkurve der Verteilung G: D.h., der Anteil am Gesamteinkommen ist zumindest an einer Stelle für die gleichen p Prozent der Bevölkerung in F größer als in G (Lambert 1989, S. 41). Sofern dies der Fall ist, sagt man auch: Die Lorenzkurve von F dominiert die Lorenzkurve von G. Für Lorenz-Dominanz wird nicht verlangt, dass die Lorenzkurve von F auf der ganzen Strecke innerhalb von G liegt (vgl. Sen 1973, S. 49). Offensichtlich erfüllt die Lorenzkurve die Kriterien AN, PI und SI: »Observe that the Lorenz curve automatically incorporates the principles of anonymity, population, and relative income, because the curve drops all information on income or population magnitudes and retains only information about income and population shares.«[10]

Da vielleicht nicht jeder Leser auf den ersten Blick sieht, dass Lorenzkurven tatsächlich diesen Kriterien genügen, sollen die folgenden Erläuterungen dem Verständnis auf die Sprünge helfen.

AN ist erfüllt, da in die Konstruktion der Lorenzkurve keinerlei Informationen darüber eingehen, wer welches Einkommen erhält.

PI: Die Lorenzkurve setzt den Anteil an der Bevölkerung (x-Achse) in ein Verhältnis zum Anteil am Gesamteinkommen (y-Achse). Wenn jedes Einkommen z.B. einmal repliziert wird, also zu jedem Einkommensbezieher ein weiterer Einkommensbezieher mit exakt dem gleichen Einkommen hinzutritt, verdoppelt sich zwar die Summe im Zähler wie im Nenner von $L(p)$, aber der Quotient bleibt unverändert. Statt Populationsinvarianz sollte man vielleicht besser von Replikationsinvarianz sprechen. Die Bevölkerungsgröße ändert sich ja, sie verdoppelt oder verdreifacht sich, aber die Einkommensstruktur bleibt unverändert.

SI gilt für eine Änderung in den Daten, bei der die Zahl der Einkommensbezieher konstant bleibt, aber jedes Einkommen sich um den gleichen Faktor λ verändert. Auch darauf reagiert die Lorenzkurve nicht mit

10 Ray (1998), S. 181f.

einer Verschiebung ihrer Lage. Aus der Definition der Lorenzkurve: $L(j/N) = \sum_{i=1}^{j} y_i / Y$, mit $Y = \mu N$ folgt:

$$\sum_{i=1}^{j} \lambda y_i / \lambda Y = \lambda \sum_{i=1}^{j} y_i / \lambda Y = \sum_{i=1}^{j} y_i / Y = L(j/N)$$

Dass Lorenzkurven auch das Pigou-Dalton-Transferprinzip (PD) erfüllen, zeigt eine einfache Überlegung. Das Pigou-Dalton-Transferprinzip besagt ja, dass jeder regressive Transfer die Ungleichheit vermehrt und - bei Aufrechterhaltung der Rangordnung der Einkommen - jeder progressive Transfer sie vermindert. Wenn von einem Einkommen am zwanzigsten Perzentil der Verteilung ein Betrag *TB* an ein Einkommen am sechzigsten Perzentil tranferiert wird, dann sind alle Einkommens*anteile* zwischen dem zwanzigsten und dem sechzigsten Perzentil kleiner als in der ursprünglichen Verteilung. Die neue Lorenzkurve verlagert sich daher nach außen und ist von der Geraden der Gleichverteilung weiter entfernt als die ursprüngliche Verteilung. Der Grund dafür, dass alle Einkommensanteile zwischen diesen beiden Perzentilen kleiner werden, obwohl die Einkommen selbst auf dieser Strecke nicht betroffen sind, liegt schlicht und einfach darin, dass Lorenzkurven kumulative Bevölkerungsanteile in kumulative Einkommensanteile projizieren. Jeder progressive Einkommenstransfer spiegelt sich (bei Einhaltung der Rangordnung der Einkommen) in einer näher an der Geraden der Gleichverteilung liegenden Lorenzkurve wider und jeder regressive Transfer in einer von dieser Geraden weiter entfernten Kurve.[11] Lorenzkurven, die näher an der Geraden der Gleichverteilung liegen, sind Lorenz-gleicher als die entfernteren Kurven. Die größere Gleichheit, die durch einen progressiven Transfer bewirkt wird, ist nicht Gleichheit schlechthin, sondern Lorenz-Gleichheit, also eine sehr spezifische Vorstellung von Gleichheit: nominale Gleichverteilung der Einkommen unter Abstraktion von Bedürftigkeits- und Leistungsgesichtspunkten. Ob Lorenz-gleichere Verteilungen auch gerechter sind, ist eine Frage, die sich nur durch Berufung auf eine normative Theorie der Gerechtigkeit entscheiden lässt.

Ungleichheitsmaße, die den genannten vier Kriterien genügen, ordnen Verteilungen nach dem Ausmaß ihrer Ungleichheit in genau der glei-

11 Ausführlich zum Zusammenhang von Pigou-Dalton-Transfers und dem Lorenzkurven-Kriterium Breyer/Buchholz (2007), Kap. 2.2.1.

chen Reihenfolge wie sich nicht überschneidende Lorenzkurven.[12] Wenn Lorenzkurven sich überschneiden, dann ist allerdings nicht mehr garantiert, dass alle ansonsten AN, PI, SI und PD gehorchenden Maße Verteilungen in gleicher Weise ordnen. Jetzt kann es vorkommen, dass z.B. eine Reihung von Verteilungen nach der Größe von *G* zumindest partiell anders ausfällt als eine Reihung nach der Größe von *VC*. Das heißt: Lorenzkurven ordnen Verteilungen nicht vollständig, sondern nur partiell. Die aggregierten Ungleichheitsmaße *VC, G, A* und *MLD* hingegen ordnen Verteilungen vollständig, aber, wenn Lorenzkurven sich überschneiden, nicht zwangsläufig in der gleichen Reihenfolge.

5. Alle Lorenz-konsistenten Maße erfüllen die Prinzipien AN, PI, SI und PD und alle Maße, die diese Prinzipien erfüllen, sind Lorenz-konsistent. Aber damit ist noch nicht die Frage beantwortet, welche Maße Lorenz-konsistent sind. Es gibt prinzipiell zwei Möglichkeiten, dies festzustellen. Entweder zeigt man in einem ersten Schritt, dass Entropiemaße und ihre ordinalen Transformationen Lorenz-konsistent sind und in einem zweiten Schritt, dass ein spezielles Maß dieser Klasse angehört. Oder man zeigt Schritt für Schritt, dass ein Ungleichheitsmaß die vier Kriterien AN, PI, PD und SI erfüllt. Ich demonstriere im folgenden an zwei Beispielen diese zweite Möglichkeit.

Unser erstes Beispiel ist der Variationskoeffizient *VC*. Dass *VC* dem Anonymitätsprinzip (AN) genügt, ist offensichtlich. In das Maß gehen nur die unterschiedlichen Einkommen y ein, aber nicht, wem sie zufließen.

VC genügt auch der Populationsinvarianz (PI). Zur Erinnerung: Der Variationskoeffizient ist definiert als die Wurzel aus der Varianz, geteilt durch den Mittelwert der Einkommen: σ/μ (σ steht wie üblich für die Wurzel aus der Varianz – die Standardabweichung). Der Mittelwert ändert sich durch eine k-fache Replikation aller Einkommen nicht. Wir haben also nur noch zu prüfen, ob die Varianz (und damit auch die Wurzel aus der Varianz) sich durch die Einkommensreplikation ändert. $\sum k(y_i - \mu)^2/kN = k \sum (y_i - \mu)^2/kN = \sum (y_i - \mu)^2/N$. Die Varianz und damit auch *VC* bleiben von einer Replikation aller Einkommen unberührt.

Skaleninvarianz (SI): Nach einer bekannten Rechenregel für Varianzen gilt:

$$\mathrm{Var}(\alpha x) = \alpha^2 \mathrm{Var}(x).$$

12 »An inequality measure is consistent with the Lorenz criterion if and only if it is simultaneously consistent with the anonymity, population, relative income and Dalton Principle.« (Ray 1998, S. 181).

Die Wurzel hieraus ist $\alpha\sigma$. Multiplikation aller Einkommen mit α ändert den Mittelwert μ der Einkommen von x in

$$\sum \alpha x/N = \alpha \sum x/N = \alpha\mu. \text{ Daraus folgt: } \alpha\sigma/\alpha\mu = \sigma/\mu = VC.$$

Eine Multiplikation aller Einkommen mit $\alpha \in \mathbb{R}$ ändert zwar die Varianz um das Quadrat von α, aber der Variationskoeffizient bleibt konstant. Da die Varianz anders als der Variationskoeffizient nicht skaleninvariant ist, scheidet sie, wie schon in der fünften Vorlesung erwähnt, als Messgröße für Einkommensungleichheit aus. Das gilt jedenfalls solange, wie Skaleninvarianz als unverzichtbares Gütekriterium für Ungleichheitsmaße angesehen wird.

Schließlich: *VC* genügt auch dem schwachen Transferprinzip (PD). Wir betrachten den progressiven Transfer eines Betrags *TB* vom Einkommensbezieher *j* zu dem Einkommensbezieher *i* ($y_i < y_j$) unter der Bedingung, dass dieser Transfer die Rangordnung der Einkommen nicht ändert. Um zu sehen, ob *VC* sich in der gewünschten Richtung ändert, reicht es aus, die Auswirkung der Änderungen der Komponenten y_i und y_j auf *VC* zu betrachten:

$$(y_i + T - \mu)^2 + (y_j - T - \mu)^2 = (y_i - \mu)^2 + (y_j - \mu)^2 + [2T^2 - 2T(y_j - y_i)] \quad (2)$$

Der Ausdruck in eckigen Klammern rechts vom Gleichheitszeichen wäre $= 0$, wenn $y_j - y_i = T$, also der Transferbetrag gleich groß wie der Abstand zwischen den beiden Einkommen wäre. Vorausgesetzt war aber, dass der Abstand zwischen y_j und y_i größer als T ist (Annahme der Beibehaltung der Rangordnung der Einkommen); daher ist dieser Ausdruck < 0, was bedeutet, dass *VC* abnimmt.[13] Ein progressiver Transfer von »reich« nach »arm« verringert die Ungleichheit (wenn die Rangordnung der Einkommen eingehalten wird).

Unser zweites Beispiel ist der Gini-Koeffizient (G). Auch er genügt den vier Kriterien (AN, PI, SI, PD). Zum Nachweis machen wir uns die enge Verbindung zwischen der Lorenzkurve und dem Gini-Koeffizienten zunutze: $G = 1 - 2B = 1 - 2 \int L(p)$, wobei B die Fläche unter der Lorenzkurve $L(p)$ ist (siehe die fünfte Vorlesung).

$L(p)$ genügt dem Anonymitätsprinzip, da keine Informationen über die Eigenschaften der Einkommensbezieher in sie eingehen. Die Lorenzkurve

13 Siehe Breyer und Buchholz (2007), S. 21. Jeder Transferbetrag *T*, der größer oder gleich der Distanz zwischen Geber und Empfänger ist, ändert die Rangordnung der Einkommen.

ordnet Bevölkerungsanteile Einkommensanteilen zu. Diese Zuordnung wird weder von einer Replikation der Bevölkerung samt ihrer Einkommen berührt, noch von einer Multiplikation aller Einkommen mit einem Faktor α. Eine solche Multiplikation lässt die Einkommensanteile unverändert. Ein regressiver Pigou-Dalton-Transfer verkleinert die Fläche B, ein progressiver vergrößert sie und rückt damit die Lorenzkurve zwischen den Einkommen y_i und y_j $(y_i < y_j)$ näher an die Gerade der Gleichverteilung heran. $1-2B$ wird bei einem progressiven Transfer kleiner, d.h. die Ungleichheit verringert sich wie verlangt.

Ganz ähnliche Überlegungen lassen sich zu den Maßen *MLD* und *A* anstellen. Sie erübrigen sich, weil beide Maße der Klasse der verallgemeinerten Entropiemaße *GE*(α) angehören; jedes Mitglied dieser Klasse erfüllt die vier Kriterien AN, PI, SI und PD. Diesen Kriterien zu genügen ist gleichbedeutend mit dem Kriterium der Lorenz-Dominanz und das heißt: Auch diese Maße ordnen Verteilungen in der gleichen Reihenfolge wie sich nicht überschneidende Lorenzkurven.

6. Die in dieser Vorlesung bevorzugt behandelten Maße *VC, G, MLD* und *A* erschöpfen das Spektrum denkbarer Maße keineswegs. Neben diesen Maßen gibt es weitere, in der Ungleichheitsforschung benutzte aggregierte Maße, z.B. das Theil-Maß (T, auch Theil (1) genannt, um es von MLD oder Theil (0) zu unterscheiden), das Maß von Dalton und das Maß von Herfindahl.[14] In der fünften Vorlesung haben wir zudem partielle Ungleichheitsmaße, die nicht die gesamte Verteilung erfassen, kennengelernt. Das führt zu der Frage, wie Ungleichheitsmaße sich klassifizieren lassen.

Ungleichheitsmaße lassen sich nach den folgenden, ganz unterschiedlichen Gesichtspunkten ordnen:

- Ungleichheitsmaße sind entweder rein deskriptiv oder offen normativ, wie z.B. der Atkinson-Index wegen seiner Abhängigkeit vom Parameter $\epsilon\varepsilon$, der die Abneigung gegen Ungleichheit angibt. Wir werden allerdings gleich sehen, dass auch die rein deskriptiven Maße versteckte Werturteile enthalten (Sen 1973, Kap.1).
- Ungleichheitsmaße erstrecken sich entweder auf die die gesamte Verteilung oder sie greifen Punkte (Strecken) der Verteilung heraus und sind damit selektiv. Selektive Maße sind u.a. die Spannweite und alle Quantilsmaße, also Maße, die zur Charakterisierung der gesamten

14 Für einen Überblick siehe z.B. die Liste der in der Ungleichheitsforschung benutzen Maße und eine Zusammenstellung ihrer wichtigsten Eigenschaften in Cowell (2009), S. 72.

Einkommensverteilung das Verhältnis bestimmter Quantile (z.B. 90:10) herausgreifen.

- Sie sind Lorenz-konsistent oder nicht Lorenz-konsistent. Lorenz-konsistent sind alle Maße, welche den vier oben genannten Kriterien (AN, PI, SI, PD) genügen. Dazu zählen die mittlere logarithmische Abweichung (*MLD*,) Theil (1) (*T*), das Maß von Atkinson (*A*), der Variationskoeffizient (*VC*) und der Gini-Koeffizient (*G*).
- Ein weiteres Klassifikationskriterium ist, ob ein Index alle Verteilungen vollständig ordnet oder nur eine partielle Ordnung herstellt (siehe den vierten Abschnitt dieser Vorlesung). Das Standardbeispiel für eine unvollständige Ordnung ist die Lorenzkurve. »One measure of inequality that does not aim at completeness is the relation of the Lorenz curve being strictly inside of another« (Sen 1973, S. 48). Wie Sen hervorhebt, ist es keineswegs ausgemacht, dass partielle Ordnungen schlechter sind als vollständige Ordnungen. Vielmehr entspricht es eher der Idee der Ungleichheit, wenn Verteilungen nur unvollständig geordnet werden. Dieser Gesichtspunkt bedarf der Erläuterung.

– Die gebräuchlichsten deskriptiven Ungleichheitsmaße *VC, MLD* und *G* sowie das offen normative Maß *A* ordnen Verteilungen vollständig. D.h., sie ordnen jeder Verteilung eine reelle Zahl zu und diese Zahlen lassen sich in eine Reihung bringen. Entweder ist $I(\mathbf{x}) \geq I(\mathbf{y})$ oder $I(\mathbf{y}) \geq I(\mathbf{x})$. Für sich nicht überschneidende Lorenzkurven ordnen diese Maße die Ungleichheit gleichsinnig, d.h., sie stellen exakt die gleiche Rangordnung zwischen den Verteilungen auf.

– Wenn Lorenzkurven sich überschneiden, kann es allerdings vorkommen, dass die aggregierten Maße die Verteilungen unterschiedlich ordnen. Z.B. kann es passieren, dass *G* eine andere Rangfolge der Ungleichheit herstellt als z.B. *A* oder *MLD*. Eine Entscheidung darüber, welche Verteilung ungleicher ist, hängt dann von Werturteilen ab. Das heißt, die Entscheidung darüber was ›gleich‹ oder ›gleicher‹ bedeutet, ist normativ besetzt. In der Tatsache, dass Verteilungen von den gebräuchlichsten Ungleichheitsmaßen unterschiedlich geordnet werden, kommt zum Ausdruck, dass es keine objektiven, »statistisch neutralen« Ungleichheitsmaße gibt. »Jedes Maß«, so Lüthi (1981, S. 43) »enthält implizite Wertungen über eine wünschenswerte Einkommensverteilung.«

Ray (1998, S. 190) erläutert den Charakter dieser Wertung anhand eines Beispiels. Sei die Verteilung der Einkommen in Gesellschaft A = (3, 12, 12) und in Gesellschaft B = (4, 9,14). Wie sich leicht nachrechnen lässt, ist *V C* für Verteilung A = 0, 27, für Verteilung B = 0,26; *G* ist für A = 0,22, für

B = 0,25. Damit sieht der Variationskoeffizient eine höhere Ungleichheit in A gegeben, wohingegen Gini eine höhere Ungleichheit für B konstatiert. Die Vermutung liegt nahe, dass die unterschiedliche Reihung dadurch zustande kommt, dass in die beiden Indizes unterschiedliche Auffassungen über eine gegebene Verteilung eingebaut sind. In Gesellschaft A sind immerhin zwei von drei Einkommen gleich hoch, aber es klafft eine große Lücke zum dritten Einkommen. In Gesellschaft B hingegen sind die drei Einkommen gleicher über das Einkommensspektrum verteilt. Wie das Beispiel lehrt, ist das Urteil darüber, in welcher Gesellschaft eine größere Ungleichheit herrscht, durch wertende Vorstellungen darüber, was Gleichheit eigentlich meint, bedingt.

– Die Schnittmenge der gleichen Anordnung von Verteilungen hinsichtlich ihrer Ungleichheit ist nicht vollständig, wenn wenigstens eine Verteilung von den verschiedenen Ungleichheitsmaßen unterschiedlich platziert wird. Technisch gesprochen: Die Schnittmenge der von den Ungleichheitsmaßen erzeugten vollständigen Ordnungen ist eine Quasiordnung und keine Ordnung. Eine Quasiordnung ist wie eine Ordnung transitiv (aus $A > B$ und $B > C$ folgt $A > C$), aber anders als eine Ordnung ist sie nicht vollständig: Nicht alle Alternativen lassen sich in eine Reihung bringen.[15]

– Die Reihung der Einkommensverteilungen nach dem Grad der Ungleichheit, wie sie von Maßen, die den Kriterien AN, PI, SI und PD genügen, vorgenommen werden, ist bestenfalls ordinal [z.B. $I(\mathbf{x}) > I(\mathbf{y})$], es lassen sich aber keine Aussagen darüber treffen, um wie viel die Ungleichheit der Verteilung **x** größer ist als die der Verteilung **y**. Dass die allgemein gebräuchlichen Ungleichheitsmaße lediglich ordinal äquivalent sind, heißt eben auch: Sie sind nicht kardinal äquivalent. Nur wenn sie dies wären, ließen sich allgemeine Aussagen über die Größe prozentualer Änderungen der Ungleichheit treffen.[16]

– Bei sich kreuzenden Lorenzkurven ist es nicht einmal mehr möglich, mit Hilfe der Maße, die den vier erwähnten Kriterien genügen, zweifelsfrei festzustellen, dass die Ungleichheit in **x** größer ist als in **y**. Darüber hinaus

15 In der Theorie rationaler Wahl wird gemeinhin angenommen, dass die Präferenzen eines Akteurs dem Prinzip der Vollständigkeit genügen. D.h., ein Akteur (z.B. ein Konsument) ist immer in der Lage, auch bei einer großen Zahl von zur Auswahl stehenden Alternativen zu sagen: A ist mindestens ebenso gut wie B. Er oder sie sagt niemals: »Ich weiß nicht«. »Ich bin unentschieden« (indifferent) ist nicht identisch mit »Ich weiß nicht«. Wäre die Aussage »Ich weiß nicht« zugelassen, handelte es sich um eine Quasiordnung der Präferenzen. Vgl. Sen (1979), S. 3f.

16 Siehe hierzu z.B. auch Heinemann (2008), S. 14.

sind Aussagen wie: Die Ungleichheit in der Verteilung **x** ist um 10 Prozent größer als in der Verteilung **y**, generell unzulässig. Zwar ist die Aussage, der Gini-Koeffizient der Verteilung **x** ist um 10 Prozent größer als der Gini-Koeffizient der Verteilung **y**, in methodischer Hinsicht unproblematisch, aber es ist nicht statthaft, daraus zu schließen, dass in der Realität die Ungleichheit in **x** tatsächlich um 10 Prozent größer ist als die von **y**. Das Einzige, was sich sagen lässt, ist, dass die Ungleichheit in **x** »according to Gini« 10 Prozent größer ist als in **y**. Nur wenn über AN, PI, SI und PD hinaus weitere, z.B. im Gini-Koeffizienten implizierten Werturteile generell akzeptiert würden, wäre eine solche Aussage statthaft. Hieraus folgt, dass ein guter Teil der Berichterstattung über (zunehmende) Ungleichheit, soweit sie das Ausmaß der Änderung beziffert, revisionsbedürftig ist. Die Ordinalitätsannahme (lediglich ordinale Reihungen sind mit den zur Verfügung stehenden Ungleichheitsmaßen möglich) gilt selbst für Quasiordnungen, also jene Teilmenge von Verteilungen, die von allen Lorenz-konsistenten Maßen gleichsinnig geordnet wird. Auch für diese Teilmenge ist es nicht möglich, »kardinale« Behauptungen der Art, die Ungleichheit hat um x Prozent zugenommen, aufzustellen.

8. Abschließend sei noch einmal zusammengefasst, worin die impliziten, mehr oder weniger gut versteckten Werturteile von Ungleichheitsmaßen bestehen und was daraus für die Wahl zwischen Ungleichheitsmaßen folgt.

(a) Ein erstes, in den Abhandlungen über Ungleichheitsmessung häufig übergangenes Problem betrifft den Streitfall Kolm vs. Atkinson, also die Frage, ob das Maß auf additive oder auf proportionale Änderungen aller Einzelwerte y_i reagieren soll. Ohne große Diskussion, so mein Eindruck, hat sich die Ungleichheitsforschung dafür entschieden, dass Ungleichheitsmaße skaleninvariant und nicht translationsinvariant sein sollen.

(b) Ungleichheitsmaße sind unterschiedlich sensitiv bezüglich von Einkommensänderungen im unteren, mittleren und oberen Einkommensbereich.[17] So reagiert z.B. G besonders sensitiv im Bereich des Modalwerts auf Transfers. Wie man sich mit Hilfe der Gleichung für G_4 (siehe Appendix-3, Punkt 4 b) klarmachen kann, rührt das daher, dass die Gewichte von Geber- und Empfängereinkommen sich um so stärker ändern, je mehr Einzelwerte zwischen den beiden Werten liegen. In der Umgebung des Modalwerts liegen mehr Einzelwerte als auf den übrigen Strecken der Verteilung. Wie der Gleichung (2) (siehe Punkt 5 dieser Vorlesung) für die Wirkung von

17 In der Behandlung der Ungleichheitsmaße habe ich das Problem der Sensitivität von Ungleichheitsmaßen nur gestreift. Ausführlich hierzu Lüthi 1981, Kap. 4.

Transfers beim Variationskoeffizienten zu entnehmen ist, reagiert *VC* hingegen auf gleiche Transfers gleich stark, egal »von wo nach wo« umverteilt wird, wenn nur der Abstand zwischen Geber- und Empfängereinkommen gleich groß ist. Wer dem Variationskoeffizienten den Vorzug vor anderen Maßen gibt, stimmt damit gleichzeitig dem Werturteil zu, dass Umverteilungen »gleich wünschenswert« sind, unabhängig davon, ob sie z.B. von »sehr reich« zu »weniger reich« oder von »weniger reich« zu »arm« stattfinden, immer unter der Nebenbedingung, dass die Abstände zwischen den in die Umverteilung einbezogenen Einkommen gleich groß sind. Die hier am Beispiel von *VC* und *G* demonstrierte unterschiedliche Reaktion von Ungleichheitsmaßen auf Transfers beruht darauf, dass diese Maße unterschiedliche Wohlfahrtsfunktionen unterstellen. Allein das Atkinson-Maß legt seine Vorstellung von gesellschaftlicher Wohlfahrt offen.

(c) Wie gezeigt, ordnen alle »wohldefinierten« Ungleichheitsmaße Verteilungen genauso wie sich nicht überschneidende Lorenzkurven. Jedoch kann es passieren, dass sie bei sich überschneidenden Lorenzkurven Verteilungen unterschiedlich ordnen. Welche Verteilung ungleicher ist, hängt dann von Wertvorstellungen darüber ab, worin Gleichheit besteht oder welche Eigenschaften eine Verteilung »gleicher« als eine andere machen.

(d) Cowell (2009) plädiert dafür, zerlegbaren Ungleichheitsmaßen den Vorzug vor nicht-zerlegbaren zu geben. Damit wäre das bekannteste Maß, der Gini-Koeffizient, »aus dem Rennen«. Aber Zerlegbarkeit ist kein Wert an sich, sondern ihr Wert hängt von der Fragestellung ab. Wenn es um die ›Ortung‹ der Ungleichheit geht (entspringt sie zwischen den Gruppen oder eher in den Gruppen?) empfiehlt sich Zerlegbarkeit als Kriterium. Aber man muss auch sehen, dass bei den Maßen Theil(1) und *MLD* dieser Vorteil damit erkauft wird, dass alle Einkommen größer Null sein müssen (weil der Logarithmus von Null nicht definiert ist) und dass wegen der Obergrenze > 1 Änderungen dieser Maße schwerer zu interpretieren sind als die Änderung von Maßen, die nur Werte zwischen 0 und 1 annehmen können.

(e) Besonders problematisch ist die Vorstellung, dass ›wahre‹ Gleichheit erst dann realisiert ist, wenn alle Einkommen gleich groß sind ($y_i = \mu$). Beim Gini-Koeffizienten ist diese Vorstellung am offensichtlichsten: Die Lorenzkurve fällt mit der Geraden der Gleichverteilung im Lorenz-Diagramm zusammen. Sie enthält implizit eine normative Vorstellung von Gleichheit. Die in dieser Geraden versinnbildlichte Vorstellung von Gleichheit wird aber von allen gebräuchlichen Ungleichheitsmaßen geteilt. Gleichheit ist definiert als die nominale Einkommensgleichheit aller Individuen einer Population. Ob die Einkommen tatsächlich erworben oder nur statistisch zugerechnet wurden, spielt hierbei keine Rolle. Ebenso wenig macht es für die Feststellung der Gleichheit irgendetwas aus, ob zum einen die Beiträge zum Sozialprodukt der Einkommensbezieher und zum anderen ihre Bedürfnisse und Präferenzen unterschiedlich sind.

Die Idee der Einkommensgleichheit blendet alle diese Unterschiede aus. Dieses fragliche Gleichheitsideal, das auch nicht danach differenziert, ob die Einkommensungleichheit vom Einkommensbezieher selbst zu verantworten oder Umständen anzulasten ist, für die er nichts kann, ist in alle Ungleichheitsmaße eingebaut. Der Atkinson-Index hat immerhin den Vorzug, die Aversion gegen Ungleichheit offen zu legen (siehe die sechste Vorlesung). Da er gleichzeitig zerlegbar ist, spricht einiges dafür, ihm den Vorzug vor allen anderen Maßen zu geben. Aber die Offenlegung der Aversion gegen Ungleichheit ist nicht nur ein Vorteil, sondern auch ein Nachteil. Denn jetzt muss der Forscher seine Wahl begründen und das impliziert unvermeidlich Werturteile. Wegen der Gleichsetzung von größerer Einkommensgleichheit mit größerer gesellschaftlicher Wohlfahrt ist der Atkinson-Index besonders anfällig für die Bevorzugung nominaler Einkommensgleichheit als Standard zur Beurteilung der ›Güte‹ von Gesellschaften. In Anbetracht des pro und contra um die in Ungleichheitsmaßen implizierten Werturteile lautet unsere salomonische Antwort auf die Frage nach dem besten Ungleichheitsmaß: Es gibt kein solches Maß. Sicherer Boden (relativ sicherer!) wird aber erreicht, wenn alle gebräuchlichen aggregierten Maße bei Änderungen der Verteilung in die gleiche Richtung zeigen.

Literatur

Becker, Irene und Richard Hauser, 2003: *Anatomie der Einkommensverteilung. Ergebnisse der Einkommens- und Verbrauchsstichproben* 1969-1998. Düsseldorf: edition sigma.

Breyer, Friedrich und Wolfgang Buchholz, 2007: *Ökonomie des Sozialstaats*. Berlin: Springer.

Bronfenbrenner, Martin, 1971: *Income Distribution Theory*. Chicago und New York: Aldine Atherton.

Cowell, Frank A., 2009: *Measuring Inequality*. LSE Perspectives on Economic Analysis. Oxford: Oxford University Press.

Ebert, Udo, 2011: The Redistribution of Income when Needs Differ. In: Genser, B., H. J. Ramser und M. Stadler (Hrsg.), *Umverteilung und soziale Gerechtigkeit.*

Wirtschaftswissenschaftliches Seminar, Band 40, Mohr Siebeck, Tübingen 2011, S. 85 -106.

Heinemann, Maik, 2008: Messung und Darstellung von Ungleichheit. Universität Lüneburg, Working Paper Series in Economics, Nr. 108.

Lambert, Peter J., 1989: *The Distribution and Redistribution of Income. A Mathematical Analysis*. Manchester: Manchester University Press. Second edition.

Lüthi, Ambos, 1981: *Messung wirtschaftlicher Ungleichheit*. Berlin: Springer-Verlag.

Miller, David, 2008: *Grundsätze sozialer Gerechtigkeit*. Aus dem Englischen von Ulrike Berger. Frankfurt: Campus.

Ray, Debraj, 1998: *Development Economics*. Princeton: Princeton University Press.

Sen, Amartya, 1973: *On Economic Inequality*. Oxford: Clarendon Press.

Sen, Amartya, 1979: *Collective Choice and Social Welfare*. North-Holland: Elsevier.

Shorrocks, Anthony F., 1980: The Class of Additively Decomposable Inequality Measures. In: *Econometrica*, Vol 50, S. 193-211.

THEORIE

8 Achte Vorlesung: Einkommensungleichheit. Soziologische Erklärungen

1. Rekapitulation. 2. Erklärungen in den Sozialwissenschaften. 3. Soziologische Ansätze. 4. Die funktionale Erklärung sozialer Ungleichheit. 5. Klassenanalyse. 6. Intergenerationale Mobilitätsforschung.

1. In den letzten drei Vorlesungen haben wir uns mit dem Problem befasst, wie wirtschaftliche Ungleichheit gemessen werden kann. Die Ausführungen bezogen sich explizit (oder zumindest implizit) auf die Messung der Einkommens- und Vermögensungleichheit. Aber sie gelten natürlich analog für jede Variable, deren Ausprägungen auf einer Ratioskala angeordnet werden können. Alle bisherigen Ausführungen waren mehr oder weniger beschreibender Natur. Wir haben uns mit den Dimensionen sozialer Ungleichheit befasst, haben dann geklärt, was unter Einkommen zu verstehen ist und haben im Anschluss daran Gleichheitsstandards diskutiert. Der Standard, der mit der meisten Zustimmung rechnen kann, ist die Chancengleichheit. Auch Messungen, wie sehr das Einkommen streut, gehören noch zum beschreibenden Teil der Analyse. Nach der Behandlung von Messproblemen sind wir jetzt genügend vorbereitet, uns theoretischen Aspekten der Einkommensverteilung zuzuwenden.

Es ist eine Trivialität, dass die Einkommen unterschiedlich auf die Mitglieder einer Gesellschaft verteilt sind. Nicht trivial ist, dass die Einkommensquellen unterschiedlicher Natur sind. Es gibt Personen, die überhaupt kein eigenes Einkommen erzielen und daher für ihre Lebensführung auf einen Verband, z.B. die Familie oder den Sozialstaat angewiesen sind. Andere Personen beziehen Einkommen aus sozialen Rechten, wiederum andere aus Erwerbstätigkeit und Vermögen. Für die Messung (aber selbstverständlich nicht für die Beurteilung) der Einkommensungleichheit ist es unerheblich, ob das individuelle Einkommen selbst erworben oder nur zugerechnet ist. Dem Einkommen, dessen Verteilung gemessen wird, sieht man nicht an, woher es stammt.

Bevor wir damit beginnen, die Literatur zu den Ursachen der ungleichen Verteilung von Einkommen zu sichten, rufen wir uns zur Vorbereitung auf dieses Thema noch einmal kurz die Faktoren ins Gedächtnis, die uns im

J. Berger, *Wirtschaftliche Ungleichheit*, https://doi.org/10.1007/978-3-658-23682-3_8

bisherigen Verlauf der Vorlesung als einkommensrelevante Größen bereits begegnet sind:

- von einer Person erbrachte Leistungen, soweit sich jemand findet, der bereit ist, sie für diese Leistungen zu bezahlen
- privates Eigentum an materiellen oder immateriellen Objekten (z.B. Patente), soweit sie handelbar sind und einen Ertrag abwerfen
- die Verteilung von Chancen zum Erwerb von Vorteilen aller Art. Davon handelte die vierte Vorlesung
- Glück (im Sinne von *luck*, nicht *happiness*) oder Pech in seinen verschiedenen Erscheinungsformen. In diese Kategorie fallen die Zufälle des Lebens, beginnend mit der Familie, in die man geboren wird, und der genetischen Ausstattung, die man durch sie erhält. Vielleicht ist die Familie, an die oder in die man durch die *birth lottery* hineingeboren wird, für die Allermeisten wichtiger als alle weiteren Zufälle, die einem im weiteren Lebensverlauf begegnen mögen. Unter diese Kategorie fallen aber auch alle Chancen, die einer Person durch Konjunkturen zugespielt werden, Konjunkturen, die durchaus nicht nur ökonomischer Art sein müssen, sondern sich z.B. auch auf Themen oder Moden erstrecken.[1]

Eine Auflistung denkbarer Determinanten der Einkommensungleichheit ist noch lange keine Theorie.[2] Zufälle, die einem auf dem Lebensweg begegnen (beginnend mit der *birth lottery*), Vermögensbesitz und Arbeitsleistungen entscheiden nicht alleine darüber, wie hoch das individuell verfügbare Einkommen ist. Eine zentrale Stellgröße der Nettoeinkommensverteilung in Gegenwartsgesellschaften sind z.B. soziale Rechte. Über den Sozialstaat kann nur sekundär umverteilt werden, was zuvor primär erwirtschaftet wurde. Darauf kommen wir in der elften Vorlesung noch einmal zurück.

Noch nicht zur Sprache gekommen sind bislang Bestimmungsgründe wirtschaftlicher Ungleichheit, die üblicherweise als genuin soziologisch angesehen werden: Macht, Ausbeutung und bürokratische Entlohnungsregeln, wie z.B. das Alimentationsprinzip in der Beamtenbesoldung. Es empfiehlt sich jedoch aus systematischen Gründen, den Einfluss der Machtverteilung auf die Einkommensverteilung erst dann aufzugreifen, wenn die Einkommensverteilung in dem machtfreien Milieu der Konkurrenz-

1 »In general, we think that luck has far more influence on income than successful people admit ... We suspect that luck has at least as much effect as competence on income« (Jencks 1972, S. 227, 228).

2 Zu einer solchen Theorie siehe die neunte Vorlesung.

wirtschaft untersucht worden ist.[3] Ausbeutung ist, folgt man Marx, zwar typisch für eine Klassengesellschaft und die Klassenanalyse (ob marxistisch oder nicht) gilt als Domäne der Soziologie. Ob die Ausbeutungstheorie jedoch etwas Substantielles zur Erklärung der Einkommensverteilung beitragen kann, ist fraglich. Darauf gehen wir in der elften Vorlesung ein. Typisch für einen soziologischen Ansatz zur Erklärung der Einkommensungleichheit ist sodann, nicht individuelle Entscheidungen über Angebot und Nachfrage, sondern diesen Entscheidungen vorgelagerte Strukturen als Determinanten des Einkommens anzusehen. Was abhängige Beschäftigung anbelangt, so werden diese Strukturen teils in kollektiven Verhandlungen der Parteien des Arbeitsmarkts erzeugt, teils sind sie, wie die Stufen der Beamtenbesoldung, gesetzlich festgelegt. Auf solche strukturelle Determinanten kommen wir nach der Behandlung der Einkommensungleichheit in einer reinen Konkurrenzwirtschaft zurück (zehnte und elfte Vorlesung).

2. Mit der Frage nach den Ursachen der sozialen Ungleichheit wird ein neues Feld betreten. Die Antwort auf diese Frage erwarten wir von Theorien. Es geht schließlich darum, nicht nur festzustellen, wie hoch die Ungleichheit ist und ob sie sich im Lauf der Zeit verändert hat. Ziel jeder Theorie ist die Erklärung eines Phänomens, in unserem Fall die Streuung der Einkommen. Beschreibungen sind Antworten auf Was-Fragen, Erklärungen Antworten auf Warum-Fragen. Das eigentliche Ziel jeder wissenschaftlichen Analyse eines Phänomens ist seine Erklärung, also die Antwort auf eine Warum-Frage. Das gilt nicht nur für die Naturwissenschaften, sondern gleichermaßen für die Geistes- und die Sozialwissenschaften.

Den Unterschied zwischen Naturwissenschaften einerseits, den Geisteswissenschaften andererseits hat Wilhelm Windelband (1894) mit dem berühmten Gegensatz von idiographischer und nomothetischer Methode zu bestimmen versucht. Wie schon aus dem Titel von Windelbands Aufsatz (Geschichte und Naturwissenschaft) hervorgeht, identifiziert er die Geisteswissenschaften mehr oder weniger mit der Geschichte. Die Sozialwissenschaften als eine dritte Richtung wissenschaftlicher Erkenntnis kommen in seinem Aufsatz nicht vor. Die Abgrenzung der idiographischen von der nomothetischen Methode wäre falsch verstanden, wenn man sie mit dem Gegensatz von Beschreibung und Erklärung gleichsetzen würde. Das Erkenntnisziel der Naturwissenschaften, so Windelband (1924, S. 156), sind

3 Siehe hierzu die neunte Vorlesung; zur Machtfreiheit der vollständigen Konkurrenz Berger/Nutzinger (2008). Einschränkungen der Mobilität fußen nicht allein, aber auch auf der Macht sie betreibender Verbände.

Gesetzmäßigkeiten, das der Geschichte besteht darin, das »Vergangene in seiner einmaligen, unwiederholbaren Wirklichkeit für die Erinnerung der Menschheit festzuhalten«.[4] Aus dem spezifischen Erkenntnisinteresse der Geschichtswissenschaften (Festhalten des Vergangenen) folgt aber keineswegs, dass sie bei Beschreibungen stehen bleiben. Letztlich zielen auch sie auf Erklärungen. Allerdings sind sie in den Geschichtswissenschaften oft in minutiösen Beschreibungen einer Abfolge von Ereignissen versteckt, die von einer Ausgangslage über viele Zwischenstufen zu einem historischen Ergebnis führen.

In Windelbands Unterscheidung von idiographischer und nomothetischer Methode hat die Soziologie keinen Platz. Das hat Max Weber klar gesehen. Einerseits sucht die Soziologie, im Gegensatz zur Geschichte, »generelle Regeln des Geschehens« (Weber 1972, S. 9). Andererseits unterscheidet sie sich von den Naturwissenschaften durch das »Verstehen« als die für sie typische Methode. Das Explanandum der Sozialwissenschaften sind aber nicht individuelle Ereignisse, sondern – wenn man den Gegenstand der Soziologie partout auf die Handlungsebene beschränken will – Regelmäßigkeiten des Handelns. Auch wenn für die Soziologie immer wieder reklamiert wird, sie habe historisch vorzugehen: Soziologie ist kein Zweig der Geisteswissenschaften. Windelband bezog die idiographische Methode auf das Studium von Einzelfällen – die Domäne der Geschichtswissenschaft. Der Kern der Soziologie ist aber das Studium von immer wiederkehrenden Vorgängen, sei dies ein gleichartiges Handeln vieler (z.B. mit öffentlichen Verkehrsmitteln zur Arbeit zu gelangen) oder seien es strukturelle Gleichartigkeiten wie z.B. die Verteilung der Einkommen auf verschiedene gesellschaftliche Gruppen. Ein dritter Erklärungsgegenstand der Soziologie sind die normativen Ordnungen sozialer Systeme.

In den Naturwissenschaften gelten regelmäßig auftretende Vorkommnisse als erklärt, wenn sich ein deterministisches Gesetz für sie finden lässt, z.B. das Fallgesetz als Erklärung dafür, dass immer dann, wenn man einen Stein aus der Hand lässt, dieser zu Boden fällt. Mit solchen Gesetzen ist im Gegenstandsbereich der Sozialwissenschaften nicht zu rechnen. Um die Wissenschaftlichkeit der Soziologie zu retten, gibt es vier denkbare Auswege: erstens, die Bezweiflung der Geltung strenger Gesetze auch im Bereich der Naturwissenschaften. Wenn die Wissenschaftlichkeit der Naturwissenschaften nicht auf der Aufdeckung strenger Naturgesetze beruht, dann wäre es ein Irrweg, den Wissenschaftsanspruch der Sozialwissenschaften an die

4 Zum Programm des Gegenwärtighaltens der Vergangenheit als Erkenntnisinteresse der Geschichtswissenschaften siehe Marquard 2001.

Einlösung einer solchen Forderung zu knüpfen. Eine anhaltende wissenschaftstheoretische Diskussion hat dazu geführt, den Gesetzesbegriff selbst in Frage zu stellen (siehe nur Stegmüller 1969, Band I, Kap. 5). Zweitens der Versuch, ein Gesetz nicht im Gegenstandsbereich der Sozialwissenschaften (verstanden als Handlungsergebnisse) aufzufinden, sondern für die Handlungswahl von Individuen aufzustellen. Diesen Weg ist die Rational Choice-Theorie gegangen, aus meiner Sicht mit zweifelhaftem Erfolg.[5] Drittens gibt es die Möglichkeit, statt mit strengen Gesetzen, sich mit statistischen Regelmäßigkeiten zu begnügen (z.B. Diekmann 2007, Kap. 4) und viertens schließlich, spezifische soziale Mechanismen aufzuspüren, welche die auf der Makroebene des Sozialen angesiedelte Sachverhalte generieren (Hedström und Yilkoski 2010).

Was den letzteren Ansatz so attraktiv macht, ist, dass er zum einen ein allgemeines Modell kausaler Erklärungen normativ auszeichnet, zum anderen aber sozialwissenschaftliche Erklärungen von den Zwängen des Hempel-Oppenheim Schemas der Erklärung sozialer Sachverhalte (das *Covering-Law*-Modell) befreit.[6] Erklärungen mithilfe sozialer Mechanismen halten an der Subsumptionslogik der Erklärung fest (Unterordnung des zu erklärenden Sachverhalts unter eine Allgemeinheit höherer Ordnung), verzichten aber auf ausnahmslos geltende Gesetze.[7] Ein spezifischer sozialer Mechanismus zur Erklärung der Einkommensverteilung, die Beschränkung der Mobilität durch Prozesse sozialer Schließung, steht im Mittelpunkt der neunten Vorlesung.

3. Wir beginnen unsere Ausführungen über erklärende Theorien mit einer Sichtung von spezifisch soziologischen Ansätzen zur Analyse sozialer Ungleichheit. Darunter verstehe ich solche Ansätze, die von den in den Wirtschaftswissenschaften vorherrschenden Verfahren zur Erklärung von Einkommensunterschieden in wichtigen Punkten abweichen. Wirtschaftswissenschaftliche Erklärungen sind typischerweise in einem doppelten Sinn individualistisch: Gegenstand der Erklärung ist die Verteilung von Vorteilen auf Individuen (oder Haushalte). Der Betrag, der auf diese Einheiten entfallt, wird als durch individuelles Handeln oder individuelle Eigenschaf-

5 Siehe zu diesem Ansatz Esser (1999), Kap. 7 u. 8.

6 »The covering-law approach is a failure as a theory of explanation«, so sehr dezidiert Hedström und Ylikoski (2010), S. 55. Kalter und Kroneberg (2014) sehen das ganz anders.

7 »A mechanism-based explanation of an observed outcome refers to the social mechanism by which such outcomes are *regularly* brought about« (Hedström 2005, S. 145, Hervorhebung JB).

ten bestimmt angesehen. Der bekannteste Vertreter dieses Theorieansatzes ist die Humankapitaltheorie. Auf diese Theorie komme ich in der zehnten Vorlesung zurück. Eine genuin soziologische Theorie hingegen wird »strukturalistisch« mit überindividuellen sozialen Sachverhalten argumentieren. Bereits die Relationen zwischen Individuen sind überindividuell.

Welche Ansätze zur Erklärung der Einkommensungleichheit als spezifisch soziologische Ansätze gelten können, muss aus dem spezifischen Theorieangebot der Soziologie zur Erklärung sozialer Ungleichheit folgen. Schaut man sich in einschlägigen Lehrbüchern um, dann können insbesondere drei Forschungsrichtungen den Anspruch erheben, als typisch soziologische Beiträge zur Analyse sozialer Ungleichheit zu gelten: die funktionale Analyse, die Klassenanalyse und die intergenerationale Mobilitätsforschung. Aus heutiger Sicht stehen die intergenerationale Mobilitätsforschung und vielleicht noch die Klassenanalyse im Vordergrund. Die funktionale Analyse hingegen ist in Verruf geraten, nicht nur weil sie als offene oder verdeckte Rechtfertigung sozialer Ungleichheit gilt, sondern vor allem auch weil sie vermeintlich den Anforderungen des »methodologischen Individualismus«[8] nicht genügt.

4. An den Anfang des Durchgangs durch die genannten drei Ansätze stellen wir die funktionale Analyse sozialer Ungleichheit. In Zeiten der intellektuellen Vorherrschaft des Strukturfunktionalismus konnte dieser Analysetypus für sich beanspruchen, genuin soziologisch zu sein. Heute ist er aus den erwähnten Gründen in Verruf und schlimmer noch, in Vergessenheit geraten. Angestoßen durch Durkheims Klassiker über die Arbeitsteilung (1893) nahmen Analysen der Funktionen und Folgen von Strukturen einen prominenten Platz in der soziologischen Forschung ein und sind auch heute nicht aus ihr wegzudenken.[9] Die funktionale Analyse sozialer Schichtung wurde in einem berühmt-berüchtigten Aufsatz von Kingsley Davis und Wilbert E. Moore (Davis und Moore 1945) begründet und zur Diskussion gestellt. Kaum formuliert, hat dieser Aufsatz in der Soziologie wegen der unterstellten ideologischen Implikationen zu heftigen

8 Siehe hierzu ausführlich Vanberg (1975), Bohnen (2000).

9 Analysen der Folgen sozialer Strukturen sind wahrscheinlich verbreiteter als die Analyse ihrer Ursachen.

Abwehrreaktionen geführt.[10] Die folgenden Ausführungen können durchaus als Versuch einer Art Ehrenrettung gelesen werden.[11]

Ausgangspunkt des Aufsatzes ist die Beobachtung, dass Schichtung ein zentrales Merkmal aller bekannten Gesellschaften ist. Davis und Moore klammern ›primitive‹ Gesellschaften offenbar aus der Betrachtung aus. Für hochkulturelle und moderne Gesellschaften trifft die Annahme sicherlich zu.[12] Stratifikation ist ein universelles Merkmal nicht nur von Industriegesellschaften, sondern aller Gesellschaften schon lange vor dem Eintritt in die moderne Welt. Gerade die »hochkulturellen« oder traditionalen Gesellschaften sind stratifiziert und in diesem weiten Sinne: Klassengesellschaften. Schichtung ist eine Innovation, die mit diesem Gesellschaftstypus in die Welt gekommen ist.

Davis und Moore verfolgen mit ihrem Aufsatz eine doppelte Zielsetzung. Zum einen wollen sie herausarbeiten, warum es überhaupt Schichtung gibt. Ihre Analyse bleibt aber nicht bei der Herausarbeitung der universellen Bestimmungsgründe von Schichtung stehen, sondern thematisiert zum anderen die variablen Faktoren, die für das jeweilige Ausmaß und die Art der Schichtung verantwortlich sind. Aber der Schwerpunkt ist eindeutig die Erklärung der universellen Notwendigkeit von Schichtung in »functional terms«. Genau hierin besteht die anstößige Behauptung: Schichtung ist eine universell verbreitete Struktur, weil sie ein funktionales Erfordernis ist. Ihre Abschaffung durch eine politisch erfolgreiche soziale Bewegung würde mit schwerwiegenden Nachteilen erkauft. Aufgabe der Soziologie ist nicht, ein Ideal zu propagieren, sondern Schichtung über die Funktion dieser Struktur zu erklären.

Die Begründung der universellen Notwendigkeit von Schichtung fußt auf einem spezifischen Konzept von Gesellschaft. Nach Davis und Moore lässt sich jede Gesellschaft am besten als ein System von Positionen verstehen. Diese Positionen lassen sich in eine Rangordnung bringen. Der Rang einer Position bestimmt sich (a) nach ihrer *functional importance*, (b) nach der *scarcity of personnel*. Positionen sind mit unterschiedlichem Prestige

10 Für die deutschsprachige Diskussion siehe nur Mayntz (1961).

11 Auch Weede (1992, Kap. 17) ist bei aller Kritik dem Ansatz von Davis und Moore freundlich gesonnen.

12 Eine Standardannahme der soziologischen Evolutionstheorie von Talcott Parsons ist, dass Schichtung erst mit den Hochkulturen in die Welt gekommen ist. Primitive Gesellschaften kennen Schichtung nicht oder allenfalls in rudimentärer Form. Kenntnis von der Sozialstruktur ›primitiver‹ Gesellschaften hat die Soziologie vor allem durch den Klassiker von Malinowski (1922) über die Argonauten des westlichen Pazifik erhalten.

versehen. Solche Prestigeunterschiede sind erforderlich, um die am besten geeigneten Personen in diese Positionen zu bringen. »Social inequality is thus an unconsciously evolved device by which societies insure that the most important positions are conscientously filled by the most qualified persons« (Davis und Moore 1945, S. 243). Damit behaupten Davis und Moore nicht mehr und nicht weniger, als dass es einen nicht hintergehbaren gesellschaftlichen Bedarf an Ungleichheit gibt. Ungleichheit lässt sich daher auch nicht einfach abschaffen. Jeder Versuch, sie zu beseitigen, würde schwerwiegende Folgeprobleme nach sich ziehen.

Man kann sich leicht ausmalen, dass die zentrale Aussage des Aufsatzes von Davis und Moore von den meisten Lesern intuitiv wegen ihrer ideologischen Vorbelastung abgelehnt wird, steht sie doch in einem offenen Gegensatz zum Gleichheitsversprechen der modernen Gesellschaft. Trotzdem oder besser, gerade deswegen lohnt es sich, die Argumente der Autoren im Einzelnen zu verfolgen.

Erstens, Davis und Moore führen ihre zentrale Behauptung auf ein Grundproblem zurück, das jede Gesellschaft, gleich wie sie im einzelnen organisiert ist, lösen muss. Jede Gesellschaft ist mit dem Problem konfrontiert, eine Zuordnung von Personen zu Positionen vorzunehmen. Es wäre mit Wohlfahrtsverlusten verbunden, diese Zuordnung dem Zufall oder der Willkür des politischen Herrschers zu überlassen. Die Allokation von Personen auf Stellen wäre nur dann kein Zentralproblem jeder Gesellschaft, wenn alle Positionen gleich wären. Positionen oder Stellen unterscheiden sich aber in dreierlei Hinsicht: nach ihrer Annehmlichkeit (berufliche Belastung), nach ihrer gesellschaftlichen Bedeutung und nach dem für ihre Besetzung erforderlichen Talent oder dem Training (Ausbildung) und damit nach den Anforderungen an den Stelleninhaber. Daraus folgt: Jede Gesellschaft muss über irgendwelche *rewards* verfügen, um die am besten geeigneten Personen in die wichtigsten Positionen zu locken. Belohnungsunterschiede besitzen eine unverzichtbare Anreizfunktion (S. 243). Die unterschiedliche Ausstattung von Positionen mit Prestige hat die Funktion, potentielle Kandidaten zu motivieren, die Position zu übernehmen und dann nach besten Kräften auszufüllen.

Zweitens, Schichtung ist ein »unbewusstes« Ergebnis der Evolution, also keine von sozialen Gruppen bewusst angestrebte und dann durch den Einsatz von »Macht« auch durchgesetzte Struktur. Das nimmt der Behauptung der funktionalen Notwendigkeit von Schichtung viel von ihrer Anstößigkeit.

Drittens, Davis und Moore beschränken die Funktion sozialer Ungleichheit, die Besetzung von Positionen mit den am besten geeigneten Personen zu garantieren, ausdrücklich auf die wichtigsten Positionen. Ungleichheit ist also nicht die Funktionsbedingung *jeder* Stellenbesetzung. Auch dies mildert die Anstößigkeit der zentralen These noch einmal.

Viertens, die zentrale Dimension sozialer Ungleichheit ist das mit einer Position verbundene Prestige (Davis und Moore 1945 S. 242f.) nicht das Einkommen. Einkommen ist nur ein Index für Schichtung. Allerdings schwanken Davis und Moore stellenweise (S. 246) zwischen Prestige und *economic returns* als Dimension der Entlohnung. Sie halten aber daran fest, dass Einkommen nicht die Ursache für Macht und Prestige ist. Das Einkommen zeigt den Rang einer Position an, begründet ihn aber nicht.[13]

Fünftens, die Frage, warum Positionen mit unterschiedlichem Prestige ausgestattet sind, wird explizit von der Frage getrennt, mit welchem Verfahren freie Stellen besetzt werden. Davis und Moore unterscheiden zwischen kompetitiven und nicht-kompetitiven sozialen Systemen. In kompetitiven Systemen entscheidet fairer Wettbewerb über die Stellenbesetzung, aber andere Mechanismen sind denkbar, z.B. Macht oder der Vorrang der Geburt.

Schon diese Erläuterungen sollten eigentlich ausreichen, die verbreiteten Vorurteile gegen die Behauptung einer funktionalen Notwendigkeit von Schichtung einzudämmen. Wenn man den Aufsatz genauer liest, fallen noch weitere Modifikationen der zentralen These auf, die geeignet sind, sie in das rechte Licht zu rücken und als einen tragfähigen Ansatz für ein besseres Verständnis der sozialen Ungleichheit anzusehen:

- Eine proportionale Entsprechung von *reward* und *importance* ist nicht erforderlich. Es reicht aus, dass die Belohnung für die Besetzung einer bestimmten Position hinreichend ist, qualifizierte Bewerber anzulocken (Davis und Moore 1945, S. 243).
- Bei der Festsetzung der Höhe der Belohnung spielt das Verhältnis von Angebot und Nachfrage eine wichtige Rolle. Wenn eine Position leicht besetzt werden kann, muss die mit ihr verbundene Belohnung nicht sonderlich hoch sein.

13 Diese grundlegende Einsicht gilt in abgewandelter Form auch für den strengen Klassenbegriff. Nur ein diffuses soziologisches Schichtungskonzept sieht das Einkommen als ursächlich für den Status an.

- Die Autoren räumen ein, dass die Feststellung der funktionalen Bedeutung einer Position schwierig ist. Es wäre ein Zirkelschluss, hierfür das Prestige heranzuziehen.
- Was die Quelle des Prestiges angeht, so beschränken sich die Autoren auf die Bemerkung, *ownership of capital goods* verleihe Prestige (Davis und Moore 1945, S. 247). Daran fügen sie eine bemerkenswerte Kritik an *pure ownership* an. Bloßer Kapitalbesitz sei zwar strikt legal, aber funktionslos. Daher gebe es keine ausreichende Rechtfertigung für die aus purem Kapitalbesitz bezogenen Einkommen.
- Um sich ein genaueres Bild davon zu verschaffen, welche Funktionen auf dem Wege der Besetzung von Positionen in jeder Gesellschaft erfüllt werden müssen, unterscheiden Davis und Moore vier Sphären: Religion, Politik, Wirtschaft und Technik. Angesichts des weitgehenden Bedeutungsverlusts von Religion heute erscheint der Rang religiöser Positionen ganz besonders begründungsbedürftig. Die Notwendigkeit der Religion rührt nach Davis und Moore daher, dass die Einheit der Gesellschaft über allgemein geteilte Werte hergestellt wird. Religion übernimmt den Autoren zufolge die Funktion, diesen Wertvorstellungen Realität zu verschaffen. Siebzig Jahre nach dem Erscheinen des Aufsatzes hat die fortschreitende Säkularisierung in den Führungsländern des Westens dieser Behauptung den Boden entzogen. Auch wenn Religion nach wie vor private Bedürfnisse erfüllt, eine gesellschaftliche Notwendigkeit besitzt sie in pluralen Gesellschaften nicht mehr.

Versehen mit diesen *Caveats* ist die Idee, soziale Ungleichheit erfülle eine gesellschaftliche Funktion, eine wichtige Einsicht, die nicht reflexhaft mit dem soziologischen »Anathema« aus der Gesamtheit zulässiger Aussagen ausgeschlossen werden sollte. Man muss sich nur davor hüten, diese Einsicht kausal misszuverstehen. Funktionale Erklärungen sind keine kausalen Erklärungen. Der Schluss von der Funktion einer Struktur auf ihre Existenz ist ein typischer Fehlschluss, der in der einschlägigen wissenschaftstheoretischen Literatur einer vernichtenden Kritik unterzogen wurde.[14] Dieser Fehlschluss ist für naive Betrachtungen der organischen Welt typisch, stellt sich aber oft auch dort ein, wo Gesellschaften als ein Organismus angesehen werden. Giraffen haben nicht deswegen lange Hälse, weil sie ihnen helfen, Feinde rechtzeitig zu erkennen oder die Blätter hochgewachsener Bäume zu fressen. Vielmehr haben sich ihre langen Hälse in einer langen Evolutions-

14 Stegmüller (1969), Kap. 8, auch van Parijs 1981.

geschichte entwickelt, die den allgemeinen Gesetzen der Evolution folgt. Ebenso wenig ist die funktionale Notwendigkeit der Alterssicherung bereits eine zureichende Erklärung der Existenz einer Rentenversicherung. Nicht einmal die Existenz irgendeiner Art von Sicherung im Alter (z.B. über die Familie oder über das Steuersystem) lässt sich auf diese Weise erklären. Um die Existenz einer Alterssicherung zu erklären, müssen Wertvorstellungen, aus ihnen abgeleitete sozialpolitische Zielsetzungen sowie soziale Kräfte hinzukommen, welche sich der Durchsetzung dieser Ziele verschrieben haben. Die schiere Existenz sozialer Ungleichheit ließe sich allenfalls dann funktional erklären, wenn es tatsächlich keinen alternativen Mechanismus gäbe, der die gleiche Funktion erfüllte und wenn sich zugleich zeigen ließe, dass Ungleichheit tatsächlich zur Lösung eines gesellschaftlichen Grundproblems notwendig, also nicht lediglich ein Projekt ist, das von sozialen Gruppen in deren Eigeninteresse verfolgt wird.

Die Substanz einer funktionalen Analyse sozialer Ungleichheit lässt sich retten, wenn man sie von allen überhöhten Ansprüchen auf Allgemeingültigkeit befreit und auf die schlichte Aussage reduziert: Die ungleiche Bezahlung dient dem Zweck einer effizienten Zuordnung von Personen zu Stellen. Aber auch dann stehen einer kausalen Erklärung von Gehaltsunterschieden auf diesem Weg immer noch kaum überwindbare Schwierigkeiten im Wege:

- Berufe lassen sich nicht vollständig nach ihrer gesellschaftlichen Bedeutung ordnen. Es lässt sich z.B. nicht klären, ob in einer Gesellschaft, deren Energiegewinnung auf der Verbrennung fossiler Stoffe beruht, der Beruf des Bergmanns weniger wichtig als der eines Arztes ist.
- Belohnungsunterschiede sind nicht identisch mit Einkommensunterschieden. Also auch dann, wenn sich Belohnungsunterschiede funktionalistisch erklären ließen, wären Einkommensunterschiede damit noch nicht erklärt.
- Das Ausmaß der vorgefundenen Belohnungsunterschiede ist nicht notwendig, auch und gerade dann nicht, wenn soziale Ungleichheit im Prinzip notwendig ist. Es ist denkbar, dass geringere Unterschiede die gleiche Funktion erfüllen können als die tatsächlichen. Die konkrete Struktur der Ungleichheit ist kontingent, d.h., sie könnte auch anders ausfallen. Funktionalistisch lässt sich nur einsichtig machen, dass es Ungleichheit geben muss. Ihre konkrete Struktur lässt sich aber auf diese Art und Weise nicht erklären.

Die funktionale Erklärung basiert auf zwei fundamentalen Einsichten und einer daraus gezogenen Schlussfolgerung, deren Bedeutung weit über diesen Ansatz hinausreicht: (a) Personen unterscheiden sich nach ihren Fähigkeiten, Vorlieben und Begabungen; die Annahme der Homogenität der Arbeit, die für einfache neoklassische Modelle des Arbeitsmarkts, aber auch für die Marxsche Ausbeutungstheorie typisch ist, wird fallen gelassen. (b) Ebenso unterscheiden sich Berufe in einer arbeitsteiligen Gesellschaft hinsichtlich ihrer Anforderungen und Belastungen. Daher besteht ein *matching*-Problem: Es gilt, die geeignetsten Personen jeweils auf bestimmte Positionen zu schleusen. Dieses Problem muss gelöst werden, ganz gleich ob die Theorie von Davis und Moore überzeugt oder nicht. Andere Ansätze, dieses Problem zu lösen, sind z.B. die Meritokratie-These oder die auf Adam Smith zurückgehende Annahme von *compensating wage differentials.* In einer rein meritokratischen Gesellschaft, die das Gegenstück zu einer *inheritance society* (Piketty 2014) einerseits, zu einer völlig egalitären Gesellschaft andererseits darstellt, spiegeln sich alle Qualifikationsunterschiede, gleich woher sie stammen, Ausbildung oder angeborener Begabung, in Einkommensunterschieden und darüber vermittelt in Rangunterschieden wider. Dass eine solche Gesellschaftsordnung kein gesellschaftspolitisches Ideal sein kann, macht bereits die Lektüre der für die Verbreitung des Meritokratie-Konzepts so überaus wichtigen Satire von Young (1958) klar. Laut der *compensating wage differentials*-These erklären sich nominale Einkommensunterschiede teils aus den unterschiedlichen, mit einem *job* verbundenen Belastungen, teils aus der unterschiedlichen Ausbildungsdauer. Die Nettovorteile sind aber in allen Berufszweigen gleich.[15] In beiden Ansätzen erfüllen Lohnunterschiede also eine Funktion. Sie dienen im einen Fall dem Gerechtigkeitsideal einer meritokratischen Ordnung, im anderen Fall dem Ausgleich für die mit einer Beschäftigung verbundenen Nachteile.

Was von Davis und Moore (1945) bleibt, ist die allgemeine Idee, dass Belohnungsunterschiede zweckmäßig sind, um die effiziente Besetzung von Stellen mit Personen zu sichern. Solche Unterschiede sind die naheliegende Lösung eines spezifischen Allokationsproblems, nämlich des Problems der bestmöglichen Zuordnung von Arbeitskräften zu Aufgaben. Ohne die Möglichkeit, die Zuordnung von Personen zu Stellen so zu steuern, dass die am besten geeigneten Personen sich bewerben und den Zuschlag erhalten, wären Wohlfahrtsverluste unvermeidlich. Für sich genommen sind sie weder moralisch anstößig noch ein Ärgernis, das unbedingt durch eine politische

15 Ob dies empirisch stimmt, steht dahin. Vgl. Preisendörfer (2002).

Aktion überwunden werden müsste. Zum Ärgernis werden Gehaltsunterschiede ohnehin erst ab einem bestimmten Grad, dessen Bestimmung aber weitgehend von Werturteilen abhängt.[16] Die Tatsache, dass sich mittels funktionaler Analyse die für eine optimale Allokation von Arbeitskräften erforderliche Höhe von Gehaltsunterschieden nicht ermitteln lässt, mindert zwar deren Erklärungspotential erheblich, steht aber zugleich dem Versuch entgegen, diesen Ansatz zur Rechtfertigung solcher Unterschiede zu missbrauchen. Abgesehen davon enthält die funktionale Analyse sozialer Ungleichheit generelle soziologische Einsichten, die leicht in Vergessenheit geraten. Dazu zählt der Ansatz, die Gesellschaft strukturtheoretisch als ein System von Positionen zu begreifen (und nicht handlungstheoretisch als ein alle denkbaren Handlungen umfassendes Sozialsystem), die Betonung der gesellschaftlichen Integration über gemeinsam geteilte Werte und die Behandlung von Einkommensunterschieden als Folge und nicht als Ursache von Schichtung.

5. Werfen wir jetzt einen Blick auf den Beitrag der Klassenanalyse zur Erklärung der Einkommensungleichheit. Anders als für Statusgruppen sind Einkommen für Klassen kein Definitionsmerkmal, sondern eine abhängige Variable, deren Streuung man eventuell mithilfe eines Klassenschemas erklären kann. Klassen unterscheiden sich voneinander durch die unterschiedliche Lage, in der sich ihre Angehörigen befinden. Nach einer berühmten Setzung von Max Weber (1972, S. 177) umfasst die Klassenlage die Dimensionen der »Güterversorgung«, der »äußeren Lebensstellung« und des »inneren Lebensschicksals«. In Marktwirtschaften hängen die Chancen der Güterversorgung ganz und gar vom Einkommen ab und die äußere Lebensstellung ist durch den ausgeübten Beruf definiert. Weber hat sich nicht weiter dazu geäußert, was mit dem »inneren Lebensschicksal« als Dimension der Klassenlage gemeint sein könnte. Analog zu Ausführungen Webers über Berufswahl und Berufsschicksal versteht man das »innere Lebensschicksal« aber vielleicht am besten so, dass damit die mit der Klassenlage variierenden Möglichkeiten gemeint sind, weniger dem Diktat gesellschaftlicher Normen unterworfene Lebenspläne zu verwirklichen.

In »Wirtschaft und Gesellschaft« (Weber 1972) gibt es zwei Textstücke, die sich mit der Klärung des Klassenbegriffs befassen: Ein älteres, »Machtverteilung innerhalb der Gemeinschaft: Klassen, Stände und Parteien« überschriebenes Textstück (Kap. VIII, § 6 des zweiten Halbbands

16 Zur sowohl zwischen verschiedenen Beobachtern als auch zwischen Gesellschaften variierenden Aversion gegen Ungleichheit siehe die sechste Vorlesung.

von Wirtschaft und Gesellschaft) und ein jüngeres, »Stände und Klassen« betitelt (Kapitel IV des ersten Teils des ersten Halbbands). Da letzteres Textstück noch von Weber selbst autorisiert wurde, orientiere ich mich im Folgenden an diesem. Die unmittelbare Definition der Klasse ist denkbar simpel: »Klasse soll jede in einer gleichen Klassenlage befindliche Gruppe von Menschen heißen« (1972, S. 177). An dieser Definition fällt zweierlei auf: Sie ist nicht in der Terminologie von Handlungen und mit Handlungen verknüpften Vorstellungen definiert, wie das z.B. für Webers Definition der politischen Herrschaft der Fall ist, sondern dem Gegenstand entsprechend rein ›objektiv‹, und sie verschiebt die eigentliche Definition auf die Definition der Klassenlage: Eine Klasse ist eine Gruppe von Menschen, die sich in der gleichen Klassenlage befindet.

Klassenlagen unterscheiden sich dadurch von anderen sozialen Lagen, dass die Chancen der Güterversorgung, der Lebensstellung und des Lebensschicksals aus (a) »Art und Maß der Verfügungsgewalt ... über Güter und Leistungsqualifikationen« und (b) aus der »Art ihrer Verwertbarkeit für die Erzielung von Einkommen ... innerhalb einer gegebenen Wirtschaftsordnung« folgen (ebd., 177). Unter »Chancen« lassen sich ganz abstrakt die Optionen verstehen, die sich im Laufe eines Lebens für die große Mehrheit der Bevölkerung auf den für sie wichtigsten Märkten eröffnen: dem Bildungsmarkt, dem Wohnungsmarkt, dem Arbeits- und dem Heiratsmarkt.

Falls diese Chancen durch die Verfügung über Ressourcen und die Verwertung dieser Ressourcen zu Zwecken der Einkommenserzielung determiniert sind, handelt es sich um Klassenlagen. Damit definiert Weber die Klassenlage im Prinzip genauso wie Marx, nämlich mittels der Verfügungsgewalt über Ressourcen. »Besitz und Besitzlosigkeit«, heißt es lapidar in dem älteren Textstück (1972, S. 532) sind die »Grundkategorien aller Klassenlagen«. Marx hatte bekanntlich die kapitalistische Klasse über das *Monopol* des Besitzes an den Produktionsmitteln definiert und die Arbeiterklasse durch völlige Besitzlosigkeit an diesen Mitteln. Weber geht über Marx allerdings insofern hinaus, als er einerseits die Differenzierung zwischen Klassen und Klassenlagen einführt und andererseits den klassenbildenden Besitz nicht auf das Sachkapital beschränkt, sondern auch das Humankapital (die Leistungsqualifikationen) einbezieht.

Auf dieser Grundlage hat Weber vier soziale Klassen unterschieden: »die Klasse(n) der Besitzenden und durch Bildung Privilegierten«, die »besitzlose Intelligenz und Fachgeschultheit« (Techniker, Angestellte, Beamte), das Kleinbürgertum (Bauern und Handwerker) und die Arbeiterschaft (Weber 1972, S. 179). Unter einer sozialen Klasse versteht Weber die

Gesamtheit von Klassenlagen, zwischen denen sowohl intragenerational als intergenerational ein Wechsel »leicht möglich« ist (Weber 1972, S. 177). Im Umkehrschluss bedeutet das: Zwischen den Klassen (anders als zwischen Klassenlagen) ist ein solcher Wechsel eben nicht »leicht möglich«, sondern hat hohe Hürden zu überwinden. Das Attribut »sozial« dient Weber somit dazu, einen fundamentalen Sachverhalt jeder Klassenanalyse vor Augen zu führen: Klassen sind genau dadurch Klassen, dass ihre Angehörigen in sie gebannt sind.[17] Wenn es »leicht möglich« ist, eine soziale Position zu verlassen, handelt es sich bei ihr nicht um eine Klasse, sondern in der Weberschen Terminologie lediglich um eine Klassenlage.

In der soziologischen Ungleichheitsforschung wird darüber gestritten, ob es noch Klassen in dem so definierten Sinn gibt. Ein Lager proklamiert *the death of classes*, das entgegengesetzte behauptet ihre Fortexistenz oder ihre Wiederkehr und die wieder zunehmende Bedeutung gesellschaftlicher Spaltungen entlang von Klassengrenzen.[18] Welches Lager recht hat, hängt von dem Kriterium ab, nach dem über die Existenz von Klassen entschieden wird. Wenn dieses Kriterium lediglich die unterschiedliche materielle Lage gesellschaftlicher Großgruppen ist, dann gibt es selbstverständlich noch Klassen und die Bestreitung ihrer Existenz gehört in das Feuilleton. Aber mit Klassen und Klassenanalyse war einmal mehr gemeint als eine sozialstatistische Kategorie. Ralf Dahrendorf hat das in seinem Klassiker (1959) so deutlich wie nur möglich zum Ausdruck gebracht. »For Marx the theory of class was not a theory of a cross section of society arrested in time, in particular not a theory of social stratification, but a tool for the explanation of changes in total societies« (Dahrendorf 1959, S. 19).

Ein solches Instrument kann die Klassenanalyse nur solange sein, als der Klassenkonflikt die treibende Kraft des sozialen Wandels ist. Der Bedeutungsverlust der Klassen in modernen Gesellschaften hat hier seine Wurzel. Sicher, Klassen im Sinne unterschiedlicher Klassenlagen gibt es noch, aber ihre gesellschaftliche und vor allem auch politische Bedeutung hat substantiell abgenommen.[19] Der Klassenkonflikt und seine Lösung definieren nicht mehr das zentrale gesellschaftliche Problem, von dessen Bearbeitung

17 Diesem Sachverhalt (»Gebanntheit«) hat Marx dadurch Rechnung getragen, dass in seinem Zwei-Klassen-Schema Klassen nicht einfach durch die ungleiche Verteilung von Produktionsmitteln entstehen, sondern durch die Monopolisierung der Produktionsmittel in den Händen einer Klasse.

18 Zur ersteren Position siehe z.B. Clark, Lipset und Rempel (1993), zur letzteren z.B. Hout, Brooks und Manza (1993).

19 Clark, Lipset und Rempel (1993).

die weitere Entwicklung von Industriegesellschaften abhängt. Vor allem zwei Entwicklungen sind hierfür ursächlich: Die Fraktionierung der Lager ›Kapital‹ und ›Arbeit‹ statt, wie von Marx erwartet, ihre Vereinheitlichung zum einen und zum anderen der wirtschaftliche, politische und soziale Aufstieg der Arbeitnehmerschaft. Dieser Aufstieg endet jedoch nicht (jedenfalls bis jetzt nicht) in der völligen Angleichung von Lebenslagen. Insbesondere auf dem Arbeitsmarkt bleiben erhebliche Unterschiede in der Zuteilung ökonomischer Güter und Chancen bestehen. Goldthorpe und McKnight (2004, S. 24) haben diese weiterhin bestehenden Unterschiede präzise zusammengefasst:

> »It has been shown that if class positions are defined by reference to employment relations, then the experience of individuals in terms of economic security, stability and prospects will typically differ with the class positions that they hold. At least with some of the more marked contrasts that in this way arise, individuals in different class positions could in fact be seen as living in quite different economic worlds, not just as regards their levels of material welfare but, further, as regards the whole range of economic life-chances – of risks and opportunities – that they face«.

Klassenlagen unterscheiden sich nach dem Ausmaß der Betroffenheit durch Arbeitslosigkeit *(economic security)*, nach der Stabilität ihrer Einkommen *(stability)* und nach den Aussichten auf Einkommensverbesserungen *(prospects)*. Das zu bestreiten, wäre zwecklos. Aber bedeutet dies, dass sich mit Hilfe eines Klassenschemas Einkommensdifferenzen und ihre Veränderung erklären lassen? Das ist nur sehr bedingt der Fall. Der gleiche Einwand, der gegen die Mobilitätsforschung als Ansatz zur Erklärung der Einkommensvariation vortragen werden kann, trifft auch für die Klassenanalyse zu. Sie ist allenfalls geeignet, in einem statistischen Sinn Variationen der Einkommen zwischen den Klassen, aber nicht innerhalb von Klassen zu erklären. In dieser Hinsicht steht sie in Konkurrenz mit anderen Ansätzen. Sicherlich lassen sich bestimmte Anteile der Variation der Einkommen durch die Regression auf Klassenvariablen zurückführen, aber die Frage ist doch, ob ein Klassenschema mehr zur Erklärung beiträgt als ein beliebiges anderes Schema, z.B. eine Gliederung der Sozialstruktur in Berufsgruppen oder in Milieus. Danach sieht es nicht aus. Holtmann (1990, 2010) z.B. hat herausgefunden, dass die von der Sozialstatistik vorgenommene Gliederung in Berufsgruppen mehr Einkommensvariation erklärt als das die soziologische Klassenanalyse dominierende Klassenschema von Erikson und Goldhorpe (1992).[20]

Aber nicht nur das. Es könnte sein, dass die Fixierung der soziologischen Ungleichheitsforschung auf die mit Klassenlagen verbundenen Vor- und Nachteile dazu beigetragen hat, den deutlichen Anstieg der Einkommensungleichheit in den letzten Jahrzehnten mehr oder weniger zu verschlafen. Dieser Auffassung sind jedenfalls Weeden et al. (2007). Die Autoren fragen sich, warum eine der folgenreichsten Entwicklungen der letzten Jahrzehnte in der Soziologie nur so geringe Aufmerksamkeit gefunden hat.

> »The main explanation resides ... in the discipline's commitment to understanding and measuring inequality with either socioeconomic scales or social class categories, neither of which reference the earnings distribution in any direct or simple way ...The unanticipated effect of this measurement decision was to lock sociologists out of one of the key social science literatures in the past quarter century and marginalize the discipline yet further« (Weeden et al., 2007, S. 703).

Auch DiPrete (2007, S. 3f.) beschäftigt sich mit dem Problem, warum es kaum Beiträge der Soziologie zur steigenden Einkommensungleichheit seit den achtziger Jahren des letzten Jahrhunderts gegeben hat. Er macht drei Gründe geltend. »The first reason was that occupation or class studies in social stratification were centrally focused on questions of social mobility«. Änderungen der Einkommensverteilung gerieten schon daher aus dem Blick. »Second, trends in earnings or income inequality are not well explained by trends in the occupational distribution or by trends in the class structure.« Der letzte, und m.E. wichtigste Grund »for the lack of attention to inequality trends by sociology was the amount of attention given by sociologists to the study of gender and race inequality. ...the rising level of earnings inequality has little to do with rising gender or race inequality.« Insbesondere die deutschsprachige Soziologie scheint auf Geschlecht und ethnische Zugehörigkeit als Faktoren der ungleichen Verteilung von Lebenschancen geradezu fixiert zu sein. In der internationalen Forschung hingegen wird gesehen, dass Kategorien wie Alter, Geschlecht und Ethnizität allenfalls einen geringen Teil der Einkommensungleichheit erklären können.[21]

---

20 Zu einem ähnlichen Ergebnis gelangt Cardona (2009).
21 Cowell und Jenkins (1995).

6. Abschließend stellen wir die intergenerationale Mobilitätsforschung in Grundzügen vor.[22] Im Zentrum dieser Forschungsrichtung steht die Weitergabe sozialer Positionen zwischen den Generationen. Die Gesellschaft wird ganz allgemein als ein Positionsgefüge angesehen. Sie ist umso immobiler, je stärker die soziale Position der Generation der Kinder durch die soziale Position der Eltern bedingt ist. In der Weiterreichung sozialer Positionen von einer Generation auf die nächste erblickt die Mobilitätsforschung eine zentrale Ursache sozialer Ungleichheit. Anders als vom Optimismus der Modernisierungstheorie unterstellt, ist der Zusammenhang zwischen Vergangenheit und Gegenwart keineswegs überwunden, sondern besteht weiterhin fort. Alle liberalen Hoffnungen, dass anstelle der Zuschreibung (und Vererbung einer Position ist eine Form der Zuschreibung) die eigene Leistung ohne die Last der Vergangenheit mehr und mehr die soziale Position prägen würden, sind nach Meinung einer führenden Studie auf diesem Gebiet (Erikson und Goldhorpe 1992) vergeblich. Schon der Titel *(Constant Flux)* fasst das zentrale Ergebnis dieser international vergleichenden Studie zusammen: Sicherlich, es gibt Mobilität *(flux)*, aber ihr Niveau nimmt nicht zu, sondern bleibt konstant. Anders als noch Parsons postuliert hatte, verdrängen erworbene Merkmale im Zuge der Modernisierung eben nicht die askriptiven.

Der zentrale Beitrag der Mobilitätsforschung zur Analyse der sozialen Ungleichheit besteht nun darin, zu untersuchen, in welchem Umfang die soziale Position des Elternhauses (immer noch) die soziale Position der Kinder determiniert. Die Weitergabe von Vor- und Nachteilen zwischen den Generationen gilt in dieser Forschungsrichtung dann als Antwort auf die Frage nach den Ursprüngen sozialer Ungleichheit. Je stärker die Vergangenheit die Gegenwart prägt, umso mehr trägt dieser Ansatz zur Analyse sozialer Ungleichheit bei. Erst, wenn die Vergangenheit (die soziale Position der Eltern) keinerlei Einfluss mehr auf die Gegenwart (die soziale Position der Kinder) hätte, müsste man sich nach anderen Erklärungen sozialer Ungleichheit umsehen. Die Stärke des Zusammenhangs kann entweder mit dem Elastizitätskoeffizienten β in der Gleichung

$$\ln y = \alpha + \beta \ln x$$

22 Zu beruflicher Mobilität als klassischem Thema der Soziologie und zu den grundlegenden Modellen der Mobilitätsforschung siehe Hinz und Pointner (2008).

gemessen werden[23] oder mit der sog. *odds ratio*.[24] Die wirtschaftswissenschaftliche Literatur bevorzugt β bei der Ermittlung des Grads der Mobilität oder Immobilität, die soziologische typischerweise *odds ratios*. Es wäre aber ganz falsch, einen Wert des beta-Koeffizienten von 0 (oder der *odds ratio* = 1) als gesellschaftspolitisches Ideal anzusehen. Für Eltern würden bei diesen Werten die Anreize deutlich gemindert, in die Erziehung ihrer Kinder zu investieren.

Brüderl (1991) unterscheidet zwischen individualistischen und strukturalistischen Ansätzen der Mobilitätsforschung. Individualistisch argumentiert in erster Linie der Statuserwerbsansatz von Blau und Duncan (1967).[25] Die Argumentation ist dann individualistisch, wenn Personenmerkmale wie die erworbene Ausbildung oder angeborene individuelle Fähigkeiten die spätere berufliche Position bestimmen. Der Statuserwerbsansatz erfüllt insofern dieses Kriterium, als er den Status einer Person nicht allein durch die soziale Herkunft determiniert, sondern überwiegend als das Resultat von Bildungsanstrengungen ansieht. Strukturelle Faktoren hingegen sind Größen, die unabhängig von Individuen wirken. Dazu zählen neben der sozialen Herkunft z.B. die Branche, die Größe des Unternehmens, die in Unternehmen verwendete Technologie, das Arbeitsmarktsegment, die Rolle der Gewerkschaften usw. »Strukturell« meint in diesem Zusammenhang jedoch nicht, dass Branchen, Organisationsgröße usw. existieren, ohne letztlich von einem kollektiven Handeln hervorgebracht worden zu sein, sondern dass sie dem einzelnen Bewerber für eine Stelle vorgegeben sind. Strukturelle Merkmale existieren sowohl auf der Organisationsebene als auch auf der Ebene der Gesamtgesellschaft.

Die individualistischen Ansätze haben bis in die siebziger Jahre des letzten Jahrhunderts die Szene beherrscht. Seitdem ist die Kritik an ihnen lauter geworden. Kritisiert wird zum einen, dass Statuserwerbstheorien (ebenso

23 Sei y die Variable für das Einkommen (allgemeiner: die soziale Position) eines Kindes, x die Variable für die entsprechenden Größen der Elterngeneration. Logarithmische Ableitung der Gleichung auf beiden Seiten nach der Zeit und anschließende Auflösung nach β ergibt $\beta - (dy/y)/(dx/x)$, die Elastizität von y bezüglich x.

24 Die *odds ratio* misst die Chance, in der Kategorie C zu landen, wenn man von A startet, im Verhältnis zu der Chance, beim Start von B aus in C zu landen. Sei z.B. die Chance, an Lungenkrebs zu erkranken (C) für Raucher (A) 1:10, für Nichtraucher (B) aber 1:20, dann beträgt das Chancenverhältnis für Raucher zu erkranken (die odds ratio) 1:10/1:20=2. Wenn kein Zusammenhang zwischen den Ursprungsvariablen und der Zielvariablen besteht, ist die odds ratio =1.

25 Die erste Anwendung dieses Ansatzes auf deutsche Daten ist m.W. Müller (1972).

wie der Humankapitalansatz) ausschließlich die Angebotsseite des Arbeitsmarkts betrachten (Brüderl 1991 S. 13), zum anderen, dass sie die Vermittlung von individuellen Faktoren über strukturelle übersehen. Dieser Kritik ist nicht Genüge getan, wenn in Regressionsanalysen strukturelle Faktoren einfach zu individuellen Faktoren hinzugefügt werden. Individuelle Qualifikationen zählen nur bei der Entscheidung, wer unter den Kandidaten eine Stelle bekommt. Aber das Stellengefüge - ein struktureller Faktor - steht schon fest (Granovetter 1981).

Bezüglich der Analyse der intergenerationalen Mobilität besteht eine Art Arbeitsteilung zwischen Soziologie und Wirtschaftswissenschaften. Während die soziologische Mobilitätsforschung sich auf potentielle Änderungen oder die Persistenz der sozialen Position in der Abfolge der Generationen konzentriert, beschäftigt sich die wirtschaftswissenschaftliche Mobilitätsforschung vornehmlich mit der intergenerationalen Mobilität oder Immobilität der Einkommen. Für unseren Zusammenhang ist in erster Linie die Frage wichtig, welchen Beitrag die beiden Zweige der Mobilitätsforschung zur Erklärung der Einkommensverteilung leisten können. Was die soziologische Mobilitätsforschung anbelangt, so fällt das Urteil schon deswegen ernüchternd aus, weil sie nur Einkommensänderungen zwischen den Statusgruppen erfasst, aber Einkommensänderungen innerhalb der Gruppen per definitionem ausblendet. Ebenso ist die Erklärungskraft von Analysen der Einkommensmobilität für die Streuung der Einkommen eher begrenzt (Breen 2010). Das liegt zum einen daran, dass für einen typischen Wert von $r = 0,4$ die erklärte Varianz der Einkommen der Kinder (r^2) gerade einmal 16 Prozent beträgt, zum anderen daran, dass Korrelationen für sich genommen keine Kausalitäten sind. Ein möglicher kausaler Pfad ist die Vererbung der Intelligenz zwischen Vater und Sohn.[26] In den USA beläuft sich der Höchstwert der gemessenen Korrelation zwischen Intelligenz der Söhne und Intelligenz der Väter auf durchschnittlich 0,75. Die Korrelation zwischen Intelligenz der Kinder und ihrem Einkommen beträgt 0,27. Damit beläuft sich der Beitrag der Intelligenz der Väter zur Erklärung der Varianz der Einkommen der Kinder gerade einmal auf gut fünf Prozent ($0,27 \times 0,27 \times 0,75$), ein Wert, der für die Beantwortung der Frage nach den Ursachen der Ungleichheit doch eher enttäuschend gering ist.

---

26 »The incomes or earnings or class positions of parents and their children are related because factors that are correlated with income or class position in both generations are also correlated among parents and their children« (Breen 2010, S. 425). Zur Pfadanalyse siehe Appendix A.7.

Literatur

Berger, Johannes und Hans G. Nutzinger, 2008: Zum Verhältnis von »Macht« und »ökonomischem Gesetz«. In: Dies., (Hrsg.) *Macht oder ökonomisches Gesetz? Zur Aktualität einer gesellschaftspolitischen Kontroverse.* Ökonomie und Gesellschaft, Jahrbuch 21, S. 7- 60. Marburg: Metropolis-Verlag.

Blau, Peter und Otis Dudley Duncan, 1967: *The American Occupational Structure.* New York: The Free Press.

Bohnen, Alfred, 2000: *Handlungsprinzipien oder Systemgesetze. Über Traditionen und Tendenzen theoretischer Sozialerkenntnis.* Tübingen: Mohr Siebeck.

Breen, Richard, 2010: Social Mobility and Equality of Opportunity. Geary Lecture Spring 2010. *The Economic and Social Review* Vol. 41, S. 413-428.

Brüderl, Josef, 1991: *Mobilitätsprozesse in Betrieben. Dynamische Modelle und empirische Befunde.* Frankfurt: Campus Verlag.

Clark, Terry Nichols, Seymor Martin Lipset und Michael Rempel, 1993: The Declining Political Significance of Social Class. In: *International Sociology*, Vol. 8, S. 293-316.

Cardona, Andrés, 2009: Können Berufsgruppen die Theorie sozialer Klassen wieder aufleben lassen? Eine empirische Umsetzung der Mikroklassentheorie am Beispiel der Lebenschancen in Deutschland. Masterarbeit zur Erlangung des Titels Master of Arts in Soziologie der Fakultät für Soziologie der Universität Bielefeld.

Cowell, Frank, A., und Stephen P. Jenkins, 1995: How Much Inequality Can we Explain? A Methodology and an Application to The United States. *The Economic Journal* Vol. 105, S. 421-430.

Dahrendorf, Ralf, 1959: *Class and Class Conflict in Industrial Society.* Stanford: Stanford University Press.

Davis, Kingsley und Wilbert E. Moore, 1945: Some Principles of Stratification. *American Economic Review* Vol. 10, S. 242-249.

Diekmann, Andreas, 2007: *Empirische Sozialforschung. Grundlagen, Methoden, Anwendungen.* 18. Auflage. Reinbek bei Hamburg: Rowohlt.

DiPrete, Thomas, 2007: What has Sociology to Contribute to Inequality Trends. In: *American Behavioral Scientist*, Vol. 50, S. 603-618.

Durkheim, Émile, 1977 [1893] *Über die Teilung der sozialen Arbeit.* Frankfurt: Suhrkamp.

Erikson, Robert und John Goldthorpe, 1992: *The Constant Flux. A Study of Class Mobility in Industrial Societies.* Oxford: Clarendon Press.

Esser, Hartmut, 1999: *Soziologie. Spezielle Grundlagen.* Band 1: Situationslogik und Handeln. Frankfurt: Campus.

Goldthorpe, John H. und Abigail McKnight, 2004: The Economic Basis of Social Class. CASE Paper 80, London.

Granovetter, Mark, 1981: Toward a Sociological Theory of Income Differences. In: Berg, Ivan (Hrsg.), *Sociological Perspectives on Labor Markets,* S. 11-47. New York: Academic Press.

Hedström, Peter, 2005: *Dissecting the Social: On the Principles of Analytical Sociology*. Cambridge, UK: Cambridge University Press.

Hedström, Peter und Petri Ylikoski, 2010: Causal Mechanisms in the Social Sciences. In: *Annual Review of Sociology*, Band 36, S. 49-67.

Hinz, Thomas und Sonja Pointner, 2008: Mobilität im Arbeitsmarkt. In: Hinz, Thomas, Martin Abraham (Hrsg.): *Arbeitsmarktsoziologie. Probleme, Theorien, empirische Befunde,* S. 99-132. Wiesbaden: Springer, zweite Auflage.

Holtmann, Dieter, 1990: Die Erklärungskraft verschiedener Berufsstruktur- und Klassenmodelle für die Bundesrepublik Deutschland. *Zeitschrift für Soziologie*, Band 19, S. 26-45.

Holtmann, Dieter, Claudia Buchheister et al., 2010: *Die Sozialstruktur der Bundesrepublik Deutschland im internationalen Vergleich*. Potsdam 2012: Universitätsverlag.

Hout, Mike, Clem Brooks und Jeff Manza, 1993: The Persistence of Classes in Post-Industrial Societies. In: *International Sociology*, Vol. 8, S. 259-277.

Jencks, Christopher, 1972: Inequality. *A Reassessment of the Effect of Family and Schooling in America*. Harmondsworth: Penguin Books.

Kalter, Frank und Christian Kroneberg, 2014: Between Mechanism Talk and Mechanism Cult: New Emphases in Explanatory Sociology and Empirical Research. In: *Kölner Zeitschrift für Soziologie und Sozialpsychologie*, Sonderheft Band 54, S. 91-115.

Malinowski, Bronislaw, 1979: *Argonauten des westlichen Pazifik. Ein Bericht über Unternehmungen und Abenteuer der Eingeborenen in den Inselwelten von Melanesisch-Neuguinea*. Frankfurt: Syndikat.

Mayntz, Renate, 1961: Kritische Bemerkungen zur funktionalistischen Schichtungstheorie. In: Glass, David, René König (Hrsg.): *Soziale Schichtung und soziale Mobilität.* Sonderband 5 der Kölner Zeitschrift für Soziologie und Sozialpsychologie, S. 10-28.

Marquard, Odo, 2001: Über die Unvermeidlichkeit der Geisteswissenschaften. In: ders., *Apologie des Zufälligen. Philosophische Studien,* S. 98-116. Stuttgart.

Müller, Walter, 1972: Bildung und Mobilitätsprozess. Eine Anwendung der Pfadanalyse. In: *Zeitschrift für Soziologie*, Jg.1, S. 65-84.

Piketty, Thomas, 2014: *Capital in the Twenty-First Century*. Cambridge.

Preisendörfer, Peter, 2002: Kompensation statt Kumulation? Soziale Ungleichheit aus der Sicht des Theorems des Ausgleichs der Nettovorteile. In: *Zeitschrift für Soziologie*, Jg. 31, S. 93-105.

Stegmüller, Wolfgang, 1969: *Probleme und Resultate der Wissenschaftstheorie und Analytischen Philosophie*, Band 1. Berlin: Springer.

van Parijs, Philippe, 1981: *Evolutionary Explanation in the Social Sciences.* Totowa, N.J.: Rowmand and Littlefield.

Vanberg, Victor, 1975: *Die zwei Soziologien. Individualismus und Kollektivismus in der Sozialtheorie.* Tübingen: Mohr Siebeck.

Weber, Max, 1972 [1922]: *Wirtschaft und Gesellschaft. Grundriss der verstehenden Soziologie.* 5. Auflage (besorgt von J. Winckelmann). Tübingen: Mohr und Siebeck.

Weede, Erich, 1992: *Mensch und Gesellschaft. Soziologie aus der Perspektive des methodologischen Individualismus.* Tübingen: Mohr Siebeck.

Weeden, Kim A., Young-Mi Kim et al., 2007: Social Class and Earnings Inequality. *American Behavioral Scientist,* Vol. 50, S. 702-735.

Windelband, Wilhelm, 1924 [1894]: Geschichte und Naturwissenschaft. In: ders., *Präludien. Aufsätze und Reden zur Philosophie und ihrer Geschichte,* S. 136-160. Tübingen: J.C.B. Mohr.

Young, Michael, 1958: *The Rise of the Meritocracy.* New Brunswick: Transaction Publishers.

9 Neunte Vorlesung: Einkommensungleichheit in Marktwirtschaften

1. Rekapitulation. 2. Das Thema: Einkommensungleichheit in Marktwirtschaften. 3. Zentrale Merkmale von Marktwirtschaften. 4. Die Bewertung von Leistungen über den Preismechanismus. 5. Der Grundgedanke: ein zweistufiger Erklärungsansatz. 6. Gleiche Entlohnung aller Faktoren bei vollständiger Konkurrenz. 7. Unterschiedlicher Faktorbesitz als Quelle unterschiedlicher Einkommen bei vollständiger Konkurrenz. 8. Marktunvollkommenheiten als Ursache der Ungleichheit. 9. Folgerungen aus dem Befund.

1. In der achten Vorlesung haben wir die wichtigsten soziologischen Ansätze zur Erklärung sozialer Ungleichheit vorgestellt: die intergenerationale Mobilitätsforschung, die Klassenanalyse und die funktionale Erklärung sozialer Ungleichheit. So bedeutsam diese Ansätze im einzelnen auch sein mögen, eine zufriedenstellende Erklärung der individuellen Einkommensungleichheit liefern sie nicht – und können sie auch gar nicht liefern. Thema der intergenerationalen Mobilitätsforschung ist das Ausmaß, in dem der soziale Status oder das Einkommen einer Person durch das Elternhaus determiniert ist. Auch eine deutliche Korrelation von $r = 0,4$ würde nur 16 Prozent der Varianz (r^2) erklären, wenn man an Erklärungen keine weiteren Anforderungen bezüglich des Aufweises kausaler Pfade stellt. Selbst dann bliebe somit die große Mehrheit der Varianz unerklärt.

In regressionsanalytischer Hinsicht schneidet die heute in der Soziologie vorherrschende, vornehmlich auf den Arbeiten von Goldthorpe fußende Form der Klassenanalyse nicht besser ab. Man muss diesem Ansatz allerdings zugute halten, dass er nicht zur Erklärung von Einkommensunterschieden entwickelt wurde. Das Klassenschema von Erikson und Goldthorpe (1992) ist im Kern ein Berufsgruppenschema. Die einzelnen, in dieses Schema aufgenommenen Gruppen (»Klassen«) unterscheiden sich voneinander nach der Art ihres Einkommenserwerbs (Selbständigkeit oder Abhängigkeit) und nach der Art ihrer Tätigkeit im Betrieb (ausführende oder disponierende Tätigkeit). Welche Art von Tätigkeit ausgeübt wird, legt der Arbeitsvertrag fest. Dieses Schema will in erster Linie ein Bild der Sozialstruktur vermitteln und einen Bezugsrahmen für die Beantwortung

J. Berger, *Wirtschaftliche Ungleichheit*, https://doi.org/10.1007/978-3-658-23682-3_9

der Frage bieten, ob die Klassenstruktur sich gewandelt hat und ob sie – so die liberale Verheißung – durchlässiger geworden ist. Es lässt sich gut dazu gebrauchen, die unterschiedliche Verteilung z.B. von Bildungsgütern auf Berufsgruppen aufzuschlüsseln.[1] Für die Erklärung der funktionalen und erst recht der personellen Einkommensverteilung sind klassenanalytische Ansätze weniger geeignet. Allerdings gilt auch umgekehrt: Zur Beantwortung der Frage, ob es überhaupt noch Klassen gibt und wie die Klassenstruktur sich eventuell gewandelt hat, liefert die Feststellung von Einkommensunterschieden und ihres Wandels nur begrenzte Informationen.

Vollends unbrauchbar für die Zwecke einer Erklärung individueller Einkommensunterschiede ist die funktionale Erklärung sozialer Ungleichheit, unbeschadet ihres Verdiensts, darauf insistiert zu haben, dass soziale Ungleichheit eine allokative Funktion hat. In der funktionalen Analyse dient die unterschiedliche Wertschätzung beruflicher Tätigkeiten dazu, qualifiziertes Personal in die entsprechenden Berufszweige zu lenken. Diese Lenkung ist aber einerseits sehr ungenau, andererseits ist das Lenkungsinstrument nicht das Einkommen allein, sondern darüber hinaus das Berufsprestige. Zudem ist diese Theorie nicht auf Gegenwartsgesellschaften zugeschnitten, sondern erhebt einen Geltungsanspruch für alle Gesellschaften, die das Stadium der segmentären Differenzierung verlassen und Statusunterschiede errichtet haben. Schon von daher sollte man von dieser Theorie nicht zu viel erwarten, wenn es darum geht, die Einkommensverteilung in Marktwirtschaften zu erklären.

2. So beschränkt die drei bisher behandelten Ansätze mit Blick auf eine umfassende Erklärung der Einkommensungleichheit in Marktwirtschaften auch sein mögen, sie variieren einen Gedanken, auf dem ich im Folgenden weiter aufbauen möchte. Ungleichheit entsteht immer durch eine Beschränkung der Mobilität. Offensichtlich ist das für die intergenerationale Mobilitätsforschung. Wäre die mit *odds ratios* gemessene Chance, von einer bestimmten Herkunftsposition auf eine begehrte Position im bestehenden Positionsgefüge zu gelangen, für alle Herkunftspositionen gleich groß, so bestünde keine soziale Ungleichheit, wenigstens nicht im Sinne der Mobilitätsforschung. Klassen gibt es dann und nur dann, wenn die Mobilität

1 Für Deutschland siehe hierzu z.B. Müller und Haun (1994); für eine Anpassung des Erikson-Goldthorpe-Schemas an die deutschen Verhältnisse siehe Wirth, Gresch, Müller et al. (2009). Die Klassen des Schemas werden im wesentlichen nach den für die Ausübung des Berufs erforderlichen Qualifikationen gebildet, siehe z. B Wirth, Gresch, Müller (2009) et al., S. 8.

beschränkt ist. Wäre es jederzeit möglich, seine Klasse zu verlassen, dann verlöre der Klassenbegriff seinen Sinn. Ungleichheit im Sinne der funktionalen Analyse wiederum verschwindet, wenn alle Positionen für alle Interessenten an einer Position gleich zugänglich sind, ohne Berücksichtigung irgendwelcher Eignungsgesichtspunkte. Kurz: Die drei genannten Ansätze fußen alle auf der Idee, dass Ungleichheit letztlich auf sozialer Schließung beruht.

Die Soziologie Max Webers zeichnet sich vor anderen soziologischen Ansätzen dadurch aus, dass sie diesen Gedanken als Ausgangspunkt einer Analyse sozialer Ungleichheit wählt: Ungleichheit entsteht seit dem Zeitalter der Hochkulturen durch die Monopolisierung von Chancen. Trotz zahlreicher Stellen im Werk Max Webers, in denen er diesen Gedanken artikuliert,[2] wird man gleichwohl nicht von der systematischen Ausarbeitung einer entsprechenden Theorie bei Weber sprechen können. Die folgenden Ausführungen zur Theorie der Einkommensungleichheit in Marktwirtschaften stellen vor diesem Hintergrund den Versuch dar, die für Marktwirtschaften typische Ungleichheit anhand von Mobilitätsschranken zu erklären. Um diese Aufgabe aber nicht von vornherein zu überfrachten, möchte ich mich in sachlicher Hinsicht auf die materielle Ungleichheit, verstanden als Einkommensungleichheit, und in zeitlicher Hinsicht auf moderne Wirtschaften im Sinne von Marktwirtschaften beschränken. Die ungleiche Verteilung von Macht, Ansehen, Bildung usw. wird ebenso wenig betrachtet wie die Ungleichheit in Gesellschaften, die keine Marktwirtschaften sind.

3. Ist es berechtigt, die Wirtschaft der Bundesrepublik Deutschland oder anderer, fortgeschrittener Gesellschaften überhaupt als Marktwirtschaften anzusehen? Nur unter dieser Voraussetzung macht es ja Sinn, die Erklärung bestehender Einkommensungleichheiten mit einer Theorie der Einkommensungleichheit in Marktwirtschaften zu beginnen. Zweifel an der Marktwirtschaftlichkeit dieser Wirtschaften nähren sich vor allem daraus, dass ungefähr die Hälfte des Sozialprodukts dieser Länder durch staatliche Hände läuft[3] und alle wirtschaftlichen Tätigkeiten mehr oder weniger

2 Vgl. nur Weber (1972), Soziologische Grundbegriffe § 10, ferner ebd., Zweiter Teil, Kap. II, § 2: Offene und geschlossene Wirtschaftsbeziehungen, Kap. VI, Die Marktvergesellschaftung, Kap. VIII, § 6: Klassen, Stände und Parteien sowie ebd. S. 576 f. über das Vordringen des Rationalismus auf dem Gebiet von Bildung und Erziehung.

3 Die Staatsquote der Bundesrepublik Deutschland – gemessen mit den Gesamtausgaben des Staats in Prozent des BIP – belief sich 2014 auf 45,1 Prozent,

staatlich reguliert sind. Wäre es da nicht besser, von einer Staatswirtschaft zu sprechen? Wirtschaften mit einem großen Staatsanteil und umfassender Regulierung werden in der Literatur auch als Mischwirtschaften bezeichnet. Aber auch für solche Mischwirtschaften gilt, dass das Sozialprodukt erst am Markt entstehen muss, bevor es umverteilt werden kann. Insofern ist es angebracht, die Erklärung der Einkommensverteilung in Mischwirtschaften mit großem Staatsanteil mit der Betrachtung der Verhältnisse in einer staatsfreien Marktwirtschaft zu beginnen. In Mischwirtschaften wird das aus dem Verkauf entstehende Einkommen allerdings nicht dem Verkäufer überlassen, sondern mit Steuern und Abgaben belastet. Diese Steuern und Abgaben sind dann die monetäre Basis für Beamtengehälter einerseits und alle Arten von Transferzahlungen andererseits.

Unter Waren sollen in Anschluss an Marx ganz allgemein Güter und Dienstleistungen, die für den Verkauf erstellt wurden, verstanden werden. Die Warenproduktion unterscheidet sich dadurch von der Güterproduktion, dass ihr Verkaufszweck der Vertrieb auf Märkten und nicht die Deckung des Eigenbedarfs ist. Verkauf schließt Vermietung und Verleihung eines Objekts gegen Bezahlung mit ein. Genau genommen geht es bei Markttransaktionen immer um die Überlassung von Nutzungsrechten an einem Objekt. Diese Nutzungsrechte werden gegen eine Geldzahlung abgetreten. Entweder ist diese Abtretung vollständig, wie z.B. beim Verkauf eines Fernsehapparats, oder nur partiell wie bei der Vermietung einer Wohnung, dem »Verkauf« der Ware Arbeitskraft oder der Überlassung von Geldkapital gegen eine Zinszahlung. Bei der vollständigen Abtretung der Nutzungsrechte an einer Ware kann der neue Eigentümer mit der Ware machen, was er will (im Rahmen der Gesetze); er kann etwa den neuen Fernsehapparat sofort zertrümmern, aber er kann ihn - wegen der Gefährdung von Passanten, der Verschmutzung des Gehsteigs usw. - nicht einfach aus dem vierten Stock werfen (wenigstens in Deutschland nicht). Bei der teilweisen Überlassung (Miete von Wohnungen, Arbeitskräften und Geldkapital) ist der Erwerber zum sorgsamen Umgang mit der nur geliehenen Ware verpflichtet. Ein prinzipielles Problem erwächst dann daraus, dass der Verleiher diesen Umgang nicht oder nur eingeschränkt überprüfen kann. Dieses Problem steht im Zentrum der *Principal-Agent*-Literatur.[4]

---

die Frankreichs auf 56,7 Prozent. Im Euroraum betrug sie durchschnittlich 49,1 Prozent (Bundesministerium der Finanzen, Tabelle 19: Staatsquoten im internationalen Vergleich.)

4 Grundlegend ist Pratt und Zeckhauser (1985), eine knappe Skizze der grundlegenden Annahmen des Ansatzes findet sich in Preisendörfer (2005), Kap. 6.4. Zur

Alle Marktwirtschaften sind (a) Geldwirtschaften. Das heißt: Die einzelnen Waren werden auf Märkten gegen Geld getauscht. Unter Geld verstehe ich hierbei nichts anderes als ein allgemein akzeptiertes oder im Idealfall gesetzlich vorgeschriebenes Zahlungsmittel. Mit diesem Zahlungsmittel werden Schuldkontrakte erfüllt. Falls Geld nicht nur ein faktisch allgemein akzeptiertes, sondern das gesetzlich vorgeschriebene Zahlungsmittel ist, kann sich kein Gläubiger dagegen wehren, dass der Schuldner seine Schulden mit dem so definierten Geld begleicht. Das gilt auch dann, wenn der Wert des Geldes zum Zeitpunkt der Kontrakterfüllung im Vergleich zum Wert des Geldes bei Vertragsabschluss gesunken oder gestiegen ist.

Der Tausch von Waren gegen Geld hat zur Voraussetzung, dass Geld in die Zirkulation eingespeist wird. Die Frage ist, wie das Geld in die Wirtschaft kommt. In modernen Marktwirtschaften ist die Geldversorgung der Wirtschaft die Aufgabe der Banken. Im Folgenden wird von der Existenz von Banken (wenn auch nicht von der Existenz von Geld) abstrahiert. Wir nehmen einfach an, dass Geld in der Wirtschaft vorhanden ist und keinen verzerrenden Einfluss auf die Preise ausübt.[5]

Unter einer ›reinen‹ Marktwirtschaft verstehe ich dann (b) eine Wirtschaft ohne Staat, genauer: ohne staatliche Umverteilung. Der Staat beschränkt sich auf die Durchsetzung des Rechts, insbesondere des Eigentumsrechts an der eigenen Person und am Besitz von Gütern und Dienstleistungen (inklusive von geistigen Hervorbringungen wie Erfindungen, Werken der Kunst usw.). Alle westlichen Industriegesellschaften hingegen sind, wie schon angeführt, Mischwirtschaften. ›Reine‹ Marktwirtschaften existieren nur im Modell.

Für alle Marktwirtschaften gilt (c), dass der Verkauf oder die Vermietung von Waren (Güter und Dienstleistungen) die einzige legale Quelle des Gelderwerbs ist. Geldeinkommen werden ausschließlich über die Entäußerung von Faktorleistungen erzielt: entweder dadurch, dass Faktoren wie Arbeit oder ›Kapital‹ an Unternehmen vermietet werden oder dadurch, dass Selbständige bei dem Verkauf ihrer Produkte und Leistungen ein Einkommen erzielen, das die Kosten der Produktion übersteigt und ihrer Faktorleistung zugerechnet werden kann.

Diskussion des Leistungspotentials dieses Ansatzes für eine Theorie der kapitalistischen Unternehmung siehe Berger (2002).

5 »There is a fiat paper money, which serves as the actual, physical medium of exchange ... It is assumed to be an ›outside money‹: that is, one issued by some agency exogeneous to the economic system« Patinkin (1965), S. 15.

(d) In einer Marktwirtschaft geschieht sowohl die Zuordnung von Ressourcen zu Aufgaben als auch die Zuordnung von Einkommen zu Personen »uno actu« über Märkte. Jeder Kauf oder Verkauf eines Faktors oder eines Produkts ordnet eine Ressource einer Aufgabe zu; gleichzeitig wird das durch den Akt des Kaufs oder Verkaufs entstehende Einkommen einer Person zugeordnet. Alle Gesellschaften sind mit dem Problem konfrontiert, dieses doppelte Allokationsproblem lösen zu müssen. In einer ›reinen‹ Marktwirtschaft ist der Preismechanismus auf Wettbewerbsmärkten der einzige Mechanismus, der für diese Aufgabe zur Verfügung steht. Der große Vorzug eines solchen Wirtschaftssystems besteht darin, dass es auch nur eines einzigen Mechanismus bedarf, um das doppelte Allokationsproblem zu lösen. Allerdings ist die Wettbewerbswirtschaft mit einer für sie spezifischen sozialen Problematik konfrontiert: Zum einen haben nur solche Teilnehmer am Marktgeschehen eine Chance auf Einkommenserzielung, die eine Leistung zum Verkauf anzubieten haben. Kinder, Kranke und Alte gehen leer aus. Zum anderen ist das eigene Einkommen durchweg von der Bewertung durch Dritte abhängig. Es kann durchaus sein, dass – aus welchen Gründen auch immer – keine ausreichende Nachfrage nach der angebotenen Leistung besteht (Berger 2009).

4. Ein zentrales Problem *jeder* Wirtschaftsform ist die Bewertung wirtschaftlicher Leistungen. In Marktwirtschaften wird dieses Problem über den Preismechanismus gelöst. Unter diesem Mechanismus versteht man das Verfahren der Bildung von Preisen auf Wettbewerbsmärkten. Auf solchen Märkten bilden sich Preise durch die Konkurrenz von Anbietern und Nachfragern heraus. Die Minimalbedingung für einen Markt ist, dass mindestens auf einer Seite Konkurrenz besteht (Anbieterkonkurrenz oder Nachfragerkonkurrenz). Der soziale Sinn der Konkurrenz besteht darin, dass kein Anbieter und kein Nachfrager sicher sein kann, zum Zuge zu kommen. Er muss sich gegen andere Interessenten (Weber: Tauschreflektanten) durchsetzen. In den Besitz der begehrten Ware gelangt nur, wer bereit ist, den verlangten Preis zu zahlen. Die Warenanbieter sind mit dem Problem konfrontiert, einen Käufer für ihre Ware zu finden. Nur so können sie ein Einkommen erzielen.

Preise müssen keineswegs immer Wettbewerbspreise sein. Es kann sich bei Preisen auch um sogenannte administrierte Preise handeln, die von einer Behörde, oder um Monopolpreise, die von einem monopolistischen Unternehmen festgesetzt werden. Preise auf Wettbewerbsmärkten sind dadurch definiert, dass sie (a) nicht von einer Person, einer Unternehmung oder eine Behörde gesetzt werden, sondern sich im freien Spiel der Kräfte herausbilden. Diese Preise sind überindividuell in dem Sinne, dass kein einzelner Akteur für sie verantwortlich gemacht werden kann. (b) Es gibt nur einen Preis für identische Waren *(law of one price)*. Auf einem echten Wettbewerbsmarkt müssen alle Teilnehmer den gleichen Preis für die gleichen Ware bezahlen. Schon insofern ist der Konkurrenzmarkt ein großer »Gleichmacher«. (c) Konkurrenzpreise sichern gleichzeitig, dass ausnahmslos alle, die bereit sind, diesen Preis zu zahlen, auch zum Zuge kommen. Kein Anbieter und kein Nachfrager, der hierzu bereit ist, geht leer aus (Markträumung). Die Vorteile dieses Arrangements für das politische System werden oft übersehen. Es ist davon entlastet, Leistungen zu bewerten und kann diese Aufgabe einem anonymen Preismechanismus überlassen.

Ein funktionierender Preismechanismus etabliert sich nur unter spezifischen Voraussetzungen, deren Erfüllung mehr oder weniger wahrscheinlich ist. Zwischen dem Modell der reinen Marktwirtschaft und der realen Marktwirtschaft klaffen erhebliche Lücken. Zu den Voraussetzungen, die gegeben sein müssen, damit der Preismechanismus funktioniert, gehören:

- Informiertheit der Marktakteure über die verlangten Preise und über die Eigenschaften der gehandelten Ware;
- Mobilität aller Marktteilnehmer: Weder stehen ihrer »Wanderung« irgendwelche rechtlichen oder sonstigen Hemmnisse entgegen, noch mangelt es an ihrer subjektiven Bereitschaft, zu wandern, jeder sich bietende Vorteil wird auch realisiert. Die Marktteilnehmer sind in diesem Sinne ›untreu‹ oder opportunistisch.
- Die Entscheidung, mit welchem Vertragspartner abgeschlossen wird, ist ausschließlich von subjektiven Vorteilserwägungen gesteuert.

5. Damit kommen wir zum Kern einer Erklärung von Einkommensungleichheiten in Marktwirtschaften. In einer ›reinen‹ Marktwirtschaft ohne staatliche Umverteilung kann es nur zwei Einkommensquellen geben: Faktorbesitz und Faktorpreise. Daher kann es auch nur zwei Quellen der Einkommensungleichheit geben: unterschiedlicher Faktorbesitz und unterschiedliche Preise für identische Faktoren.[6] Einkommen, so hat Schumpeter (1965, 800f.) die distributionstheoretische Auffassung der ökonomischen Klassiker resümiert, sind »im wesentlichen« Preise mal Mengen der produktiven Leistungen. Alle Probleme der Einkommensbildung sind insofern

6 Diese Aussage gilt in abgewandelter Form auch für alle selbständig Erwerbstätige. Sie vermieten oder verkaufen nicht Faktoren, sondern die mit ihnen hergestellten Güter und Dienstleistungen.

Probleme der »Bewertung oder Preisbildung produktiver Leistungen« (ebd., 788). Recht verstanden gilt diese Aussage nicht nur für die ökonomische Klassik und die Verhältnisse vor 200 Jahren, sondern auch heute noch. Unter marktwirtschaftlichen Voraussetzungen entspringen alle Einkommen »im wesentlichen« dem Verkauf von Faktorleistungen auf Faktormärkten oder dem Verkauf selbsterstellter Produkte unter Einsatz von im eigenen Besitz befindlicher Faktorleistungen. Zu letzterer Kategorie zählen nicht nur die Einkommen von Bauern und Handwerkern, sondern ebenso die Einkommen selbständiger Rechtsanwälte, Zahnärzte usw. Nur die Subsumtion von Veräußerungsgewinnen *(capital gains)* unter diese Kategorie bereitet Probleme.[7] Für die Verhältnisse in einer Marktwirtschaft ist es zwingend, Einkommen als Zahlungen für Leistungen irgendwelcher Art anzusehen.[8] Man muss sich nur davor hüten, die Tatsache, dass z.B. für die Bereitstellung von Kapital ein Preis gezahlt wird, als Erklärung oder gar als Rechtfertigung dafür zu halten, dass der Besitz von Kapital ein Einkommen abwirft.

Soweit Einkommen Preise mal Mengen produktiver Leistungen sind, muss eine Theorie der Einkommensverteilung damit beginnen, die Preisbildung produktiver Leistungen zu erklären. Die ökonomische Klassik verstand unter produktiven Leistungen die drei »Produktionserfordernisse« (Mill 1976, [1848] S. 238: *requisites*) Arbeit, Kapital und Boden. Die Preise für die Nutzung dieser Faktoren werden entweder unter Bedingungen vollständiger Konkurrenz gebildet oder unter Abweichung von diesen Bedingungen. Das Gleiche gilt für die Produkte solcher Leistungen. Eine Theorie der Einkommensungleichheit in Marktwirtschaften basiert auf der Unterscheidung der Einkommensbildung bei vollständiger Konkurrenz und der Einkommensbildung bei Abweichungen von dem Idealzustand der vollständigen Konkurrenz. Sie geht immer zweistufig vor. Der erste Schritt besteht in der Betrachtung der Entstehung von Einkommensunterschieden in einer ›reinen‹ Wettbewerbswirtschaft, weil es Sinn macht, erst die von

---

7 Man kann sich fragen, worin die Leistung besteht, Wertpapiere mit Gewinn verkaufen zu können. Folgt man der Effizienzmarkthypothese, dann sind Gewinne (genauso wie Verluste) reiner Zufall. In einer Welt, in der auf Kapitalmärkten zwar jeder Marktteilnehmer soviel kaufen und verkaufen kann, wie er möchte, aber niemand in die Zukunft blicken kann, die Verfügung über Informationen also in der Gegenwart endet, gibt es jedenfalls keinen Trend.

8 »In einer Marktwirtschaft (besteht) das verfügbare Einkommen eines Individuums ... aus den Entgelten dafür ..., dass produktive Leistungen aufgrund von Produktionsfaktoren, die es besitzt, zur Verfügung gestellt werden« Ramser (1987), S. 3. Zum Zusammenhang von Preistheorie und Distributionstheorie siehe auch Vogt (2016).

politischen oder sonstigen Einflüssen unverzerrten, rein marktwirtschaftlichen Verhältnisse zu betrachten, bevor die Abweichungen vom Standard einer Marktwirtschaft in Betracht gezogen werden.

In einem zweiten Schritt werden dann *market imperfections* als Quelle der Einkommensungleichheit herangezogen. Die aus dieser Quelle stammende Ungleichheit ist im wesentlichen ein Ungleichgewichtsphänomen. Wie wir gleich sehen werden (Punkt 8 dieser Vorlesung) entspringen Einkommensunterschiede jenseits der Verteilung im Konkurrenzgleichgewicht aus der Aneignung von Renteneinkommen in Marktungleichgewichten. Unter Renten verstehe ich hierbei nicht sozialpolitische Transferzahlungen an aus dem Arbeitsleben ausgeschiedene Arbeitnehmer, sondern Einkommen, die über dem Gleichgewichtspreis von Faktoren auf Wettbewerbsmärkten liegen.[9] In der klassischen politischen Ökonomie wurden unter Renten Zahlungen an die Besitzer von Land verstanden. So wie Löhne das Entgelt für Arbeitsleistungen sind und Zinsen oder Profite das Entgelt für Einkommen aus Kapitalbesitz, so stehen Renten für eine bestimmte Einkommensart, deren Quelle der schlichte Besitz von Grund und Boden ist. Den Grundbesitzern fließen solche Einkommen zu, weil sie über ein nicht vermehrbares und gleichzeitig produktionsnotwendiges Gut verfügen. Wäre Grund und Boden wie Kapitalgüter beliebig vermehrbar, würde der Wettbewerb Renteneinkommen beseitigen und die Erträge aus dem Bodenbesitz auf das Niveau von Zinsen auf das Kapital absenken. Der neuere Rentenbegriff hat mit dem älteren gemein, dass die Rente für den puren Besitz eines nicht beliebig vermehrbaren Guts gezahlt wird.

6. Nun zum ersten Schritt. Kann es in einer ›reinen‹ Marktwirtschaft überhaupt Ungleichheit geben? Die öffentliche Meinung und große Teile der Publizistik neigen nicht nur dazu, diese Frage umstandslos zu bejahen. Sie erblicken die zentrale Ursache der Einkommensungleichheit vor allem im ungehinderten Wirken von Marktkräften.[10] Die politische Schlussfolgerung hieraus kann nur lauten, dass die Beseitigung, oder wenigstens

9 »A rent is a portion of earnings in excess of the minimum amount needed to attract a worker to accept a particular job or a firm to enter a particular industry« Milgrom/Roberts (1992), S. 269.

10 Auch die (deutschsprachige) Soziologie ist für die gleichen Überzeugungen anfällig, siehe nur die einschlägigen Arbeiten von Wolfgang Streeck. Die Ungleichheit wächst und wächst, weil der Neoliberalismus das Leitbild der Wirtschafts- und Sozialpolitik ist. Der einzige Lichtblick angesichts dieser desaströsen Entwicklung ist, dass der Kapitalismus sich auf diesem Weg sein eigenes Grab schaufelt (Streeck 2014).

die Einschränkung der Ungleichheit zumindest eine scharfe politische Kontrolle des Marktmechanismus, wenn nicht gar seine Abschaffung verlangt. In direktem Gegensatz zur vorherrschenden Meinung möchte ich im folgenden zeigen, dass eine reine Marktwirtschaft eine spezifische Realisierung der Gleichheitsidee darstellt. Märkte garantieren die Gleichheit der Ertragsraten. Die Marktwirtschaften der westlichen Länder weichen von diesem Standard jedoch erheblich ab.

Um diese für manche Leser sicherlich befremdliche Aussage besser verständlich zu machen, komme ich noch einmal auf den Begriff der ›reinen‹ Marktwirtschaft zurück.[11] Weiter oben habe ich ausgeführt, dass es sich um eine Wirtschaft ohne Staat handelt. Damit ist aber noch nicht die Frage beantwortet, wie Vereinbarungen zwischen den Wirtschaftsteilnehmern zustande kommen, ganz im Gegenteil. Da der Staat solche Vereinbarungen nicht erzwingt, müssen sie aus den freien Entscheidungen der Wirtschaftssubjekte resultieren. Diese Entscheidungen können entweder im Modus des Miteinander oder im Modus des Gegeneinander gefällt werden. In einer ›reinen‹ Marktwirtschaft werden alle auf Märkten getätigten Abschlüsse in Konkurrenz zu anderen »Tauschreflektanten« (Max Weber) getätigt.[12] Das leitende Motiv bei der Vertragsschließung ist der eigene Vorteil. Insofern operiert die Marktwirtschaft im Modus des Gegeneinander. Immer geht es darum, in der Konkurrenz mit anderen Bewerbern den Zuschlag zu erhalten. Das Minimum, das gegeben sein muss, um von Konkurrenz zu sprechen, ist, dass sie wenigstens eine Marktseite prägt. Typisch für eine entwickelte Markwirtschaft ist jedoch, dass sowohl die Unternehmen um Kunden konkurrieren als auch die Konsumenten untereinander, also auf beiden Marktseiten Konkurrenz das Wirtschaftsleben prägt.

In einer ›reinen‹ Marktwirtschaft kämpfen Wettbewerber um Aufträge oder Abschlüsse. Max Weber (1972, S. 58) hielt dafür, dass der »Marktkampf (relativ) autonomer Wirtschaften« nicht einfach ein leider hinzunehmender Grundzug kapitalistischer Wirtschaften sei, sondern eine unverzichtbare Voraussetzung der Rationalität der Geldrechnung und damit auch der

11 Zu Wettbewerbsmärkten als potentieller Realisierung der Gleichheitsidee siehe vor allem Vogt (2016).

12 Eine Frage für sich ist, ob zur Definition einer reinen Marktwirtschaft gehört, dass alle überhaupt denkbaren Güter ausschließlich über den Markttausch erworben werden. Dann gäbe es nur private Güter und keine öffentlichen Güter. Nicht nur gibt es öffentliche Güter, sondern es muss sie sogar geben, wenn eine reine Marktwirtschaft existieren soll. Das Privatrecht z.B. ist ein solches Gut. Einerseits ist es eine Funktionsbedingung des Markttauschs, andererseits würde seine Geltung schwinden, wenn es eine handelbare Ware wäre.

Rationalität dieses Wirtschaftstypus. In einem solchen Marktkampf gibt es Gewinner und Verlierer. Wie ist unter solchen Umständen die Behauptung aufrechtzuerhalten, die Sphäre der Zirkulation sei ein »wahres Eden der angeborenen Menschenrechte«, in dem Freiheit und Gleichheit verwirklicht seien?[13]

Die Antwort liefert eine Reinterpretation der Konkurrenz durch die Neoklassik. Für diese Denkschule ist die Konkurrenz nicht ein dynamischer Prozess, der in einer Rangordnung der Wettbewerber resultiert, sondern eine hochspezifische Marktform, deren zentrales Merkmal die Mengenanpassung *(price taking)* ist. Alle Marktteilnehmer wählen bei gegebenen Preisen die Mengen, welche für sie optimal sind. Welche Menge das ist, wird durch die individuellen Angebots- und Nachfragekurven determiniert. Der Preis, zu dem schließlich getauscht wird, ist der Gleichgewichtspreis. Es gibt kein *false trading*; getauscht wird erst, wenn der Gleichgewichtspreis gefunden ist.[14] Der Clou dieser Marktform ist, dass zum Gleichgewichtspreis jeder Haushalt jede gewünschte Menge kaufen und jede Unternehmung jede für diesen Preis geplante Menge absetzen kann. Niemand, der den Preis zu zahlen bereit ist oder ihn als Unternehmer akzeptiert, geht leer aus.[15]

Aus der Perspektive der Marktform der vollständigen Konkurrenz kämpfen die Wirtschaftsteilnehmer eigentlich nicht gegeneinander, etwa durch die Einführung technischer Neuerungen oder durch Preisunterbietung, sondern beschränken sich darauf, die aus ihrer Sicht optimale Angebots- oder Nachfragemenge zu wählen. Auf diese individuell getroffene Wahl beschränkt sich ihre Konkurrenz und das heißt: sie konkurrieren eigentlich gar nicht gegeneinander, zumindest nicht im Verständnis der »Österreicher« von Hayek und Schumpeter.[16]

---

13 Vgl. Marx (1967), S. 189. Marx hat mit dieser Aussage keineswegs die Ideologie der Marktwirtschaft persiflieren wollen. Er stellte sich vielmehr auf ihren Boden, weil er zeigen wollte, wie trotz des dieser Wirtschaftsform immanenten Versprechens von Gleichheit und Freiheit Ausbeutung möglich ist.

14 Walras stellte sich das so vor, dass ein Auktionator für jeden Markt Preise ausruft und erst dann den Tausch zulässt, wenn der Preis gefunden ist, bei dem Nachfrage und Angebot im Gleichgewicht sind.

15 Vgl. Scitovsky (1952), S. 27: »An admittedly artificial and unrealistic model of economic behavior ... is in many (though not all) respects a standard of perfection.« Dass die neoklassische Konkurrenz wenigstens in mancher Hinsicht ein »standard of perfection« sein könnte, will kritischen Soziologen nicht in den Kopf.

16 Vgl. nur von Hayek (1948), S. 96: »Advertising, undercutting, and improving ›differentiating‹ the goods or services produced are all excluded by definition – ›perfect‹ competition means indeed the absence of all competitive activities.«

In der Marktform der vollständigen Konkurrenz ist Ungleichheit weitgehend eliminiert. Erstens, weil wie gesagt niemand leer ausgeht und zweitens, weil es im Gleichgewicht nur einen Preis für eine spezifische Ware gibt (Gesetz des einheitlichen Preises). Gleiche Preise implizieren gleiche Löhne für gleiche Arbeitsleistungen und gleiche Gewinne für alle Anlageklassen. Für die neoklassische Konkurrenz gilt, dass sich bei freiem Zutritt zu den Märkten die Angebotsmengen solange ändern, bis alle Unternehmen pro Kapitaleinsatz den gleichen Gewinn machen. Dafür sorgt der Auktionator.

Damit ist eine der beiden Quellen der Ungleichheit, ungleiche Preise für gleiche Waren, stillgelegt. Der Wettbewerb sorgt nicht nur dafür, dass es nur einen Preis für eine Ware gibt, sondern er eliminiert potentielle Rentenbestandteile des Preises. Die zweite Bedingung ist genauso wichtig wie die erste. Es könnte ja sein, dass z.B. für eine spezifische ärztliche Leistung ein einheitlicher Preis verlangt wird, dieser Preis aber höher als der Wettbewerbspreis ist, weil die Standesorganisation der Ärzte erfolgreich verhindert, dass genügend Konkurrenten in das geschützte Gebiet einwandern. Die andere Quelle, unterschiedliche Faktormengen im Besitz der Privateigentümer, bleibt allerdings bestehen. Zu den Faktoren, über welche die Marktteilnehmer in unterschiedlichem Ausmaß verfügen, zählen Sachkapital, Geldkapital, Humankapital, Grund und Boden sowie die schiere, unqualifizierte Arbeitskraft.[17] Schärfer noch: Diese Quelle wird nicht nur durch die neoklassische Konkurrenz nicht eliminiert, sondern kann auch gar nicht durch sie eliminiert werden. Die neoklassische Konkurrenz nimmt keinen Einfluss auf die Faktorverteilung. Das bedeutet aber zugleich, dass die Marktform der vollständigen Konkurrenz für den unterschiedlichen Faktorbesitz nicht verantwortlich gemacht werden kann. Sie transportiert diese Ungleichheit nur von der einen in die nächste Runde. Für den ungleichen Faktorbesitz sind andere, politische oder soziale Kräfte, verantwortlich. Wer den Besitzstand ändern will, ist an die Politik verwiesen. Allerdings sind einer Änderung der Besitzverhältnisse etwa auf dem Wege einer Vergesellschaftung der Produktionsmittel in demokratischen, das Privateigentum prinzipiell anerkennenden Gesellschaften enge Grenzen gesetzt. Die Steuerpolitik bietet aber reichlich Möglichkeiten, die Erträge aus dem Besitz abzuschöpfen.

Auch wenn die Betrachtung der Konkurrenz als einer Marktform zentrale Aspekte des tatsächlichen Konkurrenzverhaltens ausblendet, ist

---

17 Das Minimum an Faktormengen, das jeder Marktteilnehmer mitbringt, ist die Verfügung über die eigene Arbeitskraft. Wer nicht einmal darüber verfügt (Kinder, Alte, Kranke), ist auf öffentliche oder private Transfers angewiesen.

Konkurrenz als Marktform der geeignete Ausgangspunkt für die Erklärung von Einkommensungleichheiten in Marktwirtschaften und nicht Konkurrenz als ein Verhalten. Das folgt zwingend aus dem Gedanken, dass Einkommensungleichheit einerseits auf unterschiedlichen Faktorbesitz, andererseits auf Einschränkungen der Konkurrenz zurückgeht. Im Folgenden betrachten wir zunächst das Marktgleichgewicht und die auch in diesem bestehenden Einkommensungleichheiten. Dann wenden wir uns den Ungleichheiten zu, die aus der Abweichung vom Marktgleichgewicht entspringen. Für unsere Analyse der Konkurrenz als Marktform wählen wir ein idealisiertes Bild der Konkurrenz, nämlich das neoklassische Konzept der vollständigen Konkurrenz *(perfect competition)*. Die Verzeichnung der »tatsächlichen« Konkurrenz durch die neoklassische Konkurrenz fällt nicht wirklich ins Gewicht. Zum einen, weil die Differenz zwischen *perfect competition* und *imperfect competition* viel geringer ist als die zwischen Konkurrenz und Abwesenheit der Konkurrenz, zum anderen, weil auch für die unvollständige Konkurrenz gilt, dass ihr Fluchtpunkt die Eliminierung von Profiten ist, die dauerhaft über den Durchschnittsprofiten liegen.[18]

Mehr Gleichheit als durch vollständige Konkurrenz bewirkt werden kann, ist in ›reinen‹ Marktwirtschaften nicht möglich. Wer eine andere Vorstellung von Gleichheit als gleiche Ertragsraten aller Produktionsfaktoren realisieren möchte, muss den Boden der ›reinen‹ Marktwirtschaft verlassen und z.B. für irgendeine Form kollektiver Entscheidungen über die Erstellung und Verteilung des Sozialprodukts optieren. In einer nicht durch die Koordination individueller Entscheidungen über Wettbewerbsmärkte geprägten Wirtschaftsform ist vielleicht mehr nominale Einkommensgleichheit möglich, aber das bedeutet keineswegs automatisch auch mehr Gerechtigkeit.

Es gibt allerdings ein Verteilungsproblem, das sich im marktwirtschaftlichen Bezugsrahmen schwerlich lösen lässt. Der Wettbewerbsmarkt teilt Einkommen nach Maßgabe produktiv verwandter Faktoren zu. Wer über keinerlei am Markt verwertbare Faktoren verfügt, geht leer aus. Das ist ein starkes Argument dafür, die Lösung des Problems der Existenzsicherung für alle, die nicht einmal über ein am Markt verwertbares Arbeitsvermögen verfügen (z.B. Kinder, Kranke, Alte, Erwerbsunfähige), jenseits der reinen Marktwirtschaft zu suchen. Der Konkurrenzmechanismus ist zwar ein (relativ) autonomes, aber kein autarkes System. Er bedarf anderer sozialer

18 Vgl. von Hayek (1948), S. 105.

Systeme, sei dies die Familie oder sei dies die Steuer- und Sozialpolitik, zu seiner Ergänzung.[19]

Welche Vorstellung von Gleichheit auch immer sich gesellschaftsweit durchsetzt, Ungleichheit besteht in der Abweichung von einem Standard der Gleichheit. Eine reine Marktwirtschaft garantiert mittels des Konkurrenzmechanismus nur Gleichheit der Ertragsraten, jedoch nicht Gleichheit der Einkommen; letztere nur »pro tanto«, also nach Maßgabe der Faktorausstattung. Wer mehr Faktoren (Waren) besitzt, erzielt ein höheres Einkommen auch dann, wenn das Einkommen pro Einheit des Besitzes für alle Marktteilnehmer gleich ist. Der Gleichheitsstandard der reinen Marktwirtschaft ist die Gleichheit der Ertragsraten.[20] Zu dieser Gleichheit kommt es dadurch, dass die Faktoren solange in die Zweige mit den höchsten Ertragsaussichten einwandern, bis sich Gleichheit der Ertragsraten in allen Verwendungsweisen der Faktoren einstellt. Gleichheit der Einkommen würde diesen Standard verletzen. Sie wäre bei ungleicher Faktorausstattung nur erreichbar unter Inkaufnahme unterschiedlicher Entlohnung der Faktoren, also unter Verletzung eines universellen Gleichheitsprinzips: gleicher Preis für gleiche Leistungen. Eine reine Wettbewerbswirtschaft garantiert nur Gleichheit der Ertragsraten, nicht Gleichheit der Erträge.

7. Wenn bei vollständiger Konkurrenz die Ertragsraten aller Anlagen gleich sind, können in einer reinen Marktwirtschaft Einkommensunterschiede nur durch unterschiedliche Verfügung über tauschbare Güter und Dienstleistungen zustande kommen. Bei diesen Gütern und Dienstleistungen handelt es sich zum einen um selbsterstellte Waren (im weitesten, auch die Dienstleistungen der Professionen einschließenden Sinn), zum anderen um im Privateigentum befindliche Produktionsfaktoren (einfache oder

19 Eine ausführliche Beschäftigung mit den durch dieses Problem aufgeworfenen Fragen würde den Rahmen dieser Vorlesung sprengen. Für die Risiken Krankheit und Alter sind privatwirtschaftliche Versicherungslösungen denkbar. Ob sie staatlichen Lösungen vorzuziehen sind, ist damit nicht gesagt. »Marktversagen« und sozialpolitische Argumente stehen privatwirtschaftlichen Lösungsansätzen im Wege. Die Diskussion über die Grenzen privater Versicherbarkeit ist aber im Fluss.

20 Die gerechtigkeitstheoretischen Grenzen dieses Standards liegen auf der Hand. »People should not be rewarded solely for their contribution to the general welfare, but ... other considerations, such as need, should also be taken into account« Jencks (1972), S. 10.

qualifizierte Arbeitskraft, Sach- und Geldkapital, Grund und Boden).[21] Wie viele tauschbare Güter und Dienstleistungen ein Teilnehmer am Wirtschaftsspiel herstellen kann, ist durch seinen Faktorbesitz determiniert. Daraus folgt, dass bei vollständiger Konkurrenz nicht der Warenbesitz, sondern der Faktorbesitz letztlich die alleinige Quelle der Einkommensungleichheit ist. Erklärt werden muss demnach, woher der unterschiedliche Faktorbesitz stammt. Als hauptsächliche Ursachen hierfür kommen in Frage:

(a) Unterschiedliches Sparverhalten. Sobald die Einkommen über dem Subsistenzniveau liegen, stehen alle Wirtschaftenden vor der Entscheidung: Konsumieren oder Sparen? Die planvolle Verteilung von Einkommen auf Gegenwart (Konsumtion) und Zukunft (Sparen) ist für rationales Wirtschaften typisch (vgl. Weber 1972, S. 35). Unterschiedliches Sparverhalten führt schon in der nächsten Periode zu unterschiedlichen Einkommen, je nachdem, ob und wie Teile des Einkommens gespart und gewinnträchtig angelegt werden. Je höher das Einkommen aus vorhandenem Faktorbesitz, umso größere Beträge können aus dem Einkommen gespart werden. Die potentielle Sparquote (der Anteil der Ersparnis am Einkommen) variiert mit der Einkommenshöhe und damit variiert auch die Ersparnis. Differenzen in der Ersparnis resultieren in einer ungleichen Akkumulation von Sach- und Geldkapital.

(b) Unterschiedliches Sparverhalten ist nur eine mögliches Ausprägung des viel allgemeineren Phänomens von Präferenzunterschieden zwischen den Teilnehmern am »Wirtschaftsspiel«. Unterschiedliche Präferenzen spielen in Arbeitszeitwünsche sowie die Wahl zwischen sicheren, aber potentiell geringer bezahlten und riskanteren, dafür potentiell ertragsreicheren Jobs hinein.

(c) Heterogenität der Ware Arbeitskraft. Wären alle Arbeitskräfte homogen, unterschieden sich also nicht hinsichtlich ihrer Leistungsfähigkeit, dann könnte es bei vollständiger Konkurrenz auch keine Lohn- und Gehaltsunterschiede geben. Die Streuung der Einkommen verschwindet nur zum Teil, wenn man aus ihr den Beitrag der selbständigen Erwerbstätigkeit und den Beitrag aus Kapitaleinkommen herausrechnet. Um die verbleibende Streuung zu erklären, bleibt nur übrig, entweder die Annahme der vollständigen Konkurrenz oder die Annahme der Homogenität der Ware Arbeitskraft (oder beide) fallen zu lassen. Hält man an der Annahme der vollständigen Konkurrenz und damit am Gesetz eines

21 In dieser Aufzählung fehlt der vierte Faktor, die Unternehmertätigkeit. Die Funktion dieses Faktors ist, die anderen Faktoren »in Dienst zu nehmen« oder zu »kombinieren«: Schumpeter (1965), S. 789, vgl. S. 793.

einheitlichen Preises für identische Waren fest, bleibt nur noch die Möglichkeit, die beobachteten Unterschiede auf Unterschiede der beschäftigten Arbeitskräfte zurückzuführen. Folgt man der Humankapitaltheorie, dann bestehen diese Unterschiede vor allem in der Dimension der Qualifikation der Arbeitskräfte. Qualifikationen werden einerseits in formalen Ausbildungsprozessen, andererseits *on the job*, also durch berufliche Erfahrung erworben. Die Humankapitaltheorie versteht Ausbildung als Investition in das Arbeitsvermögen. Die Kosten dieser Investition bestehen im Großen und Ganzen im Verzicht auf das Einkommen, das erzielt werden könnte, wenn statt der Ausbildung eine Stelle angetreten worden wäre.[22] Einkommensunterschiede sollten sich aus Sicht dieser Theorie weitgehend mit dem unterschiedlichen Besitz an Humankapital erklären lassen. In der nächsten Vorlesung komme ich auf diesen Erklärungsansatz zurück.[23]

(d) Ausbeutung. Marx hat den Profit der Kapitalisten mit der Ausbeutung der Arbeiter erklärt. Hierbei nahm er an, dass Arbeit homogen ist (es bestehen keine Qualifikationsunterschiede)[24] und dass Kapitalisten dadurch Kapitalisten sind, dass sie über die zur Produktion benötigten Produktionsmittel (Rohstoffe und Maschinerie) verfügen. Eine notwendige Funktion, für die sie einen Anspruch auf einen Teil des Produkts erheben könnten, üben sie nicht aus. Ihre Rolle im Betrieb beschränkt sich darauf, die Arbeiter auszubeuten.[25] Ziel der Theorie war, zu erklären, wie es möglich ist, dass sachliche Produktionsmittel dauerhaft einen Nettoertrag abwerfen. Marx erklärte diesen Sachverhalt nicht mit der Produktivität des Kapitals, sondern mit dem vertraglichen Recht der Inhaber der Produktionsmittel,

22 Das trifft zumindest für die Verhältnisse in der Bundesrepublik Deutschland zu, da der Besuch weiterbildender Einrichtungen entweder gebührenfrei ist oder die erhobenen Gebühren im Vergleich zum Einkommensverzicht nicht ins Gewicht fallen.

23 Für einen exzellenten Überblick über die Forschungsliteratur zum humankapitaltheoretischen Ansatz der Erklärung der Lohnstruktur und ihrer Änderungen siehe Autor, Katz und Krueger (1999).

24 Wenn diese Annahme fallen gelassen und mehr als eine Sorte Arbeit in der Produktion zugelassen wird, tauchen zwei schwer lösbare Probleme auf. Erstens, um wie viel produktiver ist die qualifizierte Arbeitskraft als die einfache Arbeitskraft? Zweitens, es könnte sein, das die qualifiziertere Arbeitskraft die einfachere ausbeutet, also ihr höherer Lohn aus der Aneignung von Teilen des Mehrprodukts der einfachen Arbeit stammt. Das würde den Geist der Ausbeutungstheorie ins Mark treffen.

25 Im dritten Band des ›Kapital‹ hat Marx dieses Bild des Unternehmers korrigiert.

sich das von den Arbeitern geschaffene Mehrprodukt (das Nettoprodukt nach Abzug des an die Arbeiter gehenden Teils) anzueignen.

Lassen sich die großen Einkommensunterschiede zwischen Kapital und Arbeit ausbeutungstheoretisch erklären? Das Ziel der Ausbeutungstheorie war nicht, die Höhe der Kapitaleinkommen, sondern ihre Herkunft oder ihre Bedingung der Möglichkeit zu erklären. Marx war völlig klar, dass das Einkommen eines Geschäftsinhabers nicht auf der individuellen Ausbeutung seiner Arbeiter beruht, sondern dass ihm im Gleichgewicht nach Maßgabe der allgemeinen Profitrate (Gleichheit der Profitraten in allen Geschäftszweigen) ein Anteil am Profit proportional zu seinem in der Produktion verwendeten Kapital (inklusive der Auslagen für Löhne) zusteht. Das Einkommen eines individuellen Kapitalisten hängt im Gleichgewicht somit von der Höhe der allgemeinen Profitrate und von dem Umfang seines vorgeschossenen Kapitals ab. Je größer das bereits im Geschäft befindliche Kapital ist, umso größer ist auch die Summe des bei normalem Geschäftsverlauf wieder investierbaren Kapitals. Hinzukommt, dass Geld- und Sachvermögen vererbt werden können, Qualifikationen aber von jeder Generation neu erworben werden müssen. So lässt sich gut erklären, warum der Abstand zwischen dem Faktorbesitz von Personen, die über nichts als ihre eigene Arbeitskraft verfügen und industriellen Kapitalisten zunimmt.[26]

Auch wenn sich auf diese Weise zeigen lässt, dass die Einkommen aus Unternehmensgewinnen den Einkommen aus Löhnen davoneilen: Ein solcher Erklärungsansatz setzt voraus, dass der Gewinn des industriellen Kapitalisten die Aufwendungen für die Zinszahlungen an seine Kreditgeber übersteigt. Im Gleichgewicht tendiert die allgemeine Profitrate gegen den Zinssatz. Solange Zins bezahlt wird, sind die eigentlichen Gewinner die Verleiher von Geldkapital. Sie erhalten ein Einkommen, das von Arbeitsleistungen völlig abgelöst ist. Aber auch noch dann fehlt es an einem schlüssigen Beweis, dass dass unbezahlte Arbeit der Beschäftigten die alleinige Quelle des unternehmerischen Profits ist. Diesen Beweis zu erbringen, war der eigentliche Zweck der Marxschen Ausbeutungstheorie. Die von Marx im ersten Band des ›Kapital‹ (Kapitel sieben) angestellten Überlegungen genügen nicht den heutigen Anforderungen an Beweise eines Theorems.[27]

26 Zur wachsenden Rolle der Einkommen aus Vermögen im Kapitalismus des 21, Jahrhunderts vgl. nur Piketty (2014).

27 Auch in der an Marx anschließenden Diskussion um das sog. Marxsche Fundamentaltheorem (eine positive Mehrwertrate ist die notwendige und hinreichende Bedingung für eine positive Preisprofitrate) ist es nicht gelungen, die Kausalbeziehung zwischen Mehrarbeit und in Geld gemessenen Gewinnen zu de-

(e) Die Weitergabe von Vorteilen durch die Familie. Die wettbewerbsförmig organisierte Marktwirtschaft fällt nicht mit der (modernen) Gesellschaft zusammen, sondern bildet nur eines ihrer Teilsysteme, neben anderen Teilsystemen wie z.B. der Politik und der gesellschaftlichen Gemeinschaft. Die Nation und die Familie sind die beiden wichtigsten Formen der Gemeinschaft in der modernen Gesellschaft. Über die Familie werden Vorteile in der Gestalt der Vererbung von Talenten, der Investition in die Erziehung der Kinder und der Vererbung von Vermögen an die nächste Generation weitergereicht. Radikalliberale Ökonomen wie John Stuart Mill haben aus diesem Grunde die Forderung nach einer konfiskatorischen Erbschaftssteuer erhoben. Jede Generation sollte mit gleichen Chancen auf den Erwerb von Reichtum starten und nicht von Beginn an durch ungleichen Faktorbesitz bevorteilt sein oder benachteiligt werden. Radikale Vertreter der Chancengleichheit wie John Roemer oder Ronald Dworkin verlangen sogar eine Kompensation für Talentunterschiede.

(f) Eine große Rolle beim Zustandekommen von Vermögensunterschieden spielt der Zufall. Bereits in der Geburtslotterie entfaltet er seine Wirkung. In welche Familie man geboren wird, ist, jedenfalls aus der Sicht der Kinder, purer Zufall. Soziale Ungleichheit ist weit mehr familienbedingt als marktbedingt. Sodann hängt der Erfolg von Investitionen, seien es Bildungs- oder Sachinvestitionen, so gut wie immer von Zufällen ab. Bis Investitionen zum Tragen kommen, können die Umstände sich geändert haben. Z.B. wird ein Lehramtsstudium in der Erwartung aufgenommen, dass die Nachfrage nach Lehrern bei Abschluss des Studiums noch genauso hoch ist wie bei seiner Aufnahme. Nur wenn die ökonomische Umwelt völlig stabil bliebe oder mit Sicherheit vorausgesehen werden könnte, würde der Zufall ausgeschaltet und käme er allenfalls noch bei Glücksspielen zum Tragen. Alle wirtschaftlichen Entscheidungen in der Gegenwart sind mit der nicht hintergehbaren Tatsache konfrontiert, dass die Zukunft ungewiss ist. Allein in der Idealwelt der vollständigen Konkurrenz herrscht perfekte Voraussicht. Je nach Modellannahme wird die Ungewissheit über das Eintreten zukünftiger Ereignisse entweder völlig eliminiert oder auf berechenbare Risiken reduziert.[28] Tatsächlich spielt jedoch angesichts der Unsicherheit über die Zukunft unternehmerisches Wagnis und die unter-

---

monstrieren. Für einen Beweis des Fundamentaltheorems siehe z.B. Morishima (1973), Kap. 6.

28 Im Arrow-Hahn-Debreu-Modell der vollständigen Konkurrenz wird vollkommene Markttransparenz nur für Gegenwartsmärkte verlangt. Für Zukunftsmärkte wird nicht verlangt, dass alle denkbaren Entwicklungen vollständig vorhergesehen

schiedliche Risikoneigung der wirtschaftlichen Akteure eine wichtige Rolle in der Einkommenserzielung und damit auch bei der Erklärung der Einkommensstreuung.

8. Nach dem bisher Gesagten gibt es Einkommensunterschiede auch im Modell der vollständigen Konkurrenz, aber sie resultieren allesamt aus der unterschiedlichen Verfügung über Produktionsfaktoren. Die Ertragsraten für alle Faktoren sind gleich. Dass einige Wirtschaftsteilnehmer nur über ihre eigene Arbeitskraft verfügen, ist kein Fehler, den man der ›reinen‹ Marktwirtschaft anlasten könnte. Diese gibt Vermögensunterschiede nur weiter, vergrößert sie aber nicht (verkleinert sie allerdings auch nicht). Die Ursache für den Aufbau solcher Vermögensunterschiede liegen zum Teil im Familiensystem und seiner Vererbung von Vorteilen, zum anderen im Spar- und Investitionsverhalten. Sowohl die Sparneigung als auch die Bereitschaft, z.B. in Bildung zu investieren, ist eine Sache individueller Präferenzen, für die der Markttausch ebenso wenig verantwortlich gemacht werden kann wie für die Geburtslotterie. Der Zufall wird im Denksystem der vollständigen Konkurrenz methodisch ausgeschaltet und die Marxsche Arbeits-Ausbeutung ist ein Konzept, das im System der vollständigen Konkurrenz keinen Platz hat.[29]

In diesem System kann es keine Extraprofite geben, sondern nur Normalprofite, die gleich hoch sind wie der herrschende Zinssatz. Zinszahlungen sind das Ergebnis eines Tauschs von Gegenwartsgütern gegen Zukunftsgüter: *A* gibt eine Menge *x* (Geld oder Sachwerte) an *B* ab gegen das Versprechen, nach Ablauf einer fest vereinbarten Frist $x + \Delta x$ zurückzuerhalten. Ungeklärt bleibt allerdings die Frage, was *B* in die Lage versetzt, dauerhaft und nicht nur zufällig das Δx zu erwirtschaften.[30] Wenn man die

werden können, sondern lediglich, dass schon heute gegen alle Eventualitäten in der Zukunft eine Versicherung abgeschlossen werden kann.

29 In einer ›reinen‹ Marktwirtschaft mit homogener Arbeit und gleichen Ertragsraten von Kapital und Arbeit sind Vermögensunterschiede die einzige Ursache unterschiedlicher Einkommen. Abnehmende Ertragsraten auf den Kapitaleinsatz bewirken aber, dass bei konstantem durchschnittlichen Sparverhalten Vermögensunterschiede im Zeitverlauf abgebaut werden: Stiglitz (1969). Zum Modell von Stiglitz siehe Schlicht (1976) und Bertola (2000), ch. 2.1.

30 Man muss zwei Fragen auseinanderhalten: Die Begründung des Anspruchs des Kreditgebers auf Zinszahlungen und die Bedingung der Möglichkeit des Kreditnehmers, Zinszahlungen zu leisten. Für Konsumenten ist die Bedienung eines Kredits solange kein Problem, als ihr Einkommen der Summe aus Ausgaben für die Lebenshaltung und Ratenzahlungen für den Kredit entspricht. Das Problem ist jedoch, zu erklären, was den industriellen Kapitalisten in die Lage versetzt, nicht

Ausbeutungstheorie für obsolet hält, bleibt eigentlich nur noch übrig, den Gewinn durch die Existenz einer produktiven Technologie zu erklären.[31] Die Realisierung einer solchen Technologie ist die eigentliche Aufgabe und das eigentliche Verdienst des industriellen Kapitals. Für diese Leistung erhält der Unternehmer oder sein Management den Unternehmerlohn.

Die reale Marktwirtschaft weicht von dem Idealzustand der vollständigen Konkurrenz in vielerlei Hinsicht ab. Der Sammelname für diese Abweichungen lautet: Marktunvollkommenheiten. Für ihr Auftreten sind Mobilitätsschranken eine hinreichende Bedingung. Derartige Schranken bedeuten eine Verletzung des Modells der vollständigen Konkurrenz. Eine zentrale Bedingung der neoklassischen Konkurrenz ist freier und unbehinderter Markteintritt und Marktaustritt *(free entry and exit)*. Diese Freiheit kann aus mehreren Gründen limitiert sein. Zu Einschränkungen der Bewegungsfreiheit kommt es entweder aus subjektiven oder objektiven Gründen. Subjektiv sind sie, wenn die Mobilität eines Akteurs aus Gründen eingeschränkt ist, die in ihm selbst zu suchen sind. Objektiv sind sie, wenn an sich wanderungsbereiten Individuen von anderen Steine in den Weg gelegt werden. Diese Steine können, um im Bild zu bleiben, rechtlicher, politischer, wirtschaftlicher oder sonstiger Natur sein. Subjektive Einschränkungen der Mobilität rühren zum Teil daher, dass wanderungsfähige Individuen (allgemeiner: Faktoren) nicht hinreichend über ihre ökonomischen Chancen informiert sind.[32] Zum Teil rühren sie aus mangelnden Qualifikationen oder aus wanderungsfeindlichen Präferenzen her. Z.B. könnte einer Arbeitslosen in Ostfriesland die Qualifikation fehlen, in einem schwäbischen Maschinenbau-Unternehmen zu arbeiten, oder sie ist nicht bereit, bestehende Bindungen an den Heimatort preiszugeben.

Aber nicht nur aus Gründen mangelnder subjektiver Mobilität der Marktteilnehmer kommt es zu Beschränkungen des Marktzutritts, sondern vor allem dadurch, dass an sich wanderungsbereiten Faktoren Hindernisse entstehen, die sie an der Zuwanderung in ein Geschäftsfeld hindern.

---

nur solche Löhne zu zahlen, sondern zudem die Zinsen eines Kredits zu erwirtschaften, den er für sein Geschäft benötigt.

31 Die Technologie ist dann produktiv, wenn der Ausstoß in jedem Zweig der Produktion den Verbrauch in allen Zweigen der Produktion übersteigt (z.B. der Ausstoß in der Eisenindustrie größer ist als der Verbrauch von Eisen in allen Industrien inklusive der Eisenindustrie).

32 Man kann darüber streiten, ob Informationsmängel ein subjektives Merkmal sind. Die Verteilung von Informationen ist ein Systemmerkmal. Für die vollständige Konkurrenz gilt, dass alle Teilnehmer am Wirtschaftsleben umfassend informiert sind, was Gleichheit der Information einschließt.

Zuwanderungshindernisse haben ihre Ursache darin, dass von Gruppen, die in einem Geschäftsfeld ansässig sind, Mauern hochgezogen werden, die weitere Interessenten davon abhalten, dieses Feld zu betreten. Es ist das Bestreben gerade der erfolgreichen Gruppen, ihren einmal errungenen Vorteil durch Abschottung gegen unliebsame Konkurrenz abzusichern. Diese Funktion der Schließung hat Frank Parkin (1979) auf der Suche nach einem nicht-marxistischen Fundament der Klassentheorie angeleitet: »By social closure Weber means the process by which social collectivities seek to maximize rewards by restricting access to ressources and opportunities to a limited circle of eligibles« (Parkin 1979, S. 44). Das beste Beispiel für solche Bestrebungen sind Professionen. Ein probates Mittel zur sozialen Schließung ist, ein Bildungspatent als Eintrittsbedingung zu verlangen. Max Weber (1972, S. 577) hat diese Schließungsstrategie mit beißenden Worten geschildert. An die Stelle der adligen Herkunft, so Weber, tritt heute das Bildungspatent:

> »Die Ausgestaltung der Universitäts-, technischen und Handelshochschuldiplome, der Ruf nach Schaffung von Bildungspatenten auf allen Gebieten überhaupt, dienen der Bildung einer privilegierten Schicht in Büro und Kontor. Ihr Besitz stützt den Anspruch auf ... standesgemäße Bezahlung statt der Entlohnung nach Leistung, auf gesichertes Avancement und Altersversorgung, vor allem aber auf Monopolisierung der sozial und wirtschaftlich vorteilhaften Stellungen zugunsten der Diplomanwärter.«

Zweck dieser Monopolisierung ist immer, den »innerhalb der Mauern« sich aufhaltenden Personen Einkommenschancen zuzuspielen, die sie bei offenem Zugang zu ihrem Geschäftsfeld nicht hätten. »Monopolistische Anbieter oder Nachfrager« fasst Vogt (2016, S. 32) zusammen, »erzielen Renten, weil sie potentielle Konkurrenten vom Markt fernhalten, obwohl diese zu günstigeren Angeboten in der Lage wären«.

Bildungspatente als Zutrittsbedingung zu verlangen, ist keineswegs die einzige Strategie der Sicherung von Erwerbschancen für einen limitierten Kreis von Personen. Diese Restriktion hat immerhin das sachliche Erfordernis einer Qualifikation für sich. Eine soziale Beziehung kann solange als offen bezeichnet werden, als die Teilnahme an ihr »nach ihren geltenden Ordnungen niemand verwehrt wird, der dazu tatsächlich in der Lage und geneigt ist« (Weber 1972, S. 23). Ob ein Bildungspatent sachlich begründet oder Ausdruck einer Schließungsstrategie ist, wird sich nicht immer eindeutig entscheiden lassen. Z.B. verlangt die Vertretung eines Mandanten vor Gericht eine spezifische Qualifikation, die durch ein juristisches Studium erworben wird.[33] Ganz anders gelagert ist Diskriminierung als Schließungsstrategie. Sie schließt Personen, die zum Eintritt in ein Berufsfeld »tatsächlich in der Lage und geneigt« sind, aus unsachlichen Gründen aus, etwa dem Geschlecht, der Hautfarbe oder anderen askriptiven Merkmalen. Ziel der Diskriminierung ist immer die Sicherung von Privilegien, auch wenn das Privileg nicht in der besseren Bezahlung besteht, sondern etwa darin, nicht mit der diskriminierten Gruppe zusammenarbeiten zu müssen.

Aus welchen Gründen auch immer die Bewegungsfreiheit eingeschränkt sein mag: Nicht die Konkurrenz, sondern die Einschränkung der Konkurrenz ist in realen Marktwirtschaften die zentrale, zusätzliche Ursache von Einkommensunterschieden (zusätzlich zu Unterschieden im Faktorbesitz, die auch in einer reinen Marktwirtschaft wirksam werden). Alle gesellschaftlichen Gruppen versuchen, ihr Terrain durch monopolistische Schließung (das Hochziehen von Mauern) gegen Eindringlinge abzusichern. Statt sich dem Wettbewerb zu stellen, betreiben die ihm ausgesetzten Gruppen *rent seeking*. Sie organisieren Prozesse sozialer Schließung. Probate Mittel sind Kartellbildung und Einflussnahme auf die Gesetzgebung zur Sicherung von Privilegien. Der Begriff *rent seeking* stellt genau hierauf ab: Statt Zeit und Mühe auf eine produktive Tätigkeit zu verwenden, wird in *Lobbying* investiert (Krueger 1974). Welcher Weg auch immer beschritten wird, Erfolg im *rent seeking* schafft Ungleichheit. Immer geht es darum, durch Abschottung gegen die Konkurrenz ökonomische Renten zu erzielen. Um Renten handelt es sich, weil die erzielten Preise über dem Niveau liegen, das für eine entsprechende Bereitstellung des Angebots an Gütern und Dienstleistungen erforderlich wäre. Sie implizieren nicht nur ungleiche Einkommen (nominal ungleich sind die Einkommen auch in einer reinen Marktwirtschaft), sondern in erster Linie ungleiche Ertragsraten. Während die ›reine‹ Marktwirtschaft immerhin Gleichheit im Sinne gleicher Ertragsraten garantiert, hebelt die reale Marktwirtschaft durch Rentenzahlungen dieses Prinzip aus.[34] Verstärkt wird die aus Rentenzahlungen resultierende

33 Zu einer Schließungsstrategie wird ein Bildungspatent aber immer dann, wenn es fähige Personen ohne Patent und unfähige mit Patent gibt. In diesem Fall ließe sich die Bindung der Berufsausübung an ein Patent nur noch damit rechtfertigen, dass ein solches Patent wie alle Zeugnisse des Bildungswesens die Selektion vereinfacht.

34 »We argue ... that changes in rents, broadly defined — including land rents, exploitation rents, and rents on intellectual property — may be at the center of what

Ungleichheit durch die Interaktion mit der Vermögensbildung. Rentenzahlungen ermöglichen einen schnelleren Vermögensaufbau und dieser führt gerade bei ungleichen Ertragsraten zu rascher steigenden Einkommen.

Es sollte deutlich geworden sein, dass *rent seeking* keineswegs eine Erscheinung ist, die ausschließlich beim industriellen Kapital, dem Handels- und dem Bankenkapital zu beobachten ist. Auch und gerade die Träger von Humankapital sind bestrebt, Renteneinkünfte zu erzielen. Die sog. Freien Berufe haben ein ausgeklügeltes System der Sicherung solcher Einkommensbestandteile entwickelt, das von Zulassungsbeschränkungen zum Studium bis zur Einschränkung der Niederlassungsfreiheit bei der Ausübung des Berufs reicht. Auch die Politik der Gewerkschaften läuft darauf hinaus, ihren Mitgliedern Renteneinkünfte zu sichern. Wie schon Schumpeter (1965, S. 1141) betont hat, ist die als »Überschuss definierte Rente« keineswegs auf Naturfaktoren wie Grund und Boden beschränkt.

> »Ähnliche Überschüsse, d.h. Differenzbeträge über die für die Bereitstellung des entsprechenden Angebots an Waren und Leistungen erforderlichen Zahlungen hinaus, treten in allen Bereichen des Wirtschaftsorganismus auf. Viele Arbeiter, und zwar nicht nur Filmstars, erhalten viel mehr als die Summe, die sie zur Leistung ihrer jeweiligen Arbeit veranlassen könnte, und in vielen Fällen würden sie mehr leisten, wenn sie per Leistungseinheit weniger erhielten.«

Rent seeking ist zudem keineswegs eine Erscheinung, deren Auftreten auf Marktwirtschaften beschränkt wäre. Folgt man North, Wallis und Weingast (2006), dann hat die Beschränkung des Zugangs zu Geschäftsfeldern die Wirtschaftsgeschichte seit der neolithischen Revolution vor 10000 Jahren geprägt. Nur einer Handvoll von Staaten ist es im Übergang zur Moderne gelungen, *open access social orders* durchzusetzen. Für solche Gesellschaften gilt, dass ihre Ordnung aufrecht erhalten wird »by competition rather than rent-creation.« Die Unterscheidung zwischen »limited access orders« und »open access orders« ist für die Autoren zugleich der Schlüssel zum Verständnis der Gegenwart. Ihnen zufolge ist es nur wenigen Staaten seit

---

has been happening; and that economic analysis should focus on how changes in technology — including innovations that have may have enhanced the ability of those with market power to leverage that power —institutions, and policy may have increased these rents« Stiglitz (2015), S. 3.

dem Zweiten Weltkrieg gelungen, den Übergang von den ersteren zu den letzteren zu bewerkstelligen.[35]

Subjektive Präferenzen und objektive Eintrittsbarrieren in ein Geschäftsfeld sind nicht die einzigen Gründe für Mobilitätsschranken und die damit verbundenen Einschränkungen von Wahlmöglichkeiten. Ein weiter Grund sind mangelnde oder jedenfalls asymmetrische Informationen. Ein gutes Beispiel hierfür sind Unternehmer, die über die Qualität der potentiell von ihnen Beschäftigten schlechter informiert sind als diese selbst. Um »adverse Selektion« zu vermeiden, sind sie bereit, einen Lohn über dem Gleichgewichtslohn zu bezahlen, weil zu niedrigeren Löhnen eventuell nur die Personen mit geringerer Qualifikation sich um eine Stelle bewerben (Milgrom/Roberts 1992, Kap. 5). Diese Bereitschaft zu Lohnzahlungen über dem Gleichgewichtslohn seitens der Unternehmer besteht schon deswegen, weil für Arbeitsmärkte eine fundamentale Voraussetzung der neoklassischen Konkurrenz, die Unabhängigkeit der Qualität einer spezifischen Ware von ihrem Preis, schlicht und einfach nicht zutrifft. Die Qualität der gelieferten Arbeit variiert mit der Bezahlung. Das hat schon Adam Smith gewusst: *Quality depends on price.*[36] Die unvermeidliche Folge von über dem Gleichgewichtslohn liegenden Löhnen ist Arbeitslosigkeit. Solche Löhne, die zwar aus unternehmerischer Sicht optimal sind, weil sie das bestmögliche Verhältnis von Leistung und Bezahlung implizieren, dagegen suboptimal aus der Sicht des Beschäftigungsumfangs, nennt man Effizienzlöhne. Sie führen zwangsläufig zu Zutrittsbeschränkungen zum Arbeitsmarkt, da nicht alle Arbeitssuchenden zu über dem Gleichgewichtslohn liegenden Löhnen beschäftigt werden können.[37] Eine ungewollte Folge hiervon ist, dass die ›Insider‹ sich in einer besseren Verhandlungsposition befinden als die ›Outsider‹. Aus unternehmerischer Sicht kann es sinnvoll sein, den Lohnforderungen der ›Insider‹ nachzugeben (Lindbeck 1993).

9. Ich wäre missverstanden, würde man die obigen Ausführungen als flammendes Plädoyer für die schrankenlose Konkurrenz und das Nieder-

---

35 Ohne die Bedeutung des Bruchs zwischen *limited access orders* – Gesellschaften mit einer solchen Ordnung nennen North et al. einen *natural state* – und *open access orders* herunterzuspielen wollen, besteht die Zielsetzung dieser Vorlesung darin, zu zeigen, dass Zugangsbeschränkungen auch in *open access orders* ubiquitär sind.

36 Ausführlich hierzu Stiglitz (1987).

37 Schlicht (2016) listet die Vorteile einer Abweichung vom Marktgleichgewicht auf: Bessere Selektion der Arbeitskräfte, geringere Arbeitskräftefluktuation, größere Arbeitsdisziplin und höhere Arbeitsmoral.

reißen aller sie behindernden Mauern lesen. Worum es geht, ist die Aufdeckung der Ursache für Einkommensungleichheiten in Marktwirtschaften und nicht, eine Welt ohne Renteneinkünfte als die bessere Welt hinzustellen.

Es sollte deutlich geworden sein, dass nicht das Rechtsinstitut des Privateigentums die wichtigste Ursache von Einkommensungleichheiten ist, sondern die ungleiche Verteilung seiner verschiedenen Formen bis hin zur Monopolisierung. Bezogen auf das Sachkapital war das ja die alles entscheidende Einsicht von Karl Marx. Sie ist immer wieder durch die Zurechnung der Ungleichheit zum Privateigentum, statt zu dessen Monopolisierung, verfehlt und verfälscht worden. Das Privateigentum als Rechtsinstitut ist sowenig eine Quelle der Ungleichheit wie Marktprozesse auf Konkurrenzmärkten. Die Marktwirtschaft würde auch bei Gleichverteilung des Privateigentums funktionieren. Aus gleichen Startbedingungen für alle können allerdings schon in der nächsten Runde Einkommensungleichheiten erwachsen, wenn die Teilnehmer am Wirtschaftsspiel unterschiedliche Arbeitsneigung und unterschiedliches Sparverhalten zeigen. Man muss aber immer unterscheiden zwischen Ungleichheiten, die auch bei freier Konkurrenz zustande kommen und solchen, die aus ihrer Einschränkung resultieren.

Das klassische Beispiel ist die kapitalistische Unternehmung. Sie beruht auf dem Ausschluss einer ganzen Gruppe (Marx nennt sie die Arbeiter) von der Möglichkeit, Produktionsmittel zu erwerben. Die einzige Möglichkeit dieser Gruppe, ihren Lebensunterhalt zu sichern, ist der temporäre Verkauf der Arbeitskraft. Ihre Einkommen aus diesem Verkauf sind jedoch zu niedrig, um mehr als Konsumsparen zu ermöglichen. Bankkredite zur Gründung einer Unternehmung kann diese Gruppe mangels ausreichender Sicherheiten nicht aufnehmen. Unter Konkurrenzbedingungen ist das Beste, was diese Gruppe zur Einkommenserzielung tun kann, als Anbieter von Arbeitskraft auf dem Arbeitsmarkt aufzutreten, wohingegen es für Kapitaleigner optimal ist, als Nachfrager auf dem gleichen Markt aufzutreten (Roemer 1988, Kap. 7). Wäre das Privateigentum an den Produktionsmitteln gleichverteilt, würde die Gruppe der Beschäftigen sich ökonomisch besser stellen, als sie zu kapitalistischen Arbeitsbedingungen gestellt ist. In Roemers Verständnis erfüllt dieser Sachverhalt den Begriff der Ausbeutung. »I define a person as exploited if he would have been better off had the initial distribution of wealth been egalitarian.« (Roemer 1988, S. 132). Es ist aber fraglich, ob die Anbieter von Arbeitskraft sich wirklich besser stellten, wenn der Kapitalbesitz so umverteilt würde, dass jeder Erwerbstätige einen gleichen Anteil erhält. Zum einen ist zur Führung eines Unternehmens mehr verlangt als die Verfügung über Sachkapital. Zum anderen können die Arbeitnehmer durch Verknappung des Arbeitsangebots Renteneinkünfte erzielen. Arbeitseinkünfte sind, solange das Unternehmen besteht, immerhin sicher, wohingegen Gewinne nur dann anfallen, wenn die Einnahmen aus dem Verkauf alle Ausgaben, zu denen das Unternehmen vertraglich verpflichtet ist, übersteigen.

Auch wenn sich Roemers Version der Ausbeutungstheorie halten ließe, folgt daraus nicht, dass die ungleiche Verteilung des Privateigentums illegitim ist. Roemer hat zwar mit seiner Auffassung recht: »From a logical point of view it would be more convincing to base one´s ethical criticism of capitalism directly on property relations than to filter it through the veil of explotation theory« (ebd,), aber das ändert nichts daran, dass es Besitzunterschiede gibt, die ethisch akzeptierbar sind. Dazu zählen alle Unterschiede des Besitzes, die in die Verantwortlichkeit der Marktteilnehmer fallen.[38]

In einer Marktwirtschaft kann das Warenangebot in verschiedener Art und Weise erstellt werden, z.B. durch kleine Selbständige, Bauern oder das Handwerk, durch Professionen wie freiberufliche Rechtsanwälte oder Ärzte, oder eben auch durch genuin kapitalistische Unternehmen.[39] Wird es im wesentlichen von kapitalistischen Unternehmen bereitgestellt, muss in aller Regel ein Markt für die Vergabe von Krediten existieren. Ein solcher Markt ist für dieses Wirtschaftssystem ebenso essentiell wie ein Markt für Arbeitskräfte. Schumpeter hat das als erster klar gesehen, Marx (zumindest der Marx von ›Das Kapital‹, Band I) hat diese Seite der kapitalistischen Marktwirtschaft eher vernachlässigt. Um eine Produktion aufzunehmen, verschulden sich kapitalistische Unternehmen, soweit sie nicht genügend Eigenkapital besitzen. Nur bei perfekten Kapitalmärkten fallen Unterschiede des Kapitalbesitzes nicht ins Gewicht, sofern alle Akteure sich das für ihre Vorhaben fehlende Kapital auf solchen Märkten leihen können. Ein zentraler, die Ungleichheit der Einkommen bedingender und zementierender Zug realer Marktwirtschaften ist, dass Kapitalmärkte nicht perfekt sind. Kredit gibt es nur gegen ausreichende Sicherheiten (zumindest sollte das

38 Siehe die vierte und die elfte Vorlesung.

39 Ein Betrieb ist dann genuin kapitalistisch, wenn der Betriebsüberschuss nicht mehr auf die qualifizierte Arbeit des Betriebsinhabers (also dass er selbst Hand anlegt, sich um Aufträge kümmert, Rechnungen erstellt usw.) zurückgeführt werden kann. Unternehmertum – das Wagnis für Neuerungen – ist keine Arbeitsleistung in diesem Sinne.

so sein).[40] Diese Bedingung wird nur von Personen erfüllt, die über einen den Ansprüchen des Kreditgebers genügenden Besitz an Sachwerten oder Geldkapital verfügen.

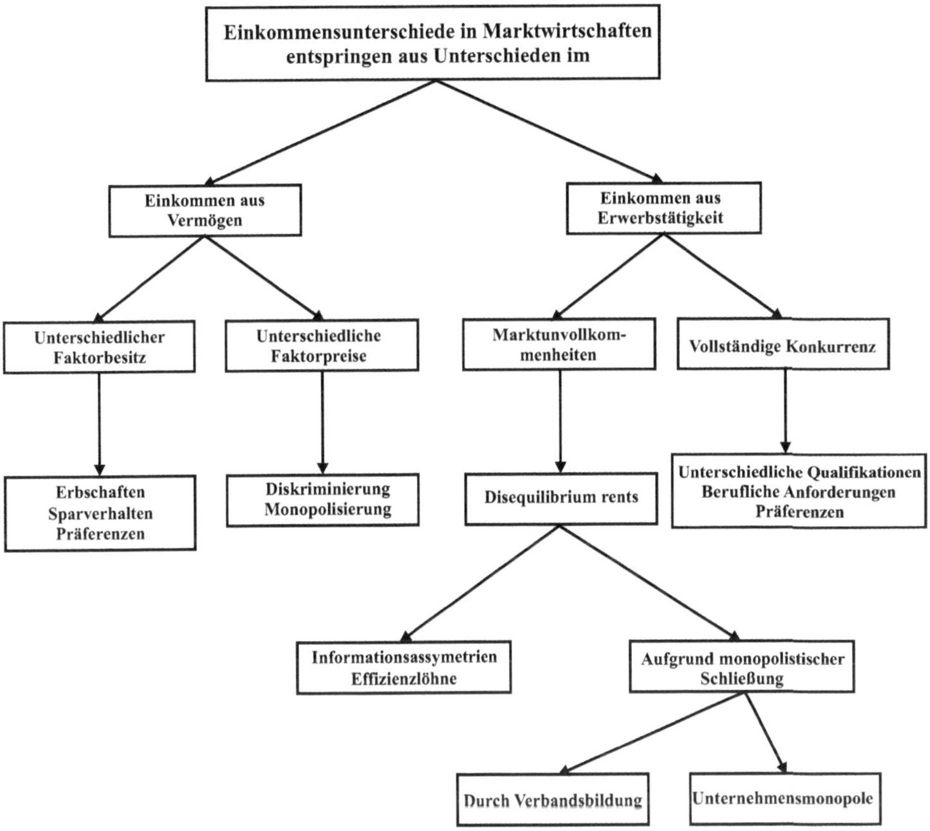

Abbildung 8: Eine Taxonomie der Ursachen ungleicher Einkommensverteilung

40 Was Banken nicht daran hindert, gröblich gegen diese Regel zu verstoßen, wie die Finanzkrise von 2007 drastisch vor Augen geführt hat. Diese Verstöße geschahen allerdings nicht in der Absicht, auch den Nicht-Besitzenden ökonomische Chancen einzuräumen, ganz im Gegenteil. In der Staatsschuldenkrise des Euroraums seit 2009 hat dann die Europäische Zentralbank die Politik der Rettung des Wertpapierbesitzes von Banken und Privatleuten ganz augenscheinlich zu ihrem Handlungsprinzip erkoren.

Literatur

Autor, David, Lawrence Katz und Alan Krueger, 1999: Changes in the Wage Structure and Earnings Inequality. *Handbook of Labor Economics,* Vol 3A, Amsterdam, North Holland.

Berger, Johannes. 2002: Normativer Konsens und das Agenturproblem der Unternehmung. In: Maurer, Andrea und Michael Schmid: *Neuer Institutionalismus. Zur soziologischen Erklärung von Organisation, Moral und Vertrauen,* S. 193-217. Frankfurt: Campus.

Berger, Johannes, 2009: *Der diskrete Charme des Marktes. Zur sozialen Problematik der Marktwirtschaft.* Wiesbaden: VS Verlag für Sozialwissenschaften.

Bertola, Guiseppe, 2000: Macroeconomics of Distribution and Growth. In: Atkinson, Anthony, François Bourgignon, *Handbook of Income Distribution* Vol.1, Kap. 9, S. 477-540.

Erikson, Robert und John H. Goldthorpe, 1992: *The Constant Flux. A Study of Class Mobility in Industrial Societies.* Oxford: Clarendon Press.

Jencks, Christopher, 1972: *Inequality. A Reassessment of the Effect of Family and Schooling in America.* Harmondsworth: Penguin Books.

Krueger, Anne O., 1974: The Political Economy of the Rent-Seeking Society. In: *The American Economic Review,* Vol. 64, S. 291-303.

Lindbeck, Assar, 1993: *Unemployment and Macroeconomics.* Cambridge, Mass.: The MIT Press.

Milgrom, Paul und John Roberts, 1992: *Economics, Organization and Management.* Englewoods Cliffs: Prentice Hall.

Müller, Walter und Dietmar Haun, 1994: Bildungsungleichheit im sozialen Wandel. *Kölner Zeitschrift für Soziologie und Sozialpsychologie,* Band 46, S. 1-42.

North, Douglass C., John Joseph Wallis und Barry R. Weingast, 2006: A Conceptual Framework for Interpreting Recorded Human History. NBER Working Paper No. 12795.

Parkin, Frank, 1979: *Marxism and Class Theory. A Bourgeois Critique.* London: Tavistock

Patinkin, Don, 1965: *Money, Interest, and Prices. An Integration of Monetary and Value Theory.* New York: Harper & Row

Piketty, Thomas, 2014: *Capital in the Twenty-First Century.* Cambridge.

Pratt, John W. und Richard J. Zeckhauser, 1985: *Principals and Agents. An Overview. In: diess., Principals and Agents. The Structure of Business,* S. 1-37. Boston, Mass.: Harvard Business School Press.

Preisendörfer, Peter, 2005: *Organisationssoziologie. Grundlagen, Theorien und Problemlösungen.* Wiesbaden: VS Verlag für Sozialwissenschaften.

Ramser, Hans Jürgen, 1987: *Verteilungstheorie.* Berlin: Springer.

Roemer, John E., 1988: *Free to Lose. An Introduction to Marxist Economic Philosophy*. Cambridge, Mass.: Harvard University Press.

Schlicht, Ekkehart, 1976: *Einführung in die Verteilungstheorie*. Reinbek bei Hamburg: Rowohlt.

Schlicht, Ekkehart, 2016: Efficiency Wages: Variants and Implications, IZA World of Labor, July 2016, S. 1- 10.

Schumpeter, Joseph, 1965: *Geschichte der ökonomischen Analyse*. 2 Bände. Göttingen: Vandenhoeck & Ruprecht.

Scitovsky, Tibor, 1952: *Welfare and Competition. The Economics of a Fully Employed Economy*. London: Routledge.

Stiglitz, Joseph E., 1969: Distribution of Income and Wealth among Individuals. In: *Econometrica* Vol. 37, S. 382-397.

Stiglitz, Joseph E., 1987: The Causes and Consequences of the Dependence of Quality on Price. In: *Journal of Economic Literature*, Vol. XXV, S. 1-48.

Stiglitz, Joseph E., 2015: New Theoretical Perspectives on the Distribution of Income and Wealth Among Individuals. NBER Working Paper 21189.

Streeck, Wolfgang, 2014: How will Capitalism End. *New Left Review*, Band 87, S. 35-64.

Von Hayek, Friedrich A., 1948: The Meaning of Competition. In: ders., *Individualism and Economic Order*, S. 92-106. South Bend, Indiana: Gateway Editions.

Vogt, Winfried, 2016: Die Logik der Marktwirtschaft. Ökonomische Begründungen ihrer Effizienz, ihrer Risiken und Grenzen. Kapitel 5: Markt und Verteilung. Homepage Prof. em. Winfried Vogt, wiwi.uni-regensburg.de

Weber, Max, 1972 [1922]: *Wirtschaft und Gesellschaft. Grundriss der verstehenden Soziologie*. 5. Auflage (besorgt von J. Winckelmann). Tübingen: Mohr und Siebeck.

Wirth, Heike, Cornelia Gresch, Walter Müller et al., 2009: Valididating the ESeC-Scheme as Operationalization of Social Class. The Case of Germany. MZES Working Paper 119.

10 Zehnte Vorlesung: Determinanten der Einkommensungleichheit

1. Rekapitulation. 2. Zur Unterscheidung individueller und struktureller Determinanten der Einkommensungleichheit. 3. Der Arbeitsmarkt. 4. Die Humankapitaltheorie.

1. In der Vorlesung der letzten Woche ging es darum, die Grundzüge einer Theorie der Einkommensungleichheit in Marktwirtschaften zu skizzieren. Da in einer Marktwirtschaft ohne staatliche oder private Transfers Einkommen ausschließlich aus der Bezahlung von Faktorleistungen entstehen, kann es in einer solchen Wirtschaft auch nur zwei Quellen der Einkommensungleichheit geben: unterschiedliche Faktorausstattungen oder unterschiedliche Preise für gleiche Faktoren.[1]

In methodischer Hinsicht war für unsere Analyse der Gedanke konstitutiv, dass eine Untersuchung der Einkommensungleichheit in Marktwirtschaften zweistufig vorzugehen hat. Zunächst gilt es, die Verhältnisse in einer ›reinen‹ Marktwirtschaft zu betrachten, sodann die Abweichungen ›realer‹ von ›reinen‹ Marktwirtschaften. ›Reine‹ Marktwirtschaften sind Wirtschaften, deren Verhältnisse zum einen noch nicht von der Wirtschafts- und Sozialpolitik geprägt sind (das staatliche Handeln ist auf die Sicherung der Bürgerrechte beschränkt) und in denen zum anderen vollständige Konkurrenz herrscht. Dementsprechend haben wir in einem ersten Schritt die Einkommensverteilung in einem Modell der vollständigen Konkurrenz betrachtet und uns gefragt, ob es in diesem Rahmen Einkommensungleichheit geben kann. Die Antwort war: Unter der Voraussetzung, dass in ›reinen‹ Marktwirtschaften die einzige Quelle von Einkommen Faktorleistungen sind, und für eine solche Wirtschaft die gleiche Bezahlung von Faktoren essentiell ist, kann es Einkommensunterschiede nur insoweit geben, als sich in ihnen unterschiedliche Faktorausstattungen reflektieren.[2] Um von einer ›reinen‹ Marktwirtschaft zu sprechen, ist nicht verlangt, dass es sich um eine bloße Güterwirtschaft ohne Finanzsektor handelt. Die

1 Die Formulierung ist allgemein genug, um hierunter auch Kursgewinne fallen zu lassen.

2 Gegen das Prinzip der gleichen Bezahlung gleicher Faktorleistungen wird nicht verstoßen, wenn die Erträge aus einer Investition mit dem eingegangenen Risiko variieren.

J. Berger, *Wirtschaftliche Ungleichheit*, https://doi.org/10.1007/978-3-658-23682-3_10

Teilnehmer an einer solchen Wirtschaft halten unterschiedliche Mengen an Unternehmensanteilen in der Form von Wertpapieren und beziehen Einkommen aus diesen Anteilen. Die Ertragsraten aller Faktoren sind jedoch gleich. Zumindest strebt der Wettbewerb diesem Ziel zu.[3]

In einem zweiten Schritt galt es, die dann noch verbleibende, nicht auf unterschiedliche Faktorausstattung reduzierbare Ungleichheit durch Abweichungen vom Modell der vollständigen Konkurrenz zu erklären. Das Monopol ist die bekannteste, aber bei weitem nicht einzige Abweichung von diesem Modell. Unsere Antwort auf die Rousseausche Frage nach dem »Ursprung der Ungleichheit unter den Menschen« beginnt gleichwohl nicht bei Strategien der monopolistischen Schließung, sondern wählt als Ausgangspunkt die vollständige Konkurrenz. Sie ist methodisch den Abweichungen von ihr vorgelagert. Für die vollständige Konkurrenz sind vier Annahmen fundamental: Vorteilsstreben, *free entry and exit* und damit die Beseitigung aller objektiven Mobilitätsbarrieren, hochgradige subjektive Wanderungsbereitschaft und damit Bindungslosigkeit sowie möglichst vollständige Information der Akteure über ihre Marktchancen. Unter diesen Bedingungen kann es Ungleichheit nur noch dann geben, wenn die Marktteilnehmer über unterschiedliche Faktormengen unterschiedlicher Qualität verfügen.

Einkommensunterschiede kommen einerseits durch Abweichungen vom Modell der vollständigen Konkurrenz zustande, andererseits durch Unterschiede in den sog. Anfangsausstattungen, also dem Faktorbesitz, mit dem die einzelnen Marktteilnehmer am Markt auftreten. Im Zeitablauf sind solche Unterschiede teils das Ergebnis individueller Wahlentscheidungen, teils sind sie solchen Entscheidungen vorgelagert. Wichtige Beispiele für ›vorgelagerte‹ Unterschiede sind die natürliche Begabung, unterschiedliche Erziehung sowie Erbschaften. Sozialisationsunterschiede ließen sich durch frühkindliche Erziehung in staatlicher Hand zumindest reduzieren, der Einfluss der Vererbung von Vermögen durch eine konfiskatorische Erbschaftssteuer sogar beseitigen. Dann bliebe als letzter harter Kern eines beim Eintritt in das Erwerbsleben den eigenen Entscheidungen vorhergehenden Vermögensunterschieds das Talent oder die natürliche Begabung übrig.

3 Ein offenes Problem bildet die Antwort auf die Frage, ob es in einer solchen Wirtschaft spekulative Kursgewinne geben kann. Siehe hierzu dezidiert Tirole (1982, S. 1163): »Speculation relies on inconsistent plans and is ruled out by rational expectations«.

In einer ›reinen‹ Marktwirtschaft mit Kreditmärkten sind die Marktteilnehmer Besitzunterschieden nicht hilflos ausgeliefert. Sie könnten durch die Aufnahme von Krediten am Kapitalmarkt kompensiert werden. Das setzte aber perfekte Kapitalmärkte voraus. Die Realität ist jedoch durch die ungleiche Behandlung am Bankschalter geprägt. Auf perfekten Kapitalmärkten könnte sich jeder Wirtschaftsteilnehmer so viel Kapital leihen, wie er möchte. Tatsächlich ist aber die Verschuldungsfähigkeit gestaffelt. Wie viel eine Person sich leihen kann, hängt u.a. davon ab, welche Sicherheiten sie zu bieten in der Lage ist.

Sind Besitzunterschiede, gleich woher sie stammen, der ›reinen‹ Marktwirtschaft anzulasten? Eine solche Wirtschaft ist zum einen mit beliebigen Vermögensverteilungen kompatibel, zum anderen entstehen Vermögensunterschiede nicht erst in marktwirtschaftlichen Prozessen, sondern werden von den Marktteilnehmern mitgebracht. Zwar gibt es auch Vermögensunterschiede, die teils durch Entscheidungen der Marktteilnehmer, teils durch »Konjunkturen« aufgebaut und verstärkt werden. Soweit sie auf individuell zurechenbaren Entscheidungen beruhen (z. B. unterschiedlicher Arbeitseinsatz, unterschiedliches Sparverhalten), ist an ihnen nichts ›falsch‹. [4]

Es ist eine Frage für sich, ob und wenn ja, unter welchen Bedingungen es sich bei der aus unterschiedlicher Faktorausstattung resultierenden Ungleichheit um ›wahre‹ Ungleichheit handelt. Die Beantwortung dieser Frage hängt davon ab, ob und in welchem Ausmaß sich unterschiedlicher Faktorbesitz normativ rechtfertigen lässt. Die politische Philosophie ist sich in dieser Frage keineswegs einig. Strittig ist insbesondere die Behandlung von ererbtem Vermögen. Die von liberalen Vordenkern wie John Stuart Mill geforderte konfiskatorische Erbschaftssteuer ist jedoch nirgendwo realisiert und Erträge aus Talenten, die ja auch nur ein ererbtes Vermögen darstellen, werden im Rahmen der geltenden Einkommenssteuerregeln abgeschöpft.[5] Am ehesten mit Zustimmung rechnen können Vermögensunterschiede, die ihre Ursache in individuell zurechenbarem Verhalten wie der gerade erwähnten Sparneigung oder Arbeitsleistung haben. Kritischer ist der Aufbau von Vermögenspositionen, die ihre Wurzel in der Privilegienstruktur der Gesellschaft haben. Marx z.B. hat, was den Erwerb von Kapital anbelangt, angenommen, dass die Chancen, Kapitalbesitz in einem zur Führung

4 Konjunkturen sind unter Bedingungen der vollständigen Konkurrenz definitorisch ausgeschlossen.

5 Rawls allerdings erblickt in der ungleichen Verteilung von Talenten eine Zufälligkeit der Natur, für die ein gesellschaftlicher Ausgleich – folgt man seiner Theorie der Gerechtigkeit – verlangt werden kann.

eines Unternehmens ausreichendem Maß zu erwerben, höchst ungleich verteilt sind. Die Arbeiter können, wie sehr sie sich auch anstrengen, lediglich Subsistenzlöhne erwirtschaften. Diese Subsistenzlöhne müssen keine Hungerlöhne sein. Aber sie sind niemals so hoch, dass sie Kapitalbildung ermöglichen. Dadurch ist für Marx garantiert, dass die Klasse der Kapitalisten unter sich bleibt.

Einkommensungleichheiten bei Abweichungen vom Modell der vollständigen Konkurrenz haben – das betonten wir in der letzten Vorlesung – ihre Ursache jedoch nicht nur in einer unterschiedlichen Faktorausstattung, sondern auch in vom Gleichgewichtspreis abweichenden Preisen. Sind diese Preise höher als der Gleichgewichtspreis, ist die Differenz eine Rentenzahlung an den betreffenden Faktor. Drei Ursachen für die Abweichung von Gleichgewichtspreisen haben wir unterschieden: monopolistische Schließung, Informationsmängel und Diskriminierung. Diskriminierung ist gesetzlich verboten; nicht aus der Welt zu schaffende Informationsmängel motivieren Unternehmen, sog. Effizienzlöhne zu zahlen. Die vermutlich wichtigste und am meisten verbreitete Ursache für Abweichungen vom Konkurrenzgleichgewicht ist monopolistische Schließung. Dadurch wird das Angebot an einer Faktorleistung künstlich verknappt, auch wenn der in Frage stehende Faktor (z.B. Sachkapital oder ein Bildungspatent) eigentlich beliebig vermehrbar wäre. Der einzige nicht vermehrbare Faktor ist der Boden. Je enger die Grenzen der Vermehrbarkeit eines Faktors gezogen sind, umso stabiler und – bei gegebener Nachfrage – ertragsreicher ist das Monopol auf diese Ressource.

2. Einkommensunterschiede sind entweder individuell oder strukturell bedingt. Dieser Unterscheidung sind wir bereits im Zusammenhang einer generellen Theorie der Einkommensungleichheit in Marktwirtschaften begegnet. Wir haben dort gesehen, dass es auch in einer ›reinen‹ Marktwirtschaft Einkommensungleichheit (wenn auch nicht Ungleichheit der Ertragsraten) gibt. Diese Ungleichheit beruht jedoch durchgängig auf einer individuellen Eigenschaft der Marktteilnehmer: ihrer differentiellen Ausstattung mit wirtschaftlich verwertbarem Kapital. Die Abweichungen von einem kompetitiven Marktgleichgewicht hingegen sind alle strukturell bedingt. Diese sehr allgemeine Idee möchte ich in der heutigen Vorlesung konkretisieren. Der Prototyp einer individuellen Erklärung von Einkommensunterschieden ist die Humankapitaltheorie. Bevor wir uns dieser Theorie zuwenden, möchte ich zunächst die Unterscheidung zwischen

individuellen und strukturellen Erklärungen wirtschaftlicher Ungleichheit näher beleuchten.[6]

Individuelle Charakteristiken einerseits und Gesellschaftsstrukturen anderseits sind sehr allgemeine Kategorien, unter die jeweils eine Vielfalt unterschiedlichster Sachverhalte subsumiert werden können. Zu den individuellen Eigenschaften einer Person zählen ja nicht nur ihre Ausstattung mit Humankapital (Begabung und erworbene Qualifikationen), sondern auch ihr Alter, ihr Geschlecht, ihre ethnische Zugehörigkeit usw. Das Konzept der Gesellschaftsstruktur ist erst recht ein Sammelbegriff, unter den die verschiedensten Sachverhalte eingeordnet werden können. Dazu zählen z.B. die Region, in der man lebt, die Sektoren der Wirtschaft und ihr Größenverhältnis, der Berufszweig, dem man angehört, die Größe der Firma (Kleinunternehmen oder Großunternehmen), usw.

Der Begriff ›individuelle Eigenschaften‹ lässt sich (wie auch der korrespondierende Strukturbegriff) in einem engeren und weiteren Sinn verstehen. Im engeren Sinne individuell sind persönliche Eigenschaften und Situationen, für die eine handelnde Person selbst verantwortlich ist, die also ihr und nicht den günstigen oder ungünstigen Umständen zugerechnet werden können und müssen. Das wohl wichtigste Beispiel hierfür ist die Bildungsqualifikation, soweit sie auf eigener Wahl beruht und nicht den Umständen zugerechnet werden kann. Personen, die sich in vergleichbaren Umständen befinden (etwa die soziale Lage des Elternhauses teilen), können schließlich differente Bildungsentscheidungen treffen. In einem weiteren Sinn individuell sind alle Eigenschaften, die an einer Person haften und keine Prädikate der gesellschaftlichen Lage sind. Zu den ersteren gehören z.B. die Arbeitsteilung oder die Berufsstruktur, zu den letzteren körperliche Merkmale.[7]

---

6 Grundlegend für diese Unterscheidung zur Erklärung von Einkommensungleichheiten ist Atkinson (1983), Kap. 5 und 6. Vgl. auch Jacobsen (1998) Part III und insbesondere Filer, Hamermesh und Rees (1996), Kap. 3 zur Humankapitaltheorie, Teil IV über die Rolle von Berufsstrukturen, Teil V über den Einfluss der Gewerkschaften und Kap. 14 über die Bedeutung von Rasse und Geschlecht.

7 Die Unterscheidung zwischen Sachverhalten, die von einer Person kontrolliert werden können und für die sie daher verantwortlich ist, sowie Sachverhalten, die von Umständen bedingt sind, über welche die betreffende Person keine Kontrolle hat, liegt dem Konzept der Chancengleichheit zugrunde. Siehe hierzu die vierte Vorlesung.

Strukturen bilden sich immer dann heraus, wenn der Wettbewerb eingeschränkt ist.[8] Ein wirklich vollständiger Wettbewerb würde Strukturen weitgehend einebnen und – bei schrankenloser Bildbarkeit von Personen – dazu führen, dass diese sich hinsichtlich ihrer einkommensrelevanten Merkmale nicht mehr voneinander unterscheiden lassen. Ein eingeschränkter Wettbewerb hingegen ist einerseits der ideale Nährboden für Strukturbildung und damit die Bedingung der Möglichkeit, dem Streckbett der vollständigen Konkurrenz und seiner Einebnung aller Unterschiede zu entkommen. Vor diesem Hintergrund gewinnen Strategien der Schließung Gewicht, deren Ziel es ist, den Wettbewerb einzuschränken und dadurch Vorteile für diejenige Gruppe zu erzielen, der die Schließung gelungen ist.

Solche Strategien monopolistischer Schließung sind ganz und gar nicht auf die Unternehmen beschränkt. Sie werden in großem Ausmaß von den freien Berufen praktiziert; auch die Gewerkschaften sind Musterbeispiele für die Verfolgung von Schließungsstrategien. Dazu zählen z.B. sog. *closed shops*, also betriebliche Bereiche, die nur für Gewerkschaftsmitglieder zugänglich sind. Mit der Etablierung solcher Bereiche wollen die Gewerkschaften verhindern, dass auch Nicht-Gewerkschaftsmitglieder in den Genuss gewerkschaftlich durchgesetzter Lohnerhöhungen kommen, ohne hierfür einen Beitrag an die Gewerkschaften zu entrichten. Sperrklauseln dieser Art sind in Deutschland unzulässig. Aber in der britischen Sozialgeschichte blicken sie auf eine lange Tradition zurück.

Auch das Institut der Tarifautonomie bedeutet eine Einschränkung des Wettbewerbs. Es ersetzt individuelle Lohnvereinbarungen zwischen Arbeitgebern und Arbeitnehmern durch zwischen den Gewerkschaften und den Arbeitgeberverbänden geschlossene Tarifverträge, an die sich alle Verbandsmitglieder zu halten haben. Dieses Institut ist ein gutes Beispiel dafür, dass es falsch wäre, im vollständigen Wettbewerb vorschnell die bessere Welt zu erblicken. Ökonomische Renten heben die unteren Einkommen an und die Nutznießer eingeschränkten Wettbewerbs sind insofern Rentenbezieher. Es wäre falsch, ungeprüft davon auszugehen, dass die Gewerkschaften solche Rentenzahlungen gegen den Willen der Unternehmer durchsetzen müssen. Es gibt gute Gründe für die einzelnen Unternehmer, die Lohnfindung an die Verhandlungen der Verbände des Arbeitsmarkts zu delegieren.

8 Damit will ich nicht sagen, dass Wettbewerbsbeschränkungen die einzige Quelle von Strukturbildung sind. Auch natürliche Ausstattungsunterschiede (z.B. Talent) oder geographische Unterschiede wirken strukturbildend. In einer streng theoretischen Betrachtung würden solche Gegebenheiten allerdings als unaufhebbare Beschränkungen des Wettbewerbs angesehen.

Eine Erklärung der Einkommensungleichheit, die auf Marktunvollkommenheiten basiert, ist immer eine strukturelle Erklärung im Unterschied zu einer individuellen und dies aus zwei Gründen. (a) Konkurrenz kennt keine oder allenfalls minimale Strukturen. Der Konkurrenzmarkt ist der Prototyp einer offenen sozialen Beziehung. Strukturen entstehen nur durch Zutrittsbeschränkungen. (b) In einem restlos offenen sozialen System ohne jede Grenzziehung sind alle Unterschiede rein individueller Art, entstehen also nicht durch Gruppenzugehörigkeit (Klassenbildung). Wenn wirklich vollständiger Wettbewerb herrschte, jeder also seine Betätigung frei wählen könnte, und alle Individuen die gleichen Fähigkeiten besäßen, gäbe es keine tatsächliche, jenseits individueller Wahlentscheidungen angesiedelte Ungleichheit. Einkommensunterschiede würden teils die Ausbildungskosten, teils die mit dem Job verbundenen Belastungen kompensieren oder unterschiedlicher Anstrengung (dokumentiert z.B. durch die Wahl zwischen freier Zeit und Arbeitszeit) geschuldet sein. Soweit Einkommensunterschiede sich als Kompensation für Nachteile verstehen lassen, implizieren sie keine Ungleichheit. Umgekehrt: Wirkliche Ungleichheit entsteht hauptsächlich aus monopolistischem Besitz. Solange der Faktorbesitz monopolisiert wird, kann es keine wirkliche Gleichheit geben.

Der rententheoretische Erklärungsansatz der Einkommensungleichheit taucht in der empirischen Literatur in der Form der Unterscheidung individueller und struktureller Komponenten wieder auf. Hier wird gefragt, wie groß der Anteil der strukturellen Komponente ist. Eine Möglichkeit, diesen Anteil zu ermitteln, ist die Analyse der Einkommensvariation von Gruppen, die über gleiche, individuell zurechenbare Qualifikationen verfügen. Blien (2004) hat z. B. die Einkommen von Personen mit einer dreijährigen Berufsausbildung untersucht. Deren Einkommen weichen bis zu 100 Prozent voneinander ab. Falls die individuell gewählten Arbeitszeiten der untersuchten Population gleich sind, bleibt nur die Vermutung, dass diese Unterschiede strukturell bedingt sind. Diese strukturellen Bedingungen sind wiederum vielfältig. Bis zu 50 Prozent der Variation können laut Blien durch Variablen wie Region, Alter, Geschlecht, Firmengröße usw. erklärt werden. Für den verbleibenden Rest kommen dann nur noch Einschränkungen der Mobilität in Frage. Eine wichtige Ursache der eingeschränkten Mobilität sind segmentierte Arbeitsmärkte. Nach der Humankapitaltheorie sollten Personen mit gleicher Ausbildungsdauer in allen Berufszweigen das gleiche Gehalt beziehen. *Wage differentials*, die nicht wegkonkurrenziert werden, deuten auf Barrieren zwischen den Märkten hin.

Zu den individuellen, einkommensrelevanten Unterschieden zählen: (a) die natürliche Begabung (Talente), (b) das Alter, (c) das Geschlecht, (d) die ethnische Zugehörigkeit, (e) die persönliche Anstrengung *(effort)*, (f) individuelle Präferenzen wie die Sparneigung oder Freizeitpräferenzen, (g) die Risikoneigung und (h) die erworbene Qualifikation. (a) bis (d) gehören zu den Umständen, die individuell nicht zu verantworten sind, (e) bis (h) unterliegen zumindest zum Teil der individuellen Wahl.

3. Eine genauere Untersuchung des Arbeitsmarktgeschehens sollte die Rolle individueller und struktureller Unterschiede erklären helfen. Die zentrale, in jeder Untersuchung dieser Art mitschwingende Frage lautet: Ist der Arbeitsmarkt ein Markt wie jeder andere? Die Antwort auf diese Frage fällt positiv aus, wenn davon ausgegangen wird, dass auf dem Arbeitsmarkt die Überschussnachfrage (positiv oder negativ) wie auf gewöhnlichen Warenmärkten durch Preisänderungen beseitigt wird. Auf dem Arbeitsmarkt ist das jedoch nicht oder nur sehr bedingt der Fall. Z.B. bei einem Konjunkturrückgang kommt es aus verschiedenen Gründen nicht zu Lohnsenkungen *(fixed wages)*. Wenn eine der Marktkurven sich aus welchen Gründen auch immer verschiebt, stellt sich nicht sogleich ein neues Gleichgewicht durch Änderung des Gleichgewichtspreises ein, sondern der Ausgleich wird, wenn überhaupt, durch Mengenrationierung hergestellt. Mengenrationierung geschieht in der Form des Stellenabbaus, des Firmenbankrotts, der Abwanderung der Arbeitskräfte in andere Felder usw. Mengenrationierung ist ein Mittel, den Arbeitsmarkt zum Ausgleich zu bringen, wenn die Preisrationierung nicht funktioniert.

Es gibt eine ganze Reihe von Argumenten, warum Arbeitsmärkte nicht wie z.B. Apfelmärkte (nach dem Motto: je größer die Ernte, desto niedriger der Preis) behandelt werden können.

- Arbeitsmärkte sind hochgradig versäulte und vermachtete Märkte. Die Preise auf solchen Märkten werden überindividuell in Tarifverhandlungen festgelegt. In der Bundesrepublik Deutschland ist diese Art von Lohnfindung durch das Grundgesetz geschützt. Dass die Gewerkschaften an dieser, Tarifautonomie genannten Regelung ein existentielles Organisationsinteresse haben, ist offensichtlich. Aber auch die Arbeitgeber haben ein Interesse an dieser Art der Lohnfindung. Z.B. dämmt sie die Konkurrenz der Unternehmen untereinander ein und ist geeignet, »wilde Streiks« zu unterbinden. Die Arbeitgeber und ihre Verbände beugen sich nicht einfach der Macht der Gewerkschaften. An der Tarifautonomie ist auch der Staat interessiert. In dem

Maße, in dem der Staat die Lohnfindung den Parteien des Arbeitsmarkts überlässt, kann er auch nicht für die Ergebnisse dieser Form der Lohnfindung zur Rechenschaft gezogen werden.

- Segmentation entlang von Berufen und Qualifikationen. Der Arbeitsmarkt ist kein singulärer Markt, auf dem eine homogene Ware gehandelt wird, sondern zerfällt in Teilarbeitsmärkte entlang der Grenzen von Berufen und Qualifikationen. Ein Wechsel zwischen diesen Märkten ist für den einzelnen, eine Arbeit suchenden Beschäftigten nur sehr eingegrenzt möglich.
- Stellen, welche ein Unternehmen für die Beförderung seines eigenen Personals benötigt, gelangen gar nicht erst auf den Arbeitsmarkt, sondern werden firmenintern besetzt. Nicht nur sind die beruflichen Teilarbeitsmärkte gegeneinander abgeschottet, sondern auch die firmeninternen Arbeitsmärkte gegen den allen Stellenbewerbern zugänglichen allgemeinen Arbeitsmarkt (Sengenberger 1978). Nur für den Eintritt in die Firma auf den unteren Ebenen der Gehaltshierarchie besteht Bewerberkonkurrenz. Weiter oben in der firmeninternen Stellenhierarchie angesiedelte Stelleninhaber müssen nicht fürchten, ihre Stelle an »von außen« kommende Bewerber zu verlieren.
- Der Arbeitsmarkt ist nicht nur entlang beruflicher Grenzen oder bezüglich des Zutritts zu höheren Positionen in Unternehmen, sondern auch regional segmentiert. Regionen mit einem hohen Beschäftigungsstand (z.B. die Arbeitsagenturbezirke Freising und Ingolstadt) existieren neben Regionen mit hoher Arbeitslosigkeit (z.B. Dortmund). Ausreichende Mobilität von Arbeitskräften vorausgesetzt, dürfte es eigentlich keine regional unterschiedlichen Arbeitslosenquoten geben, es sei denn, die berufliche Struktur der Arbeitslosen in Regionen hoher Arbeitslosigkeit passt nicht mit der beruflichen Struktur von Regionen mit vielen offenen Stellen zusammen. Ein nach den Regeln des Lehrbuchs funktionierender Arbeitsmarkt würde sowohl den regionalen wie den beruflichen *mismatch* abbauen.
- Arbeitsmärkte reagieren ›untypisch‹ auf Preisänderungen: Das Absinken des Preises kann zur Steigerung des Angebots seitens der Beschäftigten führen, weil es nur so möglich ist, den gewohnten Lebensstandard zu halten. Umgekehrt gilt: Wenn die Löhne weiter steigen, sinkt das Arbeitsangebot von einem bestimmten Punkt an. Die Angebotskurve ist ab diesem Punkt nach links gekrümmt und ist insofern nicht mehr die Funktion des Preises im strengen Sinn des Worts (ab

diesem Punkt bestehen zwei Werte der abhängigen Variablen für einen Wert der unabhängigen).

- Löhne und Gehälter haften an Stellen und nicht an den Personen, welche diese Stellen besetzen. Max Weber hat darin ein konstitutives Merkmal der bürokratischen Organisation erblickt. Die Lohnstruktur einer Unternehmung gerät nicht bei jeder Verschiebung der Angebots-Nachfrageverhältnisse auf dem Arbeitsmarkt in Bewegung.
- Preisrigiditäten: Löhne und Gehälter sind gegen Konjunkturschwankungen weitgehend geschützt. Das hat viele Gründe. Die Absenkung der Löhne bei sich verschlechternder Geschäftslage würde von der Belegschaft höchstwahrscheinlich als eine Kriegserklärung interpretiert und mit Arbeitszurückhaltung beantwortet. Auch wenn es zutrifft, dass ohne *fixed wages* der Arbeitsmarkt zum Ausgleich gebracht werden könnte, sind daher Preissenkungen je nach Arbeitsmarktlage kein dem Management beliebig zur Verfügung stehendes Mittel.
- Zu nominalen Lohnsenkungen bei rückläufiger Konjunktur kommt es auch deswegen nicht, weil dieses Opfer der Arbeitnehmer potentiell unwirksam ist. Das ist das Argument von Keynes: Laut neoklassischer Theorie wird der Arbeitsmarkt über Änderungen des Reallohns zum Ausgleich gebracht. Nominallohnsenkungen schlagen sich jedoch nicht automatisch in Reallohnsenkungen nieder, weil der dadurch bedingte Rückgang der Nachfrage deflationär wirkt. Güterpreissenkungen als Folge eines Rückgangs der Nominallöhne konterkarieren den gewünschten Effekt auf die Reallöhne.
- Anders als auf sog. Spotmärkten begründet der Arbeitskontrakt in der Regel eine langfristige Beziehung zwischen Arbeitnehmer und Arbeitgeber. Er bindet nicht nur die Angestellten an das Unternehmen, sondern auch das Management an die Angestellten mit der Folge, dass diese nicht bei jeder sich bietenden Gelegenheit gegen ›Outsider‹ ausgetauscht werden. Laut der Theorie impliziter Kontrakte liegt eine solche Bindung im Eigeninteresse des Unternehmens (Azariadis 1975, Filer, Hamermesh und Rees 1996, Kap. 16).

4. Alle Gründe dafür, dass der Arbeitsmarkt kein ›gewöhnlicher‹ Markt ist, auf dem vollkommener Wettbewerb herrscht und der daher zuverlässig durch Preisänderungen zum Ausgleich von Angebot und Nachfrage gebracht wird, sind zugleich Argumente dafür, dass soziale Strukturen bei der Preisfindung eine erhebliche Rolle spielen. Wir verfolgen diesen Gedankenstrang nicht weiter, sondern wenden uns einer Theorie zu, die

vollkommenen Wettbewerb auf Arbeitsmärkten voraussetzt und dementsprechend bestrebt ist, alle Lohn- und Gehaltsunterschiede auf Mengenunterschiede einer marktgängigen Eigenschaft der Arbeitnehmer zurückzuführen. Der Sammelname für diese Eigenschaft ist: Humankapital. Dieses Humankapital besteht aus den Fähigkeiten und Fertigkeiten (den *skills*) von Arbeitnehmern, die für potentielle Arbeitgeber von Wert sind. Die Frage, ob zu diesen *skills* nicht nur ein bestimmtes, im Produktionsprozess einsetzbares Wissen, sondern auch alle anderen persönlichen Eigenschaften, (z.B. Arbeitsmotivation, Arbeitsdisziplin) gehören, die einen Arbeitgeber veranlassen können, den Träger dieser Eigenschaften anzuheuern, wird im Rahmen dieses Ansatzes unterschiedlich beantwortet. Typisch für die Humankapitaltheorie ist jedoch die Annahme, dass skills in formalen Bildungsprozessen, die in der Regel vor der Aufnahme einer Erwerbstätigkeit liegen, erworben werden. Formal soll heißen: Diese Fähigkeiten werden in den formalen Organisationen des Bildungswesens, so z.B. den Schulen und Hochschulen, erworben. Je mehr Wissen und Fertigkeiten die Teilnehmer solcher Bildungsprozessen erworben haben, umso höher ist ihre Produktivität. Die Geltung der Grenzproduktivitätstheorie vorausgesetzt, schlägt sich die erhöhte Produktivität in steigenden Verdiensten nieder.[9]

Die Frage ist jetzt, was einen jungen Menschen, der die Wahl hat, nach Absolvierung der Pflichtschulzeit entweder eine Arbeit aufzunehmen oder erst einmal eine höhere Bildungsanstalt zu besuchen, dazu bringt, ein Studium dem Beruf vorzuziehen. Die Humankapitaltheorie steht, was die Beantwortung dieser Frage anbelangt, völlig auf dem Boden einer Theorie der rationalen Wahl. Möglichst einfach formuliert besagt diese Theorie, dass eine Person unter den zur Wahl stehenden Alternativen diejenige Alternative auswählt, von der sie subjektiv überzeugt ist, aus ihr den größten Nutzen zu ziehen. Aber welche unter mehreren Alternativen ist nützlicher als andere, wenn der Nutzen verschiedene Dimensionen umfasst? Wie eng ist das Nutzenkonzept egoistisch auf die entscheidende Person bezogen? Variiert nicht der Nutzen mit dem Zeithorizont? (Was morgen vorteilhaft ist, könnte über einen längeren Zeitraum betrachtet nachteilig sein.) Um wissenschaftlich verwertbar zu sein, muss die Rationalitätsannahme operationalisiert werden. Typisch für die Humankapitaltheorie ist, dass sie die Theorie der rationalen Wahl in eine sog. *Cost-Benefit*-Analyse überführt. Die Kosten einer Ausbildung sind dann in erster Linie die entgangenen Einkünfte aus einer Berufstätigkeit, aber auch Studiengebühren, Ausgaben

9 Vgl. Franz (1991), S. 96.

für Bücher, Hefte, Schreibzeug usw. Auch psychische Kosten können anfallen. Lernen ist mühsam, auf dem Weg zum Examen gibt es viele Enttäuschungen und der schließliche Erfolg ist ungewiss. Die *benefits* eines erfolgreichen Studienabschlusses bestehen im höheren Monatseinkommen, dem größeren Ansehen, der attraktiveren Arbeit usw. Nicht nur auf der Kosten- sondern auch auf der Ertragsseite häufen sich Bewertungsprobleme. Die Standardtheorie nimmt zur Lösung dieser Probleme einen radikalen Standpunkt ein: Alle Kosten und alle Vorteile sind rein monetärer Natur. Konkret heißt das, dass die monetär messbaren Kosten der Ausbildung mit den monetären Erträgen (den Einkommen aus Erwerbsarbeit) verglichen werden.

Die Humankapitaltheorie stellt sich eine Person, die sich für einen Ausbildungsgang nach der Pflichtschulzeit entscheidet, wie einen Investor vor. Wer in Humankapital investiert, stellt ein mit der Investition in Wertpapiere oder Sachkapital vergleichbares Kalkül an: Lohnt sich die Investition in die Ausbildung? Die naheliegende Antwort: Ja, falls die Erträge die Kosten übersteigen, ist mit zwei Schwierigkeiten behaftet. Die Kosten sind mehr oder weniger gewiss, die Erträge hingegen ungewiss. Die Humankapitaltheorie behilft sich mit der Ersetzung sicherer Erträge durch erwartete Erträge, genauer: subjektiv erwartete Erträge. Die zweite Schwierigkeit ist: Die Kosten fallen in der Gegenwart oder nahen Zukunft an, die Erträge hingegen über die gesamte Lebensarbeitszeit. Um sie in einer *Cost-Benefit*-Analyse korrekt zu bewerten, müssen alle zukünftigen Erträge auf die Gegenwart abdiskontiert werden. Daher reicht es nicht aus, die erwarteten Einkünfte aus einer Beschäftigung nach Abschluss der Ausbildung einfach aufzuaddieren und dann mit den Ausbildungskosten zu vergleichen. Wegen der Abdiskontierung der zukünftigen Erträge wird die nominale Differenz zwischen den beiden Einkommensströmen beträchtlich sein müssen, damit sich eine Ausbildung lohnt.

Das Rechenkalkül des potentiellen Bildungsinvestors sieht dann etwa so aus (Ehrenberg und Smith 2003, S. 270f.): Bei jährlichen Kosten für die Ausbildung an einem College der Wahl belaufen sich die Kosten für eine vierjährige Ausbildung auf insgesamt 100000 Dollar. Diese Kosten fallen in der Gegenwart an, müssen aber über die gesamte Lebensarbeitszeit wieder ›hereingespielt‹ werden, damit sich die Ausbildung lohnt.[10] Bei einer Lebensarbeitszeit von 40 Jahren und einem Diskontsatz von real 2 Prozent

10 Von der Komplikation, dass sich auch die anfallenden Kosten über einen bestimmten Zeitraum erstrecken und daher ebenfalls abdiskontiert werden müssten, wird zur Vereinfachung der Rechnung abgesehen.

müssten die Einkünfte aus dieser Investition pro Jahr nach Steuern 3652 Dollar in konstanten (inflationsbereinigten) Dollars betragen »in order to justify the investment on purely monetary grounds« (Ehrenberg und Smith 2003, S. 271). Zu diesem Schluss gelangt unser Bildungsinvestor, wenn er für sein Kalkül die bekannte Formel der Finanzmathematik zur Berechnung von Annuitäten anwendet:

$$Y = X \frac{[1 - 1/(1+r)^N]}{r} \qquad (1)$$

In der Formel steht Y für die Investitionssumme, X für die jährlichen Erträge aus dieser Investition, N für die Zahl der Arbeitsjahre und r für den der Kalkulation zugrundegelegten Zinssatz.[11]

Nach dieser Gleichung sind jährliche Einkünfte von 3652 Dollar, die sich über einen Zeitraum von 40 Jahren erstrecken, genauso viel wert wie 100000 Dollar in der Gegenwart. Unser Bildungsinvestor sollte sich daher zwischen diesen beiden Wahlmöglichkeiten eigentlich indifferent verhalten. Noch gar nicht berücksichtigt ist bei diesem Kalkül, dass die gegenwärtigen Kosten (oder das gegenwärtige Vermögen, mit dem ein Studium finanziert werden kann) gewiss sind, die zukünftigen Einkünfte aber höchst ungewiss. Die Mindestbedingung eines rationalen Bildungsinvestors für eine positive Studienentscheidung sollte daher sein, dass der Nettogegenwartswert *(net present value, NPV)* aller zukünftig anfallenden Einkünfte aus dieser Entscheidung positiv ist. Dies gilt auch und gerade für Entscheidungen unter Sicherheit.[12] Um den *net present value* zu ermitteln, wird für alle Jahre vom Eintritt in das Berufsleben bis zur Pensionierung zunächst die Differenz zwischen dem Einkommen von *College*-Absolventen (Y^C) und *Highschool*-Absolventen (Y^H) festgestellt; die jeweilige Differenz wird sodann mittels Teilung durch $(1 + r)$, potenziert mit dem jeweiligen Jahr, abdiskontiert. Abschließend wird die Summe der so errechneten Werte gebildet. In Gleichungsform:

11 Die Formel gilt für diskrete, jeweils am Jahresende anfallende Werte. Zur Herleitung dieser Formel für kontinuierliche Werte siehe den Appendix A.8. Der Ausdruck $1/(1 + r)^N$ trägt der »finiteness of the labor force period« (Becker 1993, S. 110) Rechnung. Bei unendlicher Lebenszeit – oder wenn die Investition in Humankapital weiter vererbt werden könnte wie Sachkapital – schrumpfte die Gleichung auf $Y = X/r$ zusammen. Bei einer begrenzten Lebensarbeitszeit müssen die Erträge pro Jahr höher sein als bei einer unbegrenzten, damit sich die Investition lohnt.

12 Bei Entscheidungen unter Unsicherheit treten an die Stelle der sicheren Werte Erwartungswerte.

$$NPV = \sum_{i=18}^{T} \frac{Y_i^C - Y_i^H}{(1+r)^{T-18}} \qquad (2)$$

Wenn $NPV > 0$, wird eine Ausbildung der sofortigen Aufnahme einer Berufstätigkeit vorgezogen.[13] So klar diese Entscheidungsregel auch formuliert ist: Wie kann der Bildungsinvestor wissen, dass $NPV > 0$ sein wird? Wie ein Blick auf Gleichung (2) zeigt, hängt der Nettogegenwartswert bei gegebenen Parametern des Berufseintritts- und Austrittsalters ab von den jährlichen Einkünften nach Absolvierung einer Ausbildung, den kontrafaktischen Einkünften bei einer Berufstätigkeit ohne Ausbildung (kontrafaktisch, weil diese Alternative ja abgewählt wurde) und dem Zinssatz. Ex post, nach dem Eintritt in das Pensionsalter, lässt sich leicht überprüfen, ob die Entscheidung richtig war, aber ex ante? Wer immer sich entschließt, über die Aufnahme eines Studiums nach dieser Regel zu entscheiden, könnte natürlich zu einer Studienberatung oder einem Finanzdienstleister gehen, der aus Datenhandbüchern die bisherigen Werte für die drei Variablen entnimmt. Eine nach dieser Auskunft getroffene Entscheidung wäre aber nur unter der Bedingung vorteilhaft, dass die wirtschaftliche Situation stabil bleibt. Sie setzte z.B. voraus, dass kein sozialer Wandel stattfindet, der den gewählten Beruf überflüssig macht.

Eine weitere Schwierigkeit kommt hinzu. Ob $NPV > 0$, hängt ganz entscheidend vom Zinssatz r ab. Je größer r ist, umso massiver wird die Zukunft entwertet und ein um so größeres Gewicht erhält die Gegenwart. Da kann es trotz eines nominell beträchtlichen Einkommensabstands Y^C - Y^H leicht passieren, dass die Größe NPV negativ wird. Ein positiver Nettogegenwartswert ist keineswegs garantiert. Man kann sich leicht klarmachen, dass es einen Zinssatz gibt, für den gilt: $NPV = 0$. Dieser Zinssatz wird *internal rate of return* (*IRR*, der interne Zinsfuß) genannt. Bei der Frage, ob ein Studium aufgenommen werden soll, kann er als zweite Entscheidungsregel benutzt werden: Man studiere, wenn *IRR* größer als der Marktzinssatz ist, weil sich dann die Ausgaben für Bildung eher lohnen als andere Investitionen. Hunderte von einschlägigen empirischen Studien über die interne Ertragsrate eines Studiums kamen zu dem Ergebnis: Studieren lohnt sich.[14]

---

13 Die spezielle Form der Berechnung des Nettogegenwartswerts ist Filer, Hamermesh und Rees (1996, S. 93) entnommen. Das Symbol *i* steht für das betreffende Jahr, *T* ist das Pensionsalter. Angenommen wird, dass im Alter von 18 Jahren die Entscheidung über eine Ausbildung fällt.

14 Zusammenfassend Psacharopoulos (1981).

Entsprechende Empfehlungen sind wiederholt durch Verweis auf derartige Studien bekräftigt worden.

Diese Studien testen ökonometrisch eine von Mincer (1974) eingeführte Gleichung. Mincer hat sie mit dem Ziel konstruiert, den Einfluss von schulischer Ausbildung und Weiterbildung im Beruf auf das Einkommen empirisch zu ermitteln:

$$\ln y(s,X) = \alpha + \beta s + \gamma X + \delta X^2 + \epsilon \qquad (3)$$

Die Variable s misst die Jahre der schulischen Weiterbildung nach der Pflichtschulzeit, X misst die berufliche Erfahrung, also den Erwerb von Qualifikationen im und durch den Beruf, α misst den y-Achsenabschnitt. Dieser entspricht dem Logarithmus des Einkommens ohne Ausbildung und beruflichem Training, ϵ ist der Fehlerterm.[15] Tests dieser Gleichung für verschiedene Länder und verschiedene Zeiten führen meines Wissens ausnahmslos zu dem Ergebnis: β, der Ausbildungsertrag *(rate of return)* gemessen mit der Wachstumsrate der Einkommen als Ergebnis von Bildungsanstrengungen, ist positiv und meist größer als der Marktzinssatz. Nach Jencks (1972, Kap. 7) erbringt jedes zusätzliche Jahr schulischer Bildung einen Einkommenszuwachs von 6 Prozent und jedes Jahr College-Ausbildung einen Zuwachs von 12 Prozent. Becker (1993, S. 7) berichtet z.B. eine *rate of return* von 11 bis 13 Prozent für weiße, männliche Amerikaner, Ehrenberg und Smith (2003, S. 286) ermitteln für Amerikaner Werte zwischen 5 und 12 Prozent. In einer Auswertung von in zehnjährigem Abstand zwischen 1940 und 1990 erhobenen Daten des US-Zensus errechnen Heckman u.a. (2003) Bildungsertragsraten zwischen 10 und 13 Prozent für weiße Amerikaner und 9 bis 15 Prozent für Schwarze (S. 11 und Tabelle 2), wenn man die Mincersche *wage earnings function* zugrunde legt. Acemoglu und Autor (2016, Kap.1) geben an, dass die empirischen Schätzungen der *rate of return* pro Jahr schulischer Bildung zwischen 6 und 10 Prozent liegen.

Wenn alle diese Studien eine *rate of return on schooling* belegen, die weit über dem Marktzinssatz liegt, Bildung sich diesen Studien zufolge also entschieden lohnt: Wo liegt dann das Problem? Ein geringeres Problem besteht darin, dass Bildungsempfehlungen nach der Regel: $NPV > 0$ anders ausfallen können als nach der Regel: $IRR > r$ (Filer, Hamermesh und Rees S. 94). Vor allem aber steht die Behauptung, die empirischen Studien zum

15 Zur Herleitung dieser Gleichung und damit auch zur Erläuterung, warum statt des Einkommens der Logarithmus des Einkommens als abhängige Variable gewählt wird und warum die Variable X zweimal auftaucht, einmal linear und einmal im Quadrat, siehe Appendix A. 8.

Bildungsertrag würden den internen Zinsfuß der Bildungsinvestition messen, auf schwachen Füßen. Heckman et al. (2003, vgl. Heckman et al. 2006) haben diese Unterstellung der empirischen Bildungsforschung einer vernichtenden Kritik unterzogen. Diese Forschung ging wie selbstverständlich davon aus, dass die expliziten und impliziten Annahmen des Mincer-Modells empirisch zutreffen. Das ist aber keineswegs immer der Fall, obschon Mincer für seine eigenen Untersuchungen noch davon ausgehen konnte, dass diese Annahmen wenigstens zum Teil mit der Realität übereinstimmen.

Wie ein Blick auf Gleichung (3) lehrt, fußt das Mincer-Modell explizit auf den folgenden Annahmen:

- Das Einkommen wächst linear mit den Jahren der schulischen Ausbildung. Weder wirken sich unterschiedliche Bildungsstufen unterschiedlich auf den Bildungsertrag aus, noch nimmt dieser Ertrag nach dem Grenznutzengesetz mit zusätzlicher Bildung ab
- Die Gleichung modelliert schulische Ausbildung und postschulische berufliche Erfahrung bezüglich ihres Einflusses auf das Einkommen als additiv separierbare Variablen. Das Modell sieht somit keine Interaktion zwischen den Größen s und X vor. Die empirische Gültigkeit der Annahme additiver Separierbarkeit zeigt sich im Verlauf der Alters-Lohn-Profile. Wenn sie für unterschiedliche Verweildauern im Bildungssystem parallel verlaufen, ist die Annahme korrekt, andernfalls nicht
- Alle Personen unterscheiden sich nur nach der Dauer der genossenen Bildung voneinander, ansonsten sind sie, was ihre Fähigkeiten, ihre Herkunft, ihr Alter usw. betrifft, völlig gleich. Dazu passt, dass auch die Jobs sich nur nach dem in Jahren gemessenen Ausmaß der schulischen Bildung voneinander unterscheiden
- Die Bildungsvariable ist exogen, also nicht ihrerseits abhängig z.B. von Begabung oder familialer Sozialisation. Den meisten Streit hat es um diese Annahme gegeben. Wenn ich recht sehe, ist heute allgemein anerkannt, dass das Ausmaß der genossenen Bildung mit der Begabung und dem Elternhaus variiert. Natürlich ist es möglich, die Mincersche Lohnfunktion entsprechend zu korrigieren und zu verbessern, z.B. durch ›Instrumentierung‹ der Bildungsvariablen, aber solche Korrekturen sind nicht im ›Geist‹ der Humankapitaltheorie.

Damit nicht genug. Die Mincersche Lohnfunktion fußt auf impliziten Annahmen, die erst erkennbar werden, wenn man sich ihre Herleitung vor Augen führt.[16] In ihrer elementaren Form:

$$\ln y(s) = \ln y(0) + rs \tag{4}$$

macht sie vielleicht den Eindruck, sie entspringe dem Einfall eines empirischen Bildungsforschers, der sich überlegt hat, wovon denn das Lohnniveau abhängen könnte und auf den Gedanken gekommen ist, das könne mit dem Besuch weiterführender Schulen zu tun haben.[17] Dem ist aber nicht so. Die Mincersche Lohnfunktion beruht auf einer Gleichgewichtsannahme: Im Gleichgewicht sind alle Personen, die eine Bildungsentscheidung zu treffen haben, indifferent zwischen den verschiedenen Ausbildungslängen und damit auch den Berufswahlen! Diese Indifferenz verlangt u.a., dass perfekter Wettbewerb herrscht (der Arbeitsmarkt ist immer ausgeglichen), dass die Kreditmärkte ebenfalls perfekt sind – was bedeutet, dass alle Bildungswilligen sich das Studium über die Aufnahme eines Kredits problemlos finanzieren können – und dass die ökonomische Umwelt stabil ist, also sich im Lebenslauf nicht ändert. Ferner hängt die spezifische Gestalt der Mincerschen Lohnfunktion davon ab, dass die einzigen Kosten einer Ausbildung die während dieser Zeit entgangenen Einkünfte sind, es also keine psychischen Kosten und psychischen Erträge des Studiums gibt.[18]

Wenn alle diese Bedingungen gegeben sind, dann lautet die zentrale Aussage der Humankapitaltheorie gerade nicht, dass Bildung sich lohnt, sondern dass die Lebenszeiteinkommen aller Personen, auch wenn sie unterschiedliche Bildungsgrade erworben haben, gleich sind. Ansonsten identische Personen sind indifferent zwischen Jobs, die eine unterschiedliche Ausbildungslänge erfordern (Atkinson 1983, S. 139). Bestehende Lohnunterschiede fallen so aus, dass sie gerade die Kosten der Ausbildung kompensieren. »Applied to the skilled/unskilled wage differential«, resumieren Atkinson und Bourgignon (2001, S. 7267)

> »the human capital theory has two important implications. First, to the extent that there are no differences in ability, and no stochastic terms, then no lifetime inequality is introduced (!! JB): the wage

16 Siehe hierzu Appendix A. 8.

17 Im Gleichgewicht ist β aus Gleichung (3) = r, dem Realzinssatz. Dass als abhängige Variable nicht das Einkommen, sondern dessen Logarithmus auftaucht, ließe sich ähnlich oberflächlich mit der Vorliebe von Ökonometrikern für die semilogarithmische Gestalt von zu testenden Funktionen erklären.

18 In der Sprache der Ökonomen: Bildung ist kein Konsumgut.

premium for skills is simply a compensating differential. Second, the compensating wage differential depends on the rate of interest.«.

Wenn wir die Welt des neoklassischen Gleichgewichts, aus der die Humankapitaltheorie stammt, verlassen, dann sind die auf der Grundlage dieser Theorie gewonnenen empirischen Ergebnisse gerade nicht das, wofür sie Jahrzehnte lang von der empirischen Bildungsforschung angepriesen wurden: ein sicherer Leitfaden für Studienentscheidungen, eine Grundlage für die nachträgliche Rechtfertigung solcher Entscheidungen oder für Empfehlungen an die Bildungspolitik. Diesen Schluss ziehen Heckman et al. (2003, S. 41) mit aller Deutlichkeit:

> »Although fairly accurate for earlier Census data, the Mincer model no longer produces even roughly valid estimates of rates of return to education and is not a valid guide to the evaluation of educational policy. However convenient it is, it is no longer an accurate guide to identifying pricing relationships or rates of return to schooling«.

Auch was die Erklärung der Lohnstreuung anbelangt, sind die Ergebnisse der Humankapitaltheorie ernüchternd. Mincer selbst (1974, Kap. 5.3) kommt in seinen empirischen Studien auf eine erklärte Varianz von ca. 0,3. Atkinson (1983, S. 110, 116) berichtet eine erklärte Varianz von 0,25. Wenn ich recht sehe, bewegen sich Erklärungen der Einkommensstreuung mittels der Humankapitaltheorie generell in diesem Bereich. Die Humankapitaltheorie verfolgt den heroischen Ansatz, Entlohnungsdifferenzen ausnahmslos auf beobachtete Ausbildungs- und *training on the job* -Differenzen zurückzuführen. Eine Erklärung der Streuung der Einkommen zwischen Personen mit gleichem Ausbildungsgrad und gleicher beruflicher Erfahrung ist schon durch den Ansatz der Untersuchungsanlage ausgeschlossen. Kompetenzen spielen höchstwahrscheinlich eine tragende Rolle bei der Erklärung von Gehaltsunterschieden, aber es ist doch sehr die Frage, ob sie aus der Teilnahme an formalen Bildungsgängen resultieren. »Economic success seems to depend on varieties of luck and on-the-job competence that are only moderately related to family background, schooling or scores on standarized tests. The definition of competence varies greatly from one job to another, but it seems in most cases to depend more on personality than on technical skills« (Jencks 1972, S. 8). Empirische Untersuchungen auf Basis der Mincerschen Humankapitaltheorie lassen den Großteil der Varianz unerklärt. Die berichteten, doch eher moderaten Werte sind die Folge eines Vorgehens, das Begabung, Charaktereigenschaften, die Arbeitsorientierung, den Familienhintergrund, nichtmonetäre Entscheidungsgründe, den Zufall und all die sozialstrukturellen Variablen ausblendet, die wir in dieser Vorlesung angesprochen haben.

Literatur

Acemoglu, Daron und David Autor (2016): Lectures in Labor Economics. MIT Economics. www.economics.mit.edu. (Zuletzt abgerufen 2016).

Atkinson, Anthony, 1983: *The Economics of Inequality*. Oxford: Clarendon Press. Second edition.

Atkinson, Anthony und François Bourgignon, 2001: Income Distribution. In: *International Encyclopedia of the Social & Behavioral Sciences*, S. 7265-7271.

Azariadis, Costas, 1975: Implicit Contracts and Underemplyoment Equilibria. In: *Journal of Political Economy*, Vol. 83, S. 1183-1202.

Becker, Gary S., 1993: *Human Capital. A Theoretical and Empirical Analysis, with Special Reference to Education*. Chicago: The University of Chicago Press. Third Edition.

Blien, Uwe 2004: Occupational Wage Differentials. In: Grözinger, Gerd und Anne van Aaken (Hrsg): *Inequality: New Analytical Approaches*. Marburg: Metropolis, S. 105-120.

Ehrenberg, Ronald G. und Robert Smith, 2003: *Modern Labor Economics. Theory and Public Policy*. Boston: Addison Wesley. Eighth edition.

Filer, Randall K., Daniel S. Hamermesh und Albert E. Rees, 1996: *The Economics of Work and Pay*. New York: HarperCollins. Sixth edition.

Franz, Wolfgang, 1991: *Arbeitsmarktökonomik*. Berlin: Springer-Verlag.

Heckman, James, Lance J. Lochner und Petra E. Todd, 2003: Fifty Years of Mincer Earnings Regressions. NBER Working Paper Nr. 9732.

Heckman, James, Lance J. Lochner und Petra E. Todd, 2006: Earnings Functions, Rates of Return and Treatment Effects: The Mincer Equation and Beyond. In: Hanushek, Erik A. und Finis Welch: *Handbook of the Economics of Education*, Vol. 1, Kap. 7. Amsterdam: Elsevier, S. 307-458.

Jencks, Christopher, 1972: *Inequality. A Reassessment of the Effect of Family and Schooling in America*. Harmondsworth: Penguin Books.

Jacobsen, Joyce P., 1998: *The Economics of Gender*. Oxford: Blackwell.

Mincer, Jacob, 1974: *Schooling, Experience, and Earnings*. New York: Columbia University Press.

Psacharopoulos, George, 1981: Returns to Education: An Updated International Comparison. In: *Comparative Education* Vol.17 (3), S. 321–341.

Tirole, Jean, 1982: On the Possibility of Speculation under Rational Expectation. In: *Econometrica* Vol. 50, S. 1163-1182.
Sengenberger, Dieter, 1978: Die Segmentation des Arbeitsmarkts als politisches und wirtschaftliches Problem. In: ders., (Hrsg.): Der gespaltene Arbeitsmarkt. Probleme der Arbeitsmarktsegmentation. Frankfurt: Campus, S. 15-42.

EMPIRISCHE BEFUNDE

11 Elfte Vorlesung: Einkommensungleichheit in Deutschland

1. Rekapitulation. 2. Die Entwicklung der Einkommensverteilung. 3. Werden die Armen immer ärmer? 4. Das oberste Prozent. 5. Erklärungen für steigende Einkommensungleichheit. 6. Rückkehr der Klassen? 7. Ergebnisungleichheit und Chancenungleichheit.

1. In einer ›reinen‹ Marktwirtschaft (verstanden als Wirtschaft ohne verzerrende Eingriffe des Staats in die Primärverteilung und ohne Kreditwirtschaft) entspringen alle Einkommen ausnahmslos der direkten oder indirekten Bezahlung von Faktorleistungen[1]. Preise erfüllen in ihr generell eine doppelte Funktion: die Zuordnung von Ressourcen zu Verwendungen und von Einkommen an die Inhaber der Faktoren (die Allokations- und Distributionsfunktion des Markts). Die Attraktivität der Marktwirtschaft *(»the beauty oft the market«)* beruht nicht zuletzt auf dem Versprechen, diese beiden Probleme »in einem Aufwasch« zu lösen. Jeder Verkauf (die dauerhafte oder temporäre Abtretung von Waren oder Faktoren gegen Geld) ordnet ein Objekt einer Verwendung zu und schafft zugleich ein Einkommen für ihren Verkäufer.

Wir haben in dieser Vorlesung eine zweistufige Erklärungsstrategie für Einkommensunterschiede verfolgt. Zunächst haben wir untersucht, welche Einkommensunterschiede auch und gerade in einer reinen Marktwirtschaft unvermeidlich sind; dann haben wir uns den Abweichungen vom Modell zugewandt. In einem Modell vollständiger Konkurrenz resultieren alle Einkommensunterschiede aus Ausstattungsunterschieden. »The distribution of income«, schreiben auch Atkinson und Bourgignon (2000, S. 6), »results from the combination of the multi-dimensional distribution of endowments..., the per unit returns to these endowments, and of the distribution of the ownership of firms within the population ... In such a framework, a theory of income distribution is essentially a theory of factor rewards.« Die Ertragsraten der Faktoren (die »per unit returns to endowments«) sind in

1 Indirekte Bezahlung liegt dann vor, wenn nicht die Faktorleistung auf einem entsprechenden Markt angeboten wurde, sondern die mit ihr erstellte Ware. – Der Staat der »reinen« Marktwirtschaft finanziert seine Leistung der Rechtsdurchsetzung mittels einer Allokationsentscheidungen nicht verzerrenden Einheitssteuer ohne Umverteilungswirkung *(flat rate).*

J. Berger, *Wirtschaftliche Ungleichheit*, https://doi.org/10.1007/978-3-658-23682-3_11

einer »reinen« Marktwirtschaft unterschiedslos gleich. Alle beobachteten Einkommensunterschiede, die nicht mit dem Modell einer »reinen« Marktwirtschaft erklärt werden können, beruhen auf Abweichungen von diesem Modell. Folgt man diesem Ansatz, dann ist Einkommensungleichheit ganz wesentlich ein Ungleichgewichtsphänomen.

In methodischer Hinsicht ist eine Erklärung von Einkommensunterschieden über Marktunvollkommenheiten prinzipiell eine strukturelle, keine individuelle Erklärung. Nur auf einem perfekten Wettbewerbsmarkt wären alle Einkommensunterschiede individuell erklärbar, wenn das heißt: Letztlich lassen sie sich mit unterschiedlichem Faktorbesitz und Faktoreinsatz erklären. Ein solcher Markt hat außer der Garantie von Eigentumsrechten keinerlei Struktur. Das ist die zwingende Folge vollständiger Offenheit und der Abwesenheit jeglicher Barrieren. In einem solchen Markt können Einkommensunterschiede nur individuellen Charakteristiken entspringen, also einerseits der Ausstattung, welche die Marktakteure mitbringen, andererseits ihren Präferenzen.

In der letzten Vorlesung haben wir die Humankapitaltheorie als den Versuch interpretiert, Einkommensunterschiede ausschließlich auf eine Gruppe individueller Charakteristiken, nämlich die Produktivitätsunterschiede zwischen den Marktteilnehmern, zurückzuführen.[2] Rational agierende Arbeitsmarktteilnehmer investieren solange in ihre Ausbildung, als die Erträge aus diesem Unterfangen wenigstens die Kosten decken. Die von Mincer (1974) formulierte Verdienstfunktion steht als rationale Theorie des Bildungserwerbs ganz und gar auf dem Boden des neoklassischen Gleichgewichts. Auf dem Arbeitsmarkt herrscht Gleichgewicht, wenn der *net present value* aller Ausbildungsgänge gleich ist. Die Unterschiede zwischen den Periodeneinkommen verschiedener Ausbildungsstufen sind genau so beschaffen, dass sie diese Gleichheit bewirken.

Es sollte klar geworden sein, dass sich die Erklärungskraft eines solchen Modells bezüglich der Einkommensunterschiede von Arbeitnehmern in engen Grenzen hält. Das liegt zum einen daran, dass die Mincersche Verdienstfunktion weder Begabungsunterschiede, noch den Familienhintergrund, noch psychische Kosten und Erträge einer Ausbildung in Rechnung stellt[3], zum anderen daran, Marktunvollkommenheiten systematisch aus-

2 *Worker heterogeneity* ist ein vieldimensionales Konzept. Zu dieser Heterogenität tragen nicht nur Qualifikationsunterschiede bei, sondern ebenfalls Begabungsunterschiede, unterschiedliche Präferenzen und unterschiedliche Leistungsbereitschaft.

3 Für eine Reformulierung der Mincerschen Verdienstfunktion, welche u.a. psychische Kosten und Erträge, Begabungsunterschiede, Studiengebühren, die Sequentialität

zublenden. Je unzuverlässiger jedoch die auf ein Gleichgewicht zielenden Kräfte arbeiten, umso relevanter werden Erklärungen, die auf strukturellen, Marktunvollkommenheiten bedingenden Faktoren fußen. Das hat Granovetter (1981, S. 34) richtig gesehen: »The forces leading to equilibirium may move so slowly that existing disequilibria account for a substantial amount of inequality. Many of the factors generating such disequilibria are sociological: information gaps, resistance to migration, power differentials, shifts in consumer preferences: these impediments to speedy markets reactions have historically been viewed by economists as frictional drags rather than as central objects of study.«[4]

Eine Vielzahl von Kräften behindert also das reibungslose Operieren von Wettbewerbsmärkten.[5] Verglichen mit der Humankapitaltheorie, die immerhin eine Theorie aus einem Guss ist, leiden strukturelle Erklärungen an der Schwäche, zwar alle nur denkbaren Kräfte für die Abweichung vom Gleichgewicht nennen zu können, aber über keine einheitliche Theorie dieser Abweichungen zu verfügen. Die Ausführungen in der neunten Vorlesung dienten dazu, die grundlegenden ersten Schritte einer solchen Theorie zu skizzieren.

2. Wie in jeder Marktwirtschaft, so sind auch in der Bundesrepublik Deutschland die Einkommen – man möchte fast sagen, selbstverständlich – ungleich verteilt. Das ist alles andere als ein überraschender Befund. Nach den Funktionsprinzipien einer Marktwirtschaft ist es so gut wie ausgeschlossen, dass die Einkommen gleichverteilt sind. Bei einer Gleichverteilung wären die individuellen Einkommen völlig von den Beiträgen zu Erstellung des Sozialprodukts abgekoppelt – ein systemwidriges Ergebnis, dessen Wünschbarkeit zudem fraglich ist. Die Frage kann also nicht sein, ob die Einkommen ungleich verteilt sind, sondern nur, wie hoch die Ungleichheit ist, ob sie im internationalen Vergleich ungewöhnlich hoch

---

von Bildungsentscheidungen und vieles mehr in der Lohngleichung berücksichtigt, siehe Heckman u.a. 2006.

4 »Resistance to migration« und »power differentials« kann man als Anspielung auf Schließungsprozesse verstehen. »Shifts in consumer preference« führen nur dann zu Ungleichgewichten, wenn die Anpassungsgeschwindigkeit der Preise geringer ist als die Geschwindigkeit, mit der sich Präferenzen ändern. Es besteht aber kein Grund für Überlegenheitsgefühle, die bei soziologischen Lesern des Zitats aus Granovetter (1981) aufkommen mögen. Die genannten Vorgänge sind längst »central objects of study« in den Wirtschaftswissenschaften.

5 Siehe die letzte Vorlesung für einen Überblick über die Kräfte, die verhindern, dass der Arbeitsmarkt wie ein normaler Wettbewerbsmarkt funktioniert.

ist und ob sie im zeitlichen Verlauf gewachsen oder geschrumpft ist. In der folgenden Betrachtung beschränken wir uns auf die Einkommen und ihre Verteilung in Deutschland. Fragen der Vermögensgleichheit werden ebenso wie die Diskussion um sich ausdehnende Armutszonen ausgeklammert. Ein vollständiges Bild der wirtschaftlichen Lage der Bevölkerung müsste diese Aspekte aufgreifen, aber eine solche Vollständigkeit liegt jenseits der Zielsetzung dieser Vorlesung.[6]

Der Sachverständigenrat zur Begutachtung der gesamtwirtschaftlichen Entwicklung fasst in seinem Jahresgutachten 2016/17 Ausmaß und Änderungen der Einkommensungleichheit wie folgt zusammen: »Während in vielen Industrieländern die Einkommensungleichheit zugenommen hat, zeigt sich in Deutschland eine vergleichsweise stabile Entwicklung. Zwischen den Jahren 1999 und 2005 ist die Einkommensungleichheit gestiegen. Seither schwankt sie geringfügig und hat sich bis zum Jahr 2013 kaum weiter erhöht«. Im Jahr 2013 belief sich der Gini-Koeffizient – immer noch das gebräuchlichste Maß der Einkommensverteilung – auf 49 Prozent für die Markteinkommen aller Haushalte und auf 29 Prozent für die Nettoeinkommen (SVR 2016/17, Tabelle 31, S. 406). Die Frage ist, wie solche Werte zu beurteilen sind. Zunächst einmal zeigt die Reduktion um 20 Prozentpunkte, dass die Umverteilung über Steuern und Transfers effektiv ist – über ihre Effizienz ist damit noch nichts gesagt. Im Vergleich aller OECD-Länder zählt das deutsche Steuer-Transfer-System zu den am stärksten umverteilenden Sozialsystemen. (SVR 2016/17, Ziffer 789).

Das Deutsche Institut für Wirtschaftsforschung (DIW) zeichnet in seinem Wochenbericht 4/2017 ein detaillierteres aber durchaus auch andere Schwerpunkte setzendes Bild. Diesem Bericht zufolge hat die mit dem Gini-Koeffizienten gemessene Ungleichheit der Markteinkommen in den Jahren 1991 bis 2005 signifikant zugenommen und ist anschließend bis zum Jahr 2009 signifikant gesunken (!). Seitdem ist sie aber wieder gestiegen und erreichte 2014 in etwa das Niveau Mitte der 2000er Jahre. Betrachtet man statt der Ungleichheit der Markteinkommen die Ungleichheit der verfüg-

6 Für die Vermögensverteilung verweise ich auf den Wochenbericht des DIW 9/2014 und den fünften Armuts- und Reichtumsbericht der Bundesregierung (2017, online zugänglich), für die Frage, ob die Armut (genauer: das Armutsrisiko) immer weiter zunimmt, auf den gleichen Bericht, ferner auf den schon zitierten Wochenbericht 4/2017. Für die sozialpolitische Diskussion um Armut sehr erhellend ist Cremer (2017). Kaelble (2017) verfolgt die Entwicklung der sozialen Ungleichheit in Europa seit Beginn des 20. Jahrhunderts in den Dimensionen Einkommen, Vermögen, Bildung, Wohnen, Gesundheit und Mobilität, verzichtet aber weitgehend auf begriffliche Klärungen und Ursachendiskussion.

baren Haushaltseinkommen, dann ändert sich das Bild in einigen Punkten: Von 1991 bis 1999 hat sie sich kaum verändert, nahm dann bis 2005 zu (gemessen mit dem Gini-Koeffizienten von 25 auf 29 Prozent), war danach nur leicht rückläufig und nimmt seit 2009 tendenziell wieder zu.[7]

In dem Sachverhalt, dass die unteren Einkommen seit der Wiedervereinigung langsamer gewachsen sind als die oberen, sehen viele Beobachter den schlagenden Beweis dafür, dass die Ungleichheit auch in der Bundesrepublik Deutschland »immer weiter« ansteigt. Auch wenn diese Ungleichheit 2014 höher ist als 1991, gab es nicht einmal in diesem Zeitraum einen ununterbrochenen Anstieg. Zwar waren, wie schon erwähnt, insbesondere die Jahre 1999 bis 2005 von wachsender Ungleichheit geprägt. Danach ging die Ungleichheit aber wieder zurück; seit 2009 hat sie sich nur noch geringfügig verändert. Auch der Blick auf die langfristige Entwicklung seit 1950 bestätigt, dass die mit dem Gini-Koeffizienten gemessene Ungleichheit keineswegs nur »immer weiter« anstieg. In der alten Bundesrepublik belief er sich 1962 auf einen Wert von 0,29 (für Haushaltsnettoäquivalenzeinkommen), einen Wert also, der erst wieder 2005 und dann 2013 erreicht wurde. Becker und Hauser (2003) haben die Entwicklung für die Jahre 1969 bis 1998 nachgezeichnet. Zunächst ist diese Koeffizient gesunken (von 1969 bis 1973), danach hat er sich 15 Jahre lang kaum verändert und ist erst danach merklich angestiegen (a.a.O.S. 96). 1998 lag er um gut 4 Prozent über dem Wert von 1969.

Um Angaben wie diese richtig einzuordnen, sei zunächst daran erinnert, dass ein Anstieg des Gini-Koeffizienten beispielsweise um vier Prozent keineswegs bedeutet, dass auch die Einkommensungleichheit tatsächlich um diesen Betrag gewachsen ist. Ein großer Vorzug der Studie von Becker und Hauser in dieser Hinsicht ist, dass sie auch die Werte zweier weiterer geläufiger Ungleichheitsmaße (Atkinson und mittlere logarithmische Abweichung) angibt. Wie schon früher ausgeführt, kann man erst dann sicher sein, dass die Ungleichheit gewachsen (oder gesunken) ist, wenn alle Maße in die gleiche Richtung zeigen. Aber die Konstruktion dieser Maße verbietet es, zu behaupten, die Ungleichheit sei um x-Prozent gestiegen. Zudem variiert die Verteilung mit der Wahl des Einkommenskonzepts (z.B. Markteinkommen, Nettoäquivalenzeinkommen, individuelles Einkommen aus abhängiger Beschäftigung usw.) Vor allem aber wäre es ein Fehlschluss,

7 DIW Wochenbericht 4/2017, S. 76 f. Ein wiederum leicht abweichendes Bild ergibt sich, wenn man statt der Markteinkommen von Haushalten, die auch Einkommen aus Kapitalbesitz und Sozialtransfers umfassen, die Einkommen nur aus abhängiger Beschäftigung betrachtet. Hierzu siehe den gleichen Wochenbericht, ebd.

aus dem Anstieg der genannten Koeffizienten unmittelbar auf eine Verschlechterung der Lebensverhältnisse zu schließen. Ungleichheitsmaße sind kein Wohlfahrtsindikator.

Ein einfacher und oft verwendeter Wohlfahrtsindikator ist wie schon erwähnt das durchschnittliche Einkommen abzüglich des mit einem Maß für Ungleichheit bereinigten Durchschnittseinkommens:

$$W = \overline{y}(1-G)$$

In der alten Bundesrepublik sind die durchschnittlichen Nettorealeinkommen um mehr als das viereinhalbfache gestiegen und auch seit der Wiedervereinigung sind diese Einkommen noch einmal gewachsen, auch wenn der Anstieg mit 12 Prozent von 1991 bis 2014 deutlich schwächer ausgefallen ist.[8] Ein Anstieg des Gini-Koeffizienten, wie der in der Bundesrepublik beobachtete, dämpft zwar das Ausmaß der mit *W* gemessenen kontinuierlichen Besserstellung der Bevölkerung, ändert aber nichts an dem grundsätzlichen Ergebnis.

Sicherlich werden manche Leser meinen, das eben vorgetragene Argument diene nur dazu, den Blick von der Tatsache abzuwenden, dass in Deutschland die Einkommensungleichheit »immer weiter« ansteige und mittlerweile einen Wert erreicht habe, der nicht nur im historischen, sondern auch im internationalen Vergleich hoch oder gar zu hoch ist. Für das Urteil, ob es sich bei den deutschen Werten um niedrige oder hohe Werte handelt, ist ein Blick auf internationale Daten hilfreich. »Over the past three decades«, schreibt die OECD (2015, S. 20) income inequality has risen in most OECD countries, reaching in some cases historical highs. Today, the Gini coefficient ... stands at an average of 0.315 in OECD countries, exceeding 0.4 in the United States and Turkey and approaching 0.5 in Chile and Mexico.« Mit 0,289 liegt der Ginikoeffizient für das durchschnittliche, mit dem Bedarf gewichtete, verfügbare Haushaltseinkommen in Deutschland unterhalb des OECD-Durchschnitts (OECD 2015, Tabelle 1A.1, S.56).

Verglichen mit den USA und mehr noch, mit den sog. »emerging economies« ist dies ein moderater Wert. Der Sachverständigenrat sieht das in seinem Gutachten 2016/17 (Ziffer 789) ähnlich: »Im internationalen Vergleich weist Deutschland eine mäßige Ungleichheit der Einkommen auf. Vor Steuern und Transferleistungen ist die Einkommensungleichheit etwas höher, nach Steuern und Transferleistungen etwas niedriger als der OECD-Durchschnitt. Dies belegt ein vergleichsweise hohes Ausmaß an

8 Vgl. Grabka und Goebel (2017).

Umverteilung in Deutschland«. Die im Vergleich zu den »emerging economies« moderate Ungleichheit der Einkommen in Deutschland ist allerdings nicht besonders bemerkenswert, gehört es doch zu den Standardannahmen der empirischen Wirtschaftsforschung, dass die Einkommen in entwickelten Ländern gleicher verteilt sind als in sich entwickelnden (Kuznets-Hypothese). Dieser Vergleich wird hier auch nicht als ›Beruhigungspille‹ herangezogen, sondern lediglich zur Qualifizierung des Attributs ›hoch‹.

3. Wenn es zu der Einkommensentwicklung seit der Wiedervereinigung nichts weiter zu sagen gäbe, könnte man es eigentlich bei diesen Angaben belassen. Gut, die Einkommensungleichheit (gleich welcher Indikator benutzt wird und wie immer sie gemessen wird) ist spätestens seit dem Wechsel in das neue Jahrtausend angestiegen – einige Beobachter sagen: beträchtlich, andere verzichten auf diese Wertung – seit 2005 ist sie aber relativ stabil. Munitioniert u.a. durch den schon zitierten Wochenbericht des DIW (4/2017) stehen in der öffentlichen Debatte Informationen über die Einkommensentwicklung einer in Dezile gegliederten Bevölkerung im Vordergrund.Wie dieser Wochenbericht ausführt, gingen die unteren Einkommen seit 1991 zurück, wohingegen die Einkommen des obersten Dezils um 26 Prozent anstiegen. Die zehn Prozent der Haushalte mit den geringsten verfügbaren Einkommen mussten laut DIW im Vergleich zum Jahr 1991 unter Berücksichtigung der Inflation einen Einkommensverlust von 8 Prozent hinnehmen. Als Maß für diese ungleiche Entwicklung wird meist das Perzentilverhältnis 90:10 gewählt. Dieser Indikator gibt die Relation aus dem Einkommen der einkommensschwächsten Person aus dem obersten Dezil zu den Einkünften der einkommensstärksten Person aus dem untersten Dezil an (zu Einzelheiten siehe die fünfte Vorlesung). »In den 1990er Jahren lag dieser Indikator bei einem Wert von etwa drei (die reichere Person hatte also ein drei Mal höheres Einkommen als die ärmere Person) und stieg parallel zum Gini-Koeffizienten bis 2005 auf ein Verhältnis von 3,5. Für die Jahre ab 2011 ist ein weiterer statistisch signifikanter Anstieg erkennbar – auf den bislang höchsten Wert von 3,65 im Jahr 2014« (Grabka und Goebel 2017, S. 78). Aber der »Skandal« besteht nicht eigentlich in diesem Anstieg – ein solcher ergäbe sich ja auch wenn die Einkommen an der unteren Grenze langsamer anstiegen als an der oberen – sondern darin, dass er im konkreten Fall eine Absenkung der Realeinkommen der untersten zehn Prozent der Bevölkerung einschließt.

Für viele Beobachter ist dieser Rückgang der Einkommen des untersten Dezils bei einem gleichzeitigen beträchtlichen Anstieg der Einkommen des obersten Dezils ein schlagender Beweis dafür, dass »Deutschland immer ungleicher wird.« Dieser Auffassung ist jedenfalls Marcel Fratzscher (2017). Gleich zu Beginn seines Buchs schlägt er den Tenor an, der die gesamte Darstellung durchzieht: »Die neue deutsche Marktwirtschaft« zeige ihr wahres Gesicht in einer stark zunehmenden Ungleichheit. Aber nicht nur das. In kaum einem anderen Industrieland, so Fratzscher, seien Einkommen, Vermögen und Chancen ungleicher verteilt als in Deutschland. Im folgenden möchte ich einige Fakten und Argumente zusammentragen, die gegen diese Diagnose sprechen.

Dass ausgerechnet das ärmste Dezil Einkommensverluste hinnehmen muss, während es den »Reichen« immer besser geht, ist gewiss eine bedrückende Vorstellung. Eine solche Entwicklung stünde in einem diametralen Gegensatz zu der Gerechtigkeitsvorstellung etwa von Rawls, wonach die Wohlfahrt einer Gesellschaft sich an der Besserstellung der ärmsten Gruppe bemisst. Schon ein Blick auf diese Gruppe zeigt aber, dass es sich keineswegs um immer die gleichen Personen handelt oder gar handeln muss.[9] Je höher die Einkommensmobilität ist, um so wahrscheinlicher ist es, dass jeweils andere Arme in dieser Gruppe sind – und umso weniger greift eine Interpretation, die in der Kluft zwischen »arm« und «reich« eine bedrohliche, den Zusammenhalt gefährdende Spaltung der Gesellschaft erblickt.

Einen solchen Einwand mag man noch als bestreitbare Interpretation der tatsächlichen Verhältnisse abtun. Aber der diskutierte Befund ist lange nicht so robust, wie es den Anschein hat. Darauf hat Judith Niehues (2017) hingewiesen. Ob und wie stark die Einkommen dieser Gruppe sinken, hängt sowohl von der Wahl des Ausgangsjahres als auch von Änderungen der Stichprobe ab. »Verschiebt man den Startzeitpunkt auf das Jahr 1994«, so Niehues (a.a.O., S. 126) »und abstrahiert vom Struktureffekt der speziellen Migrationsstichprobe des Jahres 2013, zeigt sich ... ein Realeinkommensanstieg (der untersten 10 Prozent, JB) von insgesamt 5,7 Prozent in den letzten zwei Jahrzehnten«. Allein durch die Verschiebung des ersten Jahrs der Beobachtung von 1991 auf 1994 wird aus dem Einkommensverlust zwischen 1991 und 2014 bereits ein leichter Zuwachs von 1,9 Prozent

9 Auch das DIW (Wochenbericht 4/2017 Anmerkung 11) sieht das so: »Zu beachten ist, dass die Personen über die Zeit hinweg aufgrund von Einkommensmobilität ihre Einkommensposition verändern können und nicht immer demselben Dezil zuzuordnen sind«.

für die Jahre ab 1994. Wenn man dann noch den Einfluss der Migrationsstichprobe herausrechnet, ergibt sich der genannte Wert von 5,7 Prozent.[10]

Sicherlich: Ein solches Ergebnis ändert nichts daran, dass das unterste Dezil zwischen 1991 und 1994 Einkommensverluste hinnehmen musste und dass zudem die Einkommenszuwächse in den folgenden zwanzig Jahren deutlich hinter denen der oberen 60 Prozent (16,5%) oder gar der oberen 10 Prozent (21,9%) zurückblieben. Aber es verdient trotzdem betont zu werden, dass ein Rückgang der untersten Einkommen sozialpolitisch eine andere Qualität besitzt als ein vergleichsweise langsameres Wachstum. Ähnlich sieht es aus, wenn man nicht die untersten 10 Prozent, sondern die untersten 40 Prozent der Einkommen zum Maßstab der Beurteilung der Entwicklung erhebt.[11] Dann wird »bei geringfügiger Verschiebung des Startpunkts der Betrachtung und bei einer Berücksichtigung von Stichprobenveränderungen ... aus einem realen Zuwachs von 1 Prozent bereits ein Zuwachs von immerhin knapp 8 Prozent über den Zeitraum der letzten 20 Jahre« (Niehues 2017, S. 122).[12]

Eine wichtige Frage ist, worauf die schwächere Beteiligung der unteren Einkommensgruppen am wirtschaftlichen Fortschritt zurückzuführen ist. Niehues (2017, S. 127) führt den Rückgang darauf zurück, dass Migranten mit einem anfangs geringen Einkommen neu in die Betrachtung eingehen. Der Sachverständigenrat (SVR 2016/17, Ziffer 810) macht auf einen weiteren Aspekt aufmerksam: die geänderte Beschäftigungsstruktur im untersten Einkommenszehntel. So lag laut SVR »die Anzahl der geleisteten Arbeitsstunden der einkommensschwächsten 10 Prozent der Personen in

10 Von den 4,3 Millionen erwerbsfähigen Beziehern von Leistungen nach dem SGB II hatten nach Daten der Bundesagentur für Arbeit vom September 2017 55,2 Prozent einen Migrationshintergrund. Der Hauptgrund für den Anstieg dieser Zahl um 12 Prozentpunkte seit 2013 ist nach Angaben der Bundesagentur der Zustrom von Flüchtlingen. Migranten, deren Asylantrag anerkannt wurde, erhalten ohne Einschränkung die sog. Hartz IV-Leistungen.

11 Die UNO (2015) hat das Ziel ausgerufen, dass bis zum Jahr 2030 die Einkommen der ärmsten 40 Prozent schneller wachsen sollten als das durchschnittliche Einkommen. Ich frage mich, mit welchen gerechtigkeitstheoretischen Argumenten sich sowohl die Grenzziehung (40 Prozent) als auch die generelle Zielsetzung (schneller wachsen als der Durchschnitt) begründen lässt.

12 Zur Entwicklung der Reallöhne siehe auch Görgens (2018). Der Autor wendet sich gegen die Behauptung, die unteren 40 Prozent der Reallöhne seien gesunken. Nach seiner Meinung beruhen Aussagen dieser Art auf gravierenden statistisch-methodischen Fehlern. Sie würden auch, wenn sie stimmten, der gewerkschaftlichen Lohnpolitik ein schlechtes Zeugnis ausstellen. Der Autor war lange Jahre Referatsleiter beim Bundesvorstand des DGB.

Haushalten mit mindestens einem erwerbsfähigen Mitglied im Jahr 2005 etwa 55 Prozent unterhalb des Niveaus des Jahres 1991.« Offenbar sammeln sich im untersten Einkommenszehntel Personen, die entweder aus dem Arbeitsleben ausgeschieden oder aus verschiedenen Gründen schwer in eine Vollzeitbeschäftigung vermittelbar sind.

4. Auf ebenso heftige Kritik wie die Absenkung der Einkommen am unteren Ende der Verteilung stößt der Anstieg der Einkommen des obersten Prozents. Er ist statistisch besser gesichert als die Einkommensverluste (real) des untersten Dezils. Ein geradezu dramatischer Anstieg dieser Größe ist in den USA beobachtet worden. Dort werden schon Vergleiche mit den zwanziger Jahren des letzten Jahrhunderts gezogen, die in dem Roman von F. Scott Fitzgerald *The Great Gatsby* ein literarisches Denkmal gefunden haben. Auch für Deutschland gibt es Hinweise auf eine vergleichbare Entwicklung, die allerdings – was sollte man auch anderes erwarten – deutlich moderater ausfällt. Während in Deutschland der Anteil des obersten Prozents an den Einkommen (vor Steuern von ca. 10 Prozent im Jahr 1992 auf knapp 13 Prozent in 2011 zunahm, stieg der Anteil in den USA im gleichen Zeitraum von 15 Prozent auf 19,6 Prozent und erreichte 2014 20 Prozent.[13] Weitaus dramatischer ist dieser Anstieg, wenn man für die USA das Jahr 1976 als Basis wählt. Dann hat sich dieser Anteil mehr als verdoppelt (1976: 9 Prozent, siehe Alvaredo u.a., 2013, S. 4).

Auch wenn der Anteil des obersten Prozent der Einkommensbezieher in Deutschland in der Höhe von 13 Prozent als erklärungsbedürftig, wenn nicht rundheraus als ungerecht angesehen wird: Die Entwicklung, die dem Buch von Thomas Piketty (2014) so große Aufmerksamkeit beschert hat, gab es hier nicht. Charlotte Bartels (2018) ist der Entwicklung der Einkommensverteilung für die obersten zehn und das oberste Prozent nachgegangen. Es überwiegt der Eindruck der Kontinuität trotz (oder vielleicht gerade wegen?) großer politischer und wirtschaftlicher Umbrüche. Zwischen 1913 und 2013 liegen immerhin zwei Weltkriege, die Weltwirtschaftskrise im dritten Jahrzehnt des letzten Jahrhunderts und die Finanzkrise im ersten Jahrzehnt dieses Jahrhunderts. Anscheinend unberührt von diesen Ereignissen hat sich vor allem der Einkommensanteil der Top-Zehn-Prozent kaum verändert: »Auf Basis von Steuerdaten lag er sowohl 1913 als auch 2013 bei rund 40 Prozent des Volkseinkommens. Der Anteil des Top-Ein-Prozents war mit 13 Prozent im Jahr 2013 hingegen niedriger als vor 100

13 Diese Angaben beruhen auf Daten der Einkommenssteuerstatistik; siehe die World Inequality Database, online Ressource.

Jahren, als dessen Anteil noch 18 Prozent betrug« (Bartels 2018, S. 51). Allerdings, so Bartels, haben beide Gruppen seit den fünfziger Jahren des letzten Jahrhunderts deutlich zulegen können.

Für die Analyse der Einkommenskonzentration der Spitzeneinkommen stehen zwei Datenquellen zur Verfügung, die bezüglich des Ausmaßes der Konzentration zu unterschiedlichen Ergebnissen kommen: administrative Daten der Steuerstatistik und die Umfragedaten des SOEP (Bartels/ Schröder 2016). Die Angaben der Steuerstatistik weichen erheblich von den Umfragedaten des SOEP ab. »Während laut Einkommensteuerdaten die Top-Ein-Prozent in den Jahren 2001 bis 2011 zwischen 11 Prozent und fast 15 Prozent des Gesamteinkommens auf sich vereinigen, liegt der Anteil laut SOEP lediglich zwischen rund sieben und neun Prozent« (a.a.O. S. 6). Das sind beträchtliche Unterschiede, die dazu anhalten, Meldungen über das Ausmaß der Einkommenskonzentration erst einmal auf ihre Verlässlichkeit hin zu überprüfen.

Die Einkommensentwicklung der oberen zehn Prozent folgt einer Pareto-Verteilung. Das bedeutet, dass sich die Konzentration der Einkommen innerhalb der obersten Prozentanteile mit einer Gesetzmäßigkeit fortsetzt, die als Paretos Gesetz bezeichnet wird. Nach diesem Gesetz betragen alle Einkommen oberhalb einer variablen Schwelle im Durchschnitt ein Vielfaches dieser Schwelle. Der Multiplikationsfaktor ist der invertierte Pareto-Koeffizient β. Für $\beta = 2$ beträgt z.B. der Durchschnitt aller Einkommen oberhalb von 100.000 Euro 200.000 Euro, oberhalb von einer Million zwei Millionen, usw.[14]

In Deutschland stoßen die Nachrichten über geradezu als obszön empfundene Gehaltszahlungen an die Vorstände von Banken und Automobilfirmen und die Boni von Investmentbankern (»variable Gehaltsbestandteile«) auf große Empörung, die wegen des eigentlich unfassbaren Abstands zu »Normalverdienern« nachvollziehbar ist. Zur Erklärung des Abstands des obersten Prozents zu den übrigen Einkommen tragen diese Gehaltszahlungen nur teilweise bei. Sie müssten obendrein ihrerseits erklärt werden.[15] Im deutschen Kontext ist erhellend, was Bartels (2017, S. 19) schreibt: »Business income from unincorporated firms is always the most important income source of top income earners in the top percentile and among those at the top of the top. In contrast, P90-95 and P95-99 incomes are mostly

14 Atkinson, Piketty und Saez (2011), S. 13. Zur Mathematik der Pareto-Verteilung und zur Herleitung des Pareto-Gesetzes siehe den Anhang zu diesem Kapitel.

15 Alvaredo et al. (2013) betonen die gestiegene Verhandlungsmacht des Managements.

composed of wages.« Die Gewinne des Mittelstands tragen demnach bei der Erklärung der Einkommen des obersten Prozents die Hauptlast. Alvaredo et al. (2013) sehen in einer Steuerpolitik, deren Steuersätze sich in umgekehrter Richtung wie die Einkommen vor Steuern bewegen (a.a.O. S. 18) eine wichtige Ursache der in den angelsächsischen Ländern dramatisch ansteigenden obersten Nettoeinkommen. Ob deswegen die deutsche Politik gut beraten wäre, ausgerechnet die Gewinne des unternehmerischen Mittelstands steuerpolitisch zu beschneiden, ist eine andere Frage.

5. Werfen wir jetzt einen kurzen Blick auf die generellen, nicht nur das obere Ende der Verteilung betreffenden Ursachen der (steigenden) Einkommensungleichheit. Angesichts der unübersehbaren Vielfalt von Faktoren, die auf die Verteilung einwirken, besteht ein erster erklärender Schritt darin, diese Faktoren zu sortieren, z. B. danach, ob sie zur demographischen Basis, dem ›Wertehimmel‹ oder zum Zwischenreich von Politik und Wirtschaft gehören. Die Ursachen für steigende Ungleichheit der Einkommen sind keinesfalls nur in der ›Wirtschaft‹ zu suchen. Es versteht sich von selbst, dass die Politik über das Steuer- und Abgabensystem einen ganz erheblichen Einfluss nicht nur auf die Nettoverteilung, sondern durch die von ihr gesetzten Anreize auch auf die Höhe und Verteilung der Markteinkommen nimmt. Dieser Einfluss macht sich sowohl über aktive Eingriffe in das Wirtschaftsgeschehen (Prozesspolitik) geltend, als auch über die Ordnungspolitik und, nicht zu vergessen, den Verzicht auf eine aktive Rolle der Politik. Eine wichtige Rolle in der Ursachenforschung spielen die Bevölkerungsstruktur und ihre Veränderung. Wo das Bestreben vorherrscht, allein die Wirtschaft für wirtschaftliche Fehlentwicklungen verantwortlich zu machen, werden diese Faktoren häufig übersehen. Das Gutachten des Wissenschaftlichen Beirats beim Bundesministerium der Finanzen (2017) wirft hingegen Licht auf sie. So steigt z.B. die Ungleichheit automatisch an, wenn sich ein Paar in den unteren Einkommensschichten trennt oder wenn sich zwei Individuen aus den oberen Einkommensschichten zu einem Paar zusammenfinden (a.a.O. S. 12). Ebenso, wenn eine Person von der Erwerbstätigkeit in die Rente wechselt, sinkt das Einkommen dieser Person und die statistisch gemessene Ungleichheit nimmt zu, ohne dass die meisten Menschen den Wechsel in die Rente per se verteilungspolitisch problematisch finden (S. 15). Einen ungleichheitssteigernden Effekt hat auch die Tendenz zur Partnerwahl in derselben sozialen Schicht (*assortative mating*, a.a.O S. 34).

Was für die soziale Basis der Wirtschaft gilt, trifft ebenso auf den ›Wertehimmel‹ über ihr zu: Kulturelle Neuerungen haben Auswirkungen auf die gemessene Ungleichheit. Ein Wandel von Wertvorstellungen spiegelt sich in geänderten Präferenzen wider und diese schlagen sich in Änderungen der wirtschaftlichen Aktivität nieder. Ein treffendes Beispiel sind geänderte Präferenzen für mehr Freizeit, der Wunsch nach einem früheren Ruhestand, weniger anstrengende Arbeit, die Wahl von Bildungsgängen, deren wirtschaftlicher Ertrag ungewiss ist, usw. Wertvorstellung und Bevölkerungsstruktur haben gemeinsam, dass sie politisch weniger gesteuert werden können als die der Politik stärker ausgelieferte Wirtschaft.

Wenn wir uns auf die Suche nach den im Wirtschaftssystem selbst liegenden Ursachen (steigender) Ungleichheit machen, empfiehlt es sich, die Markteinkommen zum Ausgangspunkt zu wählen, bei denen sich der Einfluss der Politik weniger geltend macht als bei den Nettoeinkommen, die immer auch das Ergebnis staatlich organisierter Umverteilung über das Steuersystem und das monetäre Transfersystem sind. Die Markteinkommen (siehe die dritte Vorlesung) umfassen die Bruttoeinkommen aus unselbständiger Arbeit (ohne die Arbeitgeberanteile an den Sozialversicherungsbeiträgen), aus selbständiger Erwerbstätigkeit (z.B. Landwirtschaft und freiberufliche Tätigkeit von Ärzten und Anwälten) sowie die Einkommen aus Vermögen (Zinsen, Dividenden, Einkünfte aus Vermietungen und Verpachtungen einschließlich des Mietwerts selbstgenutzten Wohneigentums).[16] Für Industriegesellschaften gilt, dass Lohneinkommen die mit Abstand größte Komponente der Markteinkommen sind, auch wenn sich in der letzten Zeit die Relationen zugunsten der Kapitaleinkommen (besonders im obersten Prozent) verschoben haben. Daher muss die Erklärung der Einkommensungleichheit bei der Lohnungleichheit ansetzen. »Increases in household income inequality«, konstatiert die OECD (2011, S. 22) »have been largely driven by changes in the distribution of wages and salaries, which account for 75% of household incomes among workingage adults. With very few exceptions (France, Japan, and Spain), the wages of the 10% best-paid workers have risen relative to those of the 10% lowest paid«. In die gleiche Richtung zielt eine Untersuchung von Biewen und Juhasz (2012) in einer Untersuchung der steigenden Einkommensungleichheit in Deutschland in den Jahren 1999/2000 bis 2006: »Our results suggest that the largest part of the increase was due to increasing inequality in labor incomes« (a.a.O. S. 622).

---

16 Becker und Hauser (2003), S. 57.

Damit wird die Beantwortung der Frage unabweislich, worin die Ursachen steigender Lohnungleichheit liegen könnten. Zwei Erklärungen streiten miteinander, zum einen ein Ansatz, der in der Globalisierung den Hauptschuldigen sucht, zum anderen ein Ansatz, der den technologischen Fortschritt in den Mittelpunkt rückt. Globalisierung bedeutet im Kern: Einwanderung unqualifizierter Arbeitskräfte und Auslagerung technologisch wenig anspruchsvoller Produkte in das Ausland und damit verbunden die Abwanderung der Arbeitsplätze für gering Qualifizierte. Dadurch entsteht ein enormer Druck auf die Löhne niedrig Qualifizierter im Inland. Der hiermit konkurrierende Ansatz sieht die Ursache steigender Lohnungleichheit darin, dass der technische Fortschritt hochqualifizierte Arbeitnehmer überproportional besser stellt.[17] Autor und Katz (1999) haben diesen Ansatz *skill biased technological change* (SBTC) getauft.

Wenn nicht alles täuscht, favorisiert die Mehrheit der Literatur letzteren Ansatz.[18] Allerdings stehen die beiden Ansätze nicht im Widerspruch zueinander, da auch die Kräfte der Globalisierung in die gleiche Richtung drängen wie ein die besser Qualifizierten begünstigender technischer Fortschritt. Solange bei steigender Nachfrage nach hochqualifizierter Arbeit das relative Verhältnis des Angebots Gering- und Hochqualifizierter unverändert bleibt, ist in einer funktionierenden Markwirtschaft ein relativer Anstieg der Löhne für Hochqualifizierte die unvermeidliche Folge.

Damit ist auch schon das zentrale Problem des SBTC-Ansatzes genannt. Für den Fall, dass das Angebot der Nachfrage folgt, dürfte sich eigentlich an den Löhnen nicht viel ändern.

> »Skill-biased technological change does not automatically result in increased wage differences (and even less automatically in increased inequality). Even in the simplest model the outcome depends on the speed of the supply response, and depending on the relative shifts in demand and supply of skills, the resulting wage differential between the groups can look different« (Roine/Waldenström 2015, S. 549).

Ob die Lohnungleichheit zunimmt oder abnimmt, hängt von dem Rennen zwischen »education and technology« ab. Dieses Rennen muss keineswegs

17 »Rapid secular growth in the relative demand for more-skilled workers appears to be a key component of any consistent explanation for the long-run evolution of the US wage structure« Autor und Katz (1999, S. 1467). Vgl. auch SVR 2016/17, Ziffer 820).

18 »Evidence as to the role of globalisation in growing inequality is mixed« OECD (2011), S. 24.

zwangsläufig damit enden, dass die technologisch bedingte Nachfrage nach qualifizierten Arbeitskräften das Angebot übersteigt. Folgt man Goldin und Katz (2008) und vielen andren, dann ist in den USA aber genau das eingetreten. Die Autoren erklären die wachsende Lohndifferenz zwischen den beiden Gruppen damit, dass das Bildungssystem dieses Rennen verloren hat. »Educational attainment, as measured by the completed schooling levels of successive cohorts, was exceptionally rapid and continuous for the first three quarters of the twentieth century. But educational advance slowed considerably for young adults beginning in the 1970s and for the overall labor force by the early 1980s« (a.a.O. S. 4).

Handelt es sich beim SBTC-Ansatz um eine ökonomische Erklärung wachsender Lohnungleichheit? Zwar stehen bei ihm sich ändernde Verhältnisse von Angebot und Nachfrage im Zentrum – und insofern ist die unmittelbare Erklärung eine rein ökonomische – aber die steigende Nachfrage lässt sich nur insoweit ökonomisch erklären, als der technologische Wandel dem Wirtschaftssystem zugerechnet wird. Wenn das Angebot hinter der Nachfrage zurückbleibt, kommt auf dieser Seite des Markts das Bildungssystem ins Spiel. Vorausgesetzt, es hält durch den Nachschub an qualifizierten Arbeitskräften mit dem technologischen Wandel Schritt, werden die Lohnunterschiede zwar nicht beseitigt, aber sie werden auf jene Unterschiede reduziert, die sich bei freiem Wettbewerb einstellen. Der Voraussetzung nach spiegeln sie ausschließlich den differentiellen Bildungsaufwand wider (siehe die zehnte Vorlesung). Anders sieht es allerdings aus, wenn die steigenden Löhne Hochqualifizierter als eine Prämie verstanden werden können, die sich aus einer monopolistischen Schließung ergibt.

Von sozialer Schließung als Ursache (steigender) Ungleichheit war bisher noch gar nicht die Rede. In theoretischer Perspektive galt sie uns als die eigentliche Ursache der Ungleichheit in Marktwirtschaften (siehe die neunte Vorlesung). Dabei haben wir allerdings vorausgesetzt, dass auf Ausstattungsunterschiede zurückgehende Unterschiede in der Erzielung von Vorteilen unter bestimmten Bedingungen nicht als ungerechtfertigte Ungleichheiten angesehen werden sollten. Soziale Schließung gilt in der soziologischen Literatur als eine spezifisch soziologische Erklärung, als hätten die Wirtschaftswissenschaften nichts zur Monopolisierung von Marktbeziehungen zu sagen. Empirische Untersuchungen zum Einfluss von Schließungsprozessen auf das Einkommen sind in der Soziologie nicht gerade zahlreich. Im deutschen Sprachraum bilden Groß (2012) und Haupt (2012) eine beachtenswerte Ausnahme. Schon zehn Jahre früher hat Weeden (2002) in einer minutiösen Studie den Einfluss von Prozessen sozialer

Schließung auf die Einkommen von Beschäftigten untersucht. »If suitably elaborated, closure theory ... offers a promising complement to individualistic explanations of earnings inequality« (ebd., S. 55).

Groß (2012) kommt zu einem vergleichbaren Ergebnis: »Die Schließung von Positionen, sei es durch den Schutz von Normalarbeitsverhältnissen, durch institutionelle Regelungen, durch die ›rent generating activities‹ von Insidern oder durch die Abwicklung von Lohnverhandlungen durch kollektive Akteure, [leistet] einen erheblichen Beitrag zum Anstieg der Einkommensungleichheit« (S. 475). Für Groß besteht der »oft unterstrichene Gegensatz von Qualifikation und Schließung« nur zum Schein:

> »Beide Prozesse können parallel ablaufen oder sich sogar gegenseitig bedingen. So gehört es zur Strategie von Arbeitnehmervertretungen, Entlohnungen von Leistungen abzukoppeln und auf diese Weise eine Lohnkomprimierung zu erreichen. Eine Rente besteht ja gerade darin, Entlohnungen über dem Produktivitätsniveau zu erreichen, und kommt vor allem den unproduktiveren Niedrigqualifizierten zu Gute. Eine verstärkte Bedeutung leistungsäquivalenter Bezahlung und die damit einhergehenden höheren Bildungsreturns können dann auch als erfolgreiche Strategie der ›Rentenzerstörung‹ seitens der Arbeitgeber verstanden werden und wären in diesem Sinne als Ergebnis von Schließungskonflikten zu verstehen und nicht einfach als Ergebnis von sich ändernden Nachfragebedingungen.« (ebd.)

Diese Aussage gehörte der soziologischen Ungleichheitsforschung ins Stammbuch geschrieben! Die Abkoppelung der Entlohnung von der Leistung senkt die Ungleichheit ab, die »Rentenzerstörung« seitens der Arbeitgeber steigert sie. Es wäre aber falsch, sie allein als das Werk der Arbeitgeber anzusehen. Die Politik der Deregulierung der Arbeitsmärkte hatte die gleiche Stoßrichtung.[19]

Wie dem auch sei, für die Erklärung der Lohnstreuung (im Sinne einer Abweichung von der Geraden der Gleichverteilung) sind die Ergebnisse von Weeden und Groß im Vergleich zu Analysen, welche sich darauf beschränken, die Mincersche Lohngleichung zu testen, in jedem Fall ein veritabler Fortschritt. Regressionsanalytisch gesehen verwandelt der Rekurs auf soziale Schließung einen Teil der durch Qualifikationsunterschiede noch nicht

---

19 Auf die institutionellen Ursachen der steigenden Lohnungleichheit im einzelnen einzugehen, fehlt der Platz. Für einen gerafften Überblick siehe Bourgignon (2015), S. 91ff., ausführlich Salverda und Checchi (2015).

erklärten Varianz in erklärte Varianz, aber die Hauptlast der Erklärung tragen nach wie vor Ausstattungsunterschiede. Anders sähe es allerdings aus, wenn die auf Ausstattungsunterschiede zurückgehenden Einkommensunterschiede gar nicht als Ungleichheit gälten. Zumindest dann, wenn der Zugang zum Bildungswesen für alle gleich ist (soll heißen, bei gleicher Begabung unabhängig vom Elternhaus), lässt sich argumentieren, dass die dadurch bedingte Ungleichheit keine ›echte‹ ist (siehe den siebten Abschnitt dieser Vorlesung). Damit änderte sich die Rolle der Erklärung von Einkommensungleichheiten durch Schließungsprozesse. Sie wäre nicht mehr ein bloßes Komplement, sondern avancierte zum zentralen Faktor.

6. Der Anstieg der Einkommensungleichheit (in Deutschland insbesondere in den Jahren 1999 bis 2005) hat dazu geführt, dass soziologische Klassenanalysen wieder mehr Gehör finden. Um solche Analysen war es seit der Überwindung der Wirtschaftskrise Mitte der siebziger Jahre still geworden. Ein stetiges Wirtschaftswachstum, an dem alle sozialen Gruppen in etwa gleichmäßig beteiligt sind und ein expandierender Sozialstaat sind nicht gerade ein idealer Nährboden für ein anhaltendes Interesse am Thema. Dem wohlfahrtsstaatlichen Kapitalismus war es gelungen, den Klassenkonflikt zu entschärfen. Dafür traten Konflikte in den Vordergrund, die an anderen Bruchlinien als dem Klassengegensatz angesiedelt waren. Das Thema der Herrschaft des Kapitals über die Arbeit wurde u.a. vom Thema der Herrschaft des Mannes über das »andere Geschlecht« und der wachsenden Besorgnis über die Zerstörung der natürlichen Umwelt durch die industrielle Massenproduktion und den Massenkonsum verdrängt. Alle mit dieser Änderung der ideologischen Frontstellung verbundenen Fragen und Probleme lassen wir auf sich beruhen. Uns interessiert allein, ob wachsende Einkommensunterschiede sich klassentheoretisch interpretieren lassen.

Einer solchen Interpretation stehen erhebliche Schwierigkeiten im Wege. Weder ist die Höhe des individuellen Einkommens ein Klassenmerkmal (a), noch sind Einkommensunterschiede in erster Linie durch die Klassenzugehörigkeit determiniert (b).

ad (a) Anders als sozioökonomische Schichten sind Klassen nicht über die Höhe des Einkommens definiert. Worauf es klassentheoretisch ankommt, ist, dass die Klassen ihre Einkommen aus klassenspezifischen Revenuequellen beziehen. Zwar wird auch die Revenuehöhe in der Regel verschieden sein, aber das ist klassentheoretisch nicht entscheidend. Die klassische politische Ökonomie kannte nur drei Klassen: Arbeiter, kapitalistische Unternehmer und Bodeneigentümer. Die Einkommen der drei Klassen erhalten je nach ihrer Quelle verschiedene Bezeichnungen: Löhne als Einkommen aus dem Verkauf der Arbeitskraft, Profite als Einkommen aus dem Sachkapital und Renten als Einkommen aus dem Bodenbesitz. Die Klassentheorie von Ricardo und Marx basierte darauf, dass Arbeiter ausschließlich von Löhnen leben, Kapitalisten von Profiten etc. Diese scharfe Trennung existiert heute nicht mehr. Arbeiter im Sinne von Arbeitnehmern *(workers)* beziehen erstens Einkommen aus dem Besitz von Geld- und Sachkapital (z.B. Hausbesitz), zweitens bringen sie in die Produktion mehr ein als ihre bloße Arbeitskraft, nämlich Humankapital, und drittens sind die Einkommen der Selbständigen ebenfalls Arbeitseinkommen *(earnings)*. Auch im Betriebsüberschuss sind Arbeitseinkommen versteckt.

ad (b) Wenn Klassenunterschiede schon nicht in Einkommensunterschieden bestehen, kann man dann wenigstens sagen, dass sie diese Unterschiede erklären helfen? Sicherlich, ein Klassenschema als unabhängige Variable einer Regressionsanalyse kann Einkommensunterschiede in dem Sinne »erklären«, in dem eben im Kontext einer statistischen Analyse dieser Begriff gebraucht wird. Aber dann steht das Klassenschema in Konkurrenz mit anderen Gliederungen der Sozialstruktur, in erster Linie dem Schichtkonzept, aber auch der Gliederung der Gesellschaft z.B. in unterschiedliche soziale Milieus.[20] Holtmann u.a. (2012, S. 39) kommen zu dem nicht überraschenden Ergebnis, dass sich Einkommensunterschiede am besten durch die Stellung im Beruf erklären lassen, gefolgt von dem Klassenmodell nach Erik Olin Wright. Nach Chan und Goldthorpe (2007) hingegen lassen sich zwar nicht direkt die Einkommenshöhe, aber andere, mit dem Einkommen eng zusammenhängende ökonomische Aspekte am besten mit dem Klassenkonzept (in diesem Fall das Schema von Erikson und Goldthorpe) erfassen: »class and status do have distinct explanatory power when it comes to studying varying areas of social life. Consistent with Weber's assertions, we show that economic security and prospects are stratified more by class than by status, while the opposite is true for outcomes in the domain of cultural consumption« (ebd., S. 512).

Ob wieder zunehmende Einkommensunterschiede wirklich eine »Rückkehr der Klassen« anzeigen, hängt natürlich auch vom verwendeten Klassenbegriff ab. Hier gilt es, zwei Zugänge zum Klassenbegriff auseinanderzuhalten: Klassen als eine sozialstatistische Kategorie einerseits und Klassen

20 Zur Aussagekraft älterer und neuerer Konzepte der Sozialstruktur einführend Groß (2008).

als Konfliktgruppen andererseits.[21] In ersterer Hinsicht sind Klassen nach der berühmten Definition von Weber (1972, S. 177) Gruppen von Menschen, die sich in der gleichen Klassenlage befinden. Diese Lagen sind nur dann *Klassen*lagen und nicht einfach soziale Lagen, wenn sie durch den unterschiedlichen Besitz am Markt verwertbarer Ressourcen definiert sind. Als Konfliktgruppen einigt Klassen hingegen das Ziel, die Klassenverhältnisse entweder zu ändern (so die beherrschten Klassen) oder beizubehalten (so die herrschenden Klassen). Begründet werden muss, warum Klassen im Streit miteinander liegen, statt zu kooperieren. Ökonomisch gesehen beruht der Klassenantagonismus immer auf einer Ausbeutungsbeziehung: Die Vorteile der ausbeutenden Klasse basieren auf der Benachteiligung der ausgebeuteten Klasse eben durch die Aktivität der ausbeutenden. Genau deswegen ist der ausgebeuteten Klasse ein Lagerwechsel unter Beibehaltung des kapitalistischen Systems unmöglich. Für diese Annahme gibt es zwei Begründungen, eine arbeitswerttheoretische (Marx) und eine rententheoretische (Sørensen 2000). Der Arbeitswerttheorie zufolge liefern die Arbeiter beim Unternehmen mehr lebendige Arbeit ab als sie ›tote‹ Arbeit in Form der vom Lohn gekauften Waren erhalten. Eine Rententheorie der Ausbeutung argumentiert völlig anders. Ausbeutung besteht im Bezug ökonomischer Renten seitens der Eigner ökonomisch verwertbarer Ressourcen. Solche Renten wurzeln in unvollständigem Wettbewerb und mangelnder Information. Die Rentenbezieher können nur solange ihre Privilegien genießen, als es ihnen gelingt, andere Gruppen vom Wettbewerb um begehrte Güter auszuschließen.

Der Unterschied zwischen Marx und Weber besteht nicht in der Betonung der Rolle der differentiellen Verfügung über Eigentum für die Klassenbildung und auch nicht darin, dass Klassen nur auf dem Boden der marktwirtschaftlichen Ordnung entstehen. Darin sind sich Marx und Weber einig. Der Unterschied liegt darin, dass Marx annahm, zwischen den Hauptklassen Kapital und Arbeit bestünde ein in gegensätzlichen und unvereinbaren Interessen gründender Klassenantagonismus, zwischen denen kein Kompromiss möglich ist. Er entlade sich in einem Klassenkampf, der erst mit der Überwindung der kapitalistischen Produktionsweise ende. An einer überzeugenden Begründung für diese Behauptungen fehlt es. Auch die Ausbeutungstheorie, welche die Herkunft des Profits erklären soll, liefert sie nicht. Sicherlich, in einer stationären Wirtschaft lassen sich Lohnsteigerungen nur auf Kosten der Gewinne durchsetzen. Aber dieser

21 Vgl. Sørensens (2000) Unterscheidung zwischen *exploitation classes* und *life condition classes*.

Streit um die Verteilung des Volkseinkommens ist kompromissfähig. Ein unversöhnlicher Gegensatz zwischen den beiden Einkommensarten besteht nur in einer Sichtweise, welche Gewinne als illegitime Appropriation des allein von den Arbeitnehmern geschaffenen Nettoprodukts ansieht.

Das ist nicht einmal in einem reinen Zwei-Klassenmodell überzeugend. Mehrarbeit gibt es nur und kann daher auch nur dann von Nicht-Arbeitern angeeignet werden, wenn die Produktivität der Arbeit so groß ist, dass ein einzelner Arbeiter an einem Arbeitstag mehr produziert als für seine Existenzsicherung (inklusive die seiner Familie) pro Tag erforderlich ist. Die Arbeitsproduktivität variiert mit den vorgefundenen Arbeitsbedingungen. Diese liegen in der Zuständigkeit des Unternehmens. Nicht die Ausbeutung, sondern die Verwendung einer produktiven Technologie sichert den Unternehmensgewinn. In der antikapitalistischen Polemik wird er schlicht als leistungsloses Einkommen behandelt. Dabei wird übersehen, dass der Gewinn, verstanden als Differenz zwischen Aufwand und Ertrag, in drei Teile zerfällt, Unternehmergewinn im engeren Sinn, Unternehmerlohn und Zins. Im Gleichgewicht ist der Unternehmergewinn gleich null und der Unternehmerlohn ist die Bezahlung für eine Leistung. Bleiben noch die Zinsen. Diese sind Zahlungen für die Aufnahme von Fremdkapital, aber jeder mit Eigenkapital wirtschaftende Unternehmer muss hierfür den gleichen Zinssatz in Rechnung stellen. Andernfalls stünde er sich besser, wenn er sein Eigenkapital verliehe. Dass der bloße Besitz von Geldkapital ein Einkommen in der Form von Zinsen abwirft, ist gewiss angreifbarer als der Unternehmergewinn. Aber diese Kritik würde eine völlig andere Personengruppe treffen, zu der höchstwahrscheinlich auch die Kritiker gehören, sofern sie über irgendeine Form von zinstragendem Geldkapital verfügen.

Es erscheint aussichtslos, einen Anstieg der Einkommensungleichheit auf gesteigerte Ausbeutung als Ursache zurückzuführen. Rententheoretisch gesehen waren die Gewinner im »goldenen Zeitalter« des Nachkriegskapitalismus eher die unteren Klassen. Ein reiner Wettbewerbsmarkt hätte ihre Einkommenschancen verschlechtert. Beispielhaft lässt sich das an der immer weiter um sich greifenden Globalisierung studieren. Besonders die Arbeiten von Dani Rodrik[22] haben das Bewusstsein dafür geschärft, dass der Freihandel keineswegs für die gesamte Bevölkerung segensreich ist. Vielmehr gibt es Gewinner und Verlierer. Die nachteiligen Folgen der Globalisierung wurden bei den gering qualifizierten Arbeitnehmern angehäuft, während eine global vernetzte Elite hochqualifizierter Berufstätiger die

22 Zuletzt Rodrik (2018).

durch die Globalisierung gebotenen Chancen der Einkommenssteigerung rigoros zu nutzen vermochte.[23]

Steigende Einkommensunterschiede führen sicherlich ab irgendeinem Punkt zu vermehrten sozialen Spannungen, aber es ist ein Problem für sich, diese klassentheoretisch zu interpretieren. »If inequality keeps increasing«, warnt Bourgignon (2015, S. 6), »there is a point at which even a minor economic recession is likely to trigger major social disruptions. Where this tipping point lies«, räumt Bourgignon jedoch ein, »is unknown«. Soziale Spannungen nehmen vor allem dann zu, wenn wachsende Einkommensunterschiede als Verstoß gegen eine vage definierte soziale Gerechtigkeit empfunden werden. Dass sie so empfunden werden, verlangt aber die Existenz eines politischen Akteurs, der wirksam diese Ansicht vertritt. Zunehmende Einkommensunterschiede führen insofern nicht gleichsam von selbst zu einer schärferen Grenzziehung zwischen den Klassen. Ob sie soziale Sprengkraft entfalten, hängt von mehreren Bedingungen ab: vom Ausmaß der Einkommensunterschiede, vom Grad der Differenzierung sozialer Lagen und auch davon, ob die Auffassung, wachsende Einkommensunterschiede seien das Ergebnis positiver Privilegierung der Unternehmer, der leitenden Angestellten und der freien Berufe einerseits, der negativen Privilegierung der Masse der Arbeitnehmer andererseits, genügend Anhänger findet.[24] Solange Einkommensunterschiede als Leistungsunterschiede wahrgenommen werden und das Postulat der Chancengleichheit nicht manifest verletzt ist, enthalten sie kaum soziale Sprengkraft.

7. Die Diskussion um die Auswirkungen wachsender Einkommensungleichheit auf die Gesellschaft leidet darunter, dass ohne weitere Begründung die (jährlich gemessene) nominale Gleichheit als Maßstab für die Güte eines gesellschaftlichen Zustands genommen wird. Dies zeigt sich vor allem darin, dass Abweichungen von diesem Maßstab wie selbstverständlich als »schlecht«, Annäherungen an ihn aber als »gut« qualifiziert werden. Diese inhärente Wertung wird durch die Konstruktion des Gini-Koeffizienten begünstigt: Er misst Ungleichheit als Abweichung von der Geraden der Gleichverteilung. Daran wäre nichts auszusetzen, wenn in der Diskussion entweder Streuung strikt von Ungleichheit unterschieden würde oder besser noch, der Terminus Ungleichheit ausschließlich im Sinne von Streuung verwendet würde. Streuung ist ein statistisches Konzept, Ungleichheit

23 Diese Aussage gilt keineswegs nur für den Finanzsektor.

24 Vgl. Weber (1972), S. 178f. Zu den Bedingungen, dass aus einer Klassenlage ein Klassenhandeln wird, siehe in aller Kürze Weber ebd., S. 179.

hingegen ein wertgeladener Ausdruck. Die Frage wird selten gestellt, ob es nicht auch akzeptierbare oder gar wünschenswerte Ungleichheit gibt.

Bewegung in die Diskussion ist erst durch die neuere Literatur über Chancengleichheit *(equality of opportunity)* gekommen. Grundlegend ist die Vorstellung, dass Ergebnisse *(outcomes)* oder Vorteile *(advantages)* wie Einkommen, Vermögen, Bildung und Gesundheit, die von der großen Mehrheit, wenn nicht sogar allen Gesellschaftsmitgliedern als erstrebenswert angesehen werden,[25] durch genau zwei Klassen von Faktoren determiniert werden: solche, die in die persönliche Verantwortung eines Individuums fallen und solche, für die es nicht verantwortlich gemacht werden kann. In der englischsprachigen Literatur werden erstere *efforts* genannt, letztere *circumstances*.[26] Soweit der ungleiche Zugang zu Vorteilen individuell kontrollierbar ist und das heißt, von der eigenen Handlungswahl abhängt, ist er ethisch akzeptierbar; soweit er von Umständen abhängt, die außerhalb der individuellen Kontrolle liegen, gilt er als unfair und sollte durch geeignete Maßnahmen kompensiert werden.[27]

Standardbeispiele für Variablen, die unter die individuelle Kontrolle fallen, sind z.B. die Teilnahme an Bildungsprozessen, sowohl was ihre Länge als auch ihre inhaltliche Ausrichtung betrifft, die Wahl zwischen Freizeit und Arbeitszeit, ein gesunder Lebensstil usw. Die Umstände sind dieser Literatur zufolge samt und sonders Faktoren, die mit der familialen Herkunft zusammenhängen, in erster Linie die Schulbildung und die berufliche Stellung des Vaters oder beider Elternteile, aber auch die »üblichen Verdächtigen« wie Alter, Geschlecht und ethnische Herkunft, daneben noch z.B. der Geburtsort. In internationalen Vergleichen spielt letzterer eine hervorgehobene Rolle.

Die am weitesten verbreitete empirische Forschungsstrategie, den Einfluss von *effort* und von *circumstances* auf das Ergebnis voneinander zu trennen, besteht darin, die Bevölkerung in Gruppen zu untergliedern und zwar so, dass jede Gruppe durch einen Typus gebildet wird, für dessen Mitglieder die gleichen Umstände zutreffen. Die Variation von Vorteilen

25 Die Kritik an Einkommen und Vermögen als erstrebenswerten Gütern durchzieht die gesamte europäische Geistesgeschichte. Man denke nur an die epikuräische Philosophie oder an die Bettelorden.

26 Die Terminologie von Vorteilen, Anstrengung und Umständen geht auf Roemer (1998) zurück. Siehe die vierte Vorlesung und den Appendix A.2.

27 Brunori, Ferreira und Peragine (2013), S. 3.

innerhalb von Typen ist dann per definitionem *effort*-bedingt, da ja innerhalb von Typen der Einfluss von Umständen nicht mehr zählt.[28]

Praktisch wird dieser Gedanke so umgesetzt, dass man zunächst die Einzelwerte einer Stichprobe durch die Mittelwerte des jeweiligen Typus ersetzt und anschließend nur noch die Streuung der Mittelwerte berechnet. Dahinter steht die Idee, dass zum einen der Zugang zu Vorteilen für jeden Angehörigen eines Typus durch seine typspezifische Verteilungsfunktion repräsentiert wird und dass zum anderen der Mittelwert der typspezifischen Verteilungsfunktion der bestmögliche Indikator für die einem Typus zugänglichen Vorteile ist. Da die typspezifische Verteilungsfunktion *vor* der individuellen Festlegung der eigenen Anstrengung existiert, durch die ein Individuum sich auf dieser Funktion platziert, heißt die auf diese Weise ermittelte Chancenungleichheit ex ante-*inequality of opportunity*.

Eine die Ergebnisse verzerrende Folge davon, den Anteil der den Umständen geschuldeten Ungleichheit auf direktem Weg zu ermitteln ist, dass alle verbleibende Ungleichheit zwangsläufig in die individuelle Verantwortlichkeit fällt, so z.B. unbeobachtete Heterogenität oder Messfehler. Besonders misslich ist diese Zurechnung für die Rolle glücklicher Zufälle *(luck)* im Allgemeinen und für den Einfluss unterschiedlicher Begabung – vielleicht der wichtigste glückliche Zufall überhaupt – im Besonderen. Besser wäre es, ›Glück‹ als eine eigenständige, von gesellschaftlich bedingten Umständen und persönlicher Wahl unterschiedene Kategorie anzusehen. Insofern kann es sich bei der ex ante ermittelten Chancenungleichheit immer nur um eine untere Grenze handeln. Darin ist sich die Literatur einig. Es versteht sich von selbst, dass sich diese Untergrenze mit der Anzahl der berücksichtigten Umstände verändert.

Vorausgesetzt, die gesamte Ungleichheit lässt sich ohne Rest zerlegen in die Ungleichheit, die leistungsbedingt ist und die Ungleichheit, die umstandsbedingt ist, dann lässt sich die durch Umstände bedingte Ungleichheit $I(b)$ absolut messen durch die Ermittlung der Variation zwischen den Typen, relativ durch die Teilung dieser Größe durch die gesamte Ungleichheit:

$$IOP_r = I(b)/I(y)$$

28 Dem Einwand, dass die Wahl, welche ein Individuum trifft, von den Umständen abhängt, kann dadurch begegnet werden, dass zwar nicht der Grad der Anstrengung, aber sehr wohl das durchschnittliche Niveau typspezifisch und insofern ein Umstand ist.

Hierbei steht IOP_r für die relative Chancenungleichheit, $I(\cdot)$ ist ein geeigneter Ungleichheitsindex, $I(b)$ misst die absolute Chancenungleichheit mittels Ersetzung der individuellen Werte durch die Mittelwerte für jeden Typ und $I(y)$ ist ein Maß für die gesamte Ungleichheit.[29]

Messungen der Chancenungleichheit führen noch aus drei weiteren Gründen zu abweichenden Ergebnissen. Erstens hängt die gemessene Ungleichheit vom verwendeten Ungleichheitsmaß ab. Das haben wir in der siebten Vorlesung ausführlich behandelt. Das bevorzugte Maß ist wegen seiner Zerlegbarkeit die mittlere logarithmische Abweichung *MLD*, auch Theil (0) geheißen. Zweitens weichen die Ergebnisse voneinander ab, je nachdem ob Chancenungleichheit, verstanden als Ungleichheit zwischen den Gruppen [$(I(b)$], direkt oder indirekt gemessen wird. Die indirekte Messung ermittelt die Größe $I(b)$ durch Abzug der Ungleichheit innerhalb der Gruppen [$(I(w)$][30] von der gesamten Ungleichheit $I(y)$: $I(b) = I(y) - I(w)$ oder $I(b)/I(y) = 1 - I(w)/I(y)$. Die forschungspraktische Umsetzung dieser Idee besteht darin, durch Multiplikation der Ausgangswerte mit μ/μ^k alle Ungleichheit zwischen den Gruppen auszulöschen (μ: der Mittelwert aller Einkommen, μ^k der typspezifische Mittelwert). Drittens schließlich macht es einen Unterschied, ob parameterfrei oder parametrisch, d.h. durch Aufstellung einer Regressionsgleichung geschätzt wird.

Aber damit nicht genug. Einer eindeutigen Messung der Chancenungleichheit steht vor allem der Sachverhalt im Wege, dass es eine weitere, weniger befolgte, aber von Roemer bevorzugte Strategie der Gruppenbildung gibt: die Gliederung der Population in *Tranchen* gleichen Anstrengungsgrades, unterschieden von *Typen* gleicher Umstände. In diesem Fall schlagen sich die ungleichen Chancen in den ungleichen Ergebnissen *innerhalb* der Tranchen nieder. Auch bezüglich dieser Forschungsstrategie besteht die Wahl zwischen einem direkten und indirekten Vorgehen. Diese Methode der Ungleichheitsmessung heißt »ex post«, weil die Ungleichheit gemessen wird, nachdem die Individuen ihre Wahl z.B. hinsichtlich der Art und Dauer der Ausbildung getroffen haben. Eine eingehendere Erläuterung all dieser Verfahren liegt jenseits der Grenzen dieser Vorlesung.[31] In einem wichtigen Aufsatz haben Checchi, Peragine und Serlenga (2010) mithilfe der verschiedenen, hier geschilderten Verfahren gemessen, welchen Anteil

29 Vgl. Brunori, Ferreira und Peragine 2013, S. 8.

30 $I(b)$ = inequality between, $I(w)$ = inequality within.

31 Für einen exzellenten Überblick der Verfahren, die ex ante-*opportunity* zu messen, verweise ich interessierte Leser an Ferreira und Gignoux (2011).

die Chancenungleichheit an der gesamten Ungleichheit in Europa hat. Die Werte für Deutschland betragen:

0,182 (direkt ex ante)
0,028 (indirekt ex ante)
0,315 (direkt ex post)
0,018 (indirekt ex post)

Gemessen wurde die Ungleichheit der Einkommen aus abhängiger Beschäftigung. Die Zahlenangaben sind Werte für die mittlere logarithmische Abweichung, weil nur dieses Maß sich konsistent in die aus *effort* und *circumstances* resultierende Ungleichheit zerlegen lässt. Die Werte für Europa schwanken zwischen 2,5 und 30 Prozent für den Ex-ante-Ansatz und zwischen 16 und 45 Prozent (Zypern) für den Ex-post-Ansatz. Die Chancenungleichheit erklärt also in keinem Fall mehr als die Hälfte der gemessenen Ungleichheit. Für das am häufigsten verwendete Maß (direkt ex ante) ist der höchste gemessene Wert (wiederum Zypern) dreißig Prozent.

Die Untersuchung von Dunnzlaff et al. (2014) von siebzehn europäischen Ländern hat zum Ergebnis, dass der Anteil der Chancenungleichheit an der gesamten Ungleichheit eher gering ausfällt. Die Datenbasis ist EU-SILC 2005. Vier verschiedene Einkommensbegriffe werden analysiert, gemessen wird die ex ante IOP *(inequality of opportunity)*. Der höchste gemessene Wert beträgt 13,8 Prozent für Polen (siehe die Tabelle S. 112). Deutschland schneidet in dieser Untersuchung unerwartet gut ab: »Germany and the Netherlands ... perform among the best in terms of the level of Equality of Opportunity« (S. 120).

Roemer und Trannoy (2016, S. 1325) kommen zu dem Schluss, dass der Anteil der Chancenungleichheit an der gesamten Ungleichheit je nach Studie bei 15 bis 30 Prozent der gesamten Ungleichheit liegt. Brunori, Ferreira und Peragine (2013, S. 23) listen in einer Tabelle die Ergebnisse von empirischen Studien zur Chancenungleichheit auf. Für die 26 europäischen Länder, die in dieser Tabelle angeführt werden beträgt der Durchschnittswert IOP_r um die 14 Prozent.[32] Alles in allem vermitteln Studien zur Chancenungleichheit somit nicht unbedingt den Eindruck, dass die entsprechenden Werte besorgniserregend hoch ausfallen – aber ob dem so ist, liegt natürlich auch im Auge des Betrachters. Unter Gesichtspunkten mangelnder Legitimität mögen schon 15 Prozent in Ländern, die sich dem Ideal der Chancengleichheit verschrieben haben, ein nicht akzeptierbar hoher

32 Eigene Berechnung. Die Länder wurden nicht mit der Bevölkerungsgröße gewichtet.

Wert sein, der nach politischen Maßnahmen verlangt. Kausal betrachtet lässt sich aber nicht übersehen, dass ein fast sechsmal höherer Anteil an der Einkommensungleichheit mit Faktoren zu tun hat, die in die individuelle Verantwortlichkeit fallen.

Bei diesem Ergebnis muss man allerdings zwei Dinge im Auge behalten. Zum einen beziehen sich die meisten Schätzungen auf die untere Grenze der Chancenungleichheit, die obere Grenze liegt beträchtlich höher (Niehues und Peichl 2014). Zum anderen wird die Begabung (gemessen mit dem IQ) wegen des Mangels an Daten nur in seltenen Fällen als Umstand erfasst. In Schweden z.B. springt die relative Chancenungleichheit bei Einbeziehung des Intelligenzquotienten als Indikator für den Umstand Begabung von 15 auf 30 Prozent (Roemer und Trannoy 2016, S. 1325). Die Autoren sind der Auffassung, dass auch Begabung ein Umstand ist, dessen ungleiche Verteilung nach einem Ausgleich verlangt.[33] Begabungsunterschiede stellen die Politik vor ein doppeltes Problem: Ist ihr Ausgleich in jedem Fall geboten und wenn ja, lassen sie sich überhaupt ausgleichen? Wer, wie Roemer und Trannoy, der Meinung ist, dass die Auswirkungen von Umständen einschließlich vom Talentunterschieden auf das persönliche Wohlergehen kompensiert werden sollen (a.a.O. S. 1328), wird jedoch nicht umhin können, auch die Kehrseite dieser Aussage zu unterschreiben, nämlich dass ungleiche Ergebnisse, die auf freier Wahl beruhen, ethisch akzeptierbar sind. Für die Ungleichheitsanalyse hat das eine einschneidende Konsequenz: »Measures of inequality as *such* are not terribly useful – unless one is simply an outcome-egalitarian who views all inequality as unjust« (ebd.). Es ist an der Zeit, dass auch in der deutschsprachigen Soziologie (wie es aussieht, ein Sammelbecken von »outcome-egalitarians«) diese Einsicht Fuß fasst.

33 In diesem Zusammenhang könnte man z.B. an kompensatorische Erziehung denken. Diese mag in Grenzen erfolgreich sein. Wie sehr, ist eine empirische Frage.

Literatur

Alvaredo, Facundo, Anthony B. Atkinson, Thomas Piketty und Emmanuel Saez, 2013: The Top 1 Percent in International and Historical Perspective. In: *The Journal of Economic Perspectives*, Vol. 27, S. 3-20.

Atkinson, Anthony B. und François Bourgignon, 2000: Introduction: Income Distribution and Economics. In: Atkinson, Anthony B., François Bourgignon (Hrsg.): *Handbook of Income Distribution*, Vol. 1, S. 1-58. Amsterdam, Elsevier.

Atkinson, Anthony B., Thomas Piketty und Emmanuel Saez, 2011: Top Incomes in the Long Run of History. In: *Journal of Economic Literature*, Vol. XLIX, S. 3-71.

Autor, David und Lawrence F. Katz, 1999: Changes in the Wage Structure and Earnings Inequality. In: Ashenfelter, Orley, David Card (Hrsg.), *Handbook of Labor Economics*, Volume 3, Ch. 26, S. 1464- 1553. Amsterdam: Elsevier.

Bartels, Charlotte und Carsten Schröder, 2016: Zur Entwicklung von Top-Einkommen in Deutschland seit 2001. *DIW Wochenbericht* Nr. 1, S. 3-9.

Bartels, Charlotte, 2017: Top Incomes in Germany 1871-2013. *WID.world Working Paper Series* Nr. 2017/18.

Bartels, Charlotte, 2018: Einkommensverteilung in Deutschland von 1871 bis 2013: Erneut steigende Polarisierung seit der Wiedervereinigung. *DIW Wochenbericht* Nr. 3.

Becker, Irene und Richard Hauser, 2003: *Anatomie der Einkommensverteilung. Ergebnisse der Einkommens- und Verbrauchsstichproben 1969-1998.* Düsseldorf: edition sigma.

Bourgignon, François, 2015: *The Globalization of Inequality*. Princeton: Princeton University Press.

Brunori, Paolo, Francisco H. Ferreira und Vito Peragine, 2013: Inequality of Opportunity, Income Inequality and Economic Mobility: Some International Comparisons. ECINEQ (Society for the Study of Economic Inequality) Working Paper 2013-284.

Bundesministerium der Finanzen, 2017: *Einkommensungleichheit und soziale Mobilität.* Gutachten des Wissenschaftlichen Beirats beim Bundesministerium der Finanzen (online).

Chan, Tak Wing und John H. Goldthorpe, 2007: Class and Status: The Conceptual Distinction and its Empirical Relevance. *American Sociological Review*, Vol. 72, S. 512-532.

Checchi, Daniele, Vito Peragine und Laura Serlenga, 2010: Fair and unfair income inequalities in Europe. EcineQ (Society for the Study of Economic Inequality) Working Paper 2010-174.

Cremer, Georg, 2017: *Armut in Deutschland: Wer ist arm? Was läuft schief? Wie können wir handeln?* München: CH Beck.

Dunnzlaff, Lina, Dirk Neumann, Judith Niehues und Andreas Peichl, 2015: *Equality of Opportunity and Redistribution in Europe.* In: Inequality of Opportunity: Theory and Measurement. S. 99-129. Online.

Ferreira, Francisco H.G. und Jerémie Gignoux, 2011: The Measurement of Inequality of Opportunity: Theory and an Application to Latin America. *Review of Income and Wealth*, Vol 57, S. 622-657.

Fratzscher, Marcel, 2017: *Verteilungskampf. Warum Deutschland immer ungleicher wird.* München: Carl Hanser Verlag.

Görgens, Hartmut, 2018: *Irrtum und Wahrheit über die Reallohnentwicklung seit 1990. Gegen den Mythos einer jahrzehntelangen Reallohnstagnation.* Marburg: Metropolis.

Grabka, Markus und Jan Goebel, 2017: Realeinkommen sind von 1991 bis 2014 im Durchschnitt gestiegen – erste Anzeichen für wieder zunehmende Einkommensungleichheit. *DIW Wochenbericht* Nr. 4, S. 71-82.

Granovetter, Mark, 1981: Toward a Sociological Theory of Income Differences. In: Berg, Ivar (Hrsg.), *Sociological Perspectives on Labor Markets*, S. 11–47. New York: Academic Press.

Groß, Martin, 2008: *Klassen, Schichten, Mobilität.* Wiesbaden: VS Verlag.

Groß, Martin, 2012: Individuelle Qualifikation, berufliche Schließung oder betriebliche Lohnpolitik – was steht hinter dem Anstieg der Lohnungleichheit? *Kölner Zeitschrift für Soziologie und Sozialpsychologie*, Bd. 64, S. 455-478.

Haupt, Andreas, 2012: (Un)Gleichheit durch soziale Schließung. Effekte offener und geschlossener Teilarbeitsmärkte auf die Lohnverteilung in Deutschland. *Kölner Zeitschrift für Soziologie und Sozialpsychologie*, Band 64, S. 729-753.

Heckman, James J., Lance J. Lochner und Petra E. Todd, 2006: Earnings Functions, Rates of Return and Treatment Effects: The Mincer Equation and Beyond. In: Hanushek, Eric A., Finis Welch (Hrsg.): *Handbook of the Economics of Education*, Vol. 1, S. 307-458.

Holtmann, Dieter u.a., 2012: *Die Sozialstruktur der Bundesrepublik Deutschland im internationalen Vergleich.* Potsdam: Universitätsverlag.

Kaelble, Hartmut, 2017: *Mehr Reichtum, Mehr Armut. Soziale Ungleichheit in Europa vom 20. Jahrhundert bis zur Gegenwart.* Frankfurt: Campus.

Mincer, Jacob, 1974: *Schooling, Experience and Earnings.* New York: Columbia University Press.

Niehues, Judith und Andreas Peichl, 2014: Upper Bounds of Inequality of Opportunity: Theory and Evidence for Germany and the US. *Social Choice and Welfare* Vol. 43, S. 73-99.

Niehues, Judith, 2017: Einkommensentwicklung, Ungleichheit und Armut – Ergebnisse unterschiedlicher Datensätze, *IW Trends* Nr. 3.

OECD, 2011: *Divided we Stand. Why Inequality Keeps Rising.* Paris: OECD Publishing.

OECD, 2015: *In It Together: Why Less Inequality Benefits All.* Paris: OECD Publishing.

Piketty, Thomas, 2014: *Capital in the Twenty-First Century.* Translated by Arthur Goldhammer. Cambridge, Mass.: Belknap

Rodrik, Dani, 2018: *Straight Talk on Trade.* Ideas for a Sane World Economy. Princeton: Princeton University Press.

Roemer, John E., 1998: *Equality of Opportunity.* Cambridge, Mass.: Harvard University Press.

Roemer, John E. und Alain Trannoy, 2016: Equality of Opportunity: Theory and Measurement. In: *Journal of Economic Literature*, Vol. LIV, S. 1288-1332.

Roine, Jesper und Daniel Waldenström, 2015: Long-Run Trends in the Distribution of Income and Wealth. In: Atkinson, Anthony, Francois Bourgignon, *Handbook of Income Distribution*, Vol. II, S. 471-592. Amsterdam: Elsevier.

Salverda, Wiemer und Daniele Checchi, 2015: Labor Market Institutions and the Dispersion of Wage Earnings. In: Atkinson, Anthony B., François Bourgignon (Hrsg.), 2015: *Handbook of Income Distribution*, Vol.II, Chapter 18, S. 1536-1727.

Sachverständigenrat zur Begutachtung der gesamtwirtschaftlichen Entwicklung, 2016: Zeit für Reformen. Jahresgutachten 2016/2017. Online.

Sørensen, Aage, 2000: Toward a Sounder Basis for Class Analysis. *American Journal of Sociology*, Vol. 105, S. 1523-1558.

Weber, Max, 1972: *Wirtschaft und Gesellschaft. Grundriss der verstehenden Soziologie.* Tübingen: Mohr Siebeck, 5. Auflage.

Weeden, Kim A., 2002: Why Do Some Occupations Pay More than Others? Social Closure and Earnings Inequality in the United States. *American Journal of Sociology*, Vol. 108, S. 55 -101.

12 Zwölfte Vorlesung: Globale Ungleichheit

1. Rekapitulation. 2. Methodische Vorfragen. 3. Nimmt die weltweite Ungleichheit zu? 4. Ursachen der weltweiten Ungleichheit. 5. Internationale Chancengleichheit als Ziel?

1. Unsere Diskussion der Einkommensungleichheit in der Bundesrepublik Deutschland hatte zum Ergebnis, dass sie zum einen seit der Wiedervereinigung zwar zugenommen hat, dass aber zum anderen das Niveau der Ungleichheit, verglichen mit anderen OECD-Staaten, eher moderat ausfällt. Aussagen über das Ausmaß und die Entwicklung der Einkommensungleichheit hängen erheblich von der Wahl der Zeitperiode oder des Indikators (z. B. Haushaltseinkommen brutto oder netto, individuelle Lohneinkommen oder Äquivalenzeinkommen usw.) ab. Was die Diskussion der Ursachen anbelangt, so haben wir uns darauf konzentriert, ob die Einkommensungleichheit eher dem Wettbewerbsmarkt oder anderen sozialen Kräften und Institutionen anzulasten ist, die beim unvollständigen Wettbewerb beginnen und bei wirtschaftsexternen Teilsystemen enden. Die Chancenungleichheit, so wie sie von der neueren Literatur im Anschluss an Roemer (1998) definiert wird, hat jedenfalls mit Umständen zu tun, die alle mit der familialen Herkunft zusammenhängen. Auf einem Wettbewerbsmarkt ist die nominale Ergebnisungleichheit ausschließlich von den zum Gelderwerb aufgewandten Ausstattungsunterschieden abhängig. Zum Teil werden diese über unterschiedliche Bildungs- und Erwerbsbiographien erworben, zum Teil über die Familie weitergereicht. Die große Frage ist, inwiefern der Wettbewerbsmarkt für solche Unterschiede verantwortlich gemacht werden kann. Da er sich neutral zu solchen Unterschieden verhält, ist er zumindest kein Instrument der Korrektur und insofern ein beliebtes Ziel einer Kritik der Eigentumsverteilung. Diese Kritik übersieht aber zweierlei. Erstens, die Ursachen der ungleichen Ausstattung von Individuen mir Ressourcen liegen außerhalb des Wettbewerbsmarkts. Dem ›Geist‹ dieser Vorlesung entspricht es, neben Marktunvollkommenheiten hierfür einerseits die Familie, andererseits staatliches Handeln oder Unterlassen in Anschlag zu bringen. Zweitens, die ungleiche Verteilung am Markt verwertbarer Ressourcen auf Individuen ist nicht an sich schon ungerecht. Es gibt Unterschiede, die ethisch akzeptierbar sind und solche, die dies eben

J. Berger, *Wirtschaftliche Ungleichheit*, https://doi.org/10.1007/978-3-658-23682-3_12

nicht sind. Welcher Art letztere sind, ist heftig umstritten (siehe nur die Diskussion über Talentunterschiede).

2. Mit der Zuwendung zum Thema internationale und globale Ungleichheit (zu dieser Unterscheidung gleich mehr) betreten wir ein neues Feld. Das liegt zum einen daran, dass diese Form der Ungleichheit viel ausgeprägter ist als die nationale Ungleichheit (das gilt jedenfalls für die entwickelten Industriegesellschaften des Westens) und dass für sie auch andere Ursachen in Frage kommen. Zum anderen wirft die globale Ungleichheit das Problem auf, ob Beurteilungsmaßstäbe, die national gelten, auf die internationale Ebene ohne Umstände übertragen werden können.

Die Auffassung ist weit verbreitet, dass nicht nur die weltweite Ungleichheit, sondern auch die Armut im Weltmaßstab immer weiter ansteigt. Sucht man nach Anhängern dieser Überzeugung, wird man bei den öffentlich-rechtlichen Medien, den christlichen Kirchen, den Gewerkschaften sowie linken Parteien und Gruppierungen leicht fündig. Zur Bekräftigung ihrer Überzeugungen kann sich die öffentliche Meinung auf die Verlautbarungen und Publikationen internationaler Agenturen berufen, zu deren Aufgaben die Beobachtung der globalen Einkommensentwicklung gehört. »Income inequality between countries has increased sharply over the past 40 years«, schreibt z.B. die Weltbank (2000, S. 51). Der «Bericht über die menschliche Entwicklung« (United Nations Development Programme [UNDP] 1999, S. 36) unterstreicht diese Auffassung: »Gaps in income between the poorest and richest people and countries have continued to widen«. Eine solche Aussage zu widerlegen, fällt schon deswegen schwer, weil sich fast immer eine arme Personengruppe oder ein armes Land finden lässt, das in seiner Entwicklung zurückbleibt oder gar ärmer wird, während irgendein anderes Land oder eine andere Gruppe reicher wird. Aber die Frage, ob deswegen die weltweite Ungleichheit zunimmt, ist damit nicht wirklich beantwortet. Der zunehmende Abstand zwischen der ärmsten und der reichsten Gruppe ist noch lange kein schlüssiger Beweis für zunehmende Ungleichheit. Genau dies: zunehmende Ungleichheit, behauptet jedoch der UNDP-Bericht aus dem Jahr 2000. »Global inequalities in income«, liest man dort, »increased in the twentieth century by order of magnitude out of proportion to anything experienced before« (UNDP 2000, S. 6). Auch der Human Development Report 2005 sieht nur schwache Anzeichen für Konvergenz und unterstreicht noch einmal die Kräfte der Divergenz: »For the majority of countries the globalization story is one of divergence and marginalization« (UNDP 2005, S. 116).[1]

Das früher von der Weltbank und der UNO gezeichnete Bild einer sich immer weiter ausbreitenden Ungleichheit ist in der Forschung zunehmend auf Kritik gestoßen. Langsam setzt sich die Auffassung durch, dass es spätestens seit Ende der achtziger Jahre des letzten Jahrhunderts einen Wendepunkt in der Entwicklung gegeben hat. Bis ungefähr 1750 boten die Hochkulturen der Welt im alten Europa und in Ostasien ihren Bevölkerungen einen in etwa gleichen Lebensstandard. Das änderte sich fundamental mit der industriellen Revolution. Seitdem eilten die westlichen Länder dem »Rest der Welt« davon. Pomeranz (2000) hat für diesen welthistorischen Vorgang den Begriff »Great Divergence« gefunden. Zur Debatte steht, ob die Geschichte zunehmender Divergenz des Lebensstandards, welche die Weltwirtschaftsgeschichte so lange dominiert hat, nicht dabei ist, durch eine neue, dauerhafte Phase der Entwicklung abgelöst zu werden, die im Zeichen der Konvergenz steht. Bourgignon (2015, S. 2) ist entschieden dieser Auffassung: »After two centuries auf rising steadily, inequality in standard of living *between countries* has started to decline.«.

Um Klarheit in dieser Frage – Anstieg oder Rückgang der weltweiten Ungleichheit – zu gewinnen, ist die von Milanovic (2005, Kapitel 1) eingeführte Unterscheidung dreier Konzepte von »world inequality« unabdingbar. Das erste Konzept versteht darunter die Ungleichheit zwischen Staaten. Die Beobachtungseinheit sind die Länder dieser Erde. Zur Berechnung der weltweiten Ungleichheit wird das Bruttoinlandsprodukt pro Kopf eines jeden Staats herangezogen. Die Bevölkerungsgröße spielt bei dieser Berechnung keine Rolle. Jeder Staat erhält somit das gleiche Gewicht (= 1). Dieses Verfahren hat einen gravierenden Nachteil. Ein Land wie China zählt bei der Berechnung einer Kennziffer für die weltweite Ungleichheit genauso viel wie Luxemburg, obwohl die Bevölkerung Chinas ca. 2600 mal so groß ist wie die Luxemburgs. Wenn sich die Einkommensverteilung in Luxemburg ändert, hätte das auf die weltweite Ungleichheit die gleiche Auswirkung wie eine Änderung der Verteilung in China.

Das zweite Konzept korrigiert diesen schwerwiegenden Mangel. Jetzt geht jeder Bürger eines Landes mit dem Mittelwert des Bruttoinlandsprodukts oder dem Mittelwert der in Umfragen erhobenen Haushaltseinkommen in die Berechnung der internationalen Ungleichheit ein. Damit werden die

1 Immerhin wird ein massiver Rückgang der Armut eingeräumt: »In the aggregate the past two decades have witnessed one of the most rapid reductions in poverty in world history« (a.a.O., S. 33f.).

Länder je nach Bevölkerungsgröße gewichtet. Nach wie vor sind aber die Länder die Beobachtungseinheit und die weltweite Ungleichheit besteht wie im ersten Konzept in der Ungleichheit *zwischen* den Ländern.

Auch das zweite Konzept unterzeichnet, so wie das erste, das Ausmaß der weltweiten Ungleichheit, weil es die Ungleichheit innerhalb der Länder ausblendet. Das dritte Konzept korrigiert diesen Mangel und ist damit das eigentlich relevante Konzept für die Diskussion der Frage, ob die weltweite Ungleichheit zunimmt oder abnimmt. Die Beobachtungseinheit sind jetzt die Individuen, im Idealfall alle auf der Welt lebenden Individuen. Sie gehen mit ihrem jeweiligen (Haushaltsäquivalenz-)Einkommen in die Berechnung des Ungleichheitsindexes ein.[2] Milanovic (2005, S. 11) nennt dieses Konzept daher *Interhousehold Inequality*, zur Abgrenzung von der *Unweighted Interstate Inequality* (erstes Konzept) und der *Population Weighted Interstate Inequality* (Zweites Konzept). Gängiger ist die begriffliche Unterscheidung zwischen internationaler (Konzept 2) und globaler Ungleichheit (Konzept 3). Erst mit dem dritten Konzept wird klar, dass die weltweite Ungleichheit eine Summe aus zwei Teilsummen ist: Die Summe aus der Ungleichheit zwischen den Nationen und der Ungleichheit innerhalb der Nationen. Das Konzept 1 ist für die Feststellung von Ausmaß und Entwicklung der weltweiten Ungleichheit eigentlich unbrauchbar. Es dient in der Forschung auch nur noch für die Diskussion der Frage, ob die Länder, gemessen am Mittelwert ihrer Einkommen, tendenziell divergieren oder konvergieren.

Datenquelle für das dritte Konzept sind nicht mehr die Volkswirtschaftlichen Gesamtrechnungen, sondern in Umfragen erhobene Daten über die Haushaltseinkommen, in Deutschland etwa die Daten des SOEP (sozio-ökonomisches Panel). Für das dritte Konzept stellt sich ein Problem, das sich bei den beiden anderen Konzepten nicht stellt: Es gibt nicht für alle Länder dieser Welt regelmäßig erhobene Haushaltsbefragungen, auf deren Grundlage die Ungleichheit innerhalb der Länder geschätzt werden kann. Als Ausweg bietet sich an, entweder die Untersuchung auf die Länder zu beschränken, für die solche *surveys* vorliegen (Bourgignon 2015) oder kunstvoll Schätzungen der Quintilsanteile der Einkommensverteilung mittels Zurechnung von Werten benachbarter Länder vorzunehmen (Sala-i-Martin 2006). Da die in *surveys* erhobenen Einkommen erheblich von denen der Volkswirtschaftlichen Gesamtrechnungen abweichen, nehmen

2 »Each individual in the population is assigned the income (or the consumption expenditure) of the household to which it belongs, divided by the number of its members« Bourgignon (2015), S. 15f. Eine Äquivalenzgewichtung der Einkommen ist selbstverständlich auch möglich, falls es genügend Daten hierfür gibt.

die meisten Autoren eine Umskalierung der Primärdaten derart vor, dass die Einzelwerte der *surveys* einen Mittelwert erhalten, der dem Mittelwert der Volkswirtschaftlichen Gesamtrechnungen entspricht.[3]

Bevor jedoch mit Hilfe der aus Haushaltsbefragungen gewonnenen Daten das Ausmaß der weltweiten Ungleichheit und ihrer potentiellen Änderung ermittelt werden kann, bedarf es eines weiteren Schritts. Die Einkommen laut nationaler *surveys* werden in den Preisen des jeweiligen Landes erhoben (im Idealfall zu Preisen des gleichen Basisjahres). Für internationale Vergleiche müssen sie jedoch in internationale Preise ungerechnet werden. Die jeweiligen Wechselkurse sind hierfür denkbar ungeeignet, da diese u.a. das unterschiedliche Preisniveau der Länder widerspiegeln. Eine Umrechnung mit Hilfe der Wechselkurse auf den Devisenmärkten würde den Lebensstandard in armen Ländern unterschätzen und damit das Ausmaß der weltweiten Einkommensungleichheit überschätzen. Um den Einfluss von Kaufkraftunterschieden zwischen den Ländern auf das Ergebnis auszuschalten, haben Charles Heston und Lawrence Summers ein internationales Forschungsprojekt initiiert, das International Comparison Program (ICP). Seine Zielsetzung ist, sog. PPP *(purchasing power parity)* Wechselkurse für alle Länder zu berechnen. Dieses Programm gilt als »the single most massive empirical exercise ever conducted in economics«.[4] Die Austauschraten zwischen den Währungen der Länder werden so festgesetzt, dass zu dem PPP-Wechselkurs der gleiche Warenkorb in jedem beteiligten Land erworben werden kann.[5] Die Weltbank (worldbank.org) fasst die leitende Idee der Umrechnung der einheimischen Währungen in PPP-Dollars wie folgt zusammen:

> »PPPs measure the total amount of goods and services that a single unit of a country's currency can buy in another country. The PPP between countries A and B measures the amount of country A' s currency required to purchase a basket of goods and services in country A as compared to the amount of country B' s currency to purchase a similar basket of goods and services in country B. PPPs can thus

3 Vgl. Bourgignon (2015), Appendix to Chapter one, Anand und Segal (2008), section 4.

4 Milanovic (2016), S. 15. Ein vergleichbar umfangreiches Datenerhebungsprogramm in der Soziologie ist mir nicht bekannt. Soviel nur zu dem grassierenden Vorurteil, die Ökonomik sei nichts weiter als Modellplatonismus.

5 Ebenso gut könnte man sagen, dass ein (internationaler) Dollar in jedem Land die gleiche Warenmenge kaufen kann (oder dass die einheimische Währung im Ausland die gleiche Warenmenge wie im Inland erwerben kann.)

be used to convert the cost of a basket of goods and services into a common currency while eliminating price level differences across countries. In other words, PPPs equalize the purchasing power of currencies.« (The World Bank: International Comparison Program. www.worldbank.org).

Die vorläufig letzte Erhebung im Rahmen dieses Programms stammt aus dem Jahr 2014 und erfasst die PPP-Wechselkurse für 199 Länder im Jahr 2011. Es gibt zwei verschiedene Ansätze, diese Kurse zu berechnen: Die Methode nach Geary-Khamis (GK) und die Methode nach Eltetö-Köves-Sculc (EKS). Um dem Leser einen ungefähren Eindruck von der Größe der Aufgabe und der Komplexität der Berechnung zu verschaffen, erläutere ich so knapp wie möglich das Verfahren nach Geary-Khamis.[6] Die Aufgabe besteht darin, ein System von $n+m$ Gleichungen für $i = 1,\dots, m$ Waren und $j = 1,\dots, n$ Länder in ebenso viel Unbekannten so zu lösen, dass alle Warenpreise in einer notionalen (gedachten) Währung ausgedrückt werden:

$$KKP_j = \frac{\sum_{i=1}^{m} p_{ij} q_{ij}}{\sum_{i=1}^{m} \pi_i q_{ij}} \qquad j = 1,\dots,n \qquad (1)$$

$$\pi_i = \sum_{j=1}^{n} \frac{p_{ij}}{KKP_j} \cdot \frac{q_{ij}}{Qi} \qquad i = 1,\dots,m \qquad (2)$$

mit π_i = internationaler Preis des Guts i
p_{ij} = Preis von Gut i im Land j
KKP_j = der PPP-Wechselkurs von Land j
q_{ij} = die in Land j produzierte Menge des Guts i
$Q_i = \Sigma_{j=1}^{n} q_{ij}$ Die Weltproduktion von Gut i

Als Numéraire, in dem alle internationalen Preise ausgedrückt werden, dient der US Dollar. Die *KKP* der Dollar-Währung wird daher = 1 gesetzt. Gleichung (1) determiniert den PPP-Wechselkurs für jedes Land (mit dem Dollar als Numéraire), Gleichung (2) die internationalen Preise für jede in die Untersuchung einbezogene Ware. Um die beiden Gleichungen zu lösen, müssen zuvor für jede einbezogene Ware in jedem Land Daten ihrer Preise

6 Die Weltbank bevorzugt mittlerweile die EKS Methode.

(p_{ij}) und Mengen (q_{ij}) erhoben und gesammelt werden. Zur Bewältigung dieser Aufgabe wurde das ICP geschaffen.

Diese wenigen Bemerkungen dürften genügen, um dem Leser vor Augen zu führen, welche konzeptionellen, empirischen und statistischen Probleme für eine möglichst verlässliche Messung der globalen Ungleichheit gelöst werden müssen.[7] Alle Probleme, die sich bereits auf nationaler Ebene stellen, wie die Wahl eines Ungleichheitsmaßes (z.B. Gini oder Theil) oder eines geeigneten Indikators der Verteilung materieller Vorteile (z.B. Einkommen oder Konsum) bestehen auf internationaler Ebene fort. Hinzukommt noch ein weiteres Problem, für das sich keine theoretische Lösung finden lässt, sondern das Urteilskraft verlangt. Zu den PPP-Wechselkursen soll der Voraussetzung nach der gleiche Warenkorb in jedem Land erworben werden können. Einen solchen Warenkorb gibt es aber empirisch nicht, da die Konsummuster der Länder sich voneinander unterscheiden. Die Forschung muss eine schwierige Entscheidung zwischen dem Ziel treffen, einen identischen Warenkorb für alle Länder zu konstruieren und dem Ziel, dass dieser Warenkorb für jedes Land möglichst repräsentativ ist. Die Verfolgung des einen Ziels wird immer auf Kosten des anderen gehen.

3. Etwa seit der Industriellen Revolution nahm die Einkommensungleichheit auf der Welt immer weiter zu. Wachsende Ungleichheit prägt daher die Weltwirtschaftsgeschichte in den letzten zweihundert Jahren. Dies ist ein heute von niemandem mehr ernsthaft bestrittenes Faktum. Die Epoche modernen wirtschaftlichen Wachstums (Kuznets 1973) ist nicht nur die Epoche einer Zunahme des Wohlstands, wie die Welt sie noch nicht erlebt hat, sondern eben auch die Epoche einer Spaltung der Welt in reiche und arme Regionen. »With the spreading of the industrial revolution to Western Europe and to European-populated countries in the Americas and the Pacific... as the ›European offshoots‹«, so fassen Bourgignon und Morrison (2002, S. 728) die Entwicklung zusammen, »and increasing inequality within these booming countries, world inequality soared. From 1820 to the eve of World War I, inequality rose almost continuously«. Im Ergebnis liegt die mit dem Gini-Koeffizienten gemessene weltweite Ungleichheit heute bei etwa 0,7 — ein Wert, der in den europäischen Ländern, aber auch in den USA politisch nicht akzeptiert und mit großer Wahrscheinlichkeit heftige soziale Unruhen auslösen würde. Auf jeden Fall würde ein solcher Wert die Diskussion um eine gerechte Verteilung des Sozialprodukts in ganz anderer

7 Lesern, die mehr wissen wollen, empfehle ich Anand und Segal (2008) sowie Heston und Summers (2010).

Weise befeuern als ein Wert von etwa 0,3 (für die Haushaltsnettoeinkommen) wie in der Bundesrepublik Deutschland.

Die Aussage, seit Beginn der Industriellen Revolution habe die Ungleichheit zugenommen, ist in mehrfacher Hinsicht ungenau und bedarf daher der Präzisierung. Erstens, wenn schon die Ungleichheit in einen Zusammenhang mit der Industriellen Revolution gebracht wird, wäre es entschieden angebrachter, zu sagen: sie hat nicht seit, sondern durch die Industrielle Revolution zugenommen. Die Industrielle Revolution ist nur ein anderer Name für die Ausbreitung des Kapitalismus und Kapitalismus ist eine Maschine der Reichtumsproduktion (Schumpeter). Die Ungleichheit hat zugenommen, weil die Länder der Welt nicht gleichzeitig, sondern sukzessive in die Epoche wirtschaftlichen Wachstums eingetreten sind und noch eintreten. Daher wächst genau genommen nicht die globale Ungleichheit, sondern die internationale Ungleichheit (und die globale Ungleichheit nur insoweit, als die internationale Ungleichheit eine ihrer Komponenten ist). Bei der Messung der internationalen Ungleichheit wird, wie ausgeführt, jedem Individuum der Mittelwert der Einkommen seines Landes zugerechnet. Wenn in den Ländern Westeuropas und der überseeischen Ableger Westeuropas wegen des rapiden wirtschaftlichen Wachstums der Mittelwert der Einkommen steigt und alle anderen Länder stagnieren, weil sie noch nicht von der industriellen Revolution oder der Ausbreitung des Kapitalismus ergriffen wurden, wächst die Ungleichheit zwangsläufig.

Zweitens, nicht nur die Ungleichheit wächst, sondern auch die zu verteilende Gütermenge. Alle relativen Ungleichheitsmaße wie z.B. der Gini-Koeffizient haben den Nachteil, dass sie unempfindlich gegenüber Veränderungen des Mittelwerts der Verteilung sind. Das Gleiche gilt für die Lorenzkurve. Lorenz-Dominanz (eine Lorenzkurve liegt an wenigstens einem Punkt über einer anderen Kurve) bedeutet nur im utilitaristischen Bezugsrahmen größere Wohlfahrt, außerhalb dieses Kontextes aber lediglich geringere Ungleichheit. Eine Beurteilung der globalen Wohlfahrtsentwicklung müsste genauso, wie wir das schon für die Einordnung steigender Ungleichheit in einem Land am Beispiel der Bundesrepublik Deutschland diskutiert haben, die Tatsache in Rechnung stellen, dass durch das wirtschaftliche Wachstum Hunderte Millionen von Bürgern erst in Europa und jetzt in Asien von bitterer Armut befreit wurden. Zwar hat die Ungleichheit im Weltmaßstab zugenommen, aber ebenso die Wohlfahrt der Weltbevölkerung.

Drittens, das Bild einer ständigen Zunahme suggeriert, diese Zunahme sei über die gesamte Zeitspanne der Beobachtung gleichmäßig verlaufen.

Dem ist aber nicht so. Vielmehr nahm das Tempo der Zunahme im Zeitverlauf ab. »World inequality«, schreiben Bourgignon und Morrison (2002, S. 731), »worsened quickly and more or less continuously from 1820 to 1950, pausing only between 1910 and 1929. The rate of increase then decelerated considerably. On average, the Gini coefficient rose by 1 percentage point every decade from 1820 to 1950 and then almost leveled off between 1950 and 1992«.

Damit endet aber die Geschichte der weltweiten Ungleichheit nicht. Etwa um 1990 wurde ein historischer Wendepunkt erreicht. Seitdem beginnt die globale Ungleichheit zu fallen. »After having risen steadily since the beginning of the nineteenth century« betont Bourgignon in einer jüngeren Publikation (Bourgignon 2015, S. 127 f.), »it has now begun to fall rapidly, mostly due to the performance of emerging countries«. Nicht nur fällt die Ungleichheit allmählich, sondern, was noch viel wichtiger ist, das vorherrschende Muster der Entwicklung verkehrt sich in sein Gegenteil. Die ganze bisherige Geschichte war davon geprägt, dass die Ungleichheit zwischen den Nationen zunahm, während sie innerhalb der Nationen abnahm. Aber der erste Effekt überwog. Seit etwa zwanzig Jahren nimmt die internationale Ungleichheit ab, aber die Ungleichheit innerhalb der Industrieländer nimmt wieder zu. Davon handelte die letzte Vorlesung. Auch dieses Mal überwiegt der erste Effekt, allerdings in die Richtung abnehmender Ungleichheit. Firebaugh hat diese Umkehr: sinkende Ungleichheit zwischen den Nationen, steigende Ungleichheit innerhalb der Nationen, die »neue Geographie der weltweiten Einkommensverteilung« (Firebaugh 2003 a) genannt. Der Autor wendet sich mit Verve gegen den Mythos der immer weiter zunehmenden Divergenz, für den er im Wesentlichen die Berichte der Weltbank und der Vereinten Nationen verantwortlich macht. Auch die in der öffentlichen Diskussion so verbreitete Annahme einer immer weiter ansteigenden *globalen* Ungleichheit stimmt mit den Fakten nicht überein. Diese Annahme wäre nur unter der Bedingung korrekt, dass »die Umkehr des Trends *innerhalb* der Nationen im späten 20. Jahrhundert (von fallender zu steigender Ungleichheit) ausreichend groß ist, um die Trendumkehr zwischen den Nationen (von steigender zu fallender Ungleichheit) auszugleichen. Es gibt keine glaubwürdigen Belege, die diese Annahme bestätigen würden. In den letzen Jahren ist die globale Einkommensungleichheit höchstwahrscheinlich in moderatem Ausmaß gefallen« (Firebaugh 2003 b, S. 384).

Diese Aussage wird durch eine Tabelle der *World Income Distribution Indicators* in dem Buch von Bourgignon (2015, S. 42) eindrucksvoll bestätigt (siehe Tabelle 2). Alle Werte dieser Tabelle erfassen wenigstens 92 Prozent der Weltbevölkerung und fast 94 Prozent der Einkommen. In der ersten Zeile werden Durchschnittswerte der globalen Pro-Kopf-Einkommen in internationalen Dollars von 2005 angegeben.[8] Innerhalb von knapp zwanzig Jahren sind sie um fast 45 Prozent angestiegen. Verantwortlich hierfür ist das rasche Wirtschaftswachstum in den Schwellenländern. Die Tabelle gibt sodann die Werte für drei Ungleichheitsindikatoren an, den Gini-Koeffizienten, das Theil(0)-Maß und die relative Lücke zwischen den Anteilen der obersten zehn Prozent der Einkommensbezieher und den untersten zehn Prozent. Z.B. besagt die Zahl 93.1 in der zweiten Spalte, dass die Einkommen des obersten Dezils das gut dreiundneunzigfache des untersten Dezils betragen. Deutlicher als der Gini-Index und das Theil-Maß zeigt dieser Indikator, in welchem Umfang die Ungleichheit gefallen ist: von über 90 auf weit unter siebzig. Andere Beobachter werden geneigt sein zu sagen: Die relativen Abstände sind immer noch ›unanständig‹ hoch. Wie dem auch sei: Alle drei Indikatoren zeigen, dass die weltweite Einkommensungleichheit abnimmt. Von besonderem Interesse sind die beiden letzten Zeilen. Sie spalten die generelle Entwicklung auf die beiden Komponenten *between inequality* und *within inequality* auf. Das verwendete Maß ist das Theil(0)-Maß, weil es sich, anders als der Gini-Koeffizient, ohne Überlappung in die *between* und *within* Komponenten zerlegen lässt. Wie die Zahlen zeigen, ist der Rückgang der globalen Ungleichheit ausschließlich das Resultat einer schrumpfenden Ungleichheit zwischen den Nationen. Die Ungleichheit innerhalb der Nationen nimmt geringfügig zu, das aber auch erst nach der Jahrtausendwende.

Tabelle 2: Indikatoren der weltweiten Einkommensverteilung 1990-2008

Jahr	1990	1995	2000	2005	2008	2010
Mittelwerte	6950	7210	8070	9025	9890	10070
Gini	0.703	0.690	0.683	0.658	0.638	0.623
Theil	0.949	0.918	0,903	0.827	0.763	0.723
Dezilverhältnis	93.1	86.7	82.1	74.3	68.5	63.5
»between«	0.734	0.696	0.681	0.600	0.529	0.479
»within«	0.215	0.222	0.222	0.227	0.234	0.244

8 Die Daten aus Haushaltsbefragungen sind mit dem jeweiligen Bruttoinlandsprodukt pro Kopf reskaliert worden

Der Anstieg der weltweiten Durchschnittseinkommen war keineswegs gleichmäßig über alle Länder und Schichten verteilt. Höchst aufschlussreich ist ein Blick auf die Gewinner und Verlierer der mit dem Anstieg der Durchschnittseinkommen gemessenen weltweiten Besserstellung verschiedener Platzierungen auf der globalen Einkommensverteilung (Abbildung 9).

Auf der *x*-Achse sind die Perzentile der globalen Einkommensverteilung abgetragen, geordnet vom fünften bis zum hundertsten Perzentil. Die Kurve markiert die Werte für jedes Zwanzigstel der Verteilung. Auf der *y*-Achse lassen sich die Änderungen der Realeinkommen, in konstanten internationalen Dollars gemessen, ablesen. Wie man sogleich sieht, sind die Verlierer (relativ gesehen) oder Nicht-Gewinner (absolut gesehen) die zwischen dem fünfundsiebzigsten und dem neunzigsten Perzentil angesiedelten Einkommen. »The great winners«, kommentiert Milanovic (2016, S. 20), »have been the Asian poor and middle classes; the great loosers, the lower middle classes of the rich world.« Dass diese Gruppen sich von der Globalisierung bedroht fühlen und danach wohl auch ihr Wahlverhalten ausrichten, beruht also nicht auf Einbildung, sondern auf harten Fakten.

Abbildung 9: Gewinner und Verlierer des weltweit steigenden Wohlstands. Quelle: Milanovic (2012), S. 13.

Milanovic (2012, 18f.) liefert zudem eine anregende klassentheoretische Interpretation der neuen Geographie der Einkommensverteilung. Wenn man die Einkommensdifferenzen innerhalb von Nationen als Klassenunterschiede versteht, und die zwischen den Nationen als Unterschiede der nationalen Zugehörigkeit *(location)*, dann haben sich zwischen 1870 und 2000 die Verhältnisse umgedreht. Ungefähr um 1870 erklärte die Klassenlage mehr als zwei Drittel der globalen Ungleichheit, wohingegen um 2000 mehr als zwei Drittel durch den Ort, an dem man lebt, erklärt werden können. Eine solche Interpretation hängt natürlich u.a. davon ab, dass Einkommensunterschiede als Klassenunterschiede aufgefasst werden. Aber auch wenn man daran begründete Zweifel hegt (siehe die elfte Vorlesung), ist die Verschiebung in der Gewichtung zwischen *class* und *location* doch sehr bezeichnend.

Einmal angenommen, das generelle Ergebnis - die globale Einkommensungleichheit hat seit 1990 abgenommen - hält allen statistischen Einwänden stand[9]: Ist dies ein untrügliches Zeichen dafür, dass sich langsam alles zum Besseren wendet? Nimmt man als Kriterium hierfür die üblichen relativen Ungleichheitsmaße, lautet die Antwort: ja. Das Gleiche gilt, wenn man als Kriterium den Rückgang der Zahl absolut Armer nimmt. Die Antwort lautet aber: nein, wenn man nicht relative Ungleichheitsmaße, sondern ein absolutes Maß wie z.B. das von Kolm (1976) verwendet. Dieses Maß heißt absolut, weil es auf gleiche absolute Zuwächse für alle Einkommen nicht reagiert. Wenn jedes Individuum eines Landes z.B. hundert Euro mehr erhält, bleibt die gemessene Einkommensungleichheit unverändert (hingegen der Gini-Koeffizient würde darauf reagieren).[10] Legt man das Maß von Kolm oder ein anderes ›absolutes‹ Maß zugrunde, wird aus der Absenkung der (relativen) Einkommensungleichheit eine Zunahme. Das kann man sich leicht am Beispiel der USA und Chinas klarmachen. Noch 2016 beliefen sich die durchschnittlichen Einkommen in den USA auf das knapp siebenfache der chinesischen Einkommen (USA: 51360 Euros, China 7543 Euros). Unterstellt man für die USA ein langfristiges Wachstum von jährlich 2 Prozent (das ist etwas mehr als der Wert, den die USA seit 1870 realisiert haben) und für China sieben Prozent (das entspricht laut »Statista« der Wachstumsrate Chinas in den letzten fünf Jahren), dann wäre das Durchschnittseinkommen in den USA ein Jahr später um rund 1027 Euro gewachsen, in China um rund 521 Euro. In einer Welt, die nur aus China und den USA besteht, hätte die Einkommensungleichheit, mit

9 für Zweifel hieran siehe u.a. Anand und Segal (2008), Lakner und Milanovic (2013).

10 Kolm (1976, S. 418) klassifiziert seinen Index als »leftist«, den konkurrierenden von Atkinson als »rightist«.

dem Maß von Kolm gemessen, zugenommen. Es bräuchte ca. 16 Jahre, bis die absoluten Zuwächse der Pro-Kopf-Einkommen Chinas die der USA erreichen und es würde noch gut 40 Jahre dauern, bis bei Beibehaltung der genannten Wachstumsraten (was für China unwahrscheinlich ist, da die Wachstumsraten einer Wirtschaft mit ihrem Reifegrad sinken) das Durchschnittseinkommen Chinas genauso hoch wäre wie das der USA.

Atkinson und Brandolini (2010) haben auf Basis der Daten von Bourguignon und Morrison (2002) in einer Graphik (Abbildung 10) sehr anschaulich visualisiert, wie unterschiedlich die Evolution der Ungleichheit anhand dreier Maße: Gini, Kopfzahl der Armen und absoluter Gini-Koeffizient, verlaufen ist. Die Kopfzahl der Armen ist drastisch gesunken. Wenn man die Ungleichheit mit dem *absoluten* Gini-Koeffizienten misst, ist sie zwischen 1820 und 1992 drastisch angestiegen.[11] Gemessen mit dem (relativen) Gini-Koeffizienten ist sie über den gesamten Zeitraum vergleichsweise mäßig angestiegen und seit 1980 praktisch konstant. Das unterstreicht noch einmal, wie sehr die Auffassungen über die Evolution der Ungleichheit (Zunahme oder Abnahme) von der Wahl des Indikators abhängen (siehe die siebte Vorlesung).

4. In den letzten zwanzig Jahren hat die globale Ungleichheit abgenommen. Davon sind die meisten Forscher überzeugt, auch wenn, allein schon wegen der schwachen Ausprägung dieses Effekts, noch Fragen bezüglich der statistischen Robustheit des Ergebnisses offen bleiben.[12] Da der größte Teil der *globalen* Ungleichheit auf die *internationale* Ungleichheit zurückgeführt werden kann,[13] ist es von vorrangigem Interesse, zu wissen, was die Ursachen für die Einkommensdifferenzen *zwischen* den Ländern sind. Eine ausgedehnte wirtschaftswissenschaftliche Forschung hat sich mit dieser Frage beschäftigt. Wir stellen deren Ergebnisse in diesem Abschnitt vor und diskutieren sie im Blick auf das Thema dieser Vorlesung. Wie sich zeigen wird, sind für die unterschiedlichen wirtschaftlichen Erfolge (und Misserfolge!) der Länder in erster Linie nicht eine imperialistische Politik oder der internationale Handel zum Schaden der Entwicklungsländer verantwortlich, sondern im wesentlichen Kräfte, die jeweils innerhalb der Landesgrenzen wirken.

11 Der absolute Gini-Koeffizient ist definiert als die mittlere Differenz der Einkommen. Der (relative) Gini-Koeffizient entspricht der Hälfte der mittleren Differenz der Einkommen, geteilt durch ihren Mittelwert (siehe die fünfte Vorlesung).

12 Anand und Segal 2008, section 4 und S. 91, Lakner und Milanovic 2013, S. 48.

13 »Most of global inequality is accounted for by differences between countries«, so auch Lakner/Milanovic (2013), S. 3.

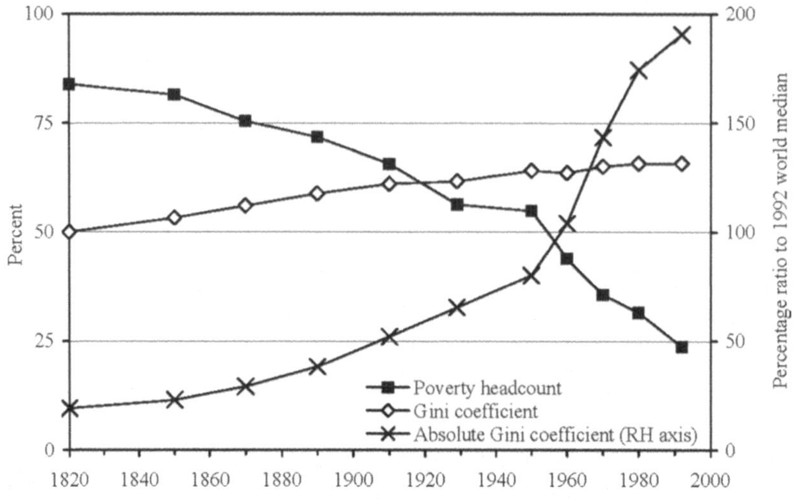

Abbildung 10: Die langfristige Entwicklung der globalen Ungleichheit. Quelle: Atkinson und Brandolini (2010), S. 6.

Die Erklärung des wirtschaftlichen Erfolgs eines Landes, also des bereits erreichten Niveaus und dessen Änderungsrate, ist eine der zentralen Aufgaben der ökonomischen Theorie und der von ihr angeleiteten empirischen Wirtschaftsforschung.[14] Um Ordnung in die verschiedenen Erklärungsansätze zu bringen, ist es hilfreich, sich zunächst einmal anhand einer schematischen Darstellung die wesentlichen Kausalfaktoren und ihr Verhältnis zueinander zu vergegenwärtigen, die auf das zu erklärende Resultat, das Sozialprodukt oder das Volkseinkommen einer Nation, Einfluss nehmen (siehe Abbildung 11).

Ein solches Schema existiert in verschiedenen Varianten, aber allen Varianten ist gemein, dass zwischen einer ›unmittelbaren‹ (proximate) und einer ›letzten‹ (ultimate) Ebene erklärender Faktoren unterschieden wird.[15] Diese Unterscheidung ist in Abbildung (11) mit der gepunkteten Linie gekennzeichnet. Zusätzlich kann man noch die Gruppen von Ursachen danach unterscheiden, ob sie endogen oder exogen sind. Endogen sind sie, wenn sie ihrerseits entweder durch tieferliegende Ursachen bestimmt sind oder, in Umkehrung der Kausalrichtung, selbst vom Niveau der wirtschaftlichen Entwicklung abhängen. Die verschiedenen Entwürfe eines solchen Schemas weichen darin voneinander ab, welche weiteren Faktoren darin

14 Zu letzterer siehe z.B. das Lehrbuch von Hemmer und Lorenz (2004).
15 Maddison (1991), Kap.1.

Aufnahme finden (z.B. der Außenhandel oder die Wirtschaftspolitik) und welche, durch die Pfeile markierten Kausalbeziehungen und Wechselwirkungen im Einzelnen angenommen werden.

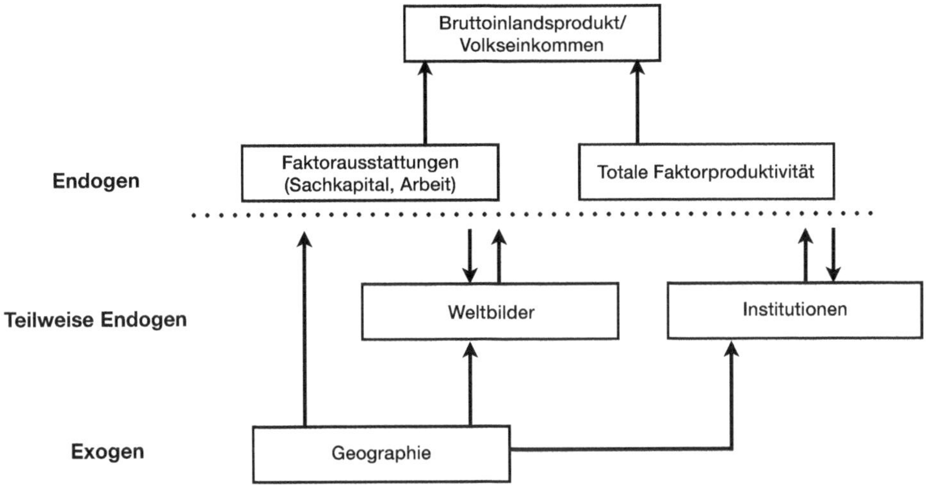

Abbildung 11: Ein Schema zur Erklärung der Entwicklungsunterschiede zwischen den Nationen (Abwandlung eines Schemas von Rodrik [2003].)

Auf der Ebene der nächstliegenden (unmittelbaren) Ursachen sind die Faktorausstattungen einerseits, das technologische Niveau der Wirtschaft andererseits angesiedelt.[16] Das impliziert, dass das technologische Niveau selbst kein Faktor ist und von den in der Produktion verwandten Faktoren strikt unterschieden werden muss. Die gleiche Faktorausstattung kann bei unterschiedlichem Wirkungsgrad der Faktoren zu höchst unterschiedlichen Ergebnissen führen. Zu den Produktionsfaktoren zählen auf jeden Fall das Sachkapital und die menschliche Arbeit. Sehr oft wird wird noch das Humankapital als weiterer Produktionsfaktor angeführt.[17] Die einzige strikt exogene Größe ist die Geographie. Darunter wird die geographische Lage eines Landes auf der Erdoberfläche verstanden. Sie entscheidet nicht nur über seine Ausstattung mit natürlichen Ressourcen wie z.B. dem Erdöl, sondern auch darüber, ob es Küsten mit vielen Häfen, ein Netz schiffbarer

16 Der Fachausdruck hierfür heißt Totale Faktorproduktivität (TFP).
17 So z.B. Rodrik (2003) oder Jones (2015).

Flüsse, ausreichend Regen usw. gibt. Vor allem aber, ob das Klima freundlich ist und gemäßigte statt extremer Temperaturen vorherrschen.[18]

Der Ebene der Letztursachen werden so gut wie immer die wirtschaftlich relevanten Institutionen eines Landes zugerechnet. Im Kern handelt es sich hierbei um die Eigentumsrechte und ihre Verteilung. In der jüngeren Forschung werden Institutionen, da sie den Status von Letztursachen einnehmen, als exogen angesehen. Obwohl sie als Letztursachen nicht mehr von weiteren, noch tiefer liegenden Ursachen abhängen, ist Kreiskausalität damit noch nicht ausgeschlossen. Es könnte sein, dass sie ebenso vom Niveau der wirtschaftlichen Entwicklung abhängen wie dieses durch sie determiniert wird. Als weitere Letztursachen werden häufig die Wirtschaftspolitik (z.B. Maddison 1991, S. 12), aber auch der Außenhandel (Rodrik 2003) angesehen. In diese Rolle ist der Außenhandel wohl wegen der nicht enden wollenden Debatte über die Auswirkungen der Globalisierung gerückt. Mögen die Auswirkungen der Globalisierung auch noch so umfassend sein, der Beitrag des Außenhandels zum Reichtum eines Landes ist begrenzt. Um unser Schema nicht zu kompliziert zu machen, beschränken wir uns auf zwei Letztursachen: Institutionen und Weltbilder. Die Gründe dafür, Weltbilder als eine von Institutionen abtrennbare Letztursache anzusehen, ergeben sich aus den Ausführungen weiter unten im Text. Weltbilder sind ein Bestandteil des Kultursystems, unterschieden vom Gesellschaftssystem und dessen Strukturen. Institutionen bilden die normativen Strukturen der Gesellschaft.

Die einfachste Erklärung für den »Volksreichtum« (Adam Smith: »Wealth of Nations«) ist, ihn als ein Produkt aus dem Einsatz der Produktionsfaktoren Kapital und Arbeit sowie der totalen Faktorproduktivität (TFP) anzusehen.[19] Dieser Begriff ist ein Sammelname für alle Faktoren, welche die Effizienz des Mitteleinsatzes beeinflussen, also in erster Linie der in einer Volkswirtschaft verfügbare Bestand an technischem Wissen (das »Know-how«), aber auch die Organisation der Produktion sowie die Allokation von Produktionsfaktoren auf Produktionszweige. Im weitesten

18 Zu freundlich darf das Klima aber nicht sein. Vgl. Hegel (1955), S. 191: »So ist es im ganzen die *gemäßigte Zone*, die das Theater für das Schauspiel der Weltgeschichte bieten muss.«

19 Manche Autoren schreiben statt »total factor productivity« schlicht »productivity«. Das leistet einer Verwechslung des Konzepts mit der Arbeitsproduktivität (Y/L) Vorschub.

Sinne umfasst dieser Begriff alles, was nicht dem Wirken von Sachkapital und menschlicher Arbeitskraft in der Produktion zugerechnet werden kann. Anstelle des schwer verständlichen und interpretationsbedürftigen Fachbegriffs »totale Faktorproduktivität« wird in vielen Publikationen »Technologie« als Begriff für den gleichen Sachverhalt bevorzugt. Das trägt der zentralen Rolle des technisches Wissens für die Effizienz der Produktion Rechnung. In dieser Vorlesung werden beide Konzepte gleichsinnig verwandt.

In der empirischen Wirtschaftsforschung ist es Standard, den Einfluss der Technologie auf die Höhe des Sozialprodukts anhand einer aggregierten Produktionsfunktion des Cobb-Douglas-Typs zu analysieren und empirisch zu testen.[20]

$$Y = A \times K^{\alpha} L^{1-\alpha} \qquad (3)$$

Das Symbol A steht für die Technologie (die TFP), Y für das Brutto- oder Nettosozialprodukt (das Volkseinkommen), K für das Sachkapital, L für den in Personen oder Arbeitsstunden gemessenen Einsatz menschlicher Arbeit in der Produktion. Mit α ist der Anteil der Gewinne am Volkseinkommen (die Gewinnquote) gemeint, mit $1 - \alpha$ die Lohnquote. In empirischen Untersuchungen wird häufig der Wert von $\alpha = 0, 3$ unterstellt.[21]

Teilt man beide Seiten von Gleichung (4) durch den Arbeitseinsatz L, erhält man:

$$Y / L = A \times (K / L)^{\alpha} \qquad (4)$$

In dieser Gleichung ist das Sozialprodukt pro Beschäftigten eine Funktion lediglich der Technologie und der Kapitalintensität K/L. Umformung dieser Gleichung in Wachstumsraten[22] ergibt:

$$\frac{\Delta Y}{Y} - \frac{\Delta L}{L} = \frac{\Delta A}{A} + \alpha\left(\frac{\Delta K}{K} - \frac{\Delta L}{L}\right) \qquad (5)$$

20 Benannt ist diese Funktion nach dem amerikanischen Senator Paul Douglas und dem Mathematiker Charles Cobb. Beliebt ist sie wegen wünschenswerter Eigenschaften wie z.B. konstanter Skalenerträge und einfacher mathematischer Handhabbarkeit.

21 Z.B. Hall und Jones (1999), Jones (2015, S. 49).

22 Die Wachstumsrate eines Quotienten ist gleich der Wachstumsrate seines Zählers minus der Wachstumsrate des Nenners.

Schreibt man für die Arbeitsproduktivität y anstelle von Y/L und für die Kapitalintensität k anstelle von K/L, dann verkürzt sich Gleichung (4) auf

$$y = Ak^{\alpha} \tag{6}$$

und Gleichung (5) auf

$$\hat{y} = \hat{A} + \alpha\hat{k} \tag{7}$$

Der Hut über einer Variablen bezeichnet deren jeweilige Wachstumsrate, $\hat{A}$ also den technischen Fortschritt. Gleichungen (6) und vor allem (7) sind in zahllosen empirischen Untersuchungen getestet worden. Die Debatte um die Erklärung des Entwicklungsstands einer Wirtschaft *(level accounting)* und ihres Wachstums *(growth accounting)* drehte sich zunächst darum, ob ganz allgemein Faktoren (so z.B. Kapitaleinsatz und homogene Arbeit) oder die Technologie die Hauptlast der Erklärung tragen. Heute zeichnet sich ein Konsens dahingehend ab, dass wenigstens fünfzig Prozent der Entwicklung technologisch bedingt sind.[23] Dieses Ergebnis betrifft, marxistisch gesprochen, das Verhältnis der Produktivkräfte *(A)* zu den Produktionsfaktoren *(K, L)*, aber nicht deren Verhältnis zu den Produktionsverhältnissen! Zur Erklärung steht daher jetzt noch an, warum sowohl die Akkumulationsrate ($\hat{K}$) als auch die Innovationsrate ($\hat{A}$) sich von Land zu Land unterscheiden. Auf diese Frage gibt der institutionalistische Ansatz eine klare Antwort: »Letzten Endes« sind für die wirtschaftliche Entwicklung eines Landes »gute« Institutionen entscheidend und deren »Güte« ist im wesentlichen bedingt durch den Grad der Sicherung der Eigentumsrechte.

Hall und Jones (1999) gebührt das Verdienst, die institutionalistische Erklärung der wirtschaftlichen Entwicklung als erste umfassend getestet zu haben. Das Maß für die wirtschaftliche Leistungsfähigkeit (»performance«) eines Landes ist das durchschnittliche Produktionsergebnis (»output«) pro Beschäftigten. In einem ersten Schritt überprüfen die Autoren eine um das Humankapital angereicherte Variante von Gleichung (4).[24] Anhand der Daten der volkswirtschaftlichen Gesamtrechnungen werden die Leistungs-

23 Caselli 2005, Easterly und Levine 2001. »Differences in efficiency account for at least 50 % of differences in per capita income« Caselli (2005), S. 679. Auf die vielfältige Kritik an *level accounting* und *growth accounting* gehe ich nicht weiter ein. Sie betrifft u.a. den ungeklärten Kapitalbegriff, die Auslassung wichtiger unabhängiger Variablen (z.B. dem Humankapital in Gleichung 6), die Annahme additiver Separierbarkeit in Gleichung (7), die Unterstellung konstanter Skalenerträge bei vollständigem Wettbewerb, die potentielle Endogenität der unabhängigen Variablen, usw. Das Modell in Gleichung (7) hat, wie es scheint, alle Einwände überlebt.

24 Siehe hierzu den Appendix A. 10.

unterschiede der Länder in die Komponenten Kapitalkoeffizient, Humankapital pro Beschäftigten und totale Faktorproduktivität zerlegt. Wie Hall und Jones zeigen, können Unterschiede in der Ausstattung mit Sach- und Humankapital die Leistungsunterschiede zwischen den Ländern nur zu einem bescheidenen Anteil erklären (S. 92). Daraus folgt zwingend, dass Produktivitätsdifferenzen eine Schlüsselrolle bei der Erklärung der unterschiedlichen Performanz der Länder spielen.

Die entscheidende Frage, die jetzt zur Beantwortung ansteht, lautet: »Why do capital and productivity differ so much across countries?« (S. 95). Die Antwort auf diese Frage liefern die Autoren im Wege einer regressionsanalytischen Überprüfung der zentralen Annahme ihres Aufsatzes: »The central hypothesis of this paper is that the primary, fundamental determinant of a country's long-run economic performance is its social infrastructure« (ebd.). Unter sozialer Infrastruktur verstehen sie eine Kombination von eigentumsrechtlichen Institutionen und wirtschaftsfreundlicher Regierungspolitik. Zur Überprüfung dieser Annahme wird ein aus zwei Gleichungen bestehendes Strukturgleichungsmodell aufgestellt und anschließend getestet. Unterschiede der Infrastruktur, so lautet das zentrale Ergebnis der Untersuchung, erklären Unterschiede der Kapitalakkumulation, des Bildungsgrads sowie der Technologie und, darüber vermittelt, Einkommensunterschiede zwischen den Ländern. Dann bleibt nur noch die Frage offen, wie sich die Unterschiede der Infrastruktur selbst erklären lassen. Hier lautet die Antwort der Autoren, dass sie zumindest partiell mit dem Ausmaß zu tun haben, in dem die Länder der Erde unter dem Einfluss Westeuropas standen (Hall und Jones 1999, S. 114).

Eine Untersuchung von Rodrik, Subramamian und Trebbi (2002) bestätigt eindrucksvoll die Ergebnisse von Hall und Jones (1999). Die Autoren stellen sich die Frage, warum es einigen Ländern gelang, »to accumulate and innovate more rapidly than others« (S. 2). Die Kapitalakkumulation und der technische Fortschritt kommen hierfür allenfalls als nächstliegende Ursachen in Frage. Die drei potentiellen Kandidaten für tiefer liegende Ursachen sind Institutionen, der Außenhandel (»integration«) und die Geographie. Eine empirische Überprüfung der Frage, welche dieser drei Ursachen die Einkommensdifferenzen zwischen den Ländern am besten zu erklären vermag, führt zu einem eindeutigen Resultat: »We find that the quality of institutions trumps everything else. Once institutions are controlled for, integration has no direct effect on incomes, while geography has at best weak direct effects« (Rodrik, Subramamian und Trebbi 2002, S. 4).

Auch der Aufsatz von Rodrik et al. schlägt sich mit dem Problem der Endogenität der erklärenden Variablen und der potentiellen Umkehrung der Kausalität herum. Gelöst wird dieses Problem mit Hilfe einer speziellen Regressionstechnik, der Instrumentierung der unabhängigen Variablen. Als Indikator für die Qualität von Institutionen wählen die Autoren die Rechtsstaatlichkeit *(rule of law)*. Die empirischen Ausprägungen dieses Indikators entnehmen sie einer Untersuchung der Weltbank (2002). Rechtsstaatlichkeit ist nur einer von sechs Indikatoren ›guten‹ Regierens und wird ausdrücklich von dem Indikator für politische Demokratie abgegrenzt. Für die Erklärung des wirtschaftlichen Erfolgs ist Rechtsstaatlichkeit offensichtlich wichtiger als Demokratie, verstanden als das Recht, in Wahlen zu bestimmen, welche Partei die Regierungsgewalt ausübt. Ihr Kern ist die Durchsetzung einmal geschlossener Verträge, eine unabhängige und verlässliche Justiz sowie die Bekämpfung der Kriminalität.

Der ökonomische Neoinstitutionalismus erklärt den wirtschaftlichen Erfolg eines Landes letztendlich damit, dass gesicherte Eigentumsrechte die unabdingbare Voraussetzung für die Investitionsbereitschaft von Unternehmen sind. In marxistischen Begriffen: Die unmittelbaren Ursachen des Wachstums sind der Akkumulationsprozess des Kapitals und die Entwicklung der Produktivkräfte, die mittelbare (letzte) Ursache sind die Produktionsverhältnisse. Über dieser Kausalkette, deren Relevanz ich gar nicht bestreiten will, vernachlässigt der Neoinstitutionalismus jedoch eine andere, die von Weltbildern (Mentalitäten) ausgeht[25] und über die Entwicklung der Produktivkräfte auf das Ergebnis Einfluss nimmt. Die Vermutung scheint gut begründet, dass eine wissenschaftsfreundliche Kultur als ideale Umgebung für die Entwicklung der totalen Faktorproduktivität ebenso wichtig für die wirtschaftliche Entwicklung ist wie ›gute ‹Institutionen. Ich stelle im Folgenden einige Argumente zusammen, die diesen Gedanken stark machen sollen.

Einen auf Dauer gestellten technischen Fortschritt gibt es erst mit der Etablierung der modernen Naturwissenschaften seit dem Eintritt Westeuropas in die moderne Welt. Auch traditionale Gesellschaften kannten

25 Marx hat von gesellschaftlichen Bewusstseinsformen gesprochen. Formen des Bewusstseins müssen von seinen individuellen Inhalten unterschieden werden. Als gesellschaftliche Formen sind sie für einen Gesellschaftszustand charakteristisch und müssen keineswegs von jedem Individuum, das in der entsprechenden Gesellschaft lebt, geteilt werden. Dass gesellschaftliche Bewusstseinsformen schon vor der Gesellschaft, für die sie typisch sind, existieren können und deren Entstehung bedingen, kam ihm nicht in den Sinn.

technische Neuerungen, aber diese hatten mehr zufälligen Charakter als dass sie das Ergebnis einer systematischen Anstrengung zur Erzeugung von technisch verwertbaren Wissen waren. Um den Zusammenhang zwischen wirtschaftlicher Entwicklung und technischem Fortschritt wirklich zu verstehen, bedarf es also zweier Schritte. Es gilt erstens, die Bedeutung die Technologie im Vergleich zur Faktorakkumulation für das Sozialprodukt pro Kopf einer Volkswirtschaft herauszustellen und es gilt zweitens, die Gründe für die Verbreitung (natur)wissenschaftlichen Denkens als Basis technischer Neuerungen in den Blick zu nehmen. Welch elementare Rolle der Technologie zukommt, zeigt schon ein kurzer Blick auf die beiden wichtigsten Theorien wirtschaftlichen Wachstums, die neoklassische und die endogene Wachstumstheorie. Für die neoklassische Wachstumstheorie wächst das Sozialprodukt pro Kopf nach Erreichen des *steady state*[26] nur noch dann, wenn neues Wissen die Volkswirtschaft produktiver macht. Ab dem *steady state* fällt die Wachstumsrate des Sozialprodukts pro Kopf mit der Wachstumsrate des technischen Fortschritts ($\hat{A}$) zusammen. Das unterstreicht noch einmal die Bedeutung des technischen Fortschritts. Aber er fällt nicht »wie Manna vom Himmel« (Solow). Um ihn hervorzubringen, bedarf es gezielter Forschungsanstrengungen. Deren Nährboden ist eine Kultur, welche die Autonomie wissenschaftlichen Denkens garantiert, und welche Wissenschaftler, nicht Arbeiter, als die eigentlich produktive Klasse ansieht.

Die endogene Wachstumstheorie arbeitet den Zusammenhang von »growth and ideas« (Jones 2005) explizit heraus. Sie nimmt praktisch eine »Wissensproduktionssicht« auf die Wirtschaft ein. In dieser Sicht ist das Wissen sowohl ein Input als ein Output des Produktionsprozesses. Wissen ist der Output eines bestimmten Produktionszweiges, des F&E-Sektors. Je mehr Forscher in diesem Sektor beschäftigt werden, umso höher ist der Output. Als Input in andere Produktionszweige ermöglicht das technisch verwertbare Wissen steigende Skalenerträge. Ursächlich hierfür ist die Nicht-Rivalität des Wissens. Anders als Kapitalgüter kann eine neue Erfindung in unendlich vielen Produktionslinien eingesetzt werden ohne sich abzunutzen. Das sichert die Expansionsfähigkeit der Wirtschaft: »In contrast to models in which capital exhibits diminishing marginal productivity, knowledge will grow without bound« (Romer 1986: 1003).

26 Darunter wird ein Zustand verstanden, in dem die Kapitalintensität – und damit auch die Arbeitsproduktivität in Abhängigkeit von der Kapitalintensität – konstant bleibt, siehe Gleichung (7).

In der endogenen Wachstumstheorie avanciert die ständige Neuschaffung technisch verwertbaren Wissens durch wissenschaftliche Forschung zur nicht versiegenden Quelle wirtschaftlicher Entwicklung. Stärker lässt sich die Rolle des technischen Fortschritts für den wirtschaftlichen Erfolg kaum hervorheben. Die Produktionsverhältnisse scheinen ganz in den Hintergrund zu treten. Die letzte offene Frage ist dann nur noch, wie sich die ständige Hervorbringung neuen Wissens ihrerseits erklären lässt. Adam Smith sah in der Entwicklung der Produktivkräfte einen Ausfluss des menschlichen Verbesserungsstrebens und verankerte sie damit in der Natur des Menschen. Marx hat sich zu den Quellen des wissenschaftlich-technischen Fortschritts im vorkapitalistischen Zeitalter nicht systematisch geäußert. Er rechnete einfach damit, dass die Produktivkräfte sich weiter entwickeln, ohne einen triftigen Grund hierfür angeben zu können. Das zentrale Motiv für Investitionen in technische Neuerungen im Kapitalismus ist die davon erhoffte Erhöhung der Ausbeutungsrate. Die neoklassische Wachstumstheorie hingegen nahm an, dass der technische Fortschritt buchstäblich wie »Manna vom Himmel« fällt. Das ist natürlich ebenso wenig eine Erklärung wie die Smithsche Zurückführung des technischen Fortschritts auf ein anthropologisches Faktum. Hingegen hat die endogene Wachstumstheorie den großen Vorzug, die Wissensproduktion nicht in der Natur des Menschen, sondern in der »Natur der Gesellschaft« verankert zu haben. Im Romerschen Modell endogenen technischen Wandels ist das langfristige wirtschaftliche Wachstum explizit »driven primarily by the accumulation of knowledge by forward-looking, profitmaximizing agents« (Romer 1986, S. 1003). Ähnlich wie bei Marx ist der letzte Grund des langfristigen Wachstums die Verwertung technischer Neuerungen durch kapitalistische Unternehmer. Der Kontrast zur These vom Primat der Institutionen könnte nicht schärfer ausfallen. Je größer die Forschungsanstrengungen eines Landes, gemessen an der Zahl der im Forschungssektor tätigen Arbeitskräfte, umso größer die Wachstumsrate seiner Wirtschaft.

In einer Wissensperspektive hängen die langfristigen Wachstumsaussichten eines Landes ganz wesentlich vom »Wissenskapital« der Gesellschaft ab. In dieser Perspektive sind die kognitiven Fähigkeiten der Bevölkerung die wichtigste Determinante des Wirtschaftswachstums und damit auch von Wachstumsdifferenzen. Diese Sichtweise haben Hanushek und Wössmann (2015) in einer vorbildlichen Studie theoretisch begründet und empirisch untermauert.

> »Although many factors enter into a nation's economic growth, we conclude that the cognitive skills of the population are the most essential to long-run prosperity. These skills, which in the aggregate we call the ›knowledge capital‹ of a nation, explain in large part the differences in long-run growth we have seen around the world in the past half century. Moreover, in the presence of measures of cognitive skills, school attainment does not even have a significant independent relationship with growth« (Hanushek und Wössmann 2015, S. 2).

Nicht die Dauer des Schulbesuchs, sondern die von der Qualität der Schulen abhängige Vermittlung kognitiver Fähigkeiten bildet die verlässliche Grundlage für die ständige Neuschaffung technisch verwertbaren Wissens. Damit wäre auch eine schlüssige Antwort auf die gerade angesprochene, noch offene Frage nach der Bedingung der Möglichkeit kontinuierlicher Wissensproduktion gefunden.[27]

Forschungsaktivitäten vermehren aber nicht nur das verfügbare Wissen, sondern erhöhen gerade dadurch, dass sie den Bestand an Wissen vergrößern, die Produktivität der Forschung in der nächsten Runde. Damit nähert sich der technische Fortschritt einem auf sich selbst ruhenden, sich mit den eigenen Ergebnissen fütternden System an. Spätestens hier erhebt sich die Frage, ob die Wissensproduktion an keine weiteren Voraussetzungen gebunden ist. Paul Romer und die endogene Wachstumstheorie betonen die Bedeutung der Ausgaben für Forschung und Entwicklung. Aber Forschung und Entwicklung werden gerade in Romers Modell von Akteuren vorgenommen, die gewinnmaximierende Entscheidungen treffen. Wenn man diesen Gedanken zu Ende denkt, landet die Erklärung des technischen Fortschritts letzten Endes doch wieder bei eigentumsrechtlichen Kategorien, da Investitionen von privaten Geldgebern in Forschung und Entwicklung nur erwartbar sind, wenn die Erträge aus diesen Aktivitäten auch privat angeeignet werden können. Was hingegen aus der Perspektive dieser Vorlesung die endogene Wachstumstheorie so attraktiv machte, war doch gerade, dass sie den Zusammenhang von »growth and ideas« (Jones 2005) in das Zentrum der Analyse stellt.

27 Hanushek und Wössmann (2015, S. 40) sehen institutionelle Erklärungen des wirtschaftlichen Erfolgs nicht in Konkurrenz zu ihrem eigenen Ansatz, sondern fassen sie als eine komplementäre Vorgehensweise auf, die besonders ergiebig für Entwicklungsländer ist. Sehr instruktiv, was das leidige Problem der kausalen Interpretation ökonometrischer Querschnittsanalysen anbelangt, ist das vierte Kapitel des Buchs.

Damit wird die Frage virulent, ob und in welchem Maß sich der Prozess wissenschaftlicher Erfindungen eigentumsrechtlich erklären lässt. Die um das geistige Urheberrecht geführten Diskussionen sind hier lehrreich. Einerseits scheint eine Stärkung der Eigentumsrechte unabdingbar, um der Wissensgesellschaft Anreize zur Produktion neuen Wissens zugeben (Meier 2005, S. 494), andererseits wird dadurch der skalensteigernde Effekt neuen Wissens beeinträchtigt. Darin besteht die Paradoxie der Patentierung von Wissen. Eine ausschließlich eigentumsrechtliche Erklärung der Wissensproduktion scheitert an der Eigenschaft des Wissens als öffentliches Gut. Vielleicht ist die private Investitionstätigkeit umso ausgeprägter, je gesicherter Eigentumsrechte sind, aber für wissenschaftliche Entdeckungen und Erfindungen generell trifft dies nicht zu. Neue Ideen werden auch dann entwickelt, wenn sie sich nicht unmittelbar wirtschaftlich verwerten lassen. Dafür sorgt schon die an den Universitäten betriebene Grundlagenforschung.

Wie dem auch sei: Länder unterscheiden sich nicht nur institutionell, sondern auch nach ihrem Beitrag zum wissenschaftlich-technischen Fortschritt. Institutionelle Faktoren allein reichen nicht aus, die weltweiten Einkommensdifferenzen zu erklären. Die Rolle kultureller Faktoren haben wir bereits bei der Erörterung der Frage gestreift, wie sich die institutionellen Unterschiede der Länder ihrerseits erklären lassen. Die Geschichte jenes Erdteils, dem die Welt die Erfindung der modernen Wissenschaften verdankt, ist nicht nur für die Herausbildung wirtschaftsfreundlicher Institutionen relevant, sondern auch und gerade für die Herausbildung einer Mentalität, für die eine von den Fesseln des Glaubens befreite wissenschaftliche Forschung typisch ist. Landes (1998) hat in der Wendung von der »Erfindung von Erfindungen« auf den Begriff gebracht, worin das Europa der frühen Neuzeit sich von anderen Hochkulturen unterscheidet. Erfindungen sind überall und zu fast jeder Zeit gemacht worden. Neu ist, dass Erfindungen mit dem Eintritt in die Moderne eine kulturelle Basis erhalten und der »Erfindergeist« damit gleichsam institutionalisiert wird. Wissenschaftshistoriker und Wirtschaftshistoriker haben immer ein geschärftes Bewusstsein dafür gehabt, dass der eigentliche Unterschied zwischen dem »Westen« und anderen Zivilisationen in einer Erfindungen ermutigenden Kultur bestanden hat.

Das heißt ganz und gar nicht, dass der »Westen« wissenschaftliche Erfindungen für sich gepachtet hätte. Der Wissenstypus, der sich in Europa der Neuzeit durchgesetzt hat, ist ja gerade dadurch gekennzeichnet, dass er, anders als ein Geheimwissen, zu seiner Ausübung an keine spezifischen individuellen oder kulturellen Voraussetzungen gebunden ist. Genügend Intelligenz vorausgesetzt, kann jeder eine moderne Wissenschaft erlernen, gleich welchem Kulturkreis er oder sie sonst noch angehören mag. Aber die Welt verdankt dem westlichen Kulturkreis gleichwohl die Entstehung der modernen Wissenschaften. Modernisierungstheoretisch formuliert läuft diese Einsicht darauf hinaus, dass die Schlüsselgrößen für den Übertritt in die Moderne nicht die Errichtung rechtlicher Schranken für die Staatsgewalt im 17. Jahrhundert und schon gar nicht die politische Revolution des 18. Jahrhunderts waren, sondern die bis ins späte Mittelalter zurückreichende wissenschaftliche Revolution. »The scientific revolution in all its consequences« so bringt Rostow (1975, S. 132) diesen Gedanken auf den Punkt, »is the element in the equation of history that distinguishes early modern Europe from all previous periods of economic expansion«.

Dies gilt nicht nur für die europäische Vergangenheit. Die wissenschaftliche Revolution und, auf ihrem Boden, die Schaffung neuen Wissens, so könnte man Rostow paraphrasieren, ist das Element der Gleichung, das eine stagnierende von einer wachsenden Wirtschaft trennt. Die Erzeugungsrate des technischen Fortschritts avanciert zur einzigen nicht versiegenden Quelle des wirtschaftlichen Wachstums. Darin sind sich die beiden wichtigsten, mit dem Wirtschaftswachstum befassten ökonomischen Schulen einig. Wenn diese Quelle versiegt, zeichnet sich wirtschaftliche Stagnation bedrohlich am Horizont ab.

5. Weltweite Einkommensdifferenzen bestehen, weil die Länder der Erde zu unterschiedlichen Zeitpunkten in die Epoche modernen wirtschaftlichen Wachstums eingetreten und unterschiedlich schnell gewachsen sind. Solche Differenzen werden abgebaut, wenn nach und nach alle Länder der Erde in diese Epoche eintreten und die Wachstumsraten der Neuankömmlinge die der »Alteingessenen« übertreffen. War die Vergangenheit weltgeschichtlich von der *great divergence* dominiert, werden die vor uns liegenden Jahrzehnte voraussichtlich im Zeichen einer *great convergence* (Baldwin 2016) stehen. Aber auch wenn Konvergenz die Zukunft prägt, die Gegenwart ist noch geprägt von Einkommensdifferenzen zwischen den Ländern, die innerhalb der westlichen Nationen keinesfalls akzeptiert würden. Dieser Umstand liefert der Diskussion um weltweite Ungerechtigkeit ständig neue Nahrung. Der Blick auf das Ausmaß der Einkommenslücke zwischen armen und reichen Ländern genügt, das Urteil, die Verteilung des Reichtums sei ungerecht, zu bekräftigen. Hinzukommt die nie wirklich durchdachte und schlüssig begründete Behauptung, diese Einkommenslü-

cke beruhe auf der Ausbeutung der armen durch die reichen Länder oder auf der Kolonialpolitik der Vergangenheit. Die Lösung des Problems wird von den Anhängern dieser Sicht in einer Umverteilung im Weltmaßstab gesehen, einer Art Weltsozialpolitik, mit welcher die reichen Länder die Sünden der Vergangenheit wiedergutmachen können.

Die ethische Begründung für Forderungen dieser Art besteht in einer Übertragung der Idee der Chancengleichheit von der nationalen auf die internationale Ebene. Es scheint auf den ersten Blick, dass die Verteidiger dieser Idee sich auf die Gründungsschrift der Gerechtigkeit als fairer Chancengleichheit berufen können: »Unverdiente Ungleichheiten«, heißt es bei Rawls (1979, S. 121), sollten »ausgeglichen werden ... Da nun die Ungleichheit der Geburt und der natürlichen Gaben unverdient sind, müssen sie irgendwie ausgeglichen werden«.[28] Wie erwähnt hängen ca. zwei Drittel der globalen Einkommensungleichheit von dem Land ab, in dem man geboren wird, offensichtlich ein Umstand, für den kein Neugeborener etwas kann. Was liegt da näher, als einen Ausgleich für diesen Umstand zu verlangen?

Auf dieses Problem, ob die Idee der Chancengleichheit nur im nationalen Rahmen Geltung beanspruchen kann oder zwingend auf den internationalen Rahmen übertragen werden muss, sind wir bereits gegen Ende der zweiten Vorlesung gestoßen. Rawls selbst hat in seinem Spätwerk, »Das Recht der Völker« (1999), ausdrücklich hervorgehoben, dass Chancengleichheit als globales Verteilungsprinzip mit dem Recht auf nationale Selbstbestimmung konfligiert. In der Tat ist die nationale Gemeinschaft eine verschwiegene, selten offengelegte Voraussetzung der Idee der Chancengleichheit.[29]

Gegen die simple Übertragung dieser Idee auf das Verhältnis zwischen den Völkern spricht erstens, dass es zwar dank weltweiter Kommunikations- und Handelsnetze eine globale Gesellschaft gibt, aber deswegen noch lange keine globale Gemeinschaft. Bis heute ist der Nationalstaat der bislang einzige, von den Bürgern akzeptierte Rahmen einer gemeinschaftlichen Fiskal- und Sozialpolitik, ungeachtet der Bestrebungen von Europapolitikern, diese Begrenzung zu überwinden. Zweitens blendet die Forderung nach einer weltweiten Umverteilung die Verantwortung der Nationalstaa-

28 Ob auch die Ungleichheit der natürlichen Gaben unter Gerechtigkeitsgesichtspunkten wirklich ausgeglichen werden muss, haben wir schon in der elften Vorlesung diskutiert.

29 Die Pflicht zu Kompensationszahlungen lässt sich in Einzelfällen auch ohne Rekurs auf die Idee der Solidargemeinschaft begründen. In Friedensverhandlungen werden z.B. typischerweise Kompensationszahlungen von Ländern verlangt, die in einem Angriffskrieg gegnerische Länder verwüstet haben.

ten für das Wohlergehen ihrer Bürger aus.[30] Jeder Nationalstaat trifft durch die Wahl seiner Verfassung und durch seine Wirtschafts- und Sozialpolitik Entscheidungen, die einen tiefgreifenden Einfluss auf die Wohlfahrt seiner Bürger haben. Allenfalls dann, wenn ein Nationalstaat, auch wenn er alles »richtig gemacht« hat, die Armut nicht überwinden kann und auch keine Aussicht darauf besteht, dass dieser Zustand sich in Zukunft ändert, könnte daraus eine moralische Verpflichtung zum Chancenausgleich zwischen den Staaten erwachsen. Fehlentscheidungen, wie sie am Beispiel Venezuelas und Nordkoreas, der untergegangenen Sowjetunion und der DDR studiert werden können, sind keine stichhaltige Begründung für den Ruf nach Umverteilung. Drittens, auch die Forderung nach Öffnung der Grenzen und die Propagierung uneingeschränkter Niederlassungsfreiheit als ein Menschenrecht, steht in einem diametralen Widerspruch zur Idee nationaler Selbstbestimmung.

Wie die jüngere Debatte um die Masseneinwanderung nach Deutschland gelehrt hat, untergraben offene Grenzen den national verfassten Sozialstaat. Der Königsweg zum Abbau weltweiter Ungleichheit ist, die Erfolgsgeschichte des Westens zum Vorbild zu nehmen und als ersten Schritt institutionelle Reformen durchzusetzen, welche Privateigentumsrechte sichern. Die Nachzügler der Weltgeschichte haben den unschätzbaren Vorteil, auf schon vorhandene Technologien zurückgreifen zu können, deren Anwendung in der Produktion ihnen ermöglicht, zu den fortgeschrittenen Ländern des Westens aufzuschließen. Dass dieser Weg mit Erfolg beschritten werden kann, dafür sind die Bundesrepublik Deutschland in der Vergangenheit, die Schwellenländer in der Gegenwart (allen voran China) das beste Beispiel. Die Gerechtigkeit verlangt jedoch zwingend die Achtung der Eigentumsrechte an technischen Innovationen. Andernfalls würde nicht nur die Bereitschaft zum internationalen Ausgleich, sondern auch das Bestreben in den fortgeschrittenen Gesellschaften des Westens erlahmen, durch technische Neuerungen weiterhin für die Hebung des Wohlstands ihrer Bürger zu sorgen. Aber es hilft auch nichts, die Augen davor zu verschließen, dass der Zwang zum technischen Fortschritt, als letztem verbleibenden Mittel der Wohlstandsmehrung, mit enormen psychischen Kosten für alle ihm Unterworfenen verbunden ist. Ihm zu entkommen setzte einen erneuten Mentalitätswechsel voraus, dessen Zukunft ungewiss ist und für den allenfalls geringe Anzeichen am Horizont aufscheinen.

30 Erhellend zu der Frage, was die Nationalstaaten ihren Bürgern schulden, ist Miller (2012).

Literatur

Anand, Sudhir und Paul Segal, 2008: What Do We Know about Global Income Inequality? In: *Journal of Economic Literature*, Vol. XLVI, S. 57-94.

Atkinson, Anthony und Andrea Brandolini, 2010: On Analyzing the World Distribution of Income. In: *The World Bank Economic Review*, Vol. 24, S. 1-37.

Baldwin, Richard E., 2016: *The Great Convergence. Information Technology and the New Globalization*. Cambridge, Mass.: The Belknap Press.

Bourgignon, François, 2015: *The Globalization of Inequality*. Princeton: Princeton University Press.

Bourgignon, François und Christian Morrison, 2002: Inequality among World Citizens: 1820-1992. In: *The American Economic Review*, Vol. 92, S. 727-744.

Caselli, Francesco, 2005: The Missing Input: Accounting for Cross-Country Income Differences. In: Aghion, Philippe, Steven Durlauf (Hrsg.), *Handbook of Economic Growth*, Bd. 1A, S. 679-741. Amsterdam: Elsevier.

Deaton, Angus und Alan Heston, 2010: Understanding PPPs and PPP-Based National Accounts. In: *American Economic Journal: Macroeconomics*, Vol. 2(4), S. 1-35.

Easterly, William und Ross Levine, 2001: It's not Factor Accumulation: Stylized Facts and Growth Models. In: *The World Bank Economic Review*, Vol. 15, S. 177-219.

Firebaugh, Glenn, 2003 a: *The New Geography of Global Income Inequality*. Cambridge, Mass.: Harvard University Press.

Firebaugh, Glenn, 2003 b: Die neue Geografie der Einkommensverteilung der Welt. S. 363-388 in: Müller, Walter und Stefani Scherer (Hrsg.): *Mehr Risiken – mehr Ungleichheit? Abbau von Wohlfahrtsstaat, Flexibilisierung von Arbeit und die Folgen*. Frankfurt: Campus.

Hall, Robert E. und Charles I. Jones (1999): Why Do Some Countries Produce so Much More Output per Worker than Others? *The Quarterly Journal of Economics*, Vol. 114, S. 83-116.

Hanushek Eric A. und Ludger Wössmann, 2015: *The Knowledge Capital of Nations: Education and the Economics of Growth*. Cambridge, Mass.: The MIT Press.

Hegel, Georg Wilhelm Friedrich: *Die Vernunft in der Geschichte*. Fünfte, abermals verbesserte Auflage, herausgegeben von Johannes Hoffmeister. Hamburg: Felix Meiner.

Hemmer, Hans-Rimbert und Andreas Lorenz, 2004: *Grundlagen der Wachstumsempirie*. München: Verlag Franz Vahlen.

Jones, Charles I., 2005: Growth and Ideas. In: Aghion, Philippe und Steven Durlauf, (Hrsg.) *Handbook of Economic Growth*, Bd. 1B, S. 1063-1111. Amsterdam: Elsevier.

Jones Charles I., 2015: Facts of Economic Growth. NBER Working Paper 21142.

Kaufmann, Daniel, Aart Kraay und Pablo Zoido-Lobaton, 2002: Governance Matters II: Updated Indicators for 2000-01. Weltbank Policy Research Working Paper 2772.

Kolm, Serge-Christophe, 1976: Unequal Inequalities. I. In: *Journal of Economic Theory*, Band 12, S. 416-442.

Kuznets, Simon, 1973: Modern Economic Growth. Findings and Reflections. In: *American Economic Review*, Bd. 63, S. 247-258.

Landes, David S., 1998: *The Wealth and Poverty of Nations: Why Some Are So Rich and Some So Poor*. New York: W.W Norton&Company.

Lakner, Christoph und Branko Milanovic, 2013: From the Fall of the Berlin Wall to the Great Recession. World Bank Policy Research Working Paper 6719.

Maddison, Angus, 1991: Dynamic Forces in Capitalist Development. A Long-Run Comparative View. Oxford: Oxford University Press.

Milanovic, Branko, 2005: *Worlds Apart. Measuring International and Global Inequality*. Princeton: Princeton University Press.

Milanovic, Branko, 2012: Global Income Inequality by the Numbers: in History and Now. An Overview. The World Bank: Policy Research Working Paper 6259.

Milanovic, Branko, 2016: *Global Inequality. A New Approach for the Age of Globalization*. Cambridge, Mass.: The Belknap Press.

Miller, David, 2007: *National Responsibility and Global Justice*. Oxford: Oxford University Press.

Meier, Henk Erik, 2005: Wissen als geistiges Privateigentum? Die Einfriedung der Public Domain. In: *Leviathan* Bd. 33, S. 492-521.

Pomeranz, Kenneth, 2000: *The Great Divergence. China, Europe and the Making of the Modern World Economy*. Princeton: Princeton University Press.

Rawls, John, 1979 [Englisch 1971]: *Eine Theorie der Gerechtigkeit. Übersetzt von Hermann Vetter*. Frankfurt: Suhrkamp.

Rawls, John, 2002 [Englisch 1999]: *Das Recht der Völker*. Übersetzt von Wilfried Hinsch. Berlin: De Gruyter.

Rodrik, Dani, Arvind Subramanian und Francesco Trebbi, 2002: Institutions Rule: The Primacy of Institutions over Geography and Integration in Economic Development. NBER Working Paper 9305.

Rodrik, Dani (Hrsg.), 2003: *In Search of Prosperity. Analytical Narratives on Economic Growth*. Princeton: Princeton University Press.

Roemer, John E., 1998: *Equality of Opportunity*. Cambridge, Mass.: Harvard University Press.

Romer, Paul, 1986: Increasing Returns and Long-Run Growth. In: *Journal of Political Economy* Vol. 94, S. 1002-1037.

Rostow, Walt W., 1975: *How It All Began: Origins of the Modern Economy*. New York: McGraw Hill.

Sala-i-Martin, Xavier, 2006: The World Distribution of Income. Poverty and ... Convergence, Period. In: *Quarterly Journal of Economics*, Vol. CXXI, S. 351-397.

UNDP (United Nations Development Report) 1999: Globalization with an Human Face. http://www.hdr.undp.org/en/content/human-development-report-1999.

UNDP (United Nations Development Report) 2000: Human Rights and Human Development. http://www.hdr.undp.org/en/content/human-development-report-2000.

UNDP (United Nations Development Report) 2005: *International Cooperation at a Crossroads: Aid, Trade and Security in an Unequal World*. http://www.hdr.undp.org/en/content/human-development-report-2005.

The World Bank, 2000: World Development Report 2000/2001: *Attacking Poverty*. New York: Oxford University Press.

The World Bank: International Comparison Program.worldbank.org

Teil II
Appendizes

A.1 Gleichverteilung als Gütekriterium?

Für Egalitaristen ist die Gleichverteilung von Gütern oder Einkommen das zentrale Kriterium zur Beurteilung der ›Güte‹ eines Gesellschaftszustands. Nur: Was soll darunter verstanden werden? Die Antwort auf diese Frage scheint einfach zu sein: Allein die strikte Gleichverteilung aller Güter auf die Mitglieder einer Gruppe ohne jede Berücksichtigung der Eigenschaften dieser Mitglieder nach Alter, Geschlecht, Leistung usw. genügt dem Postulat. Der Güterbegriff ist hierbei denkbar weit gefasst und umschließt auch Vorrechte sowie Vorteile aller Art, kurz: alles was zur Einkommenserzielung dienlich ist.[1] Mit Gleichverteilung ist gemeint, dass alle Personen gleich viele Güter oder ein gleich hohes Einkommen besitzen *(equal distribution)*, also nicht, dass alle Ergebnisse eines Zufallsexperiments (die Einkommensverteilung lässt sich als ein solches betrachten) gleich wahrscheinlich sind *(uniform distribution)*.

Eine erste Schwierigkeit ergibt sich daraus, dass es eine große Vielfalt von Gütern gibt und nicht alle Gruppenmitglieder bezüglich aller Güter die gleichen Präferenzen haben. Gleichverteilung angesichts verschiedener Güter verlangt die Umrechnung von Güterarten ineinander (das Indexproblem). Auch wenn dieses Problem gelöst wäre, bliebe noch das Problem unterschiedlicher Präferenzen. Bei strikter Gleichverteilung aller Güter würden z.B. auch Nichtraucher in den Besitz von Zigaretten gelangen. Dieses Problem ließe sich durch Einrichtung eines Markts lösen, auf dem alle Güter zu Konkurrenzpreisen getauscht werden können. Ein solcher Markt, der bewirkt, dass alle Marktteilnehmer das von ihnen gewünschte Güterbündel augenblicklich in den Händen halten, existiert aber nur im Modell. Sogar dann, wenn die Gleichverteilung von Ressourcen durch eine gigantische diktatorische Umverteilungsmaschinerie gelänge, würden schon in der nächsten Runde Einkommensunterschiede wegen unterschiedlichen Sparverhaltens und unterschiedlicher Arbeitsleistungen wieder aufbrechen. Durch die Gleichverteilung von Ressourcen wird die Gleichverteilung des Einkommens keineswegs dauerhaft garantiert.[2]

1 Ressourcen sind entweder Ressourcen zur Erzielung von Einkommen oder zur Realisierung von Lebensplänen. Legt man den letzteren Begriff zugrunde, gehören Einkommen zu den Ressourcen. Das entspricht dem Konzept der Primärgüter von Rawls (1979).

2 Als eine schwache Version der Idee der Gleichverteilung von Vermögen kann der Vorschlag von Bruce Ackerman angesehen werden, alle Staatsbürger (alle

J. Berger, *Wirtschaftliche Ungleichheit*, https://doi.org/10.1007/978-3-658-23682-3_13

Gleiche Ressourcenverteilung (unterschieden von gleicher Einkommensverteilung) wirft eine Reihe organisatorischer Problem auf, ohne deren Lösung das Programm auch schon auf der ideellen Ebene zum Scheitern verurteilt ist. Soll es einen Ausgleich für unterschiedlichen Besitz an Humankapital durch eine entsprechend unterschiedliche Verteilung des Sachkapitals geben? Soll dies generell gelten oder nur für das durch die Geburtslotterie zugeteilte Humankapital (natürliche Begabung, körperliche Konstitution)? Gilt die Forderung auch noch für die nächste Runde, wenn nach einem Start bei Gleichverteilung des Vermögens wegen dessen unterschiedlicher Nutzung der Vermögensstock ungleich wird? Die Idee der gleichen Vermögensverteilung scheitert nicht nur an den praktischen Schwierigkeiten einer Organisation des Ausgleichs zwischen ungleichem Besitz verschiedener Kapitalsorten, sondern schon daran, dass sie nicht einmal normativ überzeugend ist und mit anderen Normen, etwa dem Erbrecht, in Konflikt gerät.

Auf die angeführten Schwierigkeiten der Gleichverteilung von Ressourcen könnten Egalitaristen in der Form reagieren, dass sie die Gleichverteilung des Einkommens, nicht der Ressourcen, zur Zielgröße erheben. Aber auch dieser Vorschlag wirft unlösbare Probleme auf: Erstens, warum soll das Einkommen gleichverteilt werden – was ist der Rechtsgrund hierfür – und zweitens, was folgt konkret aus dieser Idee? Ich betrachte im Folgenden nicht die normativen Gründe, warum das Volkseinkommen, auch ohne Berücksichtigung der Beiträge zu seiner Erwirtschaftung und ohne Berücksichtigung unterschiedlicher Bedürfnisse, strikt gleichverteilt werden sollte. Mir geht es ausschließlich darum, Licht auf das Problem zu werfen, was mit der Idee der Gleichverteilung der Einkommen gemeint sein könnte. Auch diese Idee ist bei Weitem nicht so eindeutig, wie dies auf den ersten Blick scheinen mag. Es gibt mehrere Möglichkeiten, sie in die Tat umzusetzen.

(a) Alle Gesellschaftsmitglieder (oder alle Haushalte) verfügen pro Periode exakt über das gleiche Geldeinkommen, völlig unabhängig von ihren Beiträgen zur Erwirtschaftung dieser Güter. Die Verteilung ist erst dann gerecht, wenn es allen Leuten ›gleich gut‹ geht im Sinne von: Alle verfügen über das gleiche Einkommen unabhängig von ihren Beiträgen

legalen Bewohner, also alle Bewohner mit einem Aufenthaltsrecht?) eines Landes nach Abschluss der Pflichtschuljahre mit einem aus der Erhebung einer Vermögenssteuer finanzierten Grundausstattung mit Kapital zu versehen, das die Empfänger dann nach Belieben verwenden können, am sinnvollsten zur Finanzierung einer Ausbildung oder zur Eröffnung eines Geschäfts. Siehe Ackerman und Alstott (2001), S. 20f.

und Bedürfnissen. Lippert-Rasmussen (2009) nennt diese Position kruden Egalitarismus *(crude egalitarianism)*. Diese Position gehört zur Familie der »end-result principles of justice.«[3] Gerechtigkeitstheorien, die dieser Familie angehören, unterstellen, es sei möglich, über die Wünschbarkeit einer Verteilung zu urteilen ohne Wissen darüber, wie sie zustande kam.

(b) Die Einkommen aus dem Besitz von Human- und Sachkapital sind proportional zum Vermögen. Das ist die Grundidee des Liberalismus in Verteilungsfragen. Ihre Realisierung setzt eine funktionierende Wettbewerbswirtschaft voraus. In einer solchen Wirtschaft kann es keine Ungleichheit (im Sinne ungleicher Bezahlung für gleiche Leistungen) geben. Allerdings können die Vermögen (die Verfügung über Produktionsfaktoren) ungleich verteilt sein. So schlüssig diese Idee auch sein mag, damit ist aber das Problem der Existenzsicherung für alle, die nichts besitzen (nicht einmal eine marktfähige Arbeitskraft) noch nicht gelöst. Ich gehe auf diese Gleichheitsidee ausführlicher in der neunten Vorlesung ein.

(c) Die Einkommens-Alters-Profile in einer Gesellschaft sind für alle Individuen gleich; Die Einkommensgleichheit bezieht sich also immer nur auf bestimmte Lebensabschnitte: Gleichheit pro Lebensabschnitt und nicht Gleichheit aller Lebensabschnitte. Die Verteilung von Einkommen auf die einzelnen Lebensabschnitte kann und darf nach dieser Vorstellung sehr unterschiedlich sein, ohne das Gleichheitspostulat zu gefährden. Z.B. ist nichts daran ›falsch‹, wenn Berufsanfänger weniger verdienen als Personen mit langer Berufserfahrung.

(d) Eine Gesellschaft ist dann gleicher als eine andere, (dem Gleichheitspostulat ist Genüge getan) wenn die in ihr am schlechtesten gestellte Gruppe besser gestellt ist als in allen denkbaren Vergleichsgesellschaften (Rawls 1979). »Denken wir uns also alle gesellschaftlichen Grundgüter« schreibt Rawls (1979, S. 83), »gleichverteilt. Jeder hat gleiche Rechte und Pflichten, gleiches Einkommen und Vermögen. Dieser Zustand ist ein Ausgangspunkt für die Beurteilungen von Verbesserungen. Falls bestimmte Ungleichheiten des Reichtums und der Macht jeden besser stellen sollten als in dem angenommenen Ausgangszustand, stimmen sie mit der allgemeinen Gerechtigkeitsvorstellung überein.« Klarer kann man nicht zum Ausdruck bringen, dass Gleichverteilung einerseits der Standard ist, andererseits Abweichungen von diesem Standard möglich sind, ohne der Idee der Gerechtigkeit Abbruch zu tun. Die Vergleichsgesellschaft muss nicht eine andere Nationalgesellschaft sein, sondern es kann sich um die

3 Lippert-Rasmussen (2009), S. 4, mit Verweis auf Nozick.

gleiche Gesellschaft handeln, die zwischen verschiedenen Möglichkeiten zur politischen Korrektur von Verteilungsergebnissen wählen kann. Eine Besteuerung der Reichen, ohne Rücksicht auf deren Leistungsbereitschaft und damit unter Inkaufnahme der Schmälerung des ›Kuchens‹, ist vom Rawlschen Differenzprinzip nicht gedeckt.[4]

Die für eine dem Ideal der Gleichheit dienende Umverteilungspolitik einzig entscheidende Frage lautet dann: Lässt sich durch Umverteilung das Los der am schlechtesten gestellten Gruppe tatsächlich verbessern und wenn ja, zu welchen Kosten? Das von Rawls aufgestellte Kriterium der Gerechtigkeit hat eine nicht enden wollende Debatte ausgelöst. Drei gewichtige Einwände sprechen gegen es. Es ist erstens nicht das Ergebnis einer kommunikativen Verständigung unter den Gesellschaftsmitgliedern, in der das beste Argument die größten Durchsetzungschancen hat, sondern folgt aus einer rationalen Wahl hinter dem Schleier des Nichtwissens.[5] Zweitens, es postuliert als relevante Dimension der Ungleichheit die Verteilung von Ressourcen, nicht von Chancen oder individuellem Nutzen und drittens, seine Durchführung hängt von einer plausiblen Abgrenzung der ärmsten Gruppe ab. Wie wird diese Gruppe bestimmt? Klassentheoretisch oder etwa nach dem Pass? Im einen Fall sind die Arbeiter die ärmste Gruppe im anderen vielleicht Einwanderer aus Osteuropa oder dem Nahen Osten. Wer begünstigt wird, hängt völlig ab von der vom Sozialforscher vorgenommenen Einteilung der Gesellschaft in Gruppen.

(e) Perfekte Mobilität im Sinne: Die Zugangsmöglichkeiten zu einer begehrten Position sind unabhängig von der Herkunftsfamilie; allen steht die Welt gleich offen, aus welcher Familie oder Region sie auch stammen. Perfekte Mobilität ist eine spezifische Auslegung des Konzepts der Chancengleichheit. Sie ist gegeben, wenn z.B. die Klassenzugehörigkeit der Eltern keinerlei Einfluss auf die Klassenzugehörigkeit der Kinder hat.[6] Ob dies wirklich ein erstrebenswertes Ziel ist, steht dahin. Die Anreize, in die Erziehung der Kinder zu investieren, würden erlahmen.

(f) Die verwirklichte kommunistische Gesellschaft: Jedes Individuum kann aus kommunalen Warenlagern soviel Waren entnehmen, wie es braucht, inklusive Wohnraum, Bildungsmöglichkeiten, ärztliche Behand-

---

4 Roemer (2012) macht darauf aufmerksam, dass der Rawlssche Vorschlag mit egoistischen Nutzenmaximierern rechnet, die auf die staatliche Steuerpolitik mit Leistungsentzug reagieren können.

5 Keiner, der eine Wahl zwischen verschiedenen Vorschlägen zur Aufteilung des Sozialprodukts trifft, kennt seine spätere Position im wirklichen Leben.

6 Mehr zum Konzept der perfekten Mobilität in Hout (1983), Kap. 1.

lung usw. Es kommt nicht auf die Gleichheit der Ausstattung mit Ressourcen an, sondern auf die Deckung auch unterschiedlichster Bedürfnisse aus der vorhandenen Gütermenge. Im Idealfall sind alle Bedürfnisse vollständig gedeckt.[7] Auf dem Sektor der Büromittel war dieses Prinzip an manchen Universitäten verwirklicht. Man ging in ein bestimmtes Zimmer, das als Lager diente, und entnahm die Anzahl der Bleistifte, Kulis usw., die man brauchte. Alles, was man dafür tun musste, war, seine Entnahme in eine Liste einzutragen. Auf größerem Maßstab kann das nur funktionieren, wenn erstens die Produktivkräfte hinreichend entwickelt sind, zweitens durch moralische Erziehung gesichert ist, dass jeder nur entnimmt, was er wirklich braucht, wenn drittens kein Neid besteht, viertens dem teuren Geschmack Grenzen gesetzt sind und vor allem fünftens, wenn gesichert ist, dass trotz gesicherter Versorgung mit Konsumgütern noch Arbeitsanreize bestehen. Solange Güter und Dienste noch mit dem Einsatz von menschlicher Arbeit produziert werden, muss es Anreize geben, dass z.B. auch nachts in einer Klinik Personal vorhanden ist, das die Kranken versorgt. Rein ›ehrenamtlich‹ oder auf Basis sog. intrinsischer Motivation wird das nicht gesichert sein.

Für (a) bis (f) habe ich die Voraussetzung gemacht, dass der Gegenstand der Verteilung wie immer auch definierte Güter (Ressourcen) oder Geldeinkommen (als die allgemeine Anweisung auf solche Güter) sind. Aber es versteht sich keineswegs von selbst, dass nur oder auch nur in erster Linie Güter oder Einkommen das Objekt der Gleichverteilung sind. Auch unter der Herrschaft des »end-result principle of justice« bestünde noch die Alternative, nicht Güter, sondern den aus ihrem Konsum gezogenen Nutzen als Objekt der Verteilungsgerechtigkeit zu wählen. Wenn Individuum A aus dem Konsum eines Glases Bier den gleichen Nutzen zieht wie Individuum B aus dem Konsum eines Glases Champagner, dann spricht unter Gleichheitsgesichtspunkten wohlfahrtstheoretisch nichts dagegen, dass die Güter Bier und Champagner höchst ungleich zwischen A und B verteilt sind.

7 Auf van Parijs (1995) geht der Vorschlag einer schrittweisen Einführung des kommunistischen Ideals zurück. Man beginnt mit einem Grundeinkommen für alle, das bedingungslos jedem Staatsbürger gewährt wird. Bei seiner Einführung kann das Grundeinkommen noch unterhalb des Existenzminimums liegen. Bei van Parijs ist der kommunistische Konsum noch geldvermittelt. In einer vollkommunistischen Gesellschaft könnten die Warenlager aber ohne Geldgebrauch betreten werden.

Neues Terrain betreten wir, wenn nicht die Gleichverteilung von Gütern oder *welfare* (Nutzen), sondern die Gleichverteilung von Gelegenheiten oder Chancen, in den Besitz solcher Güter oder des aus ihnen zu ziehenden Nutzens zu kommen, als Objekt der Verteilungsgerechtigkeit angesehen wird. Chancengleichheit ist ein gänzlich anderes Konzept als Ergebnisgleichheit (das gilt sowohl für die Güter- als auch die Nutzenverteilung). Die Kreuztabellierung der Unterscheidung zwischen Gütern und Nutzen einerseits, zwischen Chancen und tatsächlicher Verfügung andererseits, ergibt vier Dimensionen der Gleichverteilung: (a) gleiche Ressourcen, (b) gleiche Chancen ihres Besitzes, (c) gleicher Nutzen aus den Ressourcen und (d) gleiche Chancen, den gleichen Nutzen aus dem Besitz von Ressourcen zu ziehen (vgl. Arneson 1989).

Literatur

Ackerman, Bruce und Anne Alstott, 2001: *Die Stakeholder-Gesellschaft. Ein Modell für mehr Chancengleichheit*. Frankfurt: Campus.

Arneson, Richard, 1989: Equality and Equal Opportunity for Welfare. In: *Philosophical Studies* Vol. 56, S. 77-93.

Hout, Michael, 1983: *Mobility Tables*. Newbury Park: SAGE (Quantitative Applications in the Social Sciences).

Lippert-Rasmussen, Kaspar, 2009: Justice and Bad Luck. *Stanford Encyclopedia of Philosophy*. (Internet).

Rawls, John, 1979 [1971]: *Eine Theorie der Gerechtigkeit*. Frankfurt: Suhrkamp.

Roemer, John E., 2012: Ideology, Social Ethos and the Financial Crisis. *Journal of Ethics*, Vol. 16, S. 273-303.

van Parijs, Philippe, 1995: *Real Freedom for All. What (if Anyything) Can Justify Capitalism?* Oxford: Clarendon Press.

A.2 Chancengleichheit. Eine elementare Formalisierung

Unsere Frage war, wann man davon sprechen kann, dass Chancengleichheit besteht. Die negative Antwort auf diese Frage lautet: Ergebnisgleichheit ist kein brauchbarer Indikator für Chancengleichheit. Aus ungleichen Ergebnissen darf nicht auf ungleiche Chancen geschlossen werden. In der öffentlichen Diskussion, aber leider auch in soziologischen Arbeiten zu diesem Thema ist dieser Fehlschluss weit verbreitet. Z.B. wird die ungleiche Bildungsbeteiligung von Klassen, Schichten, Geschlechtern oder ethnischen Gruppen wiederholt als Beweis dafür gewertet, dass Bildungschancen ungleich verteilt sind.

Wenn also Ergebnisgleichheit kein guter Indikator für Chancengleichheit ist, wann liegt sie dann vor? Die Antworten der politischen Philosophie der Chancengleichheit auf diese Frage lassen sich danach ordnen, für welche Benachteiligungen ein Ausgleich verlangt wird. Anders gesagt: für welche Umstände eine Kompensation nach Kriterien der Gerechtigkeit geboten ist. Kritisch sind drei verschiedene Quellen von Ungleichheit: die Zufälle des Lebens, die individuelle Begabung und weitere, hauptsächlich familial bedingte Unterschiede der Ausstattung mit natürlichen und erworbenen Ressourcen. Schränkt man die Zufälle des Lebens auf die Geburtslotterie und das Heranwachsen in einer bestimmten Familie ein, dann haben alle drei Ursachen der Chancenungleichheit ihren Ursprung in der Familie.

Im öffentlichen Urteil wird das Ideal der Chancengleichheit vor allem dadurch verletzt, dass die Startbedingungen der nachwachsenden Generation durch den sozioökonomischen Status des Elternhauses verzerrt werden. Um diese Verzerrung messbar zu machen, wird der Status des Elternhauses mit den Variablen Bildungsgrad des Vaters (oder der Eltern), Einkommen des Haushalts und Beruf des Vaters (oder der Eltern) operationalisiert. Auf vier Wegen, so wird angenommen, wirkt sich dieser Status dann auf die Startchancen aus: durch die genetische Vererbung vorteilhafter Eigenschaften, durch Erziehungsleistungen, durch Erbschaften und schließlich durch direkte Einflussnahme des Elternhauses auf die Schule oder den einstellenden Betrieb.

Eine geläufige Antwort auf die eingangs gestellte Frage lautet: Chancengleichheit liegt dann vor, wenn der Zugang zu einer Position nicht vom sozioökonomischen Status des Elternhauses abhängig ist. Ein Beispiel:

J. Berger, *Wirtschaftliche Ungleichheit*, https://doi.org/10.1007/978-3-658-23682-3_14

Die Chance, einen Studienplatz für Medizin zu erhalten, ist für alle gleich, wenn sie z.B. für Arztkinder genauso hoch ist wie für Arbeiterkinder. Der Umstand »Elternhaus« zählt dann nicht. Angenommen, die Chance für einen solchen Studienplatz sei – gemessen an der Zahl der Plätze (z.B. 100), geteilt durch die Zahl der Bewerber (z.B. 1000) – gleich einem Zehntel, dann hätte bei Chancengleichheit jeder Bewerber, gleich aus welchem Elternhaus er stammt, die gleiche Chance von einem Zehntel.

In dieser Formulierung geht nicht nur völlig unter, dass die Bewerber für einen Studienplatz unterschiedliche Anstrengungen unternommen haben könnten, sich für einen Eignungstest zu qualifizieren, sondern darüber hinaus, dass die Kinder, gleich aus welchem Elternhaus sie stammen, nicht alle gleich begabt sind für das Studium der Medizin. Es gibt unbegabte Arztkinder genauso wie begabte Arbeiterkinder. Nur die rechnerische Chance ist für alle gleich, aber die Chance, einer der hundert Besten eines Eignungstests zu sein, ist wegen der Rolle von Begabung und Sozialisation für das Bestehen solcher Tests durchaus ungleich verteilt. Stellt man unterschiedliche Begabung in Rechnung und sieht Begabung als einen legitimen Besitz an, dann kann die Forderung eigentlich nur lauten: gleiche Chancen für Kinder bei gleicher Begabung, unabhängig vom Elternhaus.[1] So formuliert wird die (mangelnde) Begabung aber gerade nicht als Umstand angesehen, für den ein Ausgleich verlangt werden kann, sondern Begabung fungiert in Kombination mit den durch eine geeignete Vorbereitung erworbenen Fähigkeiten als unabdingbare Voraussetzung für die Aufnahme eines Studiums.

In diesem Appendix möchte ich die in der vierten Vorlesung ausgebreiteten Argumente ein Stück weit formalisieren.[2] Chancengleichheit ist gegeben, wenn die Wahrscheinlichkeit, einen Vorteil zu erlangen, stochastisch unabhängig von den Umständen ist. Um diese Idee in einer Gleichung auszudrücken, beginnen wir mit der Definition der bedingten Wahrscheinlichkeit:

$$f(y \mid x) = f(y,x) / f(x) \tag{1}$$

So definiert jedes Lehrbuch der Wahrscheinlichkeitstheorie die bedingte Wahrscheinlichkeit. Unter $f(y|x) = P(Y = y)|X = x)$ versteht man die bedingte Wahrscheinlichkeitsfunktion von y, unter $f(y, x)$ die gemeinsame

1 Siehe die vierte Vorlesung, Abschnitt 4 über faire Chancengleichheit.

2 Der Anhang ist ein besserer Platz für ›Formelkram‹ als der Haupttext. »Every equation halves the number of your readers« – so oder ähnlich hat sich Stephen Hawking ausgedrückt.

Verteilung von y und x. $f(x)$ ist die Dichtefunktion von x; x ist eine Ausprägung des Umstands X und y eine Ausprägung des Vorteils Y. X und Y sind Zufallsvariablen. Falls x und y voneinander stochastisch unabhängig sind, gilt:

$$f(y,x) = f(y)f(x) \tag{2}$$

Die linke Seite dieser Gleichung bezeichnet die Wahrscheinlichkeit, dass sowohl y als auch x zutrifft. Die rechte Seite dieser Gleichung eingesetzt in die erste Gleichung ergibt:

$$f(y \mid x) = f(y) \tag{3}$$

Wenn die Wahrscheinlichkeit, ein begehrtes Gut zu erhalten, unabhängig ist von den Umständen x, dann ist sie gleich der relativen Häufigkeit dieses begehrten Guts. Der Eintritt des Zufallsereignisses $Y = y$ (Studienplatz) ist dann in keiner Weise bedingt durch den Umstand $X = x$ (z.B. das Elternhaus). Arztkinder und Arbeiterkinder haben die gleiche Chance auf einen Studienplatz. Wenn Begabung ein relevanter Umstand ist, ist Chancengleichheit im definierten Sinn nur bei strikter, politisch gewollter Ausschaltung der Begabung als relevantem Gesichtspunkt bei der Entscheidung über die Besetzung von Positionen, seien dies Studienplätze oder Stellen, erreichbar. Das Gleiche gilt, wie in der Vorlesung dargelegt, für die Variable *effort,* sofern sie typspezifisch ist.

Die stochastische Unabhängigkeit eines Vorteils von Umständen ist eine viel radikalere Formulierung der Idee der Chancengleichheit als das Nichtdiskriminierungsprinzip, weil jetzt auch Umstände wie die unterschiedliche Begabung bei der Vergabe von Vorteilen nicht mehr zählen sollen, aber weniger radikal als die Gleichsetzung der Chancengleichheit mit der Ergebnisgleichheit, da immerhin noch der Anstrengung eine Rolle bei der Verteilung von Vorteilen eingeräumt wird.

Eine verwandte Möglichkeit der Formalisierung, welche die zentrale Intention Roemers vielleicht besser verdeutlicht, ist, nicht die Dichtefunktion zur Formulierung der grundlegenden Idee zu benutzen, sondern die Verteilungsfunktion (definiert als das Integral über die Dichtefunktion).[3]

Das Einkommen y (allgemeiner, der Vorteil y) sei, wie in der Vorlesung dargelegt, eine Funktion der Umstände und der individuellen Anstrengung in Abhängigkeit von den Umständen. Da die Beziehung zwischen unab-

3 Das Folgende in Anschluss an Bourgignon, Ferreira und Menéndez (2007) sowie Ferreira und Gignoux (2011).

hängiger Variabler und abhängigen Variablen nicht deterministisch ist, hängt y darüber hinaus von zufälligen Fehlertermen ab:

$$y = f[C, E(C, v), u] \tag{4}$$

C steht für *circumstances, E* für *effort, v* und *u* sind Fehlerterme. Sie repräsentieren u.a. die Zufälle des Lebens und weitere, nicht vom Forscher unter *C* subsumierte Umstände. Chancengleichheit ist dann gegeben, wenn gilt:

$$F(y \mid C) = F(y) \tag{5}$$

Das ist die grundlegende Definition der Chancengleichheit durch Roemer. Diese Gleichung wäre erfüllt, wenn gilt:

(a) $\partial f(C, E, u)/\partial C = 0$

(b) $G(E|C) = G(E)$

Gleichung (a) ist die partielle Ableitung von $y = f(C, E, u)$ nach *C*; Gleichsetzung dieser Ableitung mit 0 besagt, dass y sich nicht ändert, wenn ein Umstand sich ändert. *G* in Gleichung (b) ist die Verteilungsfunktion von *E*. Gleichung (b) bringt zum Ausdruck, dass die Umstände keinen kausalen Einfluss auf *E* nehmen dürfen, wenn Roemers Grundgleichung erfüllt sein soll. In der Realität ist aber die Verteilung von *E* in aller Regel abhängig von den gruppenspezifischen Umständen.

Gleichung 5 (b) ist die *differentia specifica* von Roemers Ansatz zu geläufigeren Vorstellungen der Chancengleichheit. Für Roemer ist, wie in der vierten Vorlesung ausgeführt, auch die Verteilung von *effort*[4] ein Umstand, der einen Typus charakterisiert (vgl Roemer 2006, S. 234f.). »Equalizing opportunities«, so noch einmal Roemer und Trannoy (2016, S. 1293) »focuses on offsetting differences due to types«. Das ist heute weithin anerkannt. Roemer und Trannoy fahren aber fort:

> »However, types and effort are not disconnected. Instead, there is a distribution function of effort ... that is not due to the action of any person... but is a characteristic of the type. If we are to indemnify individuals against their circumstances, we cannot hold them responsible for being members of a type with a poor distribution of effort.«

4 Zur Erinnerung: »effort comprises the set of actions that we view to be under the control of the individual« Roemer (2006), S. 234.

Soviel zur Definition der Chancengleichheit mithilfe der Verteilungsfunktion $F(y)$. Um den Grad der Chancenungleichheit zu messen, muss man feststellen, inwieweit $F(y|C)$ von $F(y)$ abweicht.

Zu diesem Zweck zerlegt man am besten die mit der Verteilung $F(y)$ verbundene Ungleichheit in zwei Komponenten, die Ungleichheit innerhalb von Gruppen (I_w) und die Ungleichheit zwischen Gruppen (I_b)[5]

$$I[F(y)] = I_w + I_b \tag{6}$$

Hierbei ist I irgendein Ungleichheitsindex,[6] I_w ist die Ungleichheit innerhalb der Gruppen, I_b die Ungleichheit zwischen den Gruppen. In der neueren Ungleichheitsforschung werden die Gruppen nicht klassentheoretisch nach der Art und Weise der Gewinnung des Lebensunterhalts gebildet, sondern in Anlehnung an die Schichtungsforschung. Gruppenbildend sind demnach die Umstände, für die niemand etwas kann (neben den sozioökonomischen Statusvariablen Bildungsgrad, Beruf und Einkommen des Elternhauses auch die natürliche Begabung oder die ethnische Zugehörigkeit). Dieses Vorgehen erlaubt, die Variation *innerhalb* der Gruppen der *effort*-Variablen zuzurechnen, wohingegen sich in der Differenz der gruppenspezifischen Mittelwerte der Vorteilsvariablen der Einfluss der Umstände auf das Ergebnis widerspiegelt. Kurz: Die den Umständen geschuldete Ungleichheit wird durch I_b erfasst, die auf unterschiedliche Anstrengung zurückführbare durch I_w. Daher bietet sich an, das Ausmaß der (relativen) Chancenungleichheit mit

$$\Theta = \frac{I_b}{I[F(y)]} \tag{7}$$

zu messen. Dieser Index schwankt zwischen 0 und 1. Er ist = 0, wenn $I_b = 0$, und = 1, wenn $I_b = I[F(y)]$, also die gesamte Ungleichheit den Umständen geschuldet ist. Ib ist = 0, wenn gilt: $F(y|C) = F(y)$.

Anders als z.B. Längenmaße ist Θ aber nicht eindeutig definiert, und dies gleich aus mehreren Gründen. Erstens ändert sich der Zähler des Indexes mit dem bei der Zerlegung der gesamten Ungleichheit in ihre Komponenten benutzten Ungleichheitsindex I. Auf die Wahl zwischen Ungleichheitsmaßen komme ich in der siebten Vorlesung zurück. Zweitens variiert die gemessene Chancenungleichheit offensichtlich mit der Partionierung der Population in Gruppen. Je mehr Gruppen gebildet werden,

5 Zur Zerlegung von Ungleichheitsmaßen siehe die siebte Vorlesung. In Gleichung (6) steht w für *within* und b für *between*.

6 Siehe hierzu die fünfte und die sechste Vorlesung.

umso geringer ist die Variation innerhalb der Gruppen und umso größer der Anteil der Variation zwischen ihnen an der gemessenen Ungleichheit. Mit der steigenden Anzahl der Gruppen schwindet der Einfluss individuell zu verantwortender Beiträge für das Ergebnis. Drittens führt eine indirekte Messung der Größe I_b durch Abzug der auf die *effort*-Variable (I_w) zurückgehenden Ungleichheit von der gesamten Ungleichheit $I[F(y)]$ im allgemeinen nicht zu dem gleichen Resultat wie eine direkte Messung von I_b.[7] Viertens schließlich führt die auf einer parametrischen Schätzung der Einzelwerte basierende Messung von Θ im allgemeinen zu Ergebnissen, die von einer Messung auf der Basis der direkten Beobachtung der Einzelwerte abweichen.[8]

Gleich wie man die Chancenverteilung misst, ob parametrisch oder nichtparametrisch, direkt oder indirekt, mittels der mittleren logarithmischen Abweichung oder einem anderen, in den nächsten beiden Vorlesungen behandelten Ungleichheitsmaß, die Umstände sind nur für den kleineren Teil der Ungleichheit insgesamt verantwortlich. Die Hauptlast der Erklärung fällt auf Faktoren, die in der eigenen Verantwortung der Beteiligten am Wirtschaftsleben liegen. In Norwegen beträgt der Anteil der den Umständen geschuldeten Ungleichheit an der gesamten Einkommensungleichheit (die relative Chancenungleichheit) nur noch 2,3 Prozent, in Deutschland 18,3 Prozent und selbst in Brasilien ist Θ mit einem Wert von 32 Prozent deutlich kleiner als der Anteil ›selbstverschuldeter‹ Ungleichheit.[9]

Ein weiteres Problem betrifft die mit der Idee der Chancengleichheit verbundene Politik. Laut Gleichung (7) ist Chancengleichheit hergestellt, wenn $I_b = 0$. Eine Politik der Chancengleichheit müsste also eigentlich nur dafür sorgen, dass die Mittelwerte der jeweiligen Vorteilsvariablen (Bildungsgrad, Einkommen, Vermögen, Gesundheitsstatus usw.) für alle Gruppen gleich sind. Das hinter dieser Politik steckende Verständnis von Chancengleichheit wird in der Literatur ex ante*equality of opportunity* genannt; ex ante, weil die Chancengleichheit durch geeignete Politiken hergestellt wird, bevor

7 Hierzu Ferreira und Gignoux (2011) mit Verweis auf Foster und Shneyerov (2000). I_b wird direkt gemessen, indem man die Einzelwerte y_i durch den jeweiligen Mittelwert μ_k der k-ten Gruppe ersetzt, der Individuum i angehört. Bei einer indirekten Messung schaltet man die Variation zwischen den Gruppenmittelwerten dadurch aus, dass man die Einzelwerte y_i multipliziert mit μ/μ_k.

8 Siehe Ferreira und Gignoux (2011).

9 Siehe Brunori, Ferreira und Peragine (2013), Tabelle 1, S. 23 und Checchi, Peragine und Serlenga (2010). Ausführlich hierzu die elfte Vorlesung, Abschnitt 7.

die Individuen ihre Wahl, welchen Bildungsgang sie einschlagen, wie sehr sie sich anstrengen usw., getroffen haben.[10] Auf Van de gaer (1993) geht die mathematische Formulierung eines Programms zurück, welche die Politik der ex ante-Chancengleichheit in der folgenden Gleichung zusammenfasst:

$$\max_{\phi \in \Phi} \min_{t \in T} \int_0^1 v^t(\pi, \phi) d\pi \tag{8}$$

In Worten: Wähle eine Politik ϕ aus Φ, die das durchschnittliche Ergebnis v für die am meisten benachteiligte Gruppe t maximiert. Integriert wird über die Rangplätze π auf der *effort-Skala* in der am meisten benachteiligten Gruppe t.[11] v^t ist eine Quantilsfunktion (die Umkehrfunktion der entsprechenden Verteilungsfunktion).

Die Konzeption von John Roemer ist politisch anspruchsvoller. Eine Nachteile kompensierende Politik darf sich nicht darauf beschränken, sich um die Angleichung der Mittelwerts der gruppenspezifischen Verteilungsfunktionen zu bemühen. Ihr Ziel muss viel mehr sein, auch die Gestalt der Verteilungsfunktion für alle Gruppen einander anzugleichen. Es liegt auf der Hand, dass die von einer ex post EOp-*policy* verlangten Transfers umfangreicher sind als die für eine ex ante EOp: Letztere verlangt nur, dass zwei Verteilungen den gleichen Mittelwert haben, erstere, dass die Verteilungen identisch sind.[12]

Ex post-Chancengleichheit besteht genau dann, wenn ex post, nach der Festlegung des eigenen Einsatzes, Gleichheit im Ergebnis für alle Tranchen des gleichen Anstrengungsgrads besteht (Eine Tranche ist die Menge von Individuen aus allen Typen, die den gleichen Grad der Anstrengung gemeinsam haben). Im Prinzip könnte dieses Ziel natürlich auch dadurch erreicht werden, dass alle Vorteile, die aus besseren Umständen resultieren z.B. steuerpolitisch oder sozialpolitisch soweit reduziert werden, dass sie sich dem Einkommen oder dem Bildungsgrad der am schlechtesten gestellten Gruppe annähern. Eine solche »Angleichung nach unten« kann aber nicht das Ziel einer EOp policy sein. Roemer übernimmt das Rawlssche

10 »The ex ante approach to compensation seeks to identify situations of inequality based solely on information linked to the type to which individuals belong, ignoring their effort level. That is, one seeks situations in which two types are clearly unequal in terms of the perspectives offered by their circumstances and the respective transfer policies« Fleurbaey und Peragine (2013), S. 122.

11 Vgl. Roemer und Trannoy (2016), S. 1296.

12 Identische Verteilungen implizieren gleiche Mittelwerte, aber gleiche Mittelwerte nicht identische Verteilungen. Z.B. hat die Verteilung (2, 4, 6, 8) den gleichen Mittelwert wie die Verteilung (1, 3, 7, 9), nimmt aber einen anderen Verlauf.

maximin-Prinzip für seinen eigenen Vorschlag einer Politik der Chancengleichheit. Er definiert die *equal opportunity policy* ϕ^* als die Lösung des Programms[13]

$$\max_{\phi \in \Phi} \min_{t \in T} v^t(\pi, \phi) \tag{9}$$

In Worten: Wähle die Politik ϕ, »that maximizes the minimum level of advantage, across all types, of individuals who expend the πth degree of effort for their type« (Roemer 1998, S. 27). Ein das Ziel der Chancengleichheit verfolgender Gesellschaftsplaner wird also diejenige Politik implementieren wollen, die für jede *effort*-Tranche das minimale Ergebnis maximiert.

Einer Durchführung dieser Politik steht allerdings die Tatsache im Wege, dass es reiner Zufall wäre, wenn etwa die für das fünfte Perzentil der Verteilung optimale Politik identisch wäre mit der für das z.B. fünfunddreißigste. Daher schwächt Roemer das Programm von Gleichung (9) ab zu

$$\max_{\phi \in \Phi} \int_0^1 \min_{t \in T} v^t(\pi, \phi) d\pi \tag{10}$$

Die Befolgung dieses Programms würde derjenigen Politik den Vorzug geben, die den Mittelwert aller Minima der Vorteilsvariablen $v(\pi)$ maximiert, gleich welcher Typ pro Quantil das geringste Niveau der Vorteilsvariablen aufweist. Das Minimum nimmt mit dem π-ten Quantil der Verteilung der *effort*-Variablen zu. Für welchen Typus die Ausprägung der Vorteilsvariablen jeweils am geringsten ausfällt, kann von Quantil zu Quantil wechseln. Formal unterscheidet sich das Programm Roemers von dem Van de gaers nur durch die Vertauschung von Integral und min-Operator. Der Van de Gaer verpflichtete Gesellschaftsplaner wird das Minimum des Mittelwerts (pro Typ) maximieren wollen, der Roemer folgende den Mittelwert des Minimums (pro Tranche). Beide Programme wären nur für den unwahrscheinlichen Fall deckungsgleich, dass für alle Politiken ϕ und alle Typen t über alle Quantile π ein und derselbe Typ der am meisten benachteiligte wäre.[14]

13 Siehe Roemer (1998), Gleichung 4.1, S. 27.

14 Siehe Roemer und Trannoy (2016), S. 1297. Zu den Differenzen zwischen den Ansätzen von Roemer und Fleurbaey ebd., Abschnitte 3 und 4, und Brunori, Ferreira und Peragine (2013).

Literatur

Bourgignon, François, Francisco H.Ferreira und Maria Menéndez, 2007: Inequality of Opportunity in Brazil. In: *Review of Income and Wealth*, Vol. 53, S. 585-618.

Bourgignon, François, Francisco H. Ferreira und Michael Walton, 2007: Equity, Efficiency and Inequality Traps: A Research Agenda. In: *Journal of Economic Inequality*, Vol. 5, S. 235-256.

Brunori, Paolo, Francisco H. Ferreira und Vito Peragine, 2013: Inequality of Opportunity, Income Inequality and Economic Mobility: Some International Comparisons. ECINEQ Working Paper 284.

Checchi, Daniele, Vito Peragine und Laura Selenga, 2010: Fair and Unfair Income Inequalities in Europe. ECINEQ Working Paper 174.

Ferreira, Francisco H. und Jerémie Gignoux, 2011: The Measurement of Inequality of Opportunity: Theory and an Application to Latin America. In: *Review of Income and Wealth*, Vol. 57(4), S. 622-657.

Fleurbaey, Marc und Vito Peragine, 2013: *Ex Ante* Versus *Ex Post* Equality of Opportunity. In: *Economica*, Vol. 80, S. 118-130.

Foster, James und Artyom Shneyerov, 2000: Path Independent Inequality Measures. In: *Journal of Economic Theory*, Vol. 91, S. 199-222.

Roemer, John E., 1998: *Equality of Opportunity*. Cambridge, Mass.: Harvard University Press.

Roemer, John E., 2006: Review Essay: »The 2006 World Development Report: Equity and Development«. In: *Journal of Economic Inequality*, Vol. 4, S. 233-244.

Roemer, John E. und Alain Trannoy, 2016: Equality of Opportunity: Theory and Measurement. In: *Journal of Economic Literature*, Band LIV, Heft 4, S. 1288-1332.

Van de gaer, Dirk, 1993: *Equality of Opportunity and Investment in Human Capital*. PhD Dissertation Leuven University.

A.3 Lorenzkurve und Gini-Koeffizient

1. Zur allgemeinen Charakteristik von Ungleichheitsmaßen. 2. Zur Mathematik der Lorenzkurve. 3. Die Obergrenze des Gini-Koeffizienten. 4. Verschiedene Formeln für den Gini-Koeffizienten.

1. Bevor wir auf uns mit der Mathematik der Lorenzkurve und des Gini-Koeffizienten befassen, werfen wir einen kurzen Blick auf eine allgemeine Eigenschaft von Ungleichheitsmaßen.

Ungleichheitsmaße lassen sich generell als Abbildungen aus dem Raum möglicher Verteilungen in den Raum der reellen Zahlen verstehen. Immer messen sie die Abweichung der aktuellen Verteilung von der Gleichverteilung eines Merkmals. Der Bezugspunkt dieser Messung ist damit ein gedachter Zustand völliger Gleichheit der Merkmalsausprägungen einer Zufallsvariablen. Bei gleicher Größe aller Merkmalsausprägungen sind die Einzelwerte y_i gleich dem Mittelwert μ: $y_i = \mu$ oder $y_i/\mu = 1$.

Schreibt man r_i für y_i/μ, dann schlägt sich jede Abweichung von der Gleichheit ($r_i = 1$) in einem Wert von r_i entweder > 1 oder < 1 nieder. Ungleichheitsmaße formulieren auf dieser Grundlage eine durchschnittliche Abweichung von der Gleichheit, d.h. sie addieren die relativen Einkommen r_i auf und teilen sie durch die Anzahl der Merkmalsträger. Unterschiede zwischen den Ungleichheitsmaßen kommen dadurch zustande, dass die einzelnen Maße eine spezifische funktionale Form der Abweichungen von der Gleichheit unterstellen. Aber immer ist das Kern eines Maßes eine Annahme über die Gestalt der Funktion : $I(y) = f(r_i)$.

$I(y)$ steht hier für irgendeinen Ungleichheitsindex, f(ri) wird auch Disproportionalitätsfunktion (DPF) geheißen. Alle gebräuchlichen Ungleichheits-Indices sind Maße der durchschnittlichen Disproportionalität und damit der durchschnittlichen Abweichung der Werte r_i von 1.0 (Firebaugh 2003, S. 75). Ihre allgemeine Gestalt ist daher $I(y) = \Sigma f(r_i)/N$.

Wie man sich anhand der in der Vorlesung angegebenen Gleichungen für die gebräuchlichsten Ungleichheitsmaße klar machen kann, ist z.B. die DPF des Variationskoeffizienten gleich $(r_i - 1)^2$, die DPF des Gini-Koeffizienten gleich $|r_i - r_j|/2$ und die DPF des Theil-Index $= r_i \log r_i$ (vgl. Firebaugh 2003, S. 77).

J. Berger, *Wirtschaftliche Ungleichheit*, https://doi.org/10.1007/978-3-658-23682-3_15

2. Zur Mathematik der Lorenzkurve.

2.1. Auf der Abszisse des Lorenzdiagramms werden die relativen kumulierten Häufigkeiten p der Einkommensbezieher abgetragen, auf der Ordinate die relativen kumulierten Häufigkeiten *L(p)* der Einkommen (vgl. Lüthi 1981, S. 21).[1] Für diskrete Werte gilt:

$$L(j/N)=\frac{\sum_{i=1}^{j} y_i}{\sum_{i=1}^{N} y_i}=\frac{\sum_{i=1}^{j} y_i}{Y}, 1\leqslant j\leqslant N \tag{1}$$

wobei Y für $\sum_{i=1}^{N} y_i$ steht.[2]

Im Zähler der Lorenzkurve $\sum_{i=1}^{j} y_i$ stehen die bis zum j-ten Individuum aufsummierten Einkommen, Y ist das Gesamteinkommen; der Bruch nach dem letzten Gleichheitszeichen in Gleichung (1) sind die bis zum j-ten Individuum aufsummierten Einkommensanteile.

Für stetige Einkommensverteilungen ist die Lorenzkurve wie folgt definiert:

$$L(p)=\frac{N\int_0^{y^*} yf(y)dy}{N\mu}=\frac{1}{\mu}\int_0^{y^*} yf(y)dy \tag{2}$$

Im Zähler des Ausdrucks nach dem ersten Gleichheitszeichen steht das bis zum Einkommen y^* aufsummierte Einkommen, $N\mu$ im Nenner ist das Gesamteinkommen der Population. Auf den ersten Blick ist die Gleichung für stetige Werte lange nicht so durchsichtig wie die Gleichung für diskrete Werte. Die Parallele wird aber sofort ersichtlich wenn man in Gleichung (1) statt

$$L(j/N)=\frac{\sum_{i=1}^{j} y_i}{Y}$$

schreibt:

$$L(j/N)=\frac{N\sum_{i=1}^{j} y_i f_i}{N\mu}=\frac{\sum_{i=1}^{j} y_i f_i}{\mu}, f_i=1/N$$

1 $p = F(y)$, $L(p) = L[F(y)] = \Phi(y)$.

2 Lambert (1989), S. 40.

und nur zur Erleichterung des Verständnisses unter der Dichte *f(y)* unter Zudrücken sämtlicher mathematisch geschulter Augen ebenfalls die relative Häufigkeit versteht, dass die stetige Zufallsvariable *Y* den Wert *y* annimmt.[3]

2.2 Um die Steigung der Lorenzkurve *L(p)* zu ermitteln, müssen wir sie nach *p* ableiten:

$$dL/dp = \frac{dL}{dy}\frac{dy}{dp}$$

Wie aus der Gleichung der Lorenzkurve für stetige Werte ersichtlich, ist sie eine Funktion der Integrationsobergrenze *y*. In einem Intervall [a,b] stetige Funktionen der Integrationsobergrenze nennt man auch Integralfunktionen. Die Ableitung einer Integralfunktion ist gleich dem Wert des Integranden an der oberen Integrationsgrenze (Senger 2007, S. 320, vgl. Sydstaetter und Hammond 1995, S. 336). Wir leiten also zunächst die Lorenzkurve nach *y* ab und danach *y* nach *p*:

$$\frac{dL}{dy} = \frac{d}{dy}\left[\frac{1}{\mu}\int_0^y xf(x)dx\right] = \frac{yf(y)}{\mu}$$

$$\frac{dy}{dp} = \frac{1}{dp/dy} = \frac{1}{dF(y)/dy} = \frac{1}{f(y)}$$

$$\Rightarrow \frac{dL}{dy}\frac{dy}{dp} = \frac{yf(y)}{\mu}\frac{1}{f(y)} = \frac{y}{\mu}$$

3. $G_{max} = (N-1)/N$

In zahllosen Texten, die auf den Gini-Index als Ungleichheitsmaß zu sprechen kommen, wird behauptet, dieser Index schwanke zwischen 0 und 1. Darin bestehe ja gerade seine Attraktivität. Für diskrete Werte ist die Obergrenze allerdings nicht 1, sondern $(N-1)/N$. Das kann man sich mit Hilfe der folgenden Überlegung klarmachen: Die Ungleichheit ist am extremsten, wenn das gesamte Einkommen einer Gruppe einer einzigen Person zufällt und alle anderen leer ausgehen. Die Lorenzkurve verläuft in

3 Korrekt ist das natürlich nicht. Die Dichtefunktion ist keine Wahrscheinlichkeitsfunktion für kontinuierliche Werte. Zur Erinnerung: »Eine Besonderheit stetiger Zufallsvariablen besteht darin, dass für jede gegebene Zahl *x* die Wahrscheinlichkeit, dass *X* den Wert *x* annimmt, gleich 0 ist« Mosler und Schmid (2011), S. 54. Die Wahrscheinlichkeit, dass *x* in ein Intervall mit den Grenzen *a* und *b* fällt, ist das Integral über die Dichtefunktion in den Grenzen *a* und *b*.

diesem Fall entlang der X-Achse bis zum Koordinatenpunkt $[(N-1)/N, 0]$ und von dort aus zum Koordinatenpunkt $[1,1]$. Die Gerade von den Koordinatenpunkten $[(N-1)/N, 0]$ zu $[1, 1]$ begrenzt ein rechtwinkliges Dreieck mit den Seitenlängen $1/N$ und 1. Dessen Fläche ist gleich der Fläche von B für den Maximalwert von G. Sie beträgt die Hälfte eines Rechtecks mit den gleichen Seitenlängen: $B = (1/N)/2 = 1/(2N)$. Aus $G = 1 - 2B$ folgt $G_{max} = 1 - 1/N = (N-1)/N$.

4. Wie aus der Vorlesung hervorgeht, finden sich in der einschlägigen Literatur die verschiedensten Gleichungen für den Gini-Index, in aller Regel jedoch ohne zu zeigen, wie die verschiedenen Formeln sich ineinander überführen lassen. Im Folgenden zeigen wir für die wichtigsten Formeln dieses Index, dass sie deckungsgleich sind.[4] Wir beginnen mit der Übereinstimmung der geometrischen Gleichung G_1 mit der wohl bekanntesten algebraischen Gleichung für den Gini-Index nach Kendall und Stuart (1977).

(a) Zu zeigen: $G_1 = G_3$ oder: $A/(A+B) = 1/2\mu\left[\int_0^\infty\int_0^\infty |x-y|\,dF(x)dF(y)\right]$

$1/2\mu\left[\int_0^\infty\int_0^\infty |x-y|\,dF(x)dF(y)\right]$ ist die algebraische Gleichung des Gini-Index für stetige Werte. Anstatt von der Gleichung für diskrete Werte wie in der Vorlesung (siehe dort, Gleichung 9) gehen wir also von einer Gleichung des Gini-Index für stetige Werte aus.[5]

Für $\left[\int_0^\infty\int_0^\infty |x-y|\,dF(x)dF(y)\right]$, Ginis mittlere Differenz, schreiben wir Δ. Wegen $A + B = 1/2$ ist $A/A + B = 2A$. Wir müssen also zeigen:

$$2A = \frac{1}{2\mu}\Delta \tag{3}$$

In einem ersten Schritt reformulieren wir die geometrische Gleichung für G: $G_1 = 2A = 1 - 2B = 1 - B - B = 1 - (1/2 - A) - B = 1/2 + A - B$.

$1/2 + A$ ist die Fläche unter der Lorenzkurve, von der y-Achse des Lorenzdiagramms aus gesehen, B die Fläche unter der Lorenzkurve, von der x-Achse aus gesehen. Daraus folgt:

$$G_1 = \int_0^1 F(x)d\Phi - \int_0^1 \Phi(x)dF = 2A \tag{4}$$

4 Siehe zu diesem Vorhaben auch Anand (1983), Appendix B und Yitzhaki (1998).

5 Die folgenden Ausführungen basieren auf Kendall und Stuart (1977), S. 49f.

Statt $L(p)$ für die Lorenzkurve schreiben wir in Gleichung (4) $\Phi(x)$. Wegen $d\Phi/dF = dL/dp = x/\mu$ (siehe Abschnitt 2.2 dieses Appendix) ersetzen wir $d\Phi$ in Gleichung (4) durch xdF/μ und multiplizieren beide Seiten rechts des ersten Gleichheitszeichens von Gleichung (4) mit μ. Das ergibt:

$$\int_0^\infty F(x)xdF(x) - \mu\int_0^\infty \Phi(x)dF(x) = \mu 2A \qquad (5)$$

(Beachte: Änderung der Integrationsobergrenzen, da nicht mehr nach $\Phi = L$ oder nach $F = p$, sondern nach x integriert wird).

Statt $F(x)$ in Gleichung (5) schreiben wir $\int_0^x dF(y)$ und statt $\Phi(x)$: $\frac{1}{\mu}\int_0^x ydF(y)$. Das ergibt:

$$\mu 2A = \int_0^\infty \int_0^x xdF(y)dF(x) - \int_0^\infty \int_0^x ydF(y)\,dF(x) \qquad (6)$$

$$= \int_0^\infty \int_0^x (x-y)dF(y)dF(x) \qquad (7)$$

Für den nächsten Schritt machen wir uns den folgenden Hilfssatz zunutze:

$$\int_0^\infty \int_0^\infty (x-y)\,dF(y)\,dF(x) = 0$$

$$= \int_0^\infty \int_0^x (x-y)\,dF(y)\,dF(x) + \int_0^\infty \int_x^\infty (x-y)\,dF(y)\,dF(x)$$

$$\Rightarrow \int_0^\infty \int_0^x (x-y)\,dF(y)\,dF(x) = -\int_0^\infty \int_x^\infty (x-y)\,dF(y)\,dF(x)$$

und

$$-\int_0^\infty \int_x^\infty (x-y)\,dF(y)\,dF(x) = \int_0^\infty \int_x^\infty (y-x)\,dF(y)\,dF(x)$$

Für Gleichung (7) können wir daher auch schreiben:

$$\frac{1}{2}\left[\int_0^\infty \int_0^x (x-y)\,dF(y)\,dF(x) + \int_0^\infty \int_x^\infty (y-x)\,dF(y)\,dF(x)\right]$$

Abschließend betrachten wir noch den Ausdruck in der eckigen Klammer. Wegen

$|x - y| = (x - y)$, wenn $(x - y) \geqslant 0$, $|x - y| = -(x - y) = (y - x)$, wenn $(x - y) < 0$ können wir für den Ausdruck in der eckigen Klammer auch schreiben:

$$\int_0^\infty \int_0^\infty |x-y|\,dF(x)dF(y)$$

Der Rest ist einfach. $\int_0^\infty \int_0^\infty |x-y|\,dF(x)dF(y)$ ist nichts anderes als Ginis mittlere Differenz Δ, der Mittelwert aller Differenzen der Messwerte. Die Hälfte von Δ ist gleich $\mu 2A$ [siehe Gleichung (3)]:

$$\mu 2A = \frac{1}{2}\Delta$$

oder

$$G_1 = 2A = \frac{1}{2\mu}\Delta = G_3.$$

(b) Große Prominenz hat eine Gleichung für den Gini-Koeffizenten erlangt, die Sen (1973, S. 31) anführt. Ein Grund hierfür ist sicherlich, dass sie »more mathematically tractable and computationally convenient« ist (Allison 1978, S. 867). Sen führt zur Herleitung dieser Gleichung nur einen einzigen Zwischenschritt an, der ohne Kenntnisse der höheren Mathematik unverständlich bleibt und ohne weitere Hilfen allenfalls Spezialisten zugänglich ist. Sens Gleichung für den Gini-Koeffizintn lautet:

$$G_4 = \frac{N+1}{N} - \frac{2}{N^2\mu}\sum_{i=1}^{N} i y_i \quad \text{mit} \quad y_1 \geq y_2 \geq \ldots \geq y_N. \tag{8}$$

Jeder Wert y wird gewichtet. Der größte Wert(y_1) erhält das kleinste Gewicht = 1 und der kleinste Wert Y_N erhält das größte Gewicht (= N). Auch wenn diese Gewichtung vielen Lesern sympathisch sein mag: sie ist völlig willkürlich und hat keine sachliche, sondern nur eine mathematische Rechtfertigung. Nirgendwo als in dieser Gewichtung wird deutlicher, dass der Gini-Index auf versteckten Wertungen beruht.

Die Ausführungen in Sen (1973, S. 31) fußen auf einem Aufsatz von Dasgupta, Sen und Starrett aus dem gleichen Jahr. In diesem Aufsatz begnügen sich die Autoren zur Herleitung des Ergebnisses mit der Angabe eines Lemmas, mit dessen Hilfe das gewünschte Ergebnis erreicht wird.[6] Wir leiten im Folgenden die fragliche Gleichung nur mit Hilfe des Lorenzdiagramms und ein wenig Schulmathematik ab.

Zu zeigen: $G_1 = G_4$

Wir gehen aus von der Definition der Lorenzkurve. Diese Kurve ist für diskrete Werte der Polygonzug durch die Punkte

6 Gut erklärt wird die Herleitung in Anand (1983), Appendix B.

$$\left[p, L(p)\right] = \sum_{i=1}^{j} y_i \, / \sum_{i=1}^{N} y_i$$

Für $\sum_{i=1}^{j} y_i \, / \sum_{i=1}^{N} y_i$ schreiben wir q_j. Jedes

$$q_j = \frac{y_1 + y_2 + \ldots + y_j}{y_1 + y_2 + \ldots + y_n} = \frac{y_1 + y_2 + \ldots + y_j}{N\mu}$$

ist ein Punkt auf der Ordinate des Lorenz-Diagramms.

G_1 war uns gleich $1 - 2B$. Die Fläche B unterhalb der Lorenzkurve für diskrete Werte entspricht, wie man sich mit Hilfe einer Zeichnung leicht klar machen kann, der Hälfte der Flächensumme von Rechtecken mit der Seitenlänge $1/N$ und der Höhe $q_j + q_{j-1}$:

$$B = \frac{\sum (q_j + q_{j-1})}{2} \frac{1}{N}$$

$$\Rightarrow G_1 = 1 - 2B = 1 - \frac{1}{N} \sum_{i=1}^{N} (q_j + q_{j-1})$$

$$= 1 - \frac{1}{N} \sum_{i=1}^{N} q_j - \frac{1}{N} \sum_{i=1}^{N} q_{j-1}$$

$$= 1 - 1/N(q_1 + q_2 + \ldots + q_N) - 1/N(q_0 + q_1 + \ldots + q_{N-1})$$

Um letztere Gleichung zu vereinfachen, addieren wir q_N zum zweiten Term in Klammern hinzu. Wegen $q_N = 1$ und wegen der Multiplikation der Klammer mit $- 1/N$ sinkt dadurch der Betrag von G_1 um $1/N$. Diesen Betrag müssen wir also wieder zu der Gleichung hinzufügen. Da ferner $q_0 = 0$, erhalten wir als Ergebnis:

$$G_1 = 1 + 1/N - \frac{2}{N}(q_1 + q_2 + \ldots + q_N)$$

$$= 1 + 1/N - \frac{2}{N}\left[\frac{y_1}{N\mu} + \frac{(y_1 + y_2)}{N\mu} + \ldots + \frac{(y_1 + y_2 + \ldots + y_N)}{N\mu}\right]$$

$$1 + 1/N - \frac{2}{N^2\mu}\left[y_1 + (y_1 + y_2) + \ldots + (y_1 + y_2 + \ldots + y_N)\right]$$

$$= 1 + \frac{1}{N} - \frac{2}{N^2\mu}(Ny_1 + (N-1)y_2 + \ldots + 1y_N) = G_4.$$

Wie in Sen (1973) erhält der kleinste Wert das größte Gewicht und der größte Wert das kleinste Gewicht.

Sen (1973, S. 31) und ebenso Dasgupta, Sen und Starrett (1973) ordnen die Einkommen vom größten Wert zum kleinsten Wert.[7] Dreht man diese Anordnung um und bringt sie damit in die Reihenfolge des Lorenzdiagramms und von Pen's Parade, ändern sich die Vorzeichen der Terme der Gleichung:

$$G_5 = \frac{2}{N^2 \mu} \sum_{i=1}^{N} i y_i - \frac{N+1}{N} \quad \text{mit} \quad y_1 \leq y_2 \leq \ldots \leq_N \qquad (9)$$

Für die Gleichung aus Sen (1973) kann man auch schreiben:

$$G_4 = 1 - \frac{1}{N^2 \mu} \sum (2i-1) y_i$$

und für die Gleichung mit $y_1 \leq y_2 \leq \ldots y_N$:

$$G_5 = 1 - \frac{1}{N^2 \mu} \sum [2(n-i)+1] y_i$$

Dass es sich um identische Gleichungen handelt, sei kurz am Beispiel der ersten Umformung gezeigt:

$$G_4 = 1 - \frac{1}{N^2 \mu} \sum (2i-1) y_i = 1 - \sum \frac{2iy_i}{N^2 \mu} + \frac{\sum y_i}{N \mu} \frac{1}{N}$$
$$= 1 - \sum \frac{2iy_i}{N^2 \mu} + \frac{1}{N} = \frac{N+1}{N} - \frac{2}{N^2 \mu} \sum i y_i,$$

die Formel für den Gini-Koeffizienten aus Gleichung (8).

(c) In Allison (1978) findet sich eine weitere Umformung der auf den Aufsatz von Dasgupta et al. (1973) zurückgehenden Reformulierung des Gini-Indexes:

7 Die Gleichung in Dasgupta et al. (1973) ist verwirrend, da der Gini-Index ein negatives Vorzeichen hat (und außerdem alle Einzelwerte durch das Gesamteinkommen geteilt werden). Die Autoren begründen die erstere Entscheidung damit, die Anordnung der Verteilungen nach Ungleichheitsmaßen in eine Reihe mit der Anordnung mit einer bestimmten Klasse von Wohlfahrtsmaßen zu bringen (solchen Maßen, die gleicheren Verteilungen eine höhere Wohlfahrt zusprechen). In Sen (1973) wird diese Komplikation fallengelassen. Der Sache nach sind die Angaben für den Gini-Index in Sen (1973) und Dasgupta et al. (1973) identisch.

$$G_6 = \frac{\sum y_i}{\mu}(q_i - Q_i)\frac{1}{N} \tag{10}$$

Allison entnimmt diese »convenient formula« einer Arbeit von Blau (1977). q_i steht für den Bevölkerungsanteil mit Einkommen < y_i, Q_i für den Bevölkerungsanteil mit Einkommen > y_i. Zum Nachweis der Identität mit der Gleichung aus Dasgupta et al. (1973) machen wir uns den Sachverhalt zunutze, dass $F(y) = R/k$, mit R = dem Rangplatz eines Werts und k der Zahl der Rangplätze. Dann ist $q_i = (R-1)/N$ (Annahme $N = k$) und $Q_i = 1 - F(y) = 1 - (R/N)$ sowie

$q_i - Q_j = (R-1)/N - (1 - R/N) = 2R/N - (N+1)/N$. Daraus folgt für die Gleichung von Allison:

$$G_6 = \frac{\sum y_i}{\mu}\left(\frac{2R}{N} - \frac{N+1}{N}\right)\frac{1}{N}$$

$$= \frac{2}{\mu N^2}\sum y_i R - \frac{\sum y_i}{\mu N}\frac{N+1}{N} = \frac{2}{\mu N^2}\sum y_i R - \frac{N+1}{N}$$

Die Formel nach dem zweiten Gleichheitszeichen in der zweiten Zeile entspricht wegen $i = R$ der Gleichung für G_5 in Gleichung (9).

(d) In vielen, sich mit dem Gini-Koeffizienten als Ungleichheitsmaß beschäftigenden Abhandlungen findet sich auch die folgende Formel:

$$G = \frac{2}{\mu}Cov[y, F(y)] \tag{11}$$

Meistens wird es aber dem Leser überlassen, zu rätseln, warum es sich bei dieser Gleichung um eine äquivalente Formulierung des Gini-Koeffizienten handelt. Entweder erspart man sich die Mühe, die ›Logik‹ dieser Gleichung zu entschlüsseln oder es wird so getan, als verstehe sich diese Formel von selbst. Wir zeigen im Folgenden, dass diese Gleichung mit der Gleichung für G_2 deckungsgleich ist.

Zu zeigen:

$$G_2 = 1 - 2\int_0^1 L(p)dp = \frac{2}{\mu}Cov[y, F(y)] = G_7. \tag{12}$$

Erster Schritt: Wir integrieren $\int_0^1 L(p)dp$ nach der Rechenregel für die partielle Integration bestimmter Integrale: $\int_a^b vdu = uv\Big|_a^b - \int_a^b udv$. Setze: $u = p$ (und damit $du = dp$), $v = L(p)$ und $dv = L'(p)dp$

$$\Rightarrow G_2 = 1 - 2\left[pL(p)\Big|_0^1 - \int_0^1 pL'(p)dp \right]$$
$$= 1 - 2\left[1 - \int_0^1 pL'(p)dp\right] = 2\int_0^1 pL'(p)dp - 1$$

Zweiter Schritt: Für p schreiben wir $F(y)$ und dementsprechend ersetzen wir dp (= dF) durch $f(y)dy$. Ferner benutzen wir das Ergebnis aus dem zweiten Abschnitt dieses Appendix: $L'(p) = y/\mu$. Dann erhalten wir:

$$G_2 = \frac{2}{\mu}\int_0^\infty yF(y)f(y)dy - 1 = \frac{2}{\mu}\left[\int_0^\infty yF(y)f(y)dy - \frac{\mu}{2}\right]$$

Dritter Schritt:

$$G_2 = \frac{2}{\mu}\left[\int_0^\infty yF(y)f(y)dy - \frac{\mu}{2}\right] = \frac{2}{\mu}Cov\left[y, F(y)\right] = G_7 \qquad (13)$$

Um dies zu sehen, müssen wir uns nur noch die Formel für die Kovarianz von y und $F(y)$ ins Gedächtnis rufen: $Cov[y, F(y)] = E[(yF(y)] - E(y)E[F(y)]$. Es gilt: $E[(yF(y)] = \int_0^\infty yF(y)f(y)dy$, $E(y) = \mu$ und $E[(F(y)] = 1/2$. Der Ausdruck in der ersten Klammer von Gleichung (13) ist damit gleich der Kovarianz von y und $F(y)$, woraus folgt: $G_2 = G_7$.

Literatur

Allison, Paul D., 1978: Measures of Inequality. In: *American Sociological Review*, Vol. 43, S. 865-880.

Anand, Sudhir, 1983: *Inequality and Poverty in Malaysia*. Washington: The World Bank.

Blau, Peter, 1977: A Macrosociological Theory of Social Structure. In: *American Journal of Sociology* Vol. 83, S. 26-54.

Dasgupta, Partha, Amartya Sen und David Starrett, 1973: Notes on the Measurement of Inequality. In: *Journal of Economic Theory*, Vol. 6, S. 180-187.

Firebaugh, Glenn, 2003: *The New Geography of Global Income Inequality*. Cambridge, Mass.: HUP.

Kendall, Maurice und Alan Stuart 1977: *The Advanced Theory of Statistics*, Vol. 1: Distribution Theory. London: Charles Griffin. Fourth edition.

Lambert, Peter J., 1989: *The Distribution and Redistribution of Income. A Mathematical Analysis*. Manchester: Manchester University Press. Second edition.

Lüthi, Ambros P., 1981: *Messung wirtschaftlicher Ungleichheit*. Berlin: Springer.

Mosler, Karl und Friedrich Schmid, 2011: *Wahrscheinlichkeitsrechnung und schließende Statistik*. Heidelberg: Springer. Vierte, verbesserte Auflage.

Sen, Amartya, 1973: *On Economic Inequality*. Oxford: Oxford University Press.

Stenger, Jürgen, 2007: *Mathematik. Grundlagen für Ökonomen. Mit Aufgaben und Lösungen*. München: Oldenbourg.

Sydsaeter, Knut und Peter J Hammond, 1995: *Mathematics for Economic Analysis*. Englewood Cliffs: Prentice Hall.

Yitzhaki, Shlomo, 1998: More than a Dozen Alternative Ways of Spelling Gini. In: Slottje, Daniel J.: *Research on Economic Inequality*, Vol.8., S. 13-30.

A.4 Gini-Koeffizient und Lognormalverteilung

In westlichen Gesellschaften sind Einkommen typischerweise lognormalverteilt. Die Berechnung des Gini-Koeffizienten für solche Verteilungen würde sich erheblich vereinfachen, gäbe es eine einfache Formel des Gini-Koeffizienten für den Fall, dass die Einkommen (oder andere Größen) lognormalverteilt sind. Tatsächlich gibt es diese Formel, die in Abhandlungen über die Messung der Ungleichheit auch hin und wieder angeführt wird (z.B. Cowell 2009, S. 153), jedoch so gut wie immer ohne Beweis. Eine Ausnahme bildet das Buch von Aitchison und Brown (1957). Auf Seite 112 findet sich ein Beweis, der ganze fünf Zeilen beansprucht. Allerdings greifen die Autoren für diesen Beweis zum einen auf ein Theorem über die Verteilung der Momente einer Funktion zurück, das in Kapitel 2 ihres Buchs bewiesen wird, zum anderen auf einen ebenfalls dort angeführten Hilfssatz – einen sog. Faltungssatz – auf dessen Beweis aber dort verzichtet wird. Diese Lücke wird im Folgenden gefüllt. Insgesamt soll Schritt für Schritt gezeigt werden, wie sich der Gini-Koeffizient für lognormale Verteilungen herleiten lässt.

Sei X eine lognormalverteilte Zufallsvariable. Für den Ginikoeffizienten G dieser Verteilung gilt:

$$G = 2\Phi\left(\frac{\sigma}{\sqrt{2}}\right) - 1 \qquad (1)$$

Das Symbol Φ steht wie allgemein gebräuchlich für die Verteilungsfunktion einer Standardnormalverteilung. Um den Gini-Koeffizienten einer Lognormalvereilung zu berechnen, wäre somit nicht viel mehr erforderlich als die Kenntnis der Standardabweichung der normalverteilten Variablen y. Zur Erinnerung: Eine Variable x ist genau dann lognormalverteilt, wenn ihr Logarithmus $\ln x = y$ normalverteilt ist.

Zum Beweis von Gleichung (1) gehen wir von der geläufigen geometrischen Definition des Gini-Koeffizienten aus:

$$G = 1 - 2B \qquad (2)$$

Mit B ist die Fläche unter der Lorenzkurve gemeint. Daher können wir für Gleichung (2) auch schreiben:

J. Berger, *Wirtschaftliche Ungleichheit*, https://doi.org/10.1007/978-3-658-23682-3_16

$$G = 1 - 2\int_0^1 L(p)dp \qquad (3)$$

Das Zeichen $L(p)$ steht für die Lorenzkurve. Sie gibt bekanntlich an, welche Anteile des Gesamteinkommens auf p Anteile Bevölkerung entfallen $[0 < p < 1, p = F(x)]$.

Aitchison und Brown schreiben statt $L(p)$: $F_1(x)$ und daher für Gleichung (3) $G = 1 - 2\int_0^\infty F_1(x)dF(x)$. $F_1(x)$ ist das gebräuchliche Symbol für die Verteilungsfunktion des ersten Moments der Zufallsvariablen X. Unter den Momenten m_k einer Zufallsvariablen X versteht man die Erwartungswerte einer Potenz von X:

$$m_k = E[X^k], \qquad k = 1, 2, ...$$

$E[X] = \int_0^\infty xf(x)dx$ ist das erste vollständige Moment und dementsprechend $\int_0^x tf(t)dt$ das erste unvollständige Moment von X. Die Verteilungsfunktion des ersten Moments ist dann definiert als Quotient aus erstem unvollständigen und erstem vollständigen Moment von X:

$$F_1(x) = \frac{1}{E[X]}\int_0^x tf(t)dt \qquad (4)$$

Wie man sofort sieht, entspricht die rechte Seite von Gleichung (4) der Gleichung für die Lorenzkurve (siehe die fünfte Vorlesung). Wie jede Verteilungsfunktion nimmt F_1 Werte zwischen 0 und 1 an.

Beim Wechsel von normalen zu lognormalen Verteilungen ändert sich die Notation. Statt $F_1(x)$ schreibt man $\Lambda_1(x|\mu,\sigma^2)$, aus $F(x)$ wird $\Lambda(x|\mu, \sigma^2)$ und das Wahrscheinlichkeitselement $f(x)dx = dF(x)$ wird ersetzt durch $d\Lambda(x|\mu, \sigma^2)$. Die Angabe der Parameterwerte nach dem vertikalen Strich ist erforderlich, um verschiedene lognormale Verteilungen voneinander unterscheiden zu können. Damit können wir Gleichung (3) für lognormale Zufallsvariablen wie folgt reformulieren:

$$G = 1 - 2\int_0^\infty \Lambda_1(x \mid \mu,\sigma^2)d\Lambda(x \mid \mu,\sigma^2) \qquad (5)$$

Die nächste Hürde, die wir zu nehmen haben, ist die Umrechnung der Verteilungsfunktion für das erste Moment: $\Lambda_1(x|\mu, \sigma^2)$ in die Verteilungsfunktion $\Lambda(x|\mu, \sigma^2)$. Per definitionem gilt analog zu Gleichung (4):

$$\Lambda_1(x \mid \mu,\sigma^2) = \frac{\int_0^x t\lambda(t \mid \mu,\sigma^2)dt}{E[X]} \tag{6}$$

Mit $\lambda(t|\mu, \sigma^2)$ ist die Dichtefunktion einer lognormalen Zufallsvariablen gemeint. Wie sich Lehrbüchern der Statistik entnehmen lässt, ist der Erwartungswert $E[X]$ einer lognormalen Zufallsvariablen gleich $e^{\mu+\sigma^2/2}$. Für einen Beweis, den die gängigen Lehrbücher meist nicht bieten, sei der Leser auf später vertröstet. Aber schon hier sei darauf aufmerksam gemacht, dass die Parameter μ und σ^2 der Lognormalverteilung Erwartungswert und Varianz von $Y = \ln X$ sind, also nicht von X.

Die Dichtefunktion einer lognormalen ZV ausgeschrieben lautet:

$$\lambda(x \mid \mu,\sigma^2) = \frac{1}{\sqrt{2\pi}\sigma x} e^{-\frac{(\ln x-\mu)^2}{2\sigma^2}} \tag{7}$$

Darauf kommen wir später noch einmal zurück. Mit $t = e^{\ln t}$ und $E[X] = e^{\mu+\sigma^2/2}$ sowie der Benutzung von Gleichung (7) wird aus Gleichung (6):

$$\Lambda_1(x \mid \mu,\sigma^2) = e^{-\mu-\sigma^2/2} \int_0^x \frac{1}{\sqrt{2\pi}\sigma t} e^{\ln t} e^{\frac{-1}{2\sigma^2}(\ln t-\mu)^2} dt \tag{8}$$

$$= \int_0^x \frac{1}{\sqrt{2\pi}\sigma t} e^{\frac{-1}{2\sigma^2}(\ln t-\mu-\sigma^2)^2} dt = \Lambda(x \mid \mu+\sigma^2,\sigma^2) \tag{9}$$

In Worten: Die Verteilungsfunktion des ersten Moments von X mit den Parametern μ und σ^2 für Mittelwert und Varianz ist gleich der Verteilungsfunktion von X mit den Parametern $\mu + \sigma^2$ und σ^2 für Mittelwert und Varianz. Dieses Resultat ist die zwingende Folge eines Theorems, das Aitchison/Brown (1957, S. 12) das »fundamental theorem of the moment distributions« nennen: »The j-th moment distribution of a Λ-distribution with parameters μ and σ^2 is also a Λ-distribution with parameters $\mu + j\sigma^2$ and σ^2 respectively«. Wegen des eingeschränkten Beweisziels - die Geltung von Gleichung (1) - haben wir nur den Fall $j = 1$ betrachtet.[1]

Die Identität der rechten Seite von Gleichung (8) mit der linken Seite von Gleichung (9) macht man sich am besten so klar. Der Exponent in Gleichung (9), linke Seite $(-1/2\sigma^2)(\ln t - \mu - \sigma^2)^2$ unterscheidet sich nach Ausmultiplikation und Vereinfachung auf sechs Terme von dem Expo-

1 Zu den Beweisschritten in Gleichungen (8) und (9) siehe Aitchison und Brown (1957), S. 12. Der Einfall, statt t $e^{\ln t}$ zu schreiben, vereinfacht den Beweis erheblich.

nenten $(-1/2\sigma^2)(\ln t - \mu)^2$ in Gleichung (8), rechte Seite durch drei Terme: $(2\sigma^2 \ln t - 2\sigma^2 \mu - \sigma^4)/2\sigma^2 = \ln t - \mu - \sigma^2/2$. Das ist aber genau die Summe der restlichen Exponenten $(-\mu - \sigma^2/2 + \ln t$ in Gleichung (8).

Jetzt können wir $\Lambda_1(x|\mu, \sigma^2)$ in Gleichung (5) durch $\Lambda(x|\mu + \sigma^2, \sigma^2)$ aus Gleichung (9) ersetzen und erhalten:

$$G = 1 - 2\int_0^\infty \Lambda(x \mid \mu + \sigma^2, \sigma^2) d\Lambda(x \mid \mu, \sigma^2) \qquad (10)$$

Gleichung (10) ist die abschließende Reformulierung von Gleichung (3). Am Ziel sind wir damit aber noch nicht. Ausrechnung des Integrals in Gleichung (3) würde zwar einen Wert für die Fläche unter der Lorenzkurve für lognormale Verteilungen ergeben. Es ist aber unklar, wie man vorzugehen hätte. Die Schulmathematik jedenfalls versagt hier. Zur Lösung dieses Problems verhilft jedoch ein mathematisches Theorem aus der Familie der Faltungssätze. Es reduziert die Auswertung des Integrals über eine Verteilungsfunktion auf die Berechnung des Werts einer Verteilungsfunktion für einen Koeffizienten von *x*. Dieses Theorem nimmt eine Schlüsselstellung im Beweis der Behauptung ein, dass für lognormale Verteilungen Gleichung (1) gilt. Für lognormale Verteilungsfunktionen lautet der entsprechende Satz (Aitchison/Brown 1957, S. 11)[2]:

$$\int_0^\infty \Lambda(ax \mid \mu_1, \sigma_1^2) d\Lambda(x \mid \mu_2, \sigma_2^2) = \Lambda(a \mid \mu_1 - \mu_2, \sigma_1^2 + \sigma_2^2). \qquad (11)$$

Damit vereinfacht sich die Berechnung der Fläche unter der Lorenzkurve erheblich. Geltung von Gleichung (11) vorausgesetzt, schnurrt Gleichung (10) wegen $a = 1$, $\mu_1 = \mu + \sigma^2$, $\mu_2 = \mu$, $\sigma_1^2 = \sigma^2$, $\sigma_2^2 = \sigma^2$ zusammen auf:

$$G = 1 - 2\Lambda(1 \mid \sigma^2, 2\sigma^2) \qquad (12)$$

Jetzt sind wir fast am Ziel. Die Umrechnung in eine Standardnormalverteilung durch Einsetzung des Werts für ln 1 (gleich 0) und die Parameterwerte für μ (gleich = σ^2) und σ (gleich $\sqrt{2\sigma^2}$) in die rechte Seite von

$\Lambda(1 \mid \mu, \sigma^2) = \Phi[(\ln 1 - \mu)/\sigma)]$ ergibt

$\Phi[(0 - \sigma^2)/\sqrt{2\sigma^2})] = \Phi(-\sigma/\sqrt{2})$ und somit:

2 Aitchison und Brown formulieren den Hilfssatz allgemein für das Integral über $\Lambda(\alpha x^b)$. Wir beschränken uns auf den Fall $b = 1$). Der Name Faltungssatz rührt wohl daher, dass zwei Verteilungen wie ein Betttuch zusammengefaltet werden zu einer Verteilung. Ein Beweis für Gleichung (11) wird weiter unten nachgeliefert.

$$G = 1 - 2\Phi\left(\frac{-\sigma}{\sqrt{2}}\right) \tag{13}$$

Mittels der Rechenregel $\Phi(-\sigma/\sqrt{2}) = 1 - \Phi(\sigma/\sqrt{2})$ erhalten wir schließlich das gewünschte Resultat

$$G = 2\Phi\left(\frac{\sigma}{\sqrt{2}}\right) - 1 \tag{14}$$

Damit ist das Beweisziel dieses Exkurses erreicht. Allerdings haben wir an drei Stellen auf Sachverhalte zurückgegriffen, die nicht von selbst verständlich sind, sondern ihrerseits hergeleitet werden müssen. Es handelt sich um die Dichtefunktion einer lognormalen ZV (Gleichung 7), um die Behauptung $E[X] = \exp(\mu + \sigma^2/2)$ und schließlich um den Hilfssatz Gleichung (11). Die geringsten Schwierigkeiten bereitet Gleichung (7).

Es gilt:

$\Lambda(x) = P(X \leq x) = P\,(e^y \leq x) = P(X \leq \ln x) = \Phi[(\ln x - \mu)/\sigma]$.

Differentiation (innere mal äußere Ableitung) des Ausdrucks nach dem letzten Gleichheitszeichen ergibt das gewünschte Resultat:

$$d\Phi\left(\frac{\ln x - \mu}{\sigma}\right)/\,dx = \frac{1}{\sigma x}\varphi\left(\frac{\ln x - \mu}{\sigma}\right) = \frac{1}{\sqrt{2\pi}\sigma x}e^{-\frac{(\ln x - \mu)^2}{2\sigma^2}} = \lambda(x \mid \mu, \sigma^2),$$

$\varphi(\cdot)$ ist die Ableitung von $\Phi(\cdot)$ und damit die Dichtefunktion einer standardnormal verteilten ZV und die Verteilungsfunktion einer lognormal verteilen Zufallsvariablen ist gleich dem Integral über die Dichtefunktion der standardnormalverteilten Variablen $(\ln x - \mu)/\sigma$ multipliziert mit $1/\sigma x$.

Ein wenig schwieriger ist der Nachweis von $E(X) = \exp(\mu + \sigma^2/2)$, obwohl auch hier nur Schulmathematik verlangt ist. X heißt genau dann lognormalverteilt, wenn $\ln X = Y$ normalverteilt ist:

$$X \sim \Lambda(\mu, \sigma^2) \Leftrightarrow \ln X \sim \mathcal{N}(\mu, \sigma^2) \tag{15}$$

Es gilt: $X = e^{\ln X} = e^Y$, und damit auch $E[X] = E[e^Y]$. Aus der Definition des Erwartungswerts $E[X] = \int_0^\infty x f(x)dx$ folgt:

$$E[e^Y] = \int_0^\infty e^y \frac{1}{\sqrt{2\pi}\sigma} e^{-\frac{(y-\mu)^2}{2\sigma^2}} dy \tag{16}$$

Im Folgenden betrachten wir allein die Summe der Exponenten $y-(y-\mu)^2/2\sigma^2$. Bildung eines gemeinsamen Nenners und Ausmultiplikation des Werts in der Klammer führen zu:

$$y-\frac{(y-\mu)^2}{2\sigma^2}=-\frac{-2\sigma^2 y+y^2-2\mu y+\mu^2}{2\sigma^2}=-\frac{y^2-2(\mu+\sigma^2)y+\mu^2}{2\sigma^2}$$

Quadratische Ergänzung des Ausdrucks nach dem letzten Gleichheitszeichen durch $(\mu+\sigma^2)^2/2\sigma^2$ ergibt:

$$-\frac{y^2-2(\mu+\sigma^2)y+(\mu+\sigma^2)^2+\mu^2-(\mu+\sigma^2)^2}{2\sigma^2}$$
$$=\frac{(y-(\mu+\sigma^2))^2}{-2\sigma^2}+\frac{\mu^2-(\mu+\sigma^2)^2}{-2\sigma^2}$$
$$=\frac{(y-(\mu+\sigma^2))^2}{-2\sigma^2}+\frac{\mu^2-\mu^2-2\mu\sigma^2-\sigma^4}{-2\sigma^2}$$
$$=\frac{(y-(\mu+\sigma^2))^2}{-2\sigma^2}+(\mu+\frac{\sigma^2}{2})$$

Die beiden Terme in der letzten Zeile benutzen wir zur Reformulierung des Werts für $E[e^Y]$ in Gleichung (16):

$$E[e^Y]=e^{\mu+\sigma^2/2}\int_0^\infty\frac{1}{\sqrt{2\pi\sigma}}e^{\frac{(y-(\mu+\sigma^2))^2}{-2\sigma^2}}dy \tag{17}$$

Das bestimmte Integral in Gleichung (17) ist gleich der Fläche unter der Dichtefunktion einer Normalverteilung jetzt nicht mit dem Mittelwert μ, sondern mit dem Mittelwert $\mu+\sigma^2$. Sein Wert ist gleich 1 und daher erhalten wir das gesuchte Ergebnis:

$$E[X]=E[e^Y]=e^{\mu+\sigma^2/2}. \tag{18}$$

Ein harter Brocken ist der Nachweis der Identität in Gleichung (11). Hierbei folge ich Berger (2017). Zunächst explizieren wir die linke Seite von Gleichung (11) in zwei Schritten:

$$\int_0^\infty\Lambda(ax\mid\mu_1,\sigma_1^2)d\Lambda(x\mid\mu_2,\sigma_2^2)=\int_{x=0}^\infty\int_{u=0}^{ax}\lambda(u\mid\mu_1,\sigma_1^2)du\lambda(x\mid\mu_1,\sigma_2^2)dx$$
$$=\int_{x=0}^\infty\int_{u=0}^{ax}\frac{1}{\sqrt{2\pi}\sigma_1 u}e^{-\frac{(\ln u-\mu)^2}{2\sigma^2}}\frac{1}{\sqrt{2\pi}\sigma_2 x}e^{-\frac{(\ln x-\mu)^2}{2\sigma^2}}dudx$$

Jetzt nehmen wir wieder eine Variablentransformation vor. Wir ersetzen u durch tx und dementsprechend du durch dtx und erhalten damit:

$$\frac{1}{2\pi\sigma_1\sigma_2}\int_{x=0}^{\infty}\int_{tx=0}^{ax}\frac{1}{tx}e^{-\frac{(\ln tx-\mu)^2}{2\sigma^2}}\frac{1}{x}e^{-\frac{(\ln x-\mu)^2}{2\sigma^2}}dtxdx \tag{19}$$

$$=\frac{1}{2\pi\sigma_1\sigma_2}\int_{x=0}^{\infty}\int_{t=0}^{a}\frac{1}{t}e^{-\frac{(\ln t+\ln x-\mu)^2}{2\sigma^2}}\frac{1}{x}e^{-\frac{(\ln x-\mu)^2}{2\sigma^2}}dtdx \tag{20}$$

In Gleichung (19) haben wir $1(/(\sqrt{2\pi}\sigma_1)1/(\sqrt{2\pi}\sigma_2)$ zu $1/(2\pi\sigma_1\sigma_2)$ zusammengezogen.

Der nächste Schritt ist wie vorher beim Beweis für den Mittelwert der Verteilungsfunktion einer Lognormalverteilung eine für das Beweisziel geeignete Umformung der Exponenten von Gleichung (20). Es gilt:

$$\frac{(\ln t+\ln x-\mu_1)^2}{\sigma_1^2}+\frac{(\ln x-\mu_2)^2}{\sigma_2^2}=\frac{(\ln t-\mu_1+\mu_2)^2}{\sigma_1^2+\sigma_2^2}+\xi^2 \tag{21}$$

mit

$$\xi=\frac{(\sigma_1^2+\sigma_2^2)\ln x+\sigma_2^2\ln t-\mu_1\sigma_2^2-\mu_2\sigma_1^2}{\sigma_1\sigma_2\sqrt{\sigma_1^2+\sigma_2^2}}.$$

Unmittelbar einsichtig ist das wahrhaftig nicht, obwohl für den Nachweis der Identität in Gleichung (21) nicht höhere Mathematik, sondern eigentlich nur Bruchrechnen erforderlich ist. Nachrechnen ist gleichwohl nur mit Computerunterstützung sinnvoll.[3]

Jetzt können wir die Exponenten $(\ln t+\ln x-\mu)^2/2\sigma^2$ und $(\ln x-\mu)^2/2\sigma^2$ in Gleichung (20) ersetzen durch $(\ln t-\mu_1+\mu_2)^2/\sigma_1^2+\sigma_2^2$ und ξ^2 laut Gleichung (21). Wegen

$$\frac{\partial\xi}{\partial x}=\frac{\sigma_1^2+\sigma_2^2}{x\sigma_1^2\sigma_2^2\sqrt{\sigma_1^2+\sigma_2^2}}$$

und $d\xi=(\partial\xi/\partial x)dx$ können wir dx *durch* $(x\sigma_1^2\sigma_2^2/\sqrt{\sigma_1^2+\sigma_2^2})d\xi$ ersetzen. Somit erhalten wir statt Gleichung (20):

3 Die eigentliche Schwierigkeit von Gleichung (21) steckt aber nicht in dem gewiss mühsamen Ausrechnen der Brüche, sondern in der Bestimmung von ξ^2 mittels der Methode der quadratischen Ergänzung des ersten Terms der rechten Seite.

$$\frac{1}{2\pi\sqrt{\sigma_1^2+\sigma_2^2}}\int_{\xi=0}^{\infty}\int_{t=0}^{a}\frac{1}{t}e^{-\frac{(\ln t-\mu_1+\mu_2)^2}{2(\sigma_1^2+\sigma_2^2)}}e^{-\frac{\xi^2}{2}}dtd\xi\,. \qquad (22)$$

Wegen $\int_0^{\infty} e^{-\frac{\xi^2}{2}}d\xi=\sqrt{2\pi}$ lässt sich Gleichung (22) kürzen auf

$$\frac{1}{\sqrt{2\pi}\sqrt{\sigma_1^2+\sigma_2^2}}\int_{t=0}^{a}\frac{1}{t}e^{-\frac{(\ln t-\mu_1+\mu_2)^2}{2(\sigma_1^2+\sigma_2^2)}}dt=\Lambda(a\,|\,\mu_1-\mu_2,\sigma_1^2+\sigma_2^2). \qquad (23)$$

Damit ist Gleichung (11) bewiesen. Sie entspricht dem Korrolar 2.2b in Aitchison und Brown (1957) für den Fall b = 1. Gleichung (23) gibt den Wert der Verteilungsfunktion einer Lognormalverteilung mit den Parameterwerten (μ_1 - μ_2, σ_2^1 + σ_2^2) an der Stelle a an.

Eingangs habe ich gesagt, dass sich mit Hilfe von Gleichung (1) der Gini Koeffizient sehr leicht berechnen lässt, vorausgesetzt, die Verteilung der Einkommen ist lognormal. Das möchte ich jetzt anhand eines kleinen Beispiels demonstrieren.

Auf der Grundlage von Daten des Sozioökonomischen Panels (SOEP), der Einkommens- und Verbrauchsstichprobe (EVS) und der Einkommenssteuerstatistik haben Bach et al. (2016) die Verteilung der monatlichen Haushaltsbruttoäquivalenzeinkommen für das Jahr 2008 - das letzte Jahr, für das den Autoren Daten der EVS zur Verfügung standen - berechnet und in einer Tabelle, aufsteigend vom Dezil mit dem geringsten Einkommen bis zum Dezil mit dem höchsten Einkommen, zusammengefasst. Bach et al. geben die monatlichen Durchschnittswerte an, die in der folgenden Tabelle in Jahreswerte pro tausend Euro umgerechnet worden sind.

Um anhand von Gleichung (1) den Gini-Koeffizienten berechnen zu können, müssen wir aus den Angaben dieser Tabelle zunächst den Wert von σ ermitteln. Wie sich leicht mit Hilfe eines Taschenrechners überprüfen lässt, ist für die Werte dieser Tabelle $E[X]$ = 33,23 und Var$[X]$ = 712, 35. Da σ der Parameter einer normalverteilten ZV ist, verbietet es sich, einfach die Wurzel aus 712,35 zu ziehen. X ist annahmegemäß lognormalverteilt.[4]

Die Varianz von X ist definitorisch gleich E$[X^2]$ — $(E[X])^2$. Den zweiten Term kennen wir bereits – das Quadrat von $E[X]$ –, siehe Gleichung (18).

4 Um das Problem zu umgehen, den Logarithmus von einer dimensionsbehafteten (Geld/Zeiteinheit) Variablen zu bilden definieren wir: 1 k€/Jahr =1. Damit werden x und abgeleitete Größen wie μ und σ^2 dimensionslos. Anschaulich besagt diese Festlegung, dass alle Einkommen in k€/Jahr gemessen werden.

Die unbekannte Größe ist E[X^2]. Um einen entlogarithmierten Ausdruck für diese Größe zu gewinnen, gehen wir genauso vor wie für die Gewinnung einer Gleichung für E[X]:

Tabelle 3: Mittlere Einkommen in Deutschland in k€/Jahr für 2008 (sog. Haushaltsbruttoäquivalenzeinkommen) laut Tabelle 3.7 in Bach et al. (2016).

Einkommensdezile	Mittleres Einkommen in k€/Jahr
1. Dezil	8.99
2. Dezil	13.15
3. Dezil	16.62
4. Dezil	20.04
5. Dezil	23.71
6. Dezil	28.10
7. Dezil	32.88
8. Dezil	39.05
9. Dezil	48.88
10. Dezil	100.87

Ansatz: $E\,[X^2] = E\,[e^{2Y}]$. Wir betrachten wieder nur die Exponenten wie beim Übergang von Gleichung (16) zu Gleichung (17) und erhalten: $E[e^{2Y}] = e^{2\mu+2\sigma^2}$. Daraus folgt:

$\mathrm{Var}(X) = e^{2\mu+2\sigma^2} - e^{2\mu+\sigma^2} = e^{2\mu+\sigma^2}(e^{\sigma^2} - 1) = [E(X)]^2(e^{\sigma^2} - 1)$ und damit

$$\sigma^2 = \ln\left[\frac{\mathrm{Var}(X)}{(E[X])^2} + 1\right] \tag{24}$$

Dic Wcrtc für dic Varianz von X (= 712,35) und das Quadrat des Erwartungswerts von $X = 1104, 23$ eingesetzt in Gleichung (24) ergibt ln 1.6451 = 0.4978. Die Wurzel aus 0.4978 ist 0.7056 = σ, und $\sigma/\sqrt{2} = 0.4989$. Für Φ (aufgerundet) = 0.5 beträgt der Wert laut Tabellen für die Verteilungsfunktion der Standardnormalverteilung = 0.6879 und damit $G = 2\Phi(\cdot) - 1 = 0.383$.

Wie verlässlich ist nun dieses Ergebnis? Eine Computersimulation mit 5000 Ereignissen für eine Lognormalverteilung mit den Werten $\sigma = 0.7056$ und $\mu = 3.2545$ und anschließende Berechnung des Gini-Koeffizienten [siehe Berger (2017)] ergibt $G = 0.3822$, also eine extrem gute Übereinstimmung. Bach und Koautoren Bach et al. (2016) berichten einen Wert für den Gini-Koeffizienten der Haushaltsbruttoäquivalenzeinkommen von 0.39. Die Abweichung kommt wohl daher zustande, dass in Bach et al. (2016)

zur Berechnung des Gini-Koeffizienten Individualdaten benutzt wurden. Wenn nur die Mittelwerte der Intervalle aus Tabelle 1 in die Berechnung Eingang finden, wird die Ungleichheit innerhalb der Intervalle unterschlagen. Eine Berechnung von G aus den Werten der Tabelle 1 »von Hand« mit Hilfe der Formel $G = 1 - \frac{1}{N}\sum(z_i + z_{i-1})$ für die Berechnung der Fläche unter der Lorenzkurve[5] ergibt $G = 0.371$. Der höhere Wert für G berechnet nach Gleichung (1) könnte damit zu tun haben, dass der Polygonzug durch die Mittelwerte laut Tabelle (1) die Fläche zwischen dem Polygonzug und der Lorenzkurve ignoriert, die sich ergibt, wenn alle Einkommen, und nicht nur die Mittelwerte als Punkte auf der Lorenzkurve in die Berechnung Eingang finden.[6] Ein weiterer Grund für die Abweichung des nach Gleichung (1) berechneten und des »von Hand« aus gerechneten Werts für G könnte darin zu suchen sein, dass die Werte in Tabelle 1 nicht exakt lognormal verteilt sind.

Dies führt uns zu der letzten Frage: Sind die Einkommen laut Tabelle 3 überhaupt lognormalverteilt? Wie Abbildung (12) zeigt, besitzt die Dichtefunktion von Gleichung (7) mit den eben erwähnten Werten für μ und σ das für solche Verteilungen typische Erscheinungsbild einer linkssteilen oder rechtsschiefen Kurve. An der lognormalen Verteilung von Daten, die dieser Kurve folgen, kann also kein vernünftiger Zweifel bestehen. Wie aus Abbildung (13) ersichtlich, liegen die empirischen Daten aus Tabelle 3 nahe an der Ideallinie der Quantilsfunktion (der Umkehrfunktion von $\Lambda(x|\mu,\sigma^2)$.[7] Somit kann man sich hinreichend sicher fühlen, es mit einer lognormalen Verteilung zu tun zu haben, die Benutzung von Gleichung (1) also zu Recht erfolgt.

5 Die z_i sind die aus den Werten der Tabelle 1 errechneten Werte der Lorenzkurve, also die kumulierten Werte jeweils geteilt durch das Gesamteinkommen.

6 Eine andere Quelle für die Abweichung ist womöglich der Sachverhalt, dass die Mittelwerte laut Tabelle (1) nur zufällig dem x-Wert entsprechen, für den nach dem Mittelwertsatz der Integralrechnung gilt: $F(b) - F(a) = f(x)(b - a)$.

7 Selbstverständlich kann der Blick auf eine Kurve keinen rigorosen Test ersetzen. Ob eine Verteilung mit hoher Wahrscheinlichkeit von der Normalverteilung abweicht, lässt sich mit dem Kolmogorov-Smirnov Test überprüfen.

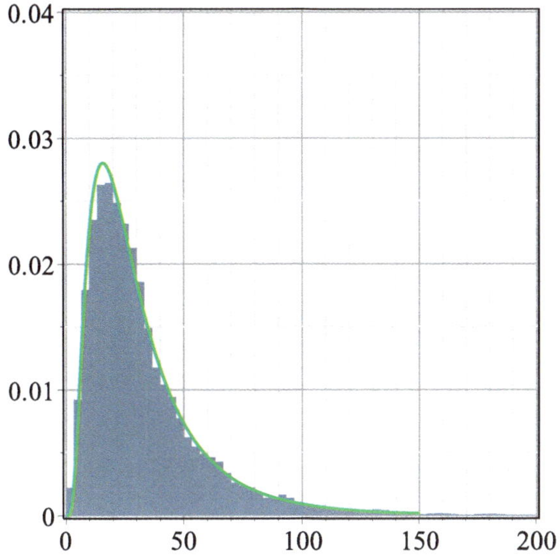

Abbildung 12: Lognormal Verteilung (μ = 3.2545, σ = 0.70558) als Histogramm von 5000 simulierten Daten. Die durchgezogene Linie entspricht Gleichung (7). Quelle: Berger (2017)

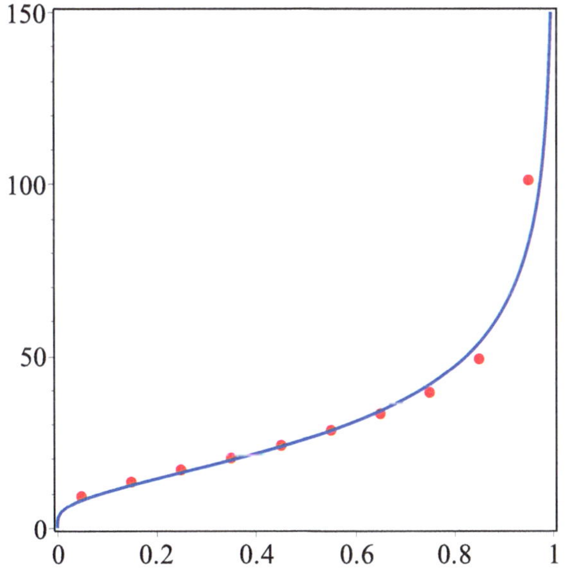

Abbildung 13: Die roten Punkte sind die Einkommensdezile entsprechend der Tabelle 3. Sie sind auf der Abszisse an den Stellen $0.05 + (i - 1)/10$ mit $i = 1$ bis 10 eingetragen. Die blaue Kurve ist die Umkehrfunktion von $\Lambda(x|\mu, \sigma^2)$ mit den entsprechenden Werten von μ und σ. Quelle: Berger (2017).

Literatur

Aitchison, J. und J. A.C. Brown, 1957: *The Lognormal Distribution with Special Reference to Its Uses in Economics.* Cambridge: Cambridge University Press (1957).

Berger, Christoph, 2017: Lognormal-Verteilung und Maße der Ungleichheit. Manuskript.

Cowell, Frank, 2009: Measuring Inequality.http://darp.lse.ac.uk/MI3.

Bach, Stefan, M. Beznowska und V. Steiner, 2016: Wer trägt die Steuerlast in Deutschland? DIW Berlin: Politikberatung kompakt, Nr. 114.

A.5 Entropiemaße und das Maß von Atkinson.

1. Informationstheorie und Ungleichheitsmessung. 2. Die verallgemeinerten Entropiemaße $GE(0)$ und $GE(1)$. 3. Das Maß $GE(2)$. 4. Das Maß von Atkinson. 5. Das Maß von Atkinson für $\varepsilon = 1$. 6. Konstante Elastizität des Grenznutzens.

1. Grundlegend für den informationstheoretischen Ansatz ist die Annahme, dass alle Nachrichten einen spezifischen Informationswert besitzen. Dieser Informationswert hängt ausschließlich davon ab, wie neu und überraschend eine Nachricht ist. Eine Nachricht ist umso überraschender und ihr Informationswert damit umso höher, je unwahrscheinlicher das Ereignis ist, von dem sie berichtet. Umgekehrt gilt: Je wahrscheinlicher das Ereignis, über das informiert wird, umso geringer ist der Informationswert der Nachricht. Z.B. ist der Informationswert der Nachricht: »Hund beißt Mann«, nicht allzu hoch, da es recht wahrscheinlich ist, dass so etwas passiert. Hingegen ist der Informationswert der Nachricht: »Mann beißt Hund« sehr hoch, zumindest wesentlich höher als der Informationswert der Nachricht »Hund beißt Mann«.

Formal: wir ordnen jedem Ereignis i einen Informationswert $h(p_i)$ zu. $h(p_i)$ ist eine *in* p_i (der Wahrscheinlichkeit, dass i eintritt) abnehmende Funktion – je größer p_i, umso kleiner ist $h(p_i)$. Eine zweite wünschenswerte Anforderung, die $h(p_i)$ erfüllen sollte, betrifft den Informationswert zweier voneinander unabhängig eintretender Ereignisse. Es wäre sehr schön, wenn die Informationswerte unabhängig voneinander eintretender Ereignisse addiert werden dürften. Die Wahrscheinlichkeit, dass sowohl Ereignis 1 als auch Ereignis 2 eintritt, ist bei voneinander unabhängigen Ereignissen gleich p_1p_2. Die Funktion $h(p_i)$ erfüllt die Eigenschaft der Additivität von Informationen wenn gilt:

$$h(p_1p_2) = h(p_1) + h(p_2)$$

Die einzige Funktion, die beide Anforderungen erfüllt, ist:

$$h(p_i) = \ln(1/p_i) = -\ln p_i$$

J. Berger, *Wirtschaftliche Ungleichheit*, https://doi.org/10.1007/978-3-658-23682-3_17

Das Minuszeichen vor dem Funktionsterm sichert die Eigenschaft, dass die Funktion im Argument abnimmt, die Logarithmusfunktion sichert wegen $\ln ab = \ln a + \ln b$ die gewünschte Additivität.[1]

Als nächsten Schritt auf dem Weg zu einem informationstheoretisch basierten Ungleichheitsmaß bilden wir den Erwartungswert $E\,[h(p_i)]$ einer Information. Er wird wie üblich berechnet als Summe der Einzelwerte, jeweils gewichtet mit ihrer Eintrittswahrscheinlichkeit: $E\,[h(p_i)] = \sum_1^N p_i h(p_i)$ Der durchschnittliche Informationsgehalt (=Erwartungswert) einer Nachricht bezüglich eines Systemzustands lässt sich als Maß für die Informationsentropie des fraglichen Systems auffassen. Die Entropie oder Unordnung ist maximal, wenn jedes Ereignis gleichwahrscheinlich ist (bei N Ereignissen ist $p = 1/N$). Dann gilt

$$E\left[h(p_i)\right] = \sum_1^N p_i h(p_i) = \sum_1^N p_i(-\ln p_i) = \sum_1^N \frac{1}{N}\left[-\ln\left(\frac{1}{N}\right)\right] = \ln N$$

Die Informationsentropie ist minimal, wenn die Eintrittswahrscheinlichkeit des Ereignisses $i = 1$ ist und die Eintrittswahrscheinlichkeit aller anderen Ereignisse dementsprechend gleich 0. Wegen $\ln 1 = 0$ gilt für diesen Fall $E\,[h(p_i)] = 0$. Auf einem Schweizer Bahnhof ist der Informationswert der Nachricht, der laut Fahrplan 14:25 eintreffende Zug trifft tatsächlich um 14:25 ein, gleich 0, vorausgesetzt, Schweizer Bahnen fahren immer absolut pünktlich. Auf einem deutschen Bahnhof hätte die gleiche Information vielleicht einen Wert von ln 60, vorausgesetzt, Züge auf deutschen Bahnhöfen treffen für jede Minute zwischen der Ankunft laut Fahrplan und einer Stunde später mit gleicher Wahrscheinlichkeit ein.

Wenn wir N als Anzahl der Einkommensbezieher interpretieren und unter p_i ihren Einkommensanteil $y_i/N\mu$ verstehen, wird aus dem Maß für den durchschnittlichen Informationsgehalt einer Nachricht ein Maß für die Entropie (die ›Gleichheit‹) der Einkommensverteilung. $\sum y_i/N\mu = 1$ rechtfertigt diese Reinterpretation von p_i. Sie ist der letzte benötigte Baustein für die informationstheoretische Begründung eines Ungleichheitsmaßes:

$$E\left[h(p_i)\right] = \sum_1^N p_i h(p_i) = \sum_1^N \frac{y_i}{N\mu}\left(-\ln\frac{y_i}{N\mu}\right)$$

Um daraus ein Maß für die Ungleichheit der Einkommen zu gewinnen, ziehen wir einfach von der höchstmöglichen Unordnung (= Gleichheit) die

1 $h(p_i) = -\ln 1/p_i$ ist die berühmte Gleichung von Shannon (1948) für den Informationswert einer Nachricht.

aktuelle Unordnung ab und erhalten auf diesem Weg ein Maß für den Grad der Ordnung oder die Ungleichheit der Einkommensverteilung:

$$\begin{aligned}\ln N - \sum \frac{y_i}{N\mu}\left(-\ln \frac{y_i}{N\mu}\right) &= \ln N + \sum \frac{y_i}{N\mu} \ln \frac{y_i}{N\mu} \\ &= \ln N + \sum \frac{y_i}{N\mu}\left(\ln \frac{y_i}{\mu} - \ln N\right) \\ &= \ln N + \sum \frac{y_i}{N\mu} \ln \frac{y_i}{\mu} - \ln N \\ &= \frac{1}{N} \sum \frac{y_i}{\mu} \ln \frac{y_i}{\mu} = T,\end{aligned}$$

und erhalten T, das Maß von Theil.

2. Zu zeigen: $GE(0) = MLD$, $GE(1) = T$. Auf L'Hôpital geht eine Regel zurück, den Grenzwert des Quotienten zweier differenzierbarer Funktionen zu bestimmen, die an der Stelle x_0 gegen unendlich oder gegen Null konvergieren. Für die Konvergenz gegen 0 lautet die Regel:

$$\lim_{x \to 0} \frac{f(x)}{g(x)} = \lim_{x \to 0} \frac{f'(x)}{g'(x)}$$

falls $f'(x)/g'(x)$ existiert.

Wie sich leicht nachprüfen lässt, ist für

$$GE(\alpha) = \frac{1}{\alpha^? - \alpha}\left[\frac{1}{N} \sum \left(\frac{y_i}{\mu}\right)^{\alpha} - 1\right]$$

und $\alpha = 0$ sowohl der Zähler: $1/N\, \Sigma(y/\mu)^{\alpha} - 1$ als auch der Nenner $(\alpha^2 - \alpha)$ gleich 0. Wir können also die Regel von L'Hôpital anwenden. Ableitung des Zählers nach der Regel für die Differentiation einer Exponentialfunktion mit einer anderen Basis als e nach α ergibt:[2]

$$f'(\alpha) = \frac{1}{N} \sum \left(\frac{y_i}{\mu}\right)^{\alpha} \ln\left(\frac{y_i}{\mu}\right)$$

2 Sei $y = a^q$, dann ist $dy/dq = \ln aq'a^q$

Einfacher ist die Ableitung des Nenners nach α:

$$\frac{d(\alpha^2-\alpha)}{d\alpha}=2\alpha-1$$

Jetzt müssen wir nur noch $f'(\alpha)/g'(\alpha)$ an der Stelle $\alpha = 0$ evaluieren:

$$f'(\alpha)=\frac{1}{N}\sum \ln\left(\frac{y_i}{\mu}\right),\ g'(\alpha)=-1$$

Daraus folgt:

$$GE(0)=-\frac{1}{N}\sum \ln\left(\frac{y_i}{\mu}\right)=\frac{1}{N}\sum \ln\left(\frac{\mu}{y_i}\right)=MLD$$

Die gleiche Überlegung für $GE(1) = T$ anzustellen, sei dem Leser überlassen.

3. Zu zeigen: $½VC^2 = GE(2)$

Wie in jedem Statistik-Lehrbuch nachzulesen, ist der Variationskoeffizient (VC) wie folgt definiert:

$$VC=\sqrt{\frac{\sum(y-\mu)^2}{N}}\frac{1}{\mu}$$

Quadrierung ergibt:

$$VC^2=\frac{\sum(y-\mu)^2}{N}\frac{1}{\mu^2}$$

$$=\frac{\sum(y^2-2y\mu+\mu^2)}{N\mu^2}$$

$$=\frac{1}{N}\sum\left(\frac{y^2}{\mu^2}\right)-\frac{2\mu\sum y}{N\mu^2}+\frac{\sum\mu^2}{N\mu^2}$$

$$=\frac{1}{N}\sum\left(\frac{y}{\mu}\right)^2-2+1=\frac{1}{N}\sum\left(\frac{y}{\mu}\right)^2-1$$

Die Gleichung für $GE(\alpha)$ lautet:

$$GE(\alpha) = \frac{1}{\alpha^2 - \alpha}\left[\frac{1}{N}\sum\left(\frac{y}{\mu}\right)^{\alpha} - 1\right]$$

und damit für $\alpha = 2$:

$$\frac{1}{2}\left[\frac{1}{N}\sum\left(\frac{y}{\mu}\right)^{2} - 1\right] = \frac{1}{2}VC^2 = GE(2)$$

Wegen $VC = \sqrt{2GE(2)}$ ist VC eine ordinale und keine kardinale Transformation von $GE(2)$ [und damit auch von $2GE(2)$]; d.h. der Variationskoeffizient ordnet Verteilungen lediglich in der gleichen Reihenfolge wie $GE(2)$.[3] Jedoch ist der prozentuale Anstieg oder Rückgang der Ungleichheit beim Vergleich zweier Verteilungen unterschiedlich, je nachdem, ob mit VC oder $GE(2)$ gemessen wird.

4. Die folgenden Rechenschritte transformieren die theoretische Idee eines auf einer spezifischen Wohlfahrtsfunktion basierenden Ungleichheitsmaßes in ein empirisch verwendbares Messinstrument.

Annahme: es gibt ein gleichverteiltes Einkommen $y_{ed} < \mu$ (der Mittelwert der ungleich verteilten Einkommen y_i), das gesamtgesellschaftlich die gleiche Wohlfahrt stiftet wie die ungleich verteilten Einkommen:

$$W(y_1, y_2, \ldots y_N) = W(y_{ed}, y_{ed}, \ldots y_{ed}) \qquad (1)$$

Im utilitaristischen Bezugsrahmen ist Gleichung (1) gleichbedeutend mit

$$W = \sum U(y_i) = \sum U(y_{ed}) = NU(y_{ed}) \qquad (2)$$

Für $\varepsilon \neq 1$ setzt Atkinson $U(y) = (1/1 - \varepsilon)y^{1-\varepsilon}$ (siehe die sechste Vorlesung, Gleichung [5]). Daher gilt:

3 VC ist eine monoton steigende Funktion von $2GE(2)$. Zwei Ungleichheitsmaße sind dann kardinal äquivalent, wenn das eine Maß aus der positiv affinen Transformation des anderen Maßes hervorgeht (Multiplikation mit einer reellen Zahl > 0 sowie Addition oder Subtraktion einer Konstanten).

$$\frac{1}{1-\varepsilon}\sum y_i^{1-\varepsilon} = N\frac{1}{1-\varepsilon}\, y_{ed}^{1-\varepsilon}$$

$$\Rightarrow y_{ed}^{1-\varepsilon} = \frac{1}{N}\sum y_i^{1-\varepsilon}$$

$$\Rightarrow y_{ed} = \left[\frac{1}{N}\sum y_i^{1-\varepsilon}\right]^{\frac{1}{1-\varepsilon}} = W$$

Einsetzung des Ausdrucks für y_{ed} in $A = 1 - y_{ed}/\mu$ (siehe die sechste Vorlesung) ergibt das Ungleichheitsmaß von Atkinson für Werte von $\varepsilon \neq 1$:

$$A = 1 - \left[\frac{1}{N}\sum\left(\frac{y_i}{\mu}\right)^{1-\varepsilon}\right]^{\frac{1}{1-\varepsilon}} \tag{3}$$

5. Für $\varepsilon = 1$ wird Gleichung (3) zu:

$$A = 1 - GM(y)/\mu \tag{4}$$

Das zeigen wir im Folgenden. $GM(y)$ ist das geometrische Mittel der Einzelwerte der Einkommen. Für $\varepsilon = 1$ wird somit das Verhältnis zwischen geometrischem und arithemtischen Mittel zur Basis der Ungleichheitsmessung.

Wir unterstellen eine sog. isoelastische Nutzenfunktion der Gestalt

$$U(y) = \frac{y^{1-\varepsilon} - 1}{1-\varepsilon}$$

Für $\varepsilon = 1$ ist $U(y) = \frac{0}{0}$ und wir können also die Regel von L'Hôpital anwenden. Anwendung dieser Regel (siehe Punkt 1) ergibt:

$$\frac{y^{1-\varepsilon} - 1}{1-\varepsilon} = \ln y$$

Im utilitaristischen Bezugsrahmen (additive Wohlfahrtsfunktion verknüpft mit der Annahme, dass ein gleichverteiltes Einkommen y_{ed} die gleiche Wohlfahrt stiftet wie das Einkommensprofil **y** mit einem höheren Mittelwert μ) gilt

$$\sum U(y_i) = NU(y_{ed}) \text{ oder } \frac{1}{N}\sum U(y_i) = U(y_{ed})$$

Daraus folgt für $U(y) = \ln y$:

$$\sum \ln y_i = N \ln y_{ed} \Rightarrow \frac{1}{N}\sum \ln y_i = \ln y_{ed}$$

und damit

$$\exp\left(\frac{1}{N}\sum \ln y_i\right) = y_{ed}$$

Jetzt müssen wir nur noch zeigen, dass $\exp(1/N\,\Sigma \ln y_i) = GM(y)$ ist.

$$GM(y) = (y_1 y_2 \ldots y_N)^{1/N} \quad \text{per definitionem}$$

$$\Rightarrow \ln GM(y) = \ln(y_1 y_2 \ldots y_N)^{1/N} = \frac{1}{N}\ln(y_1 y_2 \ldots y_N)$$

$$= \frac{1}{N}(\ln y_1 + \ln y_2 + \ldots + \ln y_N) = \frac{1}{N}\sum \ln y_i$$

$$\Rightarrow \exp\left[1/N\sum \ln y_i\right] = \exp[\ln GM(y)] = GM(y)$$

Für $\varepsilon = 1$ ist die isoelastische Nutzenfunktion $U(y) = \ln y$, $y_{ed} = GM(y)$ und damit $A = 1 - GM(y)/\mu$.

6. Atkinson hat sich bei der Wahl der Nutzenfunktion von der Literatur über rationale Entscheidungen angesichts von Risiken inspirieren lassen. Aus dieser Literatur ist bekannt, dass Akteure je nach dem Grad ihrer Risikoneigung klassifiziert werden können. Die drei ›archetypischen‹ Einstellungen sind Risikofreudigkeit, Risikoneutralität und Risikoaversion. Vom Grad der Risikoneigung hängt das Entscheidungsverhalten ab. Atkinsons Konzept einer konstanten Ungleichheitsaversion ist formal identisch mit Pratts (1964) Maß einer konstanten Risikoaversion. Ganz ähnlich wie Pratt wählt Atkinson als Nutzenfunktion daher eine sog. isoelastische Funktion, weil, wie sich leicht zeigen lässt, die Elastizität des Grenznutzens dieser Funktion konstant ist. Unter der Elastizität der Variablen y hinsichtlich der Variablen x versteht man grob gesprochen die prozentuale Änderung von y, wenn x sich um ein Prozent ändert. Exakt:

$$\frac{dy}{y}\bigg/\frac{dx}{x} = \frac{dy}{y}\frac{x}{dx} = \frac{dy}{dx}\frac{x}{y}$$

Die Elastizität des Grenznutzens von U bezüglich y ist nach der gleichen Logik dann

$$\frac{dU'}{U'}\bigg/\frac{dU'}{U'}=\frac{dU'}{U'}\frac{y}{dy}=\frac{dU'}{dy}\frac{y}{U'}=\frac{U''y}{U'}$$

mit $U' = y^{-\varepsilon}$, $U'' = -\varepsilon y^{-\varepsilon-1}$, $U''y/U' = -\varepsilon$, $\rightarrow - U''y/U' = \varepsilon > 0$

Während sowohl der Grenznutzen als auch die Änderung des Grenznutzens noch vom Niveau von y abhängig sind, gilt dies nicht mehr für die (konstante) Elastizität des Grenznutzens. Atkinson benötigt eine isoelastische Nutzenfunktion, weil er analog zu Pratt (1964) das Negative der Elastizität des Grenznutzens als Maß der gesellschaftlichen Ungleichheitsaversion versteht. Eine wünschenswerte Eigenschaft dieses Maßes ist, dass es nicht mit dem Einkommen variiert und damit für alle Einkommensschichten identisch ist. Die konstante (relative) Ungleichheitsaversion ist somit ein Parameter, dessen Größe nur noch von der Wahl des Grads der gesellschaftlichen Ungleichheitsaversion ε durch den Beobachter abhängt.

Literatur

Pratt, John W., 1964: Risk Aversion in the Small and in the Large. *Econometrica* Vol. 32, S. 122-136.

Shannon, Claude E., 1948: A Mathematical Theory of Communication. *Bell System Technical Journal* Vol. **27**. 379-423, 623-656.

Theil, Henri, 1967: *Economics and Information Theory*. Amsterdam: North-Holland.

A.6 Zerlegung der mittleren logarithmischen Abweichung

Zu zeigen:

$$\frac{1}{N}\sum_{i=1}^{N}\ln\left[\frac{\overline{y}}{y_i}\right]=\sum_{k=1}^{K}\frac{N_k}{N}MLD_k+\sum_{k=1}^{K}\frac{N_k}{N}\ln\left[\frac{\overline{y}}{\overline{y}_k}\right] \tag{1}$$

Der Ausdruck links des Gleichheitszeichens ist die bekannte Formel für die mittlere logarithmische Abweichung [*MLD* oder Theil(0)], die rechte Seite zerlegt diesen Term in die Summe der mittleren logarithmischen Abweichungen innerhalb von *k* Gruppen und die mittlere logarithmische Abweichung zwischen diesen Gruppen.

In einem ersten Schritt summieren wir die Einzelwerte nicht über $i = (1, 2, ..., N)$ Individuen, sondern bilden *k* Gruppen, $k = (1, 2, ..., K)$, summieren die Einzelwerte pro Gruppe und addieren dann die Summen pro Gruppe. Der Einfachheit halber sei angenommen, dass es nur zwei Gruppen, Frauen und Männer, gäbe. Dann gilt:

$$\frac{1}{N}\sum_{i=1}^{N}\ln\left[\frac{\overline{y}}{y_i}\right]=\frac{1}{N}\sum_{j=1}^{N_F}\ln\left[\frac{\overline{y}}{y_j}\right]+\frac{1}{N}\sum_{j=1}^{N_M}\ln\left[\frac{\overline{y}}{y_j}\right] \tag{2}$$

In einem zweiten Schritt manipulieren wir den ersten Term rechts des Gleichheitszeichens von Gleichung (2) ein wenig:

$$\frac{1}{N}\sum_{j=1}^{N_F}\ln\left[\frac{\overline{y}}{y_j}\right]=\frac{1}{N}\sum_{j=1}^{N_F}\ln\left[\frac{\overline{y}\,\overline{y}_F}{y_j\overline{y}_F}\right]=\frac{1}{N}\sum_{i=1}^{N_F}\ln\left[\frac{\overline{y}_F}{y_j}\right]+\frac{1}{N}\sum_{i=1}^{N_F}\ln\left[\frac{\overline{y}}{\overline{y}_F}\right] \tag{3}$$

Betrachte den ersten Term rechts des zweiten Gleichheitszeichens von Gleichung (3):

$$\frac{1}{N}\sum_{i=1}^{N_F}\ln\left[\frac{\overline{y}_F}{y_j}\right]=\frac{N_F}{N}\frac{1}{N_F}\sum_{i=1}^{N_F}\ln\left[\frac{\overline{y}_F}{y_j}\right]=\frac{N_F}{N}MLD_F \tag{4}$$

Der letzte Term in Gleichung (4) ist ein Glied der ersten Summe rechts des Gleichheitszeichens von Gleichung (1). Die gleiche Operation wie für die Gruppe der Frauen für die Gruppe der Männer, oder allgemeiner: für alle $k = (1, 2, ...K)$ Gruppen durchgeführt und Aufsummierung der Ergebnisse dieser Operation misst die Ungleichheit *innerhalb* der *k* Gruppen (siehe Gleichung 1):

J. Berger, *Wirtschaftliche Ungleichheit*, https://doi.org/10.1007/978-3-658-23682-3_18

$$\sum_{k=1}^{K} \frac{N_k}{N} MLD_k$$

Abschließend betrachten wir den letzten Term in Gleichung (3):

$$\frac{1}{N} \sum_{i=1}^{N_F} \ln\left[\frac{\bar{y}}{\bar{y}_F}\right] = \frac{N_F}{N} \ln\left[\frac{\bar{y}}{\bar{y}_F}\right] \tag{5}$$

(Rechenregel: $\Sigma_{i=1}^{N} \ln c = N \ln c$). Wenn es nur zwei Gruppen, Männer und Frauen, gibt, ist die Ungleichheit zwischen den Gruppen gleich

$$\frac{N_F}{N} \ln\left[\frac{\bar{y}}{\bar{y}_F}\right] + \frac{N_M}{N} \ln\left[\frac{\bar{y}}{\bar{y}_M}\right]$$

Aufsummierung über k Gruppen ergibt den Term für die Ungleichheit *zwischen* den Gruppen:

$$\sum_{k=1}^{K} \frac{N_k}{N} \ln\left[\frac{\bar{y}}{\bar{y}_k}\right]$$

Dieser Term entspricht exakt der Formel für die mittlere logarithmische Abweichung (*MLD*) in Gleichung (1), linke Seite, nur dass jetzt nicht über Individuen, sondern über Gruppen summiert wird. Addition der Terme für die Ungleichheit innerhalb und zwischen den Gruppen ergibt die Zerlegung von *MLD* in Gleichung (1).

A.7 Pfadanalyse

Die intergenerationale Korrelation zwischen dem Einkommen des Vaters (des Elternhauses) und der Kinder ist die Summe aus direkten und indirekten Effekten. In Gleichungsform:

$$r(X,Y) = \beta_{XY} + r(X,S)\beta_{SY} \tag{1}$$

Die folgenden Ausführungen sind angelehnt an Bowles und Gintis (2002). r und β in Gleichung (1) stehen für Korrelations- und Regressionskoeffizienten, X bezeichnet das Einkommen des Vaters (eines elterlichen Haushalts), Y das Einkommen eines Sohns (eines Kindes) und S (Schooling) dessen Bildungsgrad (gemessen mit dem erworbenen Bildungspatent oder den Jahren des Besuchs einer Schule oder Hochschule). $r(X,Y)$ ist dann die Korrelation zwischen X und Y, β_{XY} und β_{SY} sind die Regressionskoeffizienten einer Regression von Y auf X und auf S. Die Koeffizienten geben an, in welchem Grad die abhängige Variable Y durch unabhängige Variablen (in diesem Fall X oder S) prädiziert werden.

Gleichung (1) zerlegt die intergenerationale Einkommenskorrelation in einen direkten Effekt, gemessen mit β_{XY} und einen indirekten Effekt, dem Produkt aus dem Korrelationskoeffizienten des Einkommens des Elternhauses mit dem in Frage stehenden Regressor (hier der Bildungsgrad des Sprösslings) und dem (normalisierten) Regressionskoeffizienten von Y auf selbigen Regressor.[1]

1 Auch das erste Glied der Gleichung rechts vom Gleichheitszeichen kann als Produkt aus Korrelations- und Regressionskoeffizient verstanden werden, siehe weiter unten. Wegen $r(X,X) = 1$ verschwindet aber dieser Koeffizient aus der Gleichung.

J. Berger, *Wirtschaftliche Ungleichheit*, https://doi.org/10.1007/978-3-658-23682-3_19

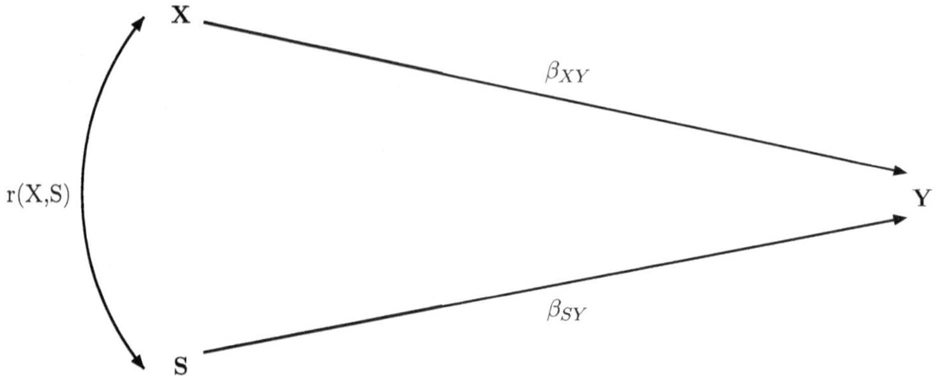

Abbildung 14: Die Korrelation zwischen X und Y als Summe direkter und indirekter Effekte

Um Gleichung (1) abzuleiten, gehen wir aus von der linearen Regressionsgleichung für das Einkommen Y in Abhängigkeit von X und S:

$$Y = \beta_{XY} X + \beta_{SY} S + \epsilon \tag{2}$$

Ferner unterstellen wir, dass alle Variablen so normalisiert werden, dass ihr Mittelwert $\mu = 0$ und ihre Standardabweichung $\sigma = 1$ ist. Für auf diese Weise normalisierte Variablen gilt:

$$r(X,Y) = \mathbb{E}(XY) \tag{3}$$

In Worten: der Korrelationskoeffizient von normalisierten Variablen ist gleich dem Erwartungswert des Produkts dieser Variablen. Dieses Ergebnis folgt unmittelbar aus der Definitionsgleichung für den Korrelationskoeffizienten

$$r(X,Y) = \frac{Cov(X,Y)}{\sigma_X \sigma_Y} = \frac{\mathbb{E}[(X - \mu_X)(Y - \mu_Y)]}{\sigma_X \sigma_Y}$$

Für $\mu = 0$ und $\sigma = 1$ schrumpft der Ausdruck nach dem zweiten Gleichheitszeichen auf $\mathbb{E}(XY)$zusammen.

Jetzt müssen wir nur noch die rechte Seite von Gleichung (2) für Y auf der rechten Seite von Gleichung (3) einsetzen und erhalten:

$$\mathbb{E}(XY) = \mathbb{E}(XX)\beta_{XY} + \mathbb{E}(XS)\beta_{SY} + \mathbb{E}(X\epsilon) \tag{4}$$

Wegen $\mathbb{E}(XX) = r(X, X) = 1$, $\mathbb{E}(XS) = r(X, S)$ (vgl. Gleichung [3]), und $\mathbb{E}\ (X_\in) = 0$ entspricht Gleichung (4) Gleichung (1). Die gleiche Argumentation gilt auch für den Fall, dass Gleichung (1) durch weitere unabhängige Variablen *U, V, W* usw. ergänzt wird.

Literatur

Bowles, Samuel und Herbert Gintis, 2002: The Inheritance of Inequality. *Journal of Economic Perspectives*, Band 16, S. 3-30.

A.8 Die Mincersche Verdienstfunktion

Die einfachste Form der Mincerschen Verdienstfunktion (*earnings function*) lautet:

$$\ln y(s) = \ln y(0) + rs \qquad (1)$$

Hierbei bezeichnet $y(s)$ das Einkommen aus Erwerbstätigkeit nach s Jahren ›formaler‹ Ausbildung, $y(0)$ das Einkommen ohne weitere Ausbildung nach der Pflichtschulzeit, und r die Ertragsrate pro Ausbildungsjahr. Mit ›formaler‹ Ausbildung ist der Besuch einer eigens für diesen Zweck geschaffenen Institution gemeint (z.B. einer Schule oder Hochschule). Üblicherweise wird angenommen, dass die Ausbildung nach der Pflichtschulzeit und vor der Aufnahme einer Erwerbstätigkeit stattfindet. Während der Ausbildung wird keiner Erwerbstätigkeit nachgegangen.

Gleichung (1) beschreibt einen linearen, deterministischen Zusammenhang zwischen dem Logarithmus des Einkommens nach s Ausbildungsjahren und der Dauer des Besuchs weiterführender Schulen (Schulen umfassen in dieser Formulierung selbstverständlich auch Hochschulen). Als ökonometrische Schätzgleichung formuliert wird aus Gleichung (1):

$$\ln y(s_i) = \alpha + \beta s_i + \epsilon_i \qquad (2)$$

So simpel die Gleichung auch aussehen mag (α steht für ln $y(0)$, β für die Ertragsrate r), sie beruht auf spezifischen, die Modellierung des Zusammenhangs von Einkommen und Ausbildung betreffenden Annahmen. Sie werden häufig übersehen. Unterstellt wird zunächst einmal, dass die eine Bildungsentscheidung treffenden Personen bezüglich ihrer arbeitsmarktrelevanten Eigenschaften identisch sind. Diese Annahme spiegelt sich in dem gleichbleibenden Achsenabschnitt $y(0)$ für alle Personen i wider. Ebenso bleiben die Ertragsraten r für alle Personen und für alle Ausbildungsjahre unverändert.[1] Dass die Gleichung einen Zusammenhang zwi-

1 Man kann ruhig hinzufügen: und für alle Schultypen! Vgl. Blundell et. al. (2001, S. 9): »An example of an empirical model that is both one factor and homogeneous returns is the popular linear regression equation – log earnings regressed on years of schooling. The constant parameter on the schooling variable is equivalent to homogeneous returns and the use of years of schooling as a single measure of schooling is equivalent to a single measure of human capital.« Zwar hat schon Mincer selbst Modelle mit unterschiedlichen Achsenabschnitten α_i und unterschiedlichen Ertragsraten β_i für jedes Individuum entwickelt, aber das Standardmodell ist frei von solchen Komplikationen. Vgl. Mincer (1974), Kap 5.

J. Berger, *Wirtschaftliche Ungleichheit*, https://doi.org/10.1007/978-3-658-23682-3_20

schen dem Logarithmus des Einkommens statt des Einkommens und der Ausbildungsdauer formuliert, hat nichts mit der Neigung von Ökonometrikern für loglineare Zusammenhänge zu tun. Zwar erlauben diese eine anschauliche Interpretation von β als prozentualen Anstieg der abhängigen in Reaktion auf die Zunahme der unabhängigen Variablen um eine Einheit, aber der eigentliche Grund für Gleichung (1) liegt tiefer. Selbige Gleichung folgt aus einer für die Humankapitaltheorie fundamentalen Annahme: Im Gleichgewicht besitzen die lebenslangen Einkommensströme aller Ausbildungsstufen den gleichen Gegenwartswert. Die logische Konsequenz dieser Annahme ist Gleichung (1). Das kann man sich am einfachsten wie folgt klarmachen:

$$V(s) = \int_{s}^{T+s} y(s)e^{-rt}\,\mathrm{d}t, \quad V(0) = \int_{0}^{T} y(0)e^{-rt}\,\mathrm{d}t$$

$V(s)$ ist der Gegenwartswert eines jährlichen Einkommensstroms mit s Jahren Ausbildung, $V(0)$ der entsprechende Wert ohne Ausbildung. Das erste Integral summiert die auf die Gegenwart abgezinsten Einkommensströme aus einer Erwerbstätigkeit mit Ausbildung, das zweite Integral führt die gleiche Operation durch für ohne weitere Ausbildung nach der Pflichtschulzeit erzielte Einkommen. Gleichsetzung der beiden Einkommensströme und Berechnung der Integrale ergibt:

$$y(s)\cdot\frac{-1}{r}\left(e^{-r(T+s)} - e^{-rs}\right) = y(0)\cdot\frac{-1}{r}\left(e^{-rT} - 1\right) \qquad (3)$$

Nach Ausklammern von e^{-rs} auf der linken Seite der Gleichung und anschließender Teilung beider Seiten durch $(-1/r)(e^{-rT}-1)$ erhält man: $y(s)e^{-rs} = y(0)$. Multiplikation beider Seiten der Gleichung mit e^{rs} und anschließende logarithmische Transformation ergibt Gleichung (1).

Die Herleitung dieses Ergebnisses ist nicht, wie es vielleicht scheinen möchte, von der wenig realistischen Annahme abhängig, dass die Länge des Berufslebens T für alle Ausbildungsstufen gleich ist, also nicht abnimmt, sondern nur ›nach hinten‹ sich verschiebt, wenn mehr Zeit mit der Ausbildung auf den Beruf verbracht wird. Zum gleichen Ergebnis kommt man, wenn man für beide Integrale die Obergrenze = T setzt. T ist dann nicht die konstante und für alle Berufsgruppen identische, in Jahren gemessene Lebensarbeitszeit, sondern die Lebensarbeitszeit der Leute ohne Ausbildung nach der Pflichtschulzeit. Die Lebensarbeitszeit von Personen mit s Jahren Ausbildung ist $T - s$; für diesen Personenkreis ist T also die Summe aus Ausbildungszeit nach der Pflichtschule und Lebensarbeitszeit. Dann gilt im Gleichgewicht:

$$\int_s^T y(s)e^{-rt}\,\mathrm{d}t = \int_0^T y(0)e^{-rt}\,\mathrm{d}t \tag{4}$$

Berechnung der beiden Integralfunktionen und anschließende Multiplikation beider Seiten der Gleichung mit $-r$ ergibt

$$y(s)\left(e^{-rT} - e^{-rs}\right) = y(0)\left(e^{-rT} - 1\right)$$

$$\Rightarrow y(s) = y(0)\frac{(e^{-rT} - 1)}{(e^{-rT} - e^{-rs})}$$

Erweiterung des Bruchs auf der rechten Seite mit e^{rs} und anschließende logarithmische Transformation ergibt

$$\ln y(s) = \ln y(0) + \ln\left[\frac{e^{-rT} - 1}{e^{-r(T-s)} - 1}\right] + rs \tag{5}$$

Für große T konvergiert der Logarithmus des Bruchs auf der rechten Seite der Gleichung gegen 0 und man erhält somit wieder Gleichung (1).

Die Bedeutung dieses Ergebnisses für die Humankapitaltheorie kann man gar nicht überbetonen. Gleichung (1), so fasst Mincer (1974, S. 11) zusammen[2],

> »exhibits the basic conclusion that percentage increments in earnings are strictly proportional to the absolute differences in the time spent at school, with the rate of return as the coefficient of proportionality. More precisely, equation (1) shows the logarithm of earnings to be a strict linear function of time spent at school.«

Als Beschreibung der Realität läuft Gleichung (1) darauf hinaus, dass ausnahmslos alle Lohn- und Gehaltsunterschiede auf Ausbildungsunterschiede, gemessen mit der Länge des Schulbesuchs, zurückgeführt werden können. Das ist wahrlich eine starke Behauptung. In ökonometrischen Schätzungen ist zwar immer wieder die statistische Signifikanz des Ausbildungskoeffizienten β bestätigt worden, aber selbst Mincer (1974, S. 92) berichtet eine erklärte Varianz von lediglich knapp sieben Prozent. Gleichung (1) ›schreit‹ also gleichsam nach einer Aufnahme weiterer erklärender Variablen, solange dadurch der ›Geist‹ der Humankapitaltheorie nicht beschädigt wird. Die Lösung dieses Problems liegt in der Idee, dass auch noch im Berufsleben weiter in Ausbildung investiert wird. Glei-

2 In Mincers Buch ist die Gleichung mit 1.3. nummeriert.

chung (1) wird daher abgewandelt durch die Einfügung zweier Terme für *post school Investment* in die eigenen Fähigkeiten. Damit ist zum einen die Idee bewahrt, dass Bildungsinvestitionen die zentrale Größe sind und zum anderen wird die Erklärungsleistung der Theorie erheblich verbessert. Die neue Ausgangsgleichung für empirische Analysen lautet[3] jetzt:

$$\ln E_t = E_0 + rs + \gamma X - \delta X^2 \tag{6}$$

In dieser Gleichung wird die abhängige Variable *y* (das tatsächliche Einkommen) durch *E,* die *earning capacity* oder die *gross earnings* ersetzt. Die Variable *E* misst somit das Einkommenserzielungspotential eines in seine Ausbildung investierenden Individuums. Schon diese Änderung deutet darauf hin, dass Gleichung (6) anders hergeleitet wird als Gleichung (1). Die neue Variable *X* bezeichnet die Jahre der Berufserfahrung (oder der Teilnahme am Arbeitsmarkt). Der Term taucht zweimal auf, einmal linear und einmal quadratisch. Das sieht wie ein einfacher Kniff aus, um den lange bekannten Sachverhalt, dass die Alters-Verdienst-Profile von Beschäftigten einen konkaven Verlauf haben, in Gleichungsform abzubilden. Mincer leitet die Gleichung aber aus einem buchhalterischen Ansatz ab, demzufolge die Gleichheit der linken und der rechten Seite – so wie bei Gleichungen für das Volkseinkommen – per definitionem gegeben ist, also nicht, wie bei Gleichung (1) aus einer Kompensationstheorie von Gehaltsunterschieden (derartige Unterschiede kompensieren nur Ausbildungskosten) folgt.[4]

Das potentielle Einkommen im nächsten Jahr ist die Summe aus dem potentiellen Einkommen in diesem Jahr und dem mit r_tC_t gemessenen Ertrag aus den Bildungsinvestitionen dieses Jahres. Hierbei ist r_t die Ertragsrate der aus Sachaufwand und zeitlichem Aufwand bestehenden Kosten der Steigerung der individuellen Fähigkeit, Einkommen zu erzielen. Die Kosten C_t sind entweder tatsächliche, aus dem Einkommen zu tragende Geldkosten oder Opportunitätskosten (z.B. entgangene Einnahmen, weil die zur Verfügung stehende Zeit zur Verbesserung der *earning capacity* genutzt wurde:

$$E_{t+1} = E_t + r_tC_t \tag{7}$$

Misst man diese Kosten nicht absolut, sondern relativ als Anteil an der earning capacity, der für Investitionen in das eigene Humankapital abgezweigt wird, $k_t = C_t/E_t$, wird aus Gleichung (7)

3 Vgl. Mincer (1974), S. 84.

4 Zur Unterscheidung des *compensating wage differential-* und *accounting identity-*Ansatzes bei Mincer siehe Heckman et al. (2006).

$$E_{t+1} = E_t(1 + r_t k_t) \tag{8}$$

Die gleiche Operation rekursiv angewandt auf E_t, E_{t-1}, ..., E_0 ergibt:

$$E_t = E_0 \prod_0^{t-1} (1 + r_j k_j) \tag{9}$$

Logarithmisierung dieser Gleichung führt zu $\ln E_t = \ln E_0 + \sum_0^{t-1} \ln(1 + r_j k_j)$ Wenn man jetzt noch gleiche Ertragsraten für alle Perioden unterstellt ($r_j = r$) und sich zunutze macht, dass für kleine rk_j gilt: $\ln(1 + rk_j) \cong rk_j$, erhält man

$$\ln E_t = \ln E_0 + r \sum_0^{t-1} k_j \tag{10}$$

für diskrete Werte und

$$\ln E_t = \ln E_0 + r \int_0^t k_j \mathrm{d}j \tag{11}$$

als grundlegende Bestimmungsgleichung der *earning capacity* für kontinuierliche Werte.[5] Wegen der einfacheren mathematischen Handhabbarkeit gehen wir für alles Weitere von Gleichung (11) aus. Zunächst spalten wir die Integrationssumme in einen Teil für die schulische und einen Teil für die postschulische Ausbildung auf und nehmen an, dass die Ertragsrate für die postschulischen Investitionen von denen für die schulische abweichen ($r \neq \rho$):

$$\ln E_t = \ln E_0 + r \int_{i=0}^{s} k_i \mathrm{d}i + \rho \int_{j=0}^{X} k_j \mathrm{d}j, \tag{12}$$

Wegen $k_i = 1$ ist der zweite Term auf der rechten Seite gleich rs und wir sind damit wieder bei Gleichung (1), nur dieses Mal formuliert für das potentielle und nicht das aktuelle Einkommen. Was den dritten Term der Gleichung anbelangt, so nimmt Mincer an, dass die postschulische Investitionsquote eine abnehmende Funktion der im Berufsleben verbrachten Jahre X ist: $k_j = k_0 - (k_0/T)j$. Dafür gibt es mehrere Gründe, u.a., dass wegen der abnehmenden Zeit bis zum Ausscheiden aus dem Berufsleben solche Investitionen sich immer weniger lohnen. Man muss jetzt nur noch die Integralfunktion $\rho \int_0^X k_j d_j$ berechnen. Damit wird aus Gleichung (12):

$$\ln E_t = \ln E_0 + rs + \rho k_0 X - \frac{\rho k_0}{2T} X^2 \tag{13}$$

5 die Obergrenze t in Gleichung (11) ist gleich $s + X$

Diese Gleichung entspricht bis auf ln E_t statt ln Y_t der in zahllosen empirischen Arbeiten zur Verdienstfunktion gebräuchlichen Schreibweise:

$$\ln Y_t = \alpha + \beta s + \gamma X + \delta X^2, \quad \delta < 0 \tag{14}$$

Um von Gleichung (13) zu einer Gleichung für das tatsächliche Einkommen zu gelangen müssen wir wegen $Y_t = E_t - C_t = E_t(1 - k_t)$ zur rechten Seite der Gleichung (13) nur noch $\ln(1 - k_t)$ addieren. Das ändert an der grundsätzlichen Gestalt der Mincerschen Verdienstfunktion nichts mehr, beeinflusst aber die Interpretation ihrer Koeffizienten.[6]

Literatur

Blundell, Richard, Lorraine Dearden und Barbara Sianesi, 2001: Estimating the Returns to Education: Models, Methods and Results. Centre for the Economics of Education, London School of Economics.

Franz, Wolfgang, 1991: *Arbeitsmarktökonomik*. Berlin: Springer

Heckman, James, Lance J. Lochner und Petra E. Todd, 2006: Earnings Functions, Rates of Return and Treatment Effects: The Mincer Equation and Beyond. In: Hanushek, Erik A. und Finis Welch: *Handbook of the Economics of Education*, Vol. 1, Kap. 7. Amsterdam: Elsevier, S. 307-458.

Mincer, Jacob, 1974: *Schooling, Experience, and Earnings*. New York: Columbia University Press.

6 Für Einzelheiten verweise ich auf das vorzügliche Lehrbuch von Franz (1991), S. 104f. In Kap. 3.3 findet sich eine ›Schritt für Schritt‹ Herleitung der Gleichung (14) für diskrete Werte. Der Autor beklagt zu Recht, dass in empirischen Untersuchungen häufig kein Bezug auf die Interpretation der Koeffizienten genommen werde, wodurch »der Eindruck einer völligen Ad-hoc-Spezifikation« von Gleichung (14) entstehe. Franz (1991), S. 105.

A.9 Die Pareto-Verteilung

1. Die Ausgangsfrage. Gesucht wird eine Bestimmungsgleichung für die Funktion

$$\overline{F}(y) = \Pr[Y > y] = 1 - F(y)$$

mit der sich die Wahrscheinlichkeit abschätzen lässt, dass für eine kontinuierliche Zufallsvariable Y noch Werte $> y$ realisiert werden. Die Funktion $\overline{F}(y) = 1 - F(y)$ nennt man die Überlebensfunktion (auch die komplementäre kumulative Verteilungsfunktion). Eine solche Zufallsvariable Y heißt Pareto-verteilt, wenn gilt:

$$1 - F(y) = \left[\frac{y}{c}\right]^{-\alpha} = \left[\frac{c}{y}\right]^{\alpha}, \text{ falls } y \geqslant c, \text{ ansonsten} = 1 \qquad (1)$$

In Worten: Die Wahrscheinlichkeit, dass die Zufallsvariable Y einen Wert größer y annimmt, ist gleich dem Quotienten $(c/y)^{\alpha}$. Hierbei markiert c eine frei wählbare Schwelle. Es werden also nicht alle Werte betrachtet, sondern nur solche Werte, die ein bestimmtes Mindestniveau erreichen. Sind die zur Verteilung anstehende Größe Einkommen oder Vermögen, dann markiert diese Schwelle das Mindesteinkommen oder Vermögensminimum ($c = y_{min} > 0$), zu dem ein beliebiger aktueller Einkommens- oder Vermögenswert $y \geqslant c$ in Beziehung gesetzt wird. Der Exponent $\alpha > 0$ ist ein Parameter, der die Neigung einer monoton fallenden Kurve bestimmt, aus der dann je nach Konstruktion der Graphik auf der y-Achse die Wahrscheinlichkeitsdichte oder die Anzahl abgelesen werden kann, mit der eine spezifische Ausprägung von y, z.B. ein Einkommen in der Höhe von $y - 5000$, auftritt.

Aus Gleichung (1) folgt unmittelbar die Gleichung für die kumulative Verteilungsfunktion der Pareto-Verteilung:

$$F(y) = \Pr[Y \leqslant y] = 1 - \left[\frac{c}{y}\right]^{\alpha}, \text{ falls } y \geqslant c, \text{ ansonsten} = 0 \qquad (2)$$

Für eine Zufallsvariable Y mit dieser Verteilungsfunktion und den Parametern $c > 0$ und $\alpha > 0$ schreibt man: $Y \sim \mathrm{Par}(\alpha, c)$. Durch Differentiation von Gleichung (2) erhält man die Dichtefunktion $f(y)$ für Pareto-Verteilungen:

J. Berger, *Wirtschaftliche Ungleichheit*, https://doi.org/10.1007/978-3-658-23682-3_21

$$\frac{d\left(1-\left[\frac{c}{y}\right]^{\alpha}\right)}{dy}=-c^{\alpha}(-\alpha y^{-\alpha-1})=\frac{\alpha c^{\alpha}}{y^{\alpha+1}},\text{ falls } y\geqslant c,\text{ ansonsten}=0 \qquad (3)$$

Je größer α, umso geringer ist der Anteil der Einkommen $> c$ am Gesamteinkommen. Interpretiert man den Anteil der Einkommen $> c$ am Gesamteinkommen als Maß für die Ungleichheit, dann sind die Einkommen in einer Verteilung A, in welcher der Parameter α größer ist als in der Verteilung B, gleicher verteilt und vice versa. Das kann man sich am einfachsten so klar machen. Wegen $c < y$ wird der Bruch c/y [siehe Gleichung (1)] mit wachsendem $\alpha > 0$ immer kleiner. Z.B. ist $(c/y)^1 > (c/y)^2 > (c/y)^3$ usw. Damit nimmt auch die Wahrscheinlichkeit, dass Y einen Wert $> y$ erreicht, mit wachsendem α ab. Die Wahrscheinlichkeit, dass Y einen Wert bis zur Höhe von y erreicht, nimmt hingegen mit wachsendem α für alle y zu.

Um Gleichung (1) zu erhalten, kann man auch von Gleichung (2) ausgehen. Der Quotient rechts vom Gleichheitszeichen in Gleichung (1) gibt wie gesagt für jedes y den Prozentsatz der Einkommen an, die größer als y sind. Betrage z.B. das jährliche Mindesteinkommen 12 000 Euro, und sei $y = 60\,000$ Euro, dann liegen bei einen Parameterwert von $a = 1$ zwanzig Prozent der Einkommen über 60 000, für einen Parameterwert von $a = 2$ hingegen nur vier Prozent. In dieser Verwendung als Kennziffer für die gleichere oder ungleichere Verteilung von Einkommen und Vermögen heißt der Parameter α auch Pareto-Index oder Pareto-Koeffizient.

2. Pareto hat in seinem »Cours« [Pareto (1964), § 958] jedoch weder Gleichung (1) noch Gleichung (2) aufgestellt. Basierend auf der Auswertung statistischen Materials hat er eine logarithmische Schätzgleichung für die Anzahl der Einkommensbezieher N mit einem Einkommen $> y$ formuliert, welche mittels einer geeigneten Wahl für die Größe der Populationsparameter A und α die tatsächliche Verteilung der Anzahl der Einkommensbezieher in Abhängigkeit vom Einkommen approximiert:[1]

$$\ln N=\ln A-\alpha\ln y \qquad (4)$$

Pareto gewinnt diese Gleichung aus einer Interpolation von Daten der Steuerstatistik (Pareto 1964, S. 305). Entlogarithmisierung von Gl. (4) ergibt die Anzahl N der Einkommensbezieher mit einem Einkommen $> y$:

1 Die Parameter A und α sind länder- und epochenspezifisch. A ist abhängig von der Bevölkerungsgröße N und dem Mindesteinkommen c.

$$\begin{aligned} e^{\ln N} &= e^{(\ln A - \alpha \ln y)} \\ &= e^{\ln A} e^{-\alpha \ln y} \\ &\Rightarrow N = Ay^{-\alpha} = \frac{A}{y^{\alpha}} \end{aligned}$$

Der Übergang von der Gleichung für N in der letzten Zeile zu Gl. (2) und damit zu $1 - F(y) = (c/y)^{\alpha}$ ist einfach.[2] Zur Verdeutlichung schreiben wir jetzt Ny (statt N) für die Anzahl der Einkommensbezieher mit einem Einkommen $> y$. Analog zu $Ny = A/y^{\alpha}$ definiert man $N_c = A/c^{\alpha}$. Mit N_c sind alle in die Betrachtung einbezogenen Einkommen $y \geqslant c$ bezeichnet, also alle Individuen oder Haushalte, die wenigstens das Mindesteinkommen c beziehen.[3] Ny/N_c ist der Anteil der Einkommensbezieher mit einem Einkommen $> y$ an den Einkommensbeziehern mit einem Einkommen von wenigstens gleich c und es gilt:

$$N_y / N_c = 1 - F(y) = Ay^{-\alpha} / Ac^{-\alpha} = (c / y)^{\alpha}, \text{ für alle } y \geq c$$

Pareto (1964, S. 320, Abschnitt 965) interpretiert den Quotienten Ny/N_c als Maß für die Ungleichheit der Einkommensverteilung. Die Ungleichheit nimmt ab, wenn dieser Quotient zunimmt.[4] Der Grund für diese auf den ersten Blick eigenwillige Interpretation ist, dass der Anteil der Armen an der Bevölkerung abnimmt, wenn der Quotient zunimmt. Anders gesagt: Eine Verteilung F_2 ist genau dann weniger ungleich als eine Verteilung F_1 wenn gilt: $F_2 \leqslant F_1$ für alle $y \geqslant 0$. In der Sprache der heutigen Mathematik

---

2 Paretos Modell enthält jedoch eine mathematische Schwierigkeit: N ist eine natürliche Zahl, A/y^{α} ist aber nur zufällig eine solche Zahl. Siehe hierzu Hardy (2010), S. 39: »Pareto's model... as Pareto initially stated it – (Gl. 4) – is a continuous probability distribution of an unbounded random variable. As such, it can only be an approximation to a distribution of incomes that must be discrete and bounded because the number of members of a subset of the population is a finite integer«.

3 Da jedermanns Einkommen wenigstens c beträgt, ist mit N_c die in die Betrachtung einbezogene Bevölkerungsgröße bezeichnet.

4 Pareto formuliert allerdings entgegen dem Sinn dieses Ergebnisses: »En général, lorsque le nombre des personnes ayant un revenu inférieur à x augmente par rapport au nombre des personnes ayant un revenu supérieur à x, nous dirons que l'inégalité des revenus diminue«. Statt »augmente« müsste es heißen: »diminue«. Pareto schreibt x statt y für Einkommen.

ausgedrückt: wenn die Verteilung F_2 die Verteilung F_1 stochastisch dominiert.[5]

3. Von besonderem Interesse ist der Erwartungswert $E(Y)$ der Pareto-Verteilung, weil er eine konstante Beziehung zwischen einem Einkommen in der Höhe von y und dem Erwartungswert aller Einkommen > y formuliert. Aus der Formel für den Erwartungswert kontinuierlicher Verteilungen und der Definition von $f(y)$ in Gleichung (2) folgt:

$$E(Y) = \int_c^\infty y\alpha c^\alpha y^{-\alpha-1} dy = \alpha c^\alpha \int_c^\infty y^{-\alpha} dy \qquad (5)$$

Auswertung des bestimmten Integrals nach dem zweiten Gleichheitszeichen von Gl. (5) für $\alpha > 1$ ergibt für $E(Y)$[6]:

$$\alpha c^\alpha \left[\frac{1}{1-\alpha} y^{1-\alpha} \right]_c^\infty = \alpha c^\alpha \left[0 - \frac{1}{1-\alpha} c^{1-\alpha} \right] = \alpha c^\alpha \frac{1}{\alpha - 1} c^{1-\alpha} = \frac{\alpha}{\alpha - 1} c \qquad (6)$$

Somit gilt für alle Einkommen $y > c$: der Erwartungswert der Einkommen > y beträgt das $\alpha/(\alpha - 1)$ fache von c. Der Term $\alpha/(\alpha - 1)$ wird auch der invertierte Pareto-Koeffizient genannt. Angenommen, α sei = 3, dann gilt für jedes Einkommen y, dass alle Einkommen > c »im Durchschnitt« anderthalb mal so groß sind. Sei z.B. $c = 2000$, dann ist der Erwartungswert aller Einkommen oberhalb dieser Schwelle = $(3 \times 2000)/2 = 3000$. Für $\alpha = 1{,}5$ verdreifacht sich der Erwartungswert der Einkommen oberhalb einer beliebig festgesetzten Schwelle. Je kleiner α, umso größer ist der invertierte Pareto-Koeffizient und damit der Einkommensabstand der oberhalb der Schwelle liegenden Einkommen zu dem Schwellenwert. Die Einkommen oberhalb eines Schwellenwerts betragen im Mittel immer ein Vielfaches dieses Schwellenwertes, nämlich der Schwellenwert multipliziert mit dem invertierten Pareto-Koeffizienten. Diese Regelmäßigkeit ist völlig unabhängig von der Festsetzung des Schwellenwerts. Kurz: Das Verhältnis des Erwartungswerts der Einkommen oberhalb eines Schwellenwerts zu diesem Schwellenwert ($E(Y)/c$) ist gleich der Konstanten $\alpha/(\alpha - 1)$.

Da c jeden Wert y annehmen kann, lässt sich Gleichung (5) verallgemeinern zu:

---

5 Zum Konzept der stochastischen Dominanz siehe u.a. Kruschwitz (2004), Kap. 3. 4. Für $F_2 < F_1$ liegt der Graph von F_2 unterhalb des Graphen von F_1.

6 Weil es sich in Gleichung (5) um ein uneigentliches Integral handelt, erfordert die Integration $\alpha > 1$. Für $\alpha < 1$ würde die Fläche unter der Kurve $y^{-\alpha}$ unendlich. Vgl. Chiang (1984) S. 455. Bestimmte Integrale sind reelle Zahlen, ∞ ist aber keine reelle Zahl.

$$y^* = y\alpha/(\alpha - 1), \Rightarrow y^*/y = \alpha/(\alpha - 1).$$

Hierbei bezeichnet y^* das durchschnittliche Einkommen aller Einkommensempfänger mit einem Einkommen oberhalb von y. »The key property of Pareto distributions«, kommentieren Atkinson, Piketty und Saez (2011, S. 13) »is that the ratio of average income y^* of individuals with income above y *to* y does not depend on the threshold y«.

4. Nicht nur der Erwartungswert, sondern auch die Gleichung für die Lorenzkurve und den Gini-Koeffizienten nehmen unter dem Regime der Pareto-Verteilung eine sehr einfache Gestalt an, die ihre Berechnung erheblich erleichtert. Z.B. ist für den Gini-Koeffizienten nichts weiter erforderlich als die Kenntnis des Pareto-Indexes α. (Allerdings verlangt die empirische Ermittlung dieser Konstanten Informationen über die Anzahl oder den Anteil der Merkmalsträger und der jeweiligen Ausprägung des Merkmals). Zur Herleitung der Gleichung für die Lorenzkurve gehen wir aus von Gleichung (2) und bestimmen in einem ersten Schritt die Umkehrfunktion $Q(p)$[7] zu $F(y)$:

$$Q(p) = y = c(1-p)^{-1/\alpha}$$

Mit Hilfe der Quantilsfunktion $Q(p)$ erhalten wir eine einfache und leicht handhabbare Gleichung für die Lorenzkurve:

$$L(p) = \frac{1}{E(Y)}\int_0^p Q(q)dq = \frac{1}{E(Y)}\int_0^p c(1-p)^{-1/\alpha}dp \tag{7}$$

Jetzt müssen wir nur noch das Integral nach dem zweiten Gleichheitszeichen von Gleichung (7) ausrechnen. Wir ersetzen $1/E(Y)$ durch $(\alpha - 1)/\alpha c$ (siehe Gl. 5) und erhalten:

$$L(p) = \frac{(\alpha - 1)}{\alpha c}\frac{\alpha c}{(\alpha - 1)}\left[-(1-p)^{\frac{\alpha-1}{\alpha}}\right]_0^p = 1-(1-p)^{\frac{\alpha-1}{\alpha}} \tag{8}$$

Mit Hilfe der Gleichung für die Lorenzkurve können wir den Gini-Koeffizienten für Pareto-Verteilungen auf eine einfache Weise bestimmen. Um die Notation zu vereinfachen, schreiben wir b für $\dfrac{\alpha-1}{\alpha}$:

$$G = 1-2\int_0^1 L(p)dp = 1-2\int_0^1 [1-(1-p)^b]dp \tag{9}$$

7 Andere gebräuchliche Notationen für $Q(p)$ sind F^{-1} und $y(F)$.

Ausrechnen des bestimmten Integrals führt zu:

$$G = 1 - 2\left[p + \frac{(1-p)^{b+1}}{b+1}\right]_0^1 = 1 - 2\left(1 - \frac{1}{b+1}\right) = \frac{1-b}{1+b} = \frac{1}{2\alpha - 1} \qquad (10)$$

5. Für die Beschreibung der Einkommensverteilung über den gesamten Einkommensbereich ist die Lognormalverteilung besser geeignet als die Pareto-Verteilung.[8] Diese eignet sich aber besonders gut zur Beschreibung und Analyse der Verhältnisse am oberen Ende der Einkommensverteilung. Z.B. lässt sich bei Zugrundelegung einer Pareto-Verteilung eine einfache Formel gewinnen, um die Einkommensanteile der oberen 10 Prozent, 1 Prozent oder gar 0,1 Prozent abzuschätzen. Daraufmacht Jones (2015) aufmerksam: »For the Pareto distribution just given, the fraction of income going to the top p percentiles equals $(100/p)^{\eta-1}$« (Jones 2015, S. 33). Der Autor schreibt η für unser $1/\alpha$. Reformuliert beträgt der Anteil der obersten p Prozent der Einkommensbezieher am Gesamteinkommen der Population: $(p/100)^{\frac{\alpha-1}{\alpha}}$.

Um diese Behauptung verständlich zu machen, ist ein wenig Integralrechnung erforderlich. Unter Benutzung der Definition von $f(y)$ in Gleichung (3) schreiben wir für das aufsummierte Einkommen von Personen, die mehr als y_p verdienen:

$$\int_{y_p}^{\infty} y\alpha c^{\alpha} y^{-\alpha-1} dy = \int_{y_p}^{\infty} \alpha c^{\alpha} y^{-\alpha} dy$$

Der Anteil dieser Einkommen am Gesamteinkommen aller Personen, die wenigstens ein Einkommen in Höhe von $y = c$ beziehen, beträgt

$$\frac{\int_{y_p}^{\infty} \alpha c^{\alpha} y^{-\alpha} dy}{\int_{c}^{\infty} \alpha c^{\alpha} y^{-\alpha} dy} = \frac{\left[\frac{\alpha}{-\alpha+1} c^{\alpha} y^{-(\alpha-1)}\right]_{y_p}^{\infty}}{\left[\frac{\alpha}{-\alpha+1} c^{\alpha} y^{-(\alpha-1)}\right]_{c}^{\infty}} = \left(\frac{y_p}{c}\right)^{-(\alpha-1)} \qquad (11)$$

für alle Einkommen $y \geq c$.

8 So schon Aitchison und Brown (1957), ausführlich zur Tauglichkeit sowohl der Lognormal-Verteilung als auch der Pareto-Verteilung für empirische Analysen Cowell 2009, Kap. 4.4. Um Gesetzmäßigkeiten in dem strikten Sinn, dass die entsprechenden Verteilungsfunktionen ein exaktes Modell der langfristigen Einkommensverteilung liefern, handelt es sich jedenfalls nicht, so Cowell.

Das p-te Perzentil der Einkommensbezieher mit einem Einkommen $y > y_p$ erfüllt die Bedingung $p/100 = c^\alpha y_p^{-\alpha}$. Daraus folgt $y_p = (100c^\alpha/p)^{1/\alpha}$. Für c schreiben wir: $c = (c^\alpha)^{1/\alpha}$. Einsetzen der Ausdrücke für y_p und c in die rechte Seite von Gl. (11) ergibt

$$\left(\frac{y_p}{c}\right)^{-(\alpha-1)} = \left[\left(\frac{100c^\alpha}{pc^\alpha}\right)^{1/\alpha}\right]^{-\alpha-1} = \left(\frac{100}{p}\right)^{\frac{-(\alpha-1)}{\alpha}} = \left(\frac{p}{100}\right)^{\frac{\alpha-1}{\alpha}}$$

Ein einfacherer Weg, zu diesem Ergebnis zu gelangen ist, von Gleichung (8) auszugehen. Die Lorenzkurve $L(p)$ gibt bekanntlich die Einkommensanteile der untersten $100p$ Prozent der Einkommensbezieher an. Die obersten $100p$ Prozent sind dann gleich

$$1-L(p)=1-[1-(1-p)^{(\alpha-1)/\alpha}]=(1-p)^{(\alpha-1)/\alpha}$$

Für z.B. das oberste Prozent der Einkommensbezieher folgt daraus: $(1-99/100)^{(\alpha-1)/\alpha} = (1/100)^{(\alpha-1)/\alpha}$. Nach dieser Formel betrüge für z.B. $\alpha = 2$ der Anteil des obersten Prozents der Einkommensbezieher am Gesamteinkommen $(1/100)^{1/2} = 1/10$, also 10 Prozent. Aber wie hoch ist der Wert von α in den fortgeschrittenen Industriegesellschaften tatsächlich? Fußend auf Auswertungen der deutschen Steuerstatistik des Jahres 2007 berichten Bartels und Schröder (2016) einen Wert von 2,56 für den invertierten Pareto-Koeffizienten $\beta = \alpha/(\alpha - 1)$. (Das entspricht einem Wert für α von 1,64). Der Anteil des obersten Prozents der Einkommen am Gesamteinkommen, berechnet mit der Formel, betrüge demnach $(1/100)^{0.3906} = 0.1654$, also rund 16,5 Prozent.[9] In der internationalen Ungleichheitsforschung zeigt ein Wert für β =1,5 eine niedrige Ungleichheit an, ein Wert ab 3,0 jedoch eine hohe.[10] Die entsprechenden Werte für α sind 3 bzw. 3/2. Je größer β, umso höher ist die Ungleichheit der Einkommen, da mit β der Anteil hoher Einkommen am Gesamteinkommen zunimmt.

---

9 Dieser Wert ist um einiges höher als derjenige Wert von ungefähr 14 Prozent, der sich ergibt, wenn man traditionell das Gesamteinkommen des obersten Prozents der Einkommensbezieher durch das Gesamteinkommen der Population teilt, siehe Bartels und Schröder (2016), S. 7. Diese deutliche Abweichung lässt sich damit erklären, dass für eine Berechnung nach der Formel von Jones (2015) viel weniger Informationen erforderlich sind. Man muss weder die Untergrenze der Einkommen des obersten Prozents kennen (laut Bartels 2018, S. 52: 161655 Euro für 2007), noch die Anzahl der Einkommensbezieher des obersten Prozents (482969), die Kenntnis des (invertierten) Pareto-Koeffizienten reicht aus.

10 Vgl. Piketty (2014), S. 614, Fußnote 32.

Der direkte Weg, α (und damit auch β) aus den Daten zu ermitteln ist die Wahl von Gleichung (4) als Ausgangspunkt. Sie formuliert eine lineare Beziehung in den Logarithmen der Anzahl der Einkommensbezieher und der Einkommen. Voraussetzung für das weitere Vorgehen ist selbstverständlich, dass die Einkommens- und Vermögensstatistik sowohl Daten über die hohen Einkommen als auch über die Anzahl von Haushalten oder über die Prozentsätze liefert, die solche Einkommen beziehen.[11] Eine lineare Einfachregression liefert dann den Wert von α. Um zu beurteilen, ob die Einkommensdaten einer Pareto-Verteilung folgen, fertigt man am einfachsten eine doppelt logarithmische Darstellung der Werte in einer Graphik an, in der auf der x-Achse die Zahl der Einkommensbezieher abgetragen werden, auf der y-Achse die Einkommen. Eine von links oben nach rechts unten fallende Gerade (negativer Koeffizient vor ln y) zeigt an, dass es sich um eine Pareto-Verteilung handelt.

Literatur

Aitchison, J. und J. A. C. Brown, 1957: *The Lognormal Distribution*. Cambridge, UK: Cambridge University Press, 1957.

Atkinson, Anthony B., Thomas Piketty und Emmanuel Saez, 2011: Top Incomes in the Long Run of History. In: *Journal of Economic Literature*, Vol. 49, S. 3-71.

Bach, Stefan und Viktor Steiner 2007: Zunehmende Ungleichheit der Markteinkommen: Reale Zuwächse nur für Reiche. *DIW Wochenbericht* Nr. 13.

Bartels, Charlotte und Carsten Schröder, 2016: Zur Entwicklung von Top-Einkommen in Deutschland seit 2001. In: *DIW Wochenbericht* Nr. 1.

Bartels, Charlotte, 2018: Einkommensverteilung in Deutschland von 1871 bis 2013. Erneut steigende Polarisierung seit der Wiedervereinigung. In: *DIW Wochenbericht* Nr. 3, S. 51- 58.

Chiang, Alpha C., 1984: *Fundamental Methods of Mathematical Economics*. New York: McGraw-Hill, Third Edition.

Cowell, Frank, 2009: *Measuring Inequality*. http://darp.lse.ac.uk/MI3

Hardy, Michael, 2010: Pareto's Law. In: *The Mathematical Intelligencer*, Bd. 32, Nummer 3, S. 38-43.

Jones, Charles I., 2015: Pareto and Piketty: The Macroeconomics of Top Income and Wealth Inequality. In: *Journal of Economic Perspectives*, Vol. 29, S. 29-46.

Kruschwitz, Lutz, 2004: *Finanzierung und Investition*. München: R. Oldenbourg, vierte Auflage.

11 Für Deutschland siehe z.B. die Aufbereitung in Bach und Steiner (2007), Tabelle 3.

Pareto,Vilfredo, 1964 [1897]: *Cours d'Economie Politique*. Tome second. Genève: Librairie Droz.

Piketty, Thomas, 2014: *Capital in the Twenty-First Century*. Translated by Arthur Goldhammer. Cambridge, Mass.: Belknap.

A.10 Produktionsfunktionen

1. Wir beginnen mit der uns schon vertrauten Gestalt einer Cobb-Douglas Produktionsfunktion:

$$Y = AK^{\alpha}L^{1-\alpha} \tag{1}$$

Diese Funktion formuliert eine technische Beziehung zwischen dem Output (*Y*) und den Inputs Kapital (*K*) und Arbeit (*L*), verstanden als physische Größen entweder auf Firmenebene oder auf der Ebene einer ganzen Volkswirtschaft. Ob die agreggierte Produktionsfunktion ein sinnvolles Konzept darstellt, ist umstritten. Wer immer mit einer solchen Funktion arbeitet, betrachtet die Volkswirtschaft als einen einzigen Haushalt, der mit dem Einsatz von Maschinen (Ausrüstung) und Arbeit einen Output herstellt. Unproblematisch erscheint *L*, gemessen entweder als Zahl der Arbeiter (Beschäftigten) oder Menge der Arbeitsstunden. Ein ernsthaftes Problem hingegen bildet ein angemessenes Verständnis von *K* als einer physischen Größe, wenn die Messung des Kapitalstocks von der Profitrate abhängt. Dieses Problem war der Gegenstand der sog. Cambridge-Kontroverse.[1]

Der Koeffizient α in Gleichung (1) gibt den Anteil der Gewinne am Volkseinkommen an: $\alpha = rK/Y = r\beta$. Wegen $r = \partial Y/\partial K$ bezeichnet α auch die Produktionselastizität von *Y* bezüglich *K*:

$$\alpha = \frac{\partial Y / Y}{\partial K / K} = \frac{\partial Y}{\partial K}\frac{K}{Y} = \frac{d \log Y}{d \log K}$$

2. Jetzt formen wir Gleichung (1) so um, dass $y = Y/L$ eine Funktion von *A* und *K*/*Y* wird.

In einem ersten Schritt potenzieren wir beide Seiten mit $1/(1-\alpha)$:

$$Y^{1/(1-\alpha)} = A^{1/(1-\alpha)}K^{\alpha/(1-\alpha)}L$$

Im nächsten Schritt multiplizieren wir beide Seiten mit $Y^{-\alpha/(1-\alpha)}$:

$$Y^{1/(1-\alpha)}Y^{-\alpha/(1-\alpha)} = A^{1/(1-\alpha)}K^{\alpha/(1-\alpha)}Y^{-\alpha/(1-\alpha)}L$$

1 Zu dieser Kontroverse siehe Cohen und Harcourt (2003).

J. Berger, *Wirtschaftliche Ungleichheit*, https://doi.org/10.1007/978-3-658-23682-3_22

Das ergibt:

$$Y = A^{1/(1-\alpha)} \left[\frac{K}{Y} \right]^{1/(1-\alpha)} L$$

Jetzt müssen wir nur noch beide Seiten durch L teilen und erhalten:

$$y = A^{1/(1-\alpha)} \left[\frac{K}{Y} \right]^{1/(1-\alpha)} \quad (2)$$

Laut dieser Gleichung ist das Einkommen pro Beschäftigten eine Funktion der Technologie (A) und des Kapitalkoeffizienten (K/Y). Im *steady state* ist K/Y konstant. y nimmt damit nur noch dann zu, wenn es technischen Fortschritt ($\Delta A > 0$) gibt.

3. Betrachtet man den technischen Fortschritt als arbeitsvermehrend (labor augmenting) wird aus Gleichung (1)

$$Y = K^{\alpha} (AL)^{1-\alpha} \quad (3)$$

Hall und Jones gehen in ihrem Aufsatz (1999) von einer um das Humankapital angereicherten Variante dieser Gleichung aus:

$$Y = K^{\alpha} (AH)^{1-\alpha} \quad (4)$$

H steht für den mit dem Humankapital pro Beschäftigen multiplizierten Einsatz von Arbeitskräften in der Produktion ($H = H/L \times L$). Teilung von Gleichung (4) auf beiden Seiten durch L und eine Umgruppierung der Terme führt zu:

$$Y/L = y = \left(\frac{K}{AH} \right)^{\alpha} \times \frac{H}{L} A \quad (5)$$

Jetzt manipulieren wir den Ausdruck in der Klammer der letzten Gleichung so, dass die Arbeitsproduktivität y nicht von der Kapitalintensität (K/A), sondern vom Kapitalkoeffizienten (K/Y) abhängt:

$$\left(\frac{K}{AH} \right)^{\alpha} = \left(\frac{K^{1-\alpha}}{A^{1-\alpha} H^{1-\alpha}} \right)^{\alpha/(1-\alpha)} = \left(\frac{K^{\alpha} K^{1-\alpha}}{K^{\alpha} A^{1-\alpha} H^{1-\alpha}} \right)^{\alpha/(1-\alpha)}$$

Wegen $K^{\alpha} A^{1-\alpha} H^{1-\alpha} = Y$ und $K^{\alpha} K^{1-\alpha} = K$ wird aus Gleichung (9):

$$y = \left(\frac{K}{Y} \right)^{\alpha/(1-\alpha)} \times hA \quad (6)$$

Das ist die Gleichung, die Hall/Jones (1999) für 127 Länder testen.

4. Jones (2015) geht von der folgenden Variante von Gleichung (1) aus:

$$Y = AMK^{\alpha} H^{1-\alpha} \tag{7}$$

A steht für den *stock of knowledge*, M für alle anderen Faktoren, die auf die *total factor productivity* (*TFP = AM*), Einfluss nehmen können (Jones, Facts of Growth, S.8). *H* bezeichnet das Humankapital. Um die Notierung zu vereinfachen, haben wir den von Jones jeder Variablen zugefügten Index für die Zeit *t* weggelassen. Teilung beider Seiten durch Y^{α} ergibt

$$\frac{Y}{Y^{\alpha}} = Y^{1-\alpha} = AM\frac{K^{\alpha}}{Y^{\alpha}}H^{1-\alpha} \Rightarrow Y = (AM)^{1/(1-\alpha)}\left(\frac{K}{Y}\right)^{\alpha/(1-\alpha)} \times H \tag{8}$$

Nach Teilung beider Seiten durch *L* erhalten wir eine Gleichung für die Determinanten der Arbeitsproduktivität, in welcher der technische Fortschritt wie eine Vermehrung sowohl von Sachkapital als auch von Humankapital wirkt:

$$\frac{Y}{L} = (AM)^{1/(1-\alpha)}\left(\frac{K}{Y}\right)^{\alpha/(1-\alpha)} \frac{H}{L} \tag{9}$$

In Wachstumsraten formuliert:

$$\hat{y} = \alpha/(1-\alpha)\widehat{AM} + \alpha/(1-\alpha)\left(\frac{\hat{K}}{\hat{Y}}\right) + \frac{\hat{H}}{\hat{L}} \tag{10}$$

H/L ist Die Menge an Humankapital pro Arbeitseinheit *L*. Laut dieser Gleichung stammt das Wachstum der Arbeitsproduktivität *Y/L* aus drei Quellen: Dem Wachstum des Kapitalkoeffizienten *K/Y*, dem Wachstum der Humankapitalausstattung *H/L* und dem Anstieg der totalen Faktorproduktivität *AM* (Jones 2015, S.8f.). Die Zurechnung des Wirtschaftswachstums zu *drei* Quellen gilt jedoch nur, bis der *balanced growth path* erreicht wird. Im *steady State* ist das Wachstum der Wirtschaft lediglich noch durch das TFP-Wachstum und den Anstieg des Humankapitals pro Arbeitseinheit bedingt.

Verzichtet man darauf, zwischen A und M zu differenzieren und schreibt man β statt *K/Y*, *h* statt *H/L* wird aus Gleichung (10):

$$\hat{y} = \alpha/(1-\alpha)\hat{A} + \alpha/(1-\alpha)\hat{\beta} + \hat{h} \tag{11}$$

Gleichung (11) ist ein geeigneter Ausgangspunkt für *growth accounting* unter Einschluss des Humankapitals.

Literatur

Cohen, Avi J. und G.C. Harcourt, 2003: Whatever happened to the Cambridge Capital Theory Controversies? In: *Journal of Economic Perspectives,* Band 17, Nummer 1, S. 199-214.

Hall, Robert E. und Charles I. Jones (1999): Why Do Some Countries Produce so Much More Output per Worker than Others? *The Quarterly Journal of Economics*, Vol. 114, S. 83-116.

Jones Charles I., 2015: Facts of Economic Growth. NBER Working Paper 21142.

Index

J. Berger, *Wirtschaftliche Ungleichheit*, https://doi.org/10.1007/978-3-658-23682-3

Printed by Printforce, the Netherlands